Beck-Rechtsberater im dtv

Arbeitsrecht in Frage und Antwort

dtv

Inhaltsübersicht

Beck-Rechtsberater

Arbeitsrecht

in Frage und Antwort

Bewerbung · Vertrag · Entgeltfortzahlung
Urlaub · Krankheit · Kündigungsschutz
Abfindung · Zeugnis · Datenschutz

Von Dr. Dr. Nikolaus H. Notter,
Richter am Arbeitsgericht a.D., Mediator und
Rechtsanwalt,
Walter Ruf, Rechtsanwalt und Fachanwalt für
Arbeitsrecht, sowie
Karoline Schönleben,
Richterin am Arbeitsgericht

4., überarbeitete und aktualisierte Auflage

dtv

www.dtv.de
www.beck.de

Originalausgabe

dtv Verlagsgesellschaft mbH & Co. KG,
Tumblingerstraße 21, 80337 München

Druck und Bindung: Druckerei C.H. Beck, Nördlingen
(Adresse der Druckerei: Wilhelmstraße 9, 80801 München)
Satz: ottomedien, Darmstadt
Umschlaggestaltung: Design Concept Krön, Puchheim,
unter Verwendung eines Fotos von GettyImages
ISBN 978-3-423-51205-3 (dtv)
ISBN 978-3-406-70365-2 (C. H. Beck)
9 783406 703652

Vorwort

An wen dieses Buch sich wendet

Dieses Buch wendet sich an alle, die mehr über ihre Rechte im Arbeitsleben und deren Durchsetzungsmöglichkeiten wissen wollen. Juristische Vorkenntnisse sind nicht nötig.

Wie dieses Buch geschrieben ist

Dieses Buch führt Sie in leicht verständlicher Form an die wichtigsten Bereiche des Arbeitsrechts heran. Die Autoren veranschaulichen die Probleme durch viele Beispiele aus ihrer eigenen Praxis als Richter und Rechtsanwalt. Mit der Lektüre erfahren Sie, dass das Arbeitsrecht keine nur den Fachleuten vorbehaltene trockene Prinzipienreiterei ist, sondern spannend sein kann, weil es die Welt der Arbeit widerspiegelt.

Damit die Darstellung besser lesbar ist, verzichtet sie bewusst auf bloße Gesetzesverweisungen. Wo auf wichtige Gesetze Bezug genommen wird, sind diese im Text auch wiedergegeben. Juristische Fachausdrücke werden, soweit möglich, durch allgemein verständliche Erläuterungen ersetzt. Wo sie dennoch Verwendung finden, werden sie auch gleich erklärt.

Was dieses Buch nicht ist

Aus der beschriebenen Zielsetzung und der gewählten Form der Darstellung ergibt sich, dass dieses Buch kein Nachschlagewerk für Spezialfragen des Arbeitsrechts sein kann. Es behandelt hauptsächlich die Probleme, die sich dem Arbeitnehmer in der Praxis stellen.

Dieses Buch will nicht die Beratung durch den Fachmann ersetzen. Es kann also nicht in jedem Fall das arbeitsrechtliche Problem lösen, das Sie gerade bewegt. Es kann Ihnen aber Anschauung und Information bieten, wie das Arbeitsrecht bzw. die Arbeitsgerichte mit bestimmten – „Ihrem“ Problem vielleicht ähnlichen – Konflikten umgehen und welche Überlegungen dabei eine Rolle spielen.

Zugleich zeigt es die begrenzten Möglichkeiten des Arbeitsrechts und der Arbeitsgerichte und gibt deshalb auch Hinweise, wie Sie unnötiges Prozessieren vermeiden.

Wie dieses Buch aufgebaut ist

Dieses Buch orientiert sich in seinem Aufbau daran, wie sich ein Arbeitsverhältnis entwickelt. Es beginnt beim Vorstellungsgespräch, behandelt den Abschluss eines Arbeitsvertrags sowie die rechtlichen Probleme im betrieblichen Alltag bis hin zur Beendigung des Arbeitsverhältnisses mit der Übergabe von Arbeitspapieren und Zeugnis. Dieser Aufbau sowie ein ausführlich gehaltener Fragenkatalog helfen Ihnen, schnell zu dem Problemkreis vorzustoßen, der Sie im Einzelfall interessiert.

Im Allgemeinen ist es zum Verständnis eines Kapitels nicht nötig, die vorausgegangenen Kapitel gelesen zu haben. Wo das erforderlich ist, erhalten Sie einen Hinweis im Text. Es empfiehlt sich allerdings, vor einer Lektüre der spezielleren Kapitel das Kapitel II über das Arbeitsverhältnis und seine Regeln nachzulesen, damit Sie wissen, „auf welchen Füßen“ das Arbeitsrecht steht.

Hinweis der Autoren

Diese Ausgabe berücksichtigt die neuesten Entwicklungen in Gesetzgebung und Rechtsprechung bis einschließlich Januar 2017.

München und Ebersberg im Februar 2017

Nikolaus H. Notter
Walter Ruf
Karoline Schönleben

Inhaltsverzeichnis

1. Kapitel

Die Vorstellung bei einem neuen Arbeitgeber

1. Freistellung von der Arbeit beim bisherigen Arbeitgeber für ein Vorstellungsgespräch

Das Vorstellungsgespräch kostet Zeit und Geld. Auf eine interessante Stellenanzeige in der Süddeutschen Zeitung hin haben Sie sich beworben. Sie rufen an und der Personalleiter fordert Sie zu einem Vorstellungsgespräch für nächsten Freitag 14.00 Uhr in der Firma auf. Die Angelegenheit kostet Sie also Zeit und Geld. Nicht zuletzt müssen Sie sich ja auch bei Ihrem jetzigen Arbeitgeber freinehmen. Worauf müssen Sie achten und welche Rechte haben Sie?

Steht mir ein Anspruch auf Arbeitsbefreiung für ein Vorstellungsgespräch zu und welches sind die Voraussetzungen?

§ 629 BGB sagt hierzu: „Nach der Kündigung eines dauernden Dienstverhältnisses hat der Dienstberechtigte dem Verpflichteten auf Verlangen angemessene Zeit zum Aufsuchen eines anderen Dienstverhältnisses zu gewähren." Grundsätzlich haben Sie also Anspruch auf Freizeit zur Stellensuche, wenn Sie in einem Dauerarbeitsverhältnis stehen, also nicht zB nur kurzzeitig als Aushilfe arbeiten, und wenn das Ende des Arbeitsverhältnisses absehbar ist.

Wann ist das Ende absehbar?
Hierzu einige beispielhafte Fallsituationen:

- Das Arbeitsverhältnis ist bereits gekündigt (von Ihnen oder Ihrem Arbeitgeber). Das ist der im Gesetz geregelte Fall. Darüber hinaus begründen nach der Rechtsprechung der Arbeitsgerichte aber auch noch folgende weitere Fälle einen Freizeitanspruch zur Stellensuche:
- Sie haben mit Ihrem Arbeitgeber einen Vertrag geschlossen, dass das Arbeitsverhältnis zu einem bestimmten Termin enden soll (sog. Aufhebungsvertrag)
- Ihr Arbeitgeber hat Ihnen (zB wegen bevorstehender Rationalisierungsmaßnahmen) Bewerbungen bei anderen Firmen empfohlen.
- Sie stehen in einem befristeten Arbeitsverhältnis und der vorgesehene Beendigungszeitpunkt ist bereits so nahe, dass der übliche Kündigungstermin bereits verstrichen wäre.

Arbeitsbefreiung zur Stellensuche. Sie sind seit 1. Februar bis 30. September befristet beschäftigt. Die gesetzliche Kündigungsfrist betrüge, wenn Sie in einem unbefristeten Arbeitsverhältnis stünden, vier Wochen zur Monatsmitte bzw. zum Monatsende. Am 5. September haben Sie einen Vorstellungstermin bei einer anderen Firma. – Besteht ein Anspruch auf Arbeitsbefreiung zur Stellensuche?

Ja. Der letztmögliche Kündigungstermin (2. September) ist bereits verstrichen. Wäre der Vorstellungstermin früher als der 2. September, so hätten Sie keinen Freistellungsanspruch: In diesem Zeitraum gilt das Ende des Arbeitsverhältnis in dem beschriebenen Sinne „als noch nicht absehbar“. Ähnlich verhält es sich in folgendem Fall:

Vorstellungsgespräch während ungekündigtem Arbeitsverhältnis. Sie stehen in einem ungekündigten Arbeitsverhältnis und wollen sich verändern. Auf ein attraktives Angebot eines bekannten Großunternehmens hin haben Sie mit dem dortigen Personalleiter einen Vorstellungstermin vereinbart, der in Ihrer Arbeitszeit liegt. Sie wollen wissen, ob Ihnen ihr jetziger Arbeitgeber frei geben muss.

Nein, er muss nicht, zumindest nicht unter der Überschrift „Freistellung zur Stellensuche“. Das ist deshalb so, weil das Ende Ihres Arbeitsverhältnisses eben noch nicht „absehbar“ ist. Es bleibt Ihnen also nichts anderes übrig, als sich einen Tag Urlaub zu nehmen oder mit der Firma, bei der Sie sich bewerben, einen Termin außerhalb der Arbeitszeit auszumachen.

Für wann darf ich einen Vorstellungstermin vereinbaren?

Zeitpunkt der Freistellung. Nehmen wir an, Sie haben festgestellt, dass Ihnen ein Anspruch auf Freistellung zur Stellensuche zusteht. Sie gehen zu Ihrem Chef und bitten ihn, Ihnen für Freitag ab 12.00 Uhr frei zu geben, weil Sie sich woanders vorstellen wollen. Ihr Chef zeigt sich wenig erfreut: „Ich verstehe gar nicht, warum Sie sich verändern wollen. Sie haben doch einen sehr guten Arbeitsplatz bei mir. Ich bin nicht damit einverstanden, wenn Sie sich woanders vorstellen. Schon gar nicht am Freitagnachmittag. Wenn Sie aber auf dem Sonderurlaub für Ihre Stellensuche bestehen, dann gehen Sie halt am Montag.“ – Sie sind ratlos.

Hier gilt zunächst, dass der Arbeitgeber den Zeitpunkt der Freistellung (Frage: Wann kann ich gehen?) bestimmen kann. Er muss dabei aber außer seinen (betrieblichen) Interessen auch Ihre Interessen berücksichtigen. So wird der allgemeine Hinweis: „Es passt gerade schlecht“ nicht ausreichen, Ihnen Ihr Freizeitgesuch abzuschlagen. Anders ist es, wenn etwa am Freitagnachmittag ein dringender Terminauftrag zu erledigen ist, bei dem Sie benötigt werden.

Wichtig:

Auf jeden Fall muss Ihr Arbeitgeber aber auch die Wichtigkeit Ihrer Interessen berücksichtigen. Wenn Sie zB wegen eines streng organisierten Auswahlverfahrens bei dem neuen Arbeitgeber keine Möglichkeit haben umzudisponieren, müssen Sie, wenn keine wichtigeren betrieblichen Interessen entgegenstehen, frei bekommen.

Wie lange darf ich meiner Arbeit fernbleiben?

Angemessene Freistellung. Nehmen wir an, das Personalbüro Ihres neuen Arbeitgebers befindet sich in der Stadtmitte von Nürnberg, während Sie zurzeit noch im S-Bahn-Bereich wohnen und arbeiten. Sie wollen vor dem Vorstellungsgespräch noch etwas Persönliches erledigen und bitten Ihren Chef, Ihnen den ganzen Freitag zur Stellensuche freizugeben. Er weist Ihre Bitte brüsk ab. – Mit Recht?

Er ist im Recht, denn er ist lediglich verpflichtet, Ihnen eine „angemessene" Freistellung zu gewähren. Das ergibt sich aus dem am Anfang des Kapitels wiedergegebenen § 629 BGB. Wenn Sie auch noch den Freitagvormittag frei haben wollen, obwohl das Gespräch erst um 14.00 Uhr beginnt, ist das wohl nicht mehr angemessen.

Wie setze ich meinen Freistellungsanspruch durch?

Nun noch ein heikles Thema: Was ist, wenn ihr jetziger Arbeitgeber Ihre Bitte um Freistellung zur Stellensuche im konkreten Fall rundweg abschlägt?

Hier ist Vorsicht geboten: Sie haben zwar grundsätzlich das Recht, sich selbst freizunehmen, wenn der Arbeitgeber Ihnen unberechtigterweise Ihr Freistellungsgesuch abschlägt. Das ist aber nicht ganz ungefährlich. Möglicherweise nimmt Ihr Arbeitgeber das nämlich zum Anlass, Ihnen fristlos zu kündigen: wegen Arbeitsverweigerung. Im Arbeitsgerichtsprozess über die Berechtigung der Kündigung beruft er sich dann unter Umständen darauf, er habe Sie aus dringenden betrieblichen Gründen nicht gehen lassen können: „Wir haben den Gekündigten seinerzeit wegen eines kurzfristig hereingekommenen Terminauftrags dringend gebraucht." Damit Ihnen so etwas nicht passiert, ist es nützlich, wenn Sie gegebenenfalls Ihren Arbeitgeber bitten, Ihnen seine Gründe für die Ablehnung Ihres Freistellungsgesuchs im Einzelnen zu nennen. So können Sie sich dann ein eigenes Bild davon machen, ob er Ihre Bitte willkürlich abschlägt.

Wenn Sie das mit einer eigenmächtigen Freistellung verbundene Risiko vermeiden wollen, haben Sie noch eine andere Möglichkeit:

Sie können versuchen, beim Arbeitsgericht eine sog. einstweilige Verfügung zu erwirken, die Ihrem Arbeitgeber vorschreibt, Ihnen zu dem in Aussicht genommenen Vorstellungstermin frei zu geben. Ihre Erfolgsaussichten in diesem Verfahren hängen davon ab, ob das Gericht Ihr Interesse an der Wahrnehmung dieses konkreten Vorstellungsgesprächs zu diesem Termin höher bewertet als das Interesse des Arbeitgebers, dass Sie zur Zeit des Vorstellungstermins im Betrieb anwesend sind.

Schließlich steht Ihnen noch ein dritter Weg offen: Sie können selbst fristlos kündigen und Ersatz des Ihnen aus der Kündigung entstandenen Schadens verlangen. Diese Möglichkeit ist mit ähnlichen Risiken verbunden wie die eigenmächtige Freistellung, da Sie damit rechnen müssen, dass der Arbeitgeber im Prozess über Ihre Ansprüche unwiderlegbar vorbringt, seine Ablehnung Ihres Freizeitgesuchs sei bei Abwägung der beiderseitigen Interessen berechtigt gewesen.

Wer bezahlt mir die ausgefallene Arbeitszeit?

Der bisherige Arbeitgeber? Oder etwa der mögliche künftige Arbeitgeber?

Was den bisherigen Arbeitgeber betrifft, gilt zunächst im Arbeitsrecht der allgemeine Grundsatz: „Ohne Arbeit kein Lohn". Wie in den Fällen von Urlaub und Krankheit gibt es auch hier in gewissem Umfang eine gesetzliche Ausnahme: Wenn Sie wegen eines oder mehrerer Vorstellungstermine an der Arbeitsleistung verhindert sind, garantiert Ihnen das Gesetz eine Vergütungsfortzahlung für eine „verhältnismäßig" kurze Zeit. Der Gesetzgeber hat dies in § 616 BGB – sehr umständlich – wie folgt formuliert: „Der zur Dienstleistung Verpflichtete wird des Anspruchs auf die Vergütung nicht dadurch verlustig, dass er für eine verhältnismäßig nicht erhebliche Zeit durch einen in seiner Person liegenden Grund ohne sein Verschulden an der Dienstleistung verhindert wird."

Was aber versteht man unter „verhältnismäßig kurz"? Diese Frage lässt sich leider nicht generell beantworten. Eines wird man aber sagen können: Je kürzer das Arbeitsverhältnis, umso kürzer die Zeit, für die Sie Weiterbezahlung Ihrer Vergütung während der Stellensuche verlangen können. Sicher unverhältnismäßig ist es zB wenn Sie nach nur halbjähriger Beschäftigung sieben Arbeitstage zur Stellensuche frei bekommen und diese Zeit dann auch noch voll bezahlt haben wollen. Andererseits ist ein Tag in diesem Fall sicher noch als verhältnismäßig anzusehen. In jedem Fall ist aber Voraussetzung, dass Sie nur die Stunden oder Tage geltend machen, die für die Vorstellung(en) tatsächlich erforderlich waren.

Vielleicht ist Ihnen aufgefallen, dass der Gesetzgeber bezüglich des Umfangs des Freistellungsanspruchs (Wie lange darf ich der Arbeit fernbleiben?) großzügiger ist als hinsichtlich der Festlegung der zu bezahlenden Freistellung (Welcher Anteil meiner Verhinderungszeit muss vergütet werden?). Im ersten Fall musste es sich um eine „angemessene" Zeitspanne handeln, im letzteren Fall war von einer „verhältnismäßig" kurzen Zeit die Rede. Folge für Sie: Es kann Ihnen passieren, dass ein nicht gedeckter Rest bleibt.

Was können Sie tun, um hier keine unnötigen finanziellen Einbußen zu erleiden?

Sie können den entstandenen Verdienstausfall gegenüber dem neuen Arbeitgeber, bei dem Sie sich bewerben, geltend machen. Die einzelnen Voraussetzungen für einen solchen Anspruch werden wir unten im 2. Abschnitt erläutern.

Wichtig:

Um möglichst frühzeitig für klare Verhältnisse zu sorgen, empfiehlt es sich, dass Sie vor einem Vorstellungsgespräch mit Ihrem jetzigen Arbeitgeber darüber sprechen, ob und inwieweit er Ihr Gehalt für die gewährte Freistellung weiterbezahlt. Auf diese Weise wissen Sie, welchen Betrag Sie dem Unternehmen, bei dem Sie sich bewerben, als Verdienstausfall in Rechnung stellen können.

2. Die Kosten der Vorstellung

Sie haben mittlerweile den Vorstellungstermin hinter sich gebracht und stellen fest, dass Sie diverse Auslagen hatten. Was können Sie dem Unternehmen, bei dem Sie sich beworben haben, in Rechnung stellen?

In welchem Umfang kann ich Ersatz meiner Vorstellungskosten verlangen, wenn mich der Arbeitgeber zur Vorstellung aufgefordert?

Fordert Sie der Arbeitgeber zur Vorstellung auf, so ist er verpflichtet, Ihnen die entstandenen notwendigen Auslagen sowie etwaigen Verdienstausfall – also die Zeit, die Ihnen der bisherige Arbeitgeber nicht vergütet – zu ersetzen. Zu den notwendigen Auslagen zählen insbesondere

- Fahrtkosten,
- Übernachtungskosten sowie
- Verpflegungskosten.

Will die Firma, die Sie zur Vorstellung aufgefordert hat, den Ersatz von Vorstellungskosten ganz oder teilweise ausschließen, so muss sie Ihnen das schon zum Zeitpunkt der Aufforderung mitteilen.

Welche Auslagen werden als notwendig anerkannt?

Grundsätzlich sind diejenigen Auslagen notwendig, die Ihnen auf die wirtschaftlichste (= insgesamt billigste) Weise die Wahrnehmung des Vorstellungstermins ermöglichen.

Ersatz der Anreise zum Vorstellungsgespräch. Ferdiand Struck lebt und arbeitet in Hamburg und will sich in München vorstellen. Vorstellungstermin: Donnerstag 10.00 Uhr. Er will wissen, ob ihm die Flugreise ersetzt wird.

Für die Hinreise wird das zu bejahen sein, wie sich aus folgender Beispielsrechnung ergibt:

Abrechnung Hinreise

Verdienstausfall für Mittwochnachmittag zur Anreise	
mit der Bahn	120 EUR
Übernachtung	85 EUR
Verpflegung (= Abendessen)	25 EUR
Bahnfahrt 2. Klasse im ICE-Zuschlag	240 EUR
Summe:	**470 EUR**

Dem steht der Flugpreis bei einem günstigen Tarif mit ca. 300 EUR gegenüber. Herr Struck kann also mit einer Erstattung der Flugreise (hin) rechnen, nachdem kein deutlicher Preisvorteil der Anfahrt am Vorabend erkennbar ist. Für die Rückreise dürfte allerdings – wenn er noch am frühen Nachmittag abreisen kann – die Bahn die wirtschaftlichere Fortbewegungsart sein.

Bei der Ermittlung der wirtschaftlichsten Anreisemöglichkeit ist zu berücksichtigen, dass der Bewerber nicht jede Unbequemlichkeit in Kauf nehmen muss, um zur billigsten Lösung zu kommen. Es ist zB insbesondere fraglich, ob der Unternehmer den Bewerber darauf verweisen kann, nachts mit dem Liegewagen anzureisen, falls das billiger ist als mit dem Flugzeug.

Wichtig:

Wegen der vielfältigen Zweifelsfragen, die sich hier ergeben können, sollten Sie sich vor der Vereinbarung eines Gesprächstermins mit dem möglichen neuen Arbeitgeber darüber abstimmen, welche Kosten für welche Verkehrsmittel (zB Flug oder Bahn, 1. oder 2. Klasse, Schlafwagen oder Liegewagen, eigenes Kfz, Taxi usw.) erstattet werden. Beachten Sie auch, dass Sie für einen Urlaubstag, den Sie bei Ihrem alten Arbeitgeber zur Stellensuche genommen haben, vom möglichen neuen Arbeitgeber keinen Ersatz verlangen können.

Werden mir Vorstellungskosten auch dann ersetzt, wenn ich unaufgefordert zu einem Vorstellungsgespräch erscheine?

Nein! Sprechen Sie nämlich bei einer Firma lediglich aufgrund einer Zeitungsannonce oder auf Vermittlung der Agentur für Arbeit vor, so haben Sie keinen Anspruch auf Ersatz von Vorstellungskosten. Unter bestimmten Voraussetzungen (vorher erkundigen!) kann Ihnen die Agentur für Arbeit aber einen Zuschuss zu den Vorstellungskosten geben. Eine Aufforderung zur Vorstellung sollten Sie möglichst schriftlich bekommen haben. Dann kann der neue Arbeitgeber – wenn er es nicht so genau nimmt oder vergesslich ist – nämlich hinterher nicht sagen, diese sei nie ausgesprochen worden.

Ob Sie sich im Einzelfall ein Beweismittel in Form einer schriftlichen Bestätigung sichern, bleibt Ihrem Gefühl überlassen. In jedem Fall wird es wohl auf die Größenordnung Ihrer Aufwendungen ankommen, ob eine derartige Absicherung für Sie sinnvoll ist.

3. Das Einstellungsverfahren

a) Einstellungsgespräch und Einstellungsfragebogen

Fragen in einem „Einstellungsfragebogen". Der Einstellungstermin ist da. Die freundliche Sekretärin des Personalleiters drückt Ihnen zuerst ein großes mit „Einstellungsfragebogen" überschriebenes Formblatt in die Hand und bittet Sie, dieses auszufüllen. Sie stellen bei der Durchsicht fest, dass da einige Fragen formuliert sind, die Sie lieber nicht beantworten würden. Welche Fragen müssen Sie beantworten und welche nicht?

Natürlich ist der Arbeitgeber daran interessiert, sich über seine künftigen Mitarbeiter bereits vor der Einstellung ein genaues Bild zu machen. Dieses Interesse ist umso größer, je stärker der künftige Mitarbeiter gegen eine mögliche Entlassung rechtlich abgesichert ist (zB als schwerbehinderter Mensch). Aber welcher Bewerber will sich schon gerne „bis aufs Hemd" bloßstellen? Wo also verlaufen die Grenzen des Fragerechts? Und welche Folgen ergeben sich für Sie, wenn Sie bei der Einstellung – möglicherweise bewusst – gelogen haben?

Was passiert, wenn der Arbeitnehmer einzelne Fragen nicht oder unzutreffend beantwortet?

Zunächst die Folgen, mit denen Sie rechnen müssen, wenn Sie sich einer, mehrerer oder aller Fragen „entziehen“:

Wenn Sie alle oder einzelne Fragen nicht beantworten, kann das „lediglich“ zur Folge haben, dass Sie von der Firma nicht genommen werden. Beantworten Sie dagegen eine oder mehrere Fragen unrichtig oder unvollständig, so kann das dazu führen, dass der Arbeitgeber, wenn er davon erfährt, den Arbeitsvertrag anfechten kann. Das entspricht im Ergebnis einer fristlosen Kündigung, weil es die sofortige Beendigung des Arbeitsverhältnisses zur Folge hat. Außerdem können Sie sich damit einen Schadensersatzanspruch einhandeln.

Aber: Dank des durch das Grundgesetz geschützten allgemeinen Persönlichkeitsrechts, darf der Arbeitgeber sich nicht für alles „interessieren“. Stellt er unerlaubte Fragen, hat eine unrichtige oder unvollständige Antwort auch keine nachteiligen Folgen für Sie.

Welche Fragen muss ich beantworten und welche nicht?

Beruflicher Werdegang

Farbe bekennen müssen Sie bei Fragen nach dem beruflichen Werdegang. Wahrheitsgemäß müssen Sie auch antworten auf Fragen nach den Zeugnis- und Prüfungsnoten, auch danach, ob Sie Wehrdienst geleistet haben oder demnächst zur Bundeswehr einberufen werden.

Gehaltshöhe

Die Frage nach Ihrem früheren Gehalt ist jedenfalls dann unzulässig, wenn die bisherige Vergütung für die jetzt angestrebte Stelle keine Bedeutung hat und sie von Ihnen auch nicht als Mindestvergütung für die neue Stelle gefordert worden ist.

Heiratsabsicht

Die Frage, ob Sie beabsichtigen zu heiraten, ist unzulässig.

Krankheiten (chronische)

Fragen nach Krankheiten sind ein Eingriff in Ihre Intimsphäre. Sie sind aber dann erlaubt, wenn an ihrer Beantwortung

- für den Betrieb,
- die übrigen Arbeitnehmer oder
- die Arbeit

ein Interesse besteht.

In diesem Zusammenhang ist allerdings auf die Vorschriften des Allgemeinen Gleichbehandlungsgesetzes (AGG) hinzuweisen. Danach darf niemand wegen einer Behinderung benachteiligt werden. Aus der Frage nach bestimmten Erkrankungen oder Leiden kann je nach den Einzelumständen auf eine Erkundigung nach einer Behinderung geschlossen werden. Insbesondere wenn beispielsweise nach chronischen, dh dauerhaften Erkrankungen gefragt wird. Eine solche Frage wäre vor oder bei Begründung des Arbeitsverhältnisses regelmäßig unzulässig.

AIDS

Im Allgemeinen ist die Frage nach einer Infizierung mit dem AIDS-Virus (in der Fachsprache: nach dem Ergebnis eines AIDS-(HIV-) Tests) unzulässig. Ausnahmen können sich bei bestimmten Tätigkeiten ergeben (zB im medizinischen Bereich). Die Frage nach einer bestehenden AIDS-Erkrankung ist ebenso zu beurteilen wie die schon erwähnte Frage nach chronischen Krankheiten.

Religions- oder Parteizugehörigkeit

Fragen hiernach sind unzulässig. Ausnahme: Konfessionelle Krankenhäuser, religions- oder parteipolitisch gebundene Institutionen.

Schwangerschaft

Die Frage nach der Schwangerschaft ist im Allgemeinen unzulässig.

Schwerbehinderteneigenschaft

Die Frage nach einer Behinderung und der Schwerbehinderteneigenschaft ist grundsätzlich vor oder bei Begründung des Arbeitsverhältnisses unzulässig. Allerdings darf der Arbeitgeber – zumindest nach Ablauf von sechs Monaten nach Vertragsbeginn – nach der Anerkennung als schwerbehinderter Mensch bzw. nach einer diesbezüglichen Antragstellung beim Integrationsamt oder einer etwaigen Gleichstellung fragen. Dies kann unter Umständen im Hinblick auf eine beabsichtigte Kündigung und die damit verbundene notwendige Beteiligung des Integrationsamtes geschehen oder aus dem Interesse des Arbeitgebers heraus, die so genannte Ausgleichsabgabe nur bei der Nichterfüllung der besonderen Beschäftigungspflicht nach den gesetzlichen Vorschriften des Schwerbehindertenrechts zu zahlen.

Vorstrafen

Die Frage nach Vorstrafen ist nur zulässig, wenn und soweit die zu besetzende Arbeitsstelle oder die zu leistende Arbeit dies erfordert: Beispiele: Ein Kassierer wird nach vermögensrechtlichen Vorstrafen (zB Diebstahl, Untreue, Unterschlagung, Betrug usw.) oder ein Kraftfahrer nach Verkehrsdelikten gefragt. Diese Fragen sind zulässig, weil sie auf Vorstrafen gerichtet sind, die etwas mit der künftigen Arbeit zu tun haben. Soweit eventuell vorhandene Vorstrafen im Strafregister bereits getilgt sind, brauchen diese auf die Frage nach Vorstrafen nicht angegeben zu werden.

Die Frage nach laufenden Ermittlungsverfahren durch die Staatsanwaltschaft ist in aller Regel unzulässig. Eine Ausnahme ist allerdings für den Fall anerkannt, dass bereits die Tatsache eines Ermittlungsverfahrens Zweifel an der persönlichen Eignung des Bewerbers entstehen lassen kann. Beispiel: Gegen einen Erzieher läuft ein Ermittlungsverfahren wegen sexuellen Missbrauchs von Kindern des Kindergartens, in dem er früher gearbeitet hat.

Auf welche Punkte und Tatsachen muss ich im Einstellungsgespräch von mir aus ungefragt hinweisen?

Es gibt noch ein paar weitere rechtliche Probleme, auf die Sie im Rahmen des Einstellungsgesprächs achten müssen. Verschiedene Punkte müssen Sie nämlich von sich aus – dh ungefragt – angeben. Insoweit haben Sie also eine Offenbarungspflicht. Verschweigen Sie diese Punkte, so kann das wie bei falscher Beantwortung einer zulässigen Frage den Arbeitgeber zur Anfechtung, dh zur sofortigen Beendigung des Arbeitsverhältnisses berechtigen.

Hierzu einige Beispiele:

Krankheit

Haben Sie Anhaltspunkte dafür, dass Sie zum Zeitpunkt des Arbeitsantritts voraussichtlich krank oder in Kur sein werden, müssen Sie das mitteilen. Das gilt nicht, wenn Sie nur allgemeine Befürchtungen hegen, ohne dass dem objektive Anhaltspunkte zugrunde liegen.

Schwangerschaft

Es besteht keine Offenbarungspflicht.

Schwerbehinderteneigenschaft

Eine Offenbarungspflicht besteht dann, wenn der Bewerber wegen seiner Behinderung die Arbeit nicht leisten kann.

b) Ärztliche Einstellungsuntersuchung

Muss ich einer Einstellungsuntersuchung zustimmen und wonach darf mich der Arzt fragen?

In vielen Großbetrieben werden werksärztliche oder vertrauensärztliche Untersuchungen vor Beginn eines Arbeitsverhältnisses durchgeführt. Hierzu ist grundsätzlich Ihre Zustimmung erforderlich. Widersetzen Sie sich allerdings einer Untersuchung, laufen Sie Gefahr, die Stelle nicht zu bekommen. Soweit der Arzt bei einer mit Ihrer Zustimmung durchgeführten Untersuchung Fragen stellt, gelten die schon beschriebenen Grundsätze zum Fragerecht. Unzulässige Fragen brauchen Sie also nicht wahrheitsgemäß zu beantworten. Rechtlich ist Ihre Intimsphäre darüber hinaus noch dadurch geschützt, dass der Arzt an die ärztliche Schweigepflicht gebunden ist, dem Arbeitgeber also keine Einzelheiten mitteilen darf.

c) Graphologische Gutachten und psychologische Eignungstests

Nicht selten verlangen Arbeitgeber im Rahmen des Bewerbungsverfahrens einen handgeschriebenen Lebenslauf, um aus Ihrer Schrift oder Ihrem Schriftbild zusätzliche Erkenntnisse darüber zu gewinnen, ob Sie für die freie Stelle geeignet sind. Graphologische Gutachten sollen dann die entsprechenden Hinweise geben.

Wann darf der Arbeitgeber ein graphologisches Gutachten von meinen handschriftlichen Unterlagen anfertigen lassen?

Graphologische Gutachten dürfen nur mit Ihrer Zustimmung eingeholt werden. Sie müssen aber damit rechnen, dass die Einsendung Ihres handgeschriebenen Lebenslaufs vom potenziellen Arbeitgeber faktisch – wenn auch rechtlich wohl nicht zutreffend – als Zustimmung zur Einholung eines Gutachtens gewertet wird. Auch wenn Sie zugestimmt haben, darf der Arbeitgeber keine allgemeine Charakterstudie vom Gutachter fordern. Das Gutachten darf sich vielmehr nur auf solche Eigenschaften beziehen, die für den in Aussicht genommenen Arbeitsplatz von Bedeutung sind.

Darf der Arbeitgeber im Rahmen des Einstellungsverfahrens psychologische Eignungstests durchführen und hierbei so genannte biographische Fragebogen einsetzen?

Teilweise verwenden Arbeitgeber auch psychologische Eignungstests sowie so genannte biographische Fragebogen.

Bei diesen Instrumenten der Personalauswahl ist Ihre faktische Rechtsposition schwach, da Sie im Fall der Verweigerung immer riskieren, nicht genommen zu werden.

Wichtig:

In Betrieben, in denen ein Betriebsrat besteht, dürfen die beschriebenen Fragebögen nur dann verwendet werden, wenn der Betriebsrat dem Einsatz dieser Fragebögen zugestimmt hat.

Rechtlich zulässig sind solche Tests nur dann,

- wenn Sie eingewilligt haben,
- es sich um einen bedeutsamen Arbeitsplatz handelt (zB in der Führungsebene oder an in sonstiger Weise besonders verantwortungsvoller Position, zB Busfahrer, Lkw-Fahrer für gefährliche Güter),
- der Test sich nur auf Merkmale bezieht, die etwas mit dem Arbeitsplatz zu tun haben (bei einem Busfahrer hat die Frage, ob er mal Klassensprecher in der Schule war, wohl nichts mit dem Arbeitsplatz zu tun, wohl aber bei einer Führungskraft),
- Sie vorher über den Inhalt und die Reichweite des Tests informiert worden sind. Man muss Ihnen also schon vorher sagen, welcher Art die Fragen sind und ob und inwieweit diese Fragen in Ihren privaten Bereich hineinreichen.

Die hier genannten Voraussetzungen müssen alle vorliegen, wenn ein solcher Test zulässig sein soll. Manchmal wollen Fragesteller übrigens auch nur testen, wie intim Fragen sein können, ohne dass sie der Befragte zurückweist.

4. Wirtschaftliche Einbußen bei Abbruch und Scheitern der Einstellungsverhandlungen

Der Abbruch von Einstellungsverhandlungen begründet in der Regel keine Ersatzansprüche zwischen Ihnen und dem Unternehmen, ganz gleich, ob Sie oder die andere Seite abgesagt hat. Es kann aber Schwierigkeiten geben, weil Sie möglicherweise im Vertrauen auf eine Einstellung Ihre alte Stelle gekündigt haben oder wenn der neue Arbeitgeber – der es nun doch nicht wird – durch Ihre Absage gezwungen ist, aufs Neue ein Bewerbungsverfahren mit Stellenanzeige, Vorstellungsgespräch usw. zu starten.

Welche Folgen ergeben sich für mich, wenn der Arbeitgeber absagt?

Unverbindliche Zusage nach dem Vorstellungsgespräch. Sie sind nach einem längeren Auswahlverfahren in den engeren Kreis der aussichtsreichen Bewerber gelangt. Der Personalleiter stellt Ihnen daraufhin in Aussicht, dass Sie den Job bekommen sollen. Man müsse lediglich noch – was „reine Formsache" sei – die Genehmigung des Vorstands einholen. Auf Ihre Frage, ob Sie jetzt bei Ihrem alten Arbeitgeber kündigen könnten, der Kündigungstermin stehe nämlich bevor, erklärt er: „Kündigen Sie vorsichtshalber schon mal! Ich bin sicher, dass wir zusammenkommen." Der Vorstand verweigert dann aber seine Zustimmung, und es kommt nicht zum Abschluss eines Arbeitsvertrages. Jetzt sind Sie die alte Stelle los und haben keine neue. Was können Sie tun?

Sie können Schadensersatz verlangen. Erweckt nämlich ein Arbeitgeber beim Bewerber unberechtigt das Vertrauen, es werde mit Sicherheit zum Abschluss des Arbeitsvertrages kommen, und gibt daraufhin der Arbeitnehmer seine bisherige Stellung auf, so hat der Arbeitnehmer Anspruch auf Ersatz des entstandenen Schadens.

Wichtig:

Grundsätzlich muss Ihnen der neue Arbeitgeber zwar die Vergütung fortzuzahlen, die Sie beim bisherigen Arbeitgeber verdient haben. Sie sind aber verpflichtet, den Schaden möglichst gering zu halten. Das bedeutet, dass Sie sich sofort intensiv um eine anderweitige Beschäftigung bemühen müssen.

Was ist, wenn ich als Arbeitnehmer kurzfristig absagen muss?

Grundsätzlich gilt, dass Sie den Schaden ersetzen müssen, der aus Ihrer Absage entstanden ist.

Ersatz der Inseratskosten und Gehaltsdifferenz. Sie haben sich neben anderen um eine ab 1. September ausgeschriebene Stelle beworben. Nach der ersten Vorstellungsrunde teilt Ihnen der Personalleiter mit, dass er Sie am 15. August zur Unterzeichnung des Arbeitsvertrags erwartet. Sie faxen am 14. August, dass Sie die Stelle aus persönlichen Gründen doch nicht nehmen wollen. Der Personalleiter hat zu diesem Zeitpunkt bereits den anderen Mitbewerbern abgesagt und muss erneut eine Stellenanzeige in die Zeitung setzen. Die neue Stellenanzeige bleibt zunächst ohne Erfolg. Das Unternehmen findet erst zum 15. Oktober eine Ersatzkraft. Die Zeit zwischen dem 1. September und dem 15. Oktober wird mit (teuren) Leiharbeitnehmern überbrückt. Das Unternehmen verlangt von Ihnen Ersatz der Inseratskosten und Ersatz der Differenz zwischen den Kosten der Leiharbeitskräfte und dem Gehalt, das sie vom 1. September bis 15. Oktober verdient hätten. Eine überzogene Forderung?

Nur teilweise. Hier ist zu unterscheiden:

Inseratskosten müssen Sie nicht ersetzen, weil diese Kosten ja auch entstanden wären, wenn Sie ganz normal (und rechtmäßig) zum erstmöglichen Kündigungstermin gekündigt hätten. Auch dann hätte der Arbeitgeber ja diese zusätzlichen Ausgaben gehabt.

Anders bei den **übrigen Kosten**: Diese müssen im Normalfall Sie übernehmen. Bei der Schadensberechnung darf der Arbeitgeber aber nur die Zeit berücksichtigen, die zwischen der ursprünglich beabsichtigten Arbeitsaufnahme und der ersten Kündigungsmöglichkeit liegt. Wenn Sie also am 14. August gekündigt hätten, wäre nach § 622 Absatz 1 BGB Ihre Kündigungsfrist am 15. September abgelaufen. Ihr „verhinderter“ Arbeitgeber kann also von Ihnen nur die Differenz zwischen den Personalkosten der Leiharbeitnehmer und Ihrem Gehalt für die Zeit vom 1. bis 15. September verlangen.

Worauf müssen Arbeitnehmer und Arbeitgeber aus Gründen der Fairness, aber auch aus rechtlichen Gründen zur Vermeidung von Haftungsfolgen bei Durchführung ihrer Einstellungsverhandlungen ganz allgemein gesprochen achten?

Die Vertragspartner in spe, also Arbeitgeber und Bewerber sind verpflichtet, sich gegenseitig über Umstände zu informieren, die jeweils für den Entschluss der Gegenseite zum Abschluss des Arbeitsvertrags erkennbar von Bedeutung sind. So muss der Arbeitgeber den Arbeitnehmer davon ins Bild setzen, wenn Zahlungsschwierigkeiten hinsichtlich der Löhne und Gehälter absehbar sind oder wenn demnächst mit einer Verlegung oder gar Schließung des Betriebs zu rechnen ist. Umgekehrt kann sich der Arbeitnehmer schadensersatzpflichtig machen, wenn er nicht rechtzeitig mitteilt, dass er die Stelle nicht antreten kann oder will oder wenn er für das Arbeitsverhältnis wesentliche Umstände nicht offenbart (Stichwort: Offenbarungspflichten des Arbeitnehmers, siehe oben I. 3. a)). Beispielsweise hat derjenige, der sich um eine Stelle als Kraftfahrer bewirbt, von sich aus mitzuteilen, dass er zehn Jahre nicht mehr als Kraftfahrer tätig war oder dass gegen ihn gerade ein Verfahren zum Entzug der Fahrerlaubnis läuft.

2. Kapitel

Das Arbeitsverhältnis und seine Regeln

1. Vertrag

Das Recht des Kleindgedruckten. Ihnen wurde die begehrte Stelle zugesagt und Sie finden sich im Sekretariat des Personalbüros ein, um den Arbeitsvertrag zu unterzeichnen. Die Sekretärin übergibt Ihnen ein dreiseitiges Formular (Überschrift: „Arbeitsvertrag"). Sie bittet Sie um Unterzeichnung mit der Bemerkung: „Damit alles formell in Ordnung ist, brauchen wir hier noch Ihre Unterschrift." Sie haben im Rechtsberatungsteil einer Wochenzeitschrift gelesen, dass es Vorschriften im Bürgerlichen Gesetzbuch über Formularverträge gibt, wonach in einem Formularvertrag nichts Überraschendes oder Unvorteilhaftes stehen darf. Derart beruhigt unterschreiben Sie. Ein Freund, mit dem Sie später darüber sprechen, hält Ihr Verhalten für unvorsichtig, weil nach seiner Kenntnis das Recht des „Kleingedruckten" im Arbeitsrecht nicht gelte. – Hat Ihr Freund Recht?

Bis zum Inkrafttreten des sog. Schuldrechtsmodernisierungsgesetz am 1. Januar 2002 galten die verbraucherfreundlichen gesetzlichen Regeln über Formularverträge in Gestalt des „Gesetzes zur Regelung des Rechts der Allgemeinen Geschäftsbedingungen" (AGB-Gesetz) nicht im Arbeitsrecht. Das hat sich damals geändert: Die Vorschriften des AGB-Gesetzes wurden in das Bürgerliche Gesetzbuch unter den Paragrafenbezeichnungen § 305 bis § 310 BGB übernommen und finden seitdem unter Berücksichtigung „der im Arbeitsrecht geltenden Besonderheiten" auch hier Anwendung.

Das heißt aber nicht, dass Sie einen Formularvertrag sorglos unterschreiben sollten. Wenn sich die Möglichkeit bietet, sollten Sie auch bei vorformulierten Verträgen die Bestimmungen darauf abklopfen, ob sie wirklich Ihren Interessen entsprechen und ob nicht im Verhandlungswege eine Abänderung möglich ist. Auch in solchen Verträgen gibt es im Übrigen regelmäßig – nicht ausgefüllte oder anzukreuzende – Passagen, die im Einzelfall noch auszufüllen sind – zB Regelungen über die Arbeitszeit, den Arbeitsort, die Beschreibung des Aufgabengebiets uä. Spätestens hier sollte man genau überlegen, was man will.

Nicht in jedem Arbeitsverhältnis wird der Arbeitnehmer mit einem vorformulierten Arbeitsvertrag konfrontiert. Bisweilen gibt es gar nichts Schriftliches. Dann stellt sich die Frage:

Was gilt überhaupt im Arbeitsverhältnis?

Es geht um die Frage, welche Bestimmungen das Arbeitsverhältnis regeln. Wir wollen sie im Folgenden aus Gründen der Anschaulichkeit als Spielregeln bezeichnen, auch wenn ein Arbeitsverhältnis natürlich kein Spiel ist.

Wo finde ich die Spielregeln? Wer legt sie fest?

Die wichtigste und zentrale „Fundstelle" für die Spielregeln des Arbeitsverhältnisses ist der Arbeitsvertrag, den Sie mit Ihrem Arbeitgeber geschlossen haben. Diese Fundstelle – man spricht auch von einer „Quelle" – kann unterschiedlich ergiebig sein.

Mündliche Absprache. Der Personalleiter eines Kaufhauses sagt zu einer Bewerberin: „Frau Kern, Sie fangen ab Montag bei uns als Verkäuferin auf einer Halbtagsstelle für 1.100 EUR brutto an." Sie erwidert: „In Ordnung."

Was ist ein Arbeitsvertrag?

Bei der im Beispiel geschilderten Absprache handelt es sich um einen Arbeitsvertrag. Er lässt nämlich erkennen, dass Frau Kern als Arbeitnehmerin zu einer bestimmten Vergütung anfangen soll und dass sie – sehr wichtig – auch einverstanden ist. Verträge kommen nämlich nur im beiderseitigen Einverständnis zustande.

Der beschriebene Arbeitsvertrag ist jedoch – wie Sie sehen – eine wenig ergiebige Quelle, da er nur weniges regelt, nämlich: Arbeitsbeginn, zeitlichen Umfang der Tätigkeit und Vergütung. Wenige Punkte, wenn man bedenkt, was alles im Arbeitsverhältnis wichtig ist und damit zum Streit führen kann. Außerdem ist diese mündliche Form zwar im Grundsatz zulässig, jedoch unzweckmäßig, weil die Regeln, über die Einigkeit erzielt wurde, nur in Ihrem Gedächtnis und dem des Personalleiters gespeichert sind. Das Gedächtnis ist jedoch ein schlechter Speicher. Es kann daher später schon deswegen zum Streit kommen, weil einer von Ihnen – der Personalleiter oder Sie – vergessen hat oder sich falsch erinnert, was vereinbart war. Da sind Sie besser dran, wenn der von Ihnen unterzeichnete Arbeitsvertrag etwa folgende Punkte regelt:

Zeitpunkt der Arbeitsaufnahme, Probezeit, Kündigungsfristen, Dauer der wöchentlichen Arbeitszeit, Urlaub, Arbeitsverhinderung, Vergütung, Zulässigkeit von Nebenbeschäftigungen, Vertragsstrafe, evtl. zusätzliche Vergütungen, wie zB Weihnachtsgeld oder Bonus.

Wichtig:

In den Arbeitsvertrag sollten Sie immer als erstes hineinschauen, wenn es zu Differenzen zwischen Ihnen und Ihrem Arbeitgeber kommt.

Ein relativ unbekanntes und wenig beachtetes Gesetz schreibt übrigens vor, dass Ihr Arbeitgeber verpflichtet ist, Sie spätestens innerhalb eines Monats nach dem vereinbarten Beginn des Arbeitsverhältnisses über wesentliche Bedingungen Ihres Arbeitsverhältnisses in Form eines schriftlichen Nachweises zu informieren. Dieses sog. Nachweisgesetz verlangt, dass insbesondere der Arbeitsort, die Art der von Ihnen verlangten Arbeitsleistung, die Höhe des Entgelts, die vereinbarte Arbeitszeit, die Dauer des jährlichen Erholungsurlaubs, die Kündigungsfristen sowie die Anwendbarkeit etwaiger Betriebsvereinbarungen und Tarifverträge schriftlich dokumentiert werden.

Wer bestimmt die im Arbeitsvertrag enthaltenen Regeln?

Die Spielregeln des Arbeitsverhältnisses bestimmen Sie und Ihr Arbeitgeber, und zwar im Grundsatz gleichberechtigt. Denn zu einem Arbeitsvertrag gehören – wie wir schon gesehen haben – zwei Personen, die zu dem Ausgehandelten „ja" sagen: Sie und der Arbeitgeber. Es wäre allerdings unrealistisch, außer Acht zu lassen, dass derjenige, der „am längeren Hebel" sitzt, die Bedingungen weitgehend einseitig formulieren kann.

Der Arbeitsvertrag ist aber nicht die einzige Stelle, wo Spielregeln für das Arbeitsverhältnis niedergelegt sind. Wenn Sie sich z. B. ein Gesellschaftsspiel wie „Mensch ärgere dich nicht" oder „Mühle" oder „Monopoly" zulegen, dann können Sie sich darauf verlassen, dass alle Spielregeln dem Spiel beigegeben sind. Sie brauchen, wenn es zwischen Ihnen und den Mitspielern zum Streit kommt, nur die Spielanleitung zur Hand zu nehmen. In 99% aller Fälle finden Sie hier auch die Lösung. Anders im Arbeitsverhältnis.

Hier können Sie keineswegs sicher sein, dass alle geltenden Spiereregeln in Ihrem Arbeitsvertrag enthalten sind. Im Gegenteil: Häufig sind – wie wir schon anhand des Beispiels der Bewerberin um die Stelle einer Verkäuferin gesehen haben – Arbeitsverträge so kurz, dass Sie sich naturgemäß nach anderen Quellen umschauen müssen, um zu erfahren, was in Ihrem Arbeitsverhältnis gilt und was nicht.

Der Gesetzgeber hat sich – an etwas eigenartiger Stelle, nämlich in § 105 der Gewerbeordnung unter der Überschrift „Allgemeine arbeitsrechtliche Grundsätze" zu dieser Fragestellung folgendermaßen geäußert: „Arbeitgeber und Arbeitnehmer können Abschluss, Inhalt und Form des Arbeitsvertrages frei vereinbaren, soweit nicht zwingende gesetzliche Vorschriften, Bestimmungen eines anwendbaren Tarifvertrages oder einer Betriebsvereinbarung entgegenstehen. Soweit die Vertragsbedingungen wesentlich sind, richtet sich ihr Nachweis nach den Bestimmungen des Nachweisgesetzes."

Hier wird deutlich, dass wesentliche Quelle für die Spielregeln des Arbeitsverhältnisses der Arbeitsvertrag ist, dass es daneben aber noch andere Quellen gibt: Gesetzliche Vorschriften, Bestimmungen eines anwendbaren Tarifvertrags und Bestimmungen einer anwendbaren Betriebsvereinbarung.

2. Gesetze

Als wichtigste weitere Quelle sind zunächst die arbeitsrechtlichen Gesetze zu nennen. Diese Gesetze sagen Ihnen, was im Arbeitsverhältnis sein darf und was nicht und was bestimmte Verhaltensweisen für Folgen haben.

Bezahlter Erholungsurlaub. Frau Kern (aus unserem obigen Beispiel) bittet ein halbes Jahr nach Arbeitsbeginn um bezahlten Jahresurlaub. Der Arbeitgeber sagt: „Von bezahltem Urlaub ist in unserem Arbeitsvertrag nicht die Rede gewesen. Sie können gerne ein paar Tage freinehmen, allerdings ohne Bezahlung." Kann er die Bitte von Frau Kern abschlagen?

Der Arbeitgeber hat zwar Recht mit seiner Behauptung, dass diese Frage im Arbeitsvertrag nicht geregelt ist. Hier greift aber die „Spielregel" des § 1 des Bundesurlaubsgesetzes ein, die besagt: „Jeder Arbeitnehmer hat in jedem Kalenderjahr Anspruch auf bezahlten Erholungsurlaub."

Der Arbeitgeber muss Frau Kern also den bezahlten Urlaub gewähren. Einzelheiten der Urlaubsgewährung sind dann in den – ziemlich komplizierten – weiteren zwölf Paragrafen des Bundesurlaubsgesetzes nachzulesen.

Gibt es bei uns ein Arbeitsgesetzbuch?

Vielleicht haben Sie sich darüber gewundert, dass es für einen so kleinen Teilbereich des Arbeitsverhältnisses wie die Urlaubsgewährung ein eigenes Gesetz mit 13 Paragrafen gibt. Das ist in der Tat verwunderlich.

Es läge eigentlich nahe, dass der gesamte Lebensbereich der abhängigen Arbeit – wie man Arbeitsverhältnisse auch umschreiben kann – in einem eigenen Gesetzbuch zusammenfasst und abgehandelt wäre. Das würde Ihnen sicher den Zugang zu den „Spielregeln" des Arbeitsverhältnisses erleichtern. Die Realität sieht leider anders aus: Die (gesetzlichen) Regeln des Arbeitsrechts sind auf eine Vielzahl von Einzelgesetzen verstreut und teilweise in ihnen auch gut versteckt. Wichtige Vorschriften über Kündigungsfristen, das Schriftformerfordernis bei Kündigungen und Auflösungsverträgen, die Zulässigkeit fristloser Kündigungen, die arbeitsrechtlichen Folgen eines Betriebsübergangs ua finden Sie in den Paragrafen 611 bis 630 des Bürgerlichen Gesetzbuchs.

Die zuvor wiedergegebene Vorschrift des § 105 Gewerbeordnung ist im Übrigen ein anschauliches Beispiel für die „Kunst" des Gesetzgebers, arbeitsrechtliche Gesetze da zu verstecken, wo man sie eigentlich nicht vermutet. Die Gewerbeordnung gilt nämlich im Grundsatz nur für Gewerbebetriebe. Arbeitsverhältnisse gibt es aber in allen Lebensbereichen. Im Anschluss an die Regelung der Vertragsfreiheit im Arbeitsverhältnis finden Sie in den dann folgenden Paragrafen der Gewerbeordnung noch arbeitsrechtliche Bestimmungen über das Weisungsrecht des Arbeitgebers (§ 106), über die Berechnung, Zahlung und Abrechnung des Arbeitsentgelts (§§ 107 und 108), über den Zeugnisanspruch (§ 109) sowie über die Möglichkeit der Vereinbarung eines Wettbewerbsverbots (§ 110).

Wo finde ich die für mein Arbeitsverhältnis wichtigen Gesetze?

Die wichtigsten für das Arbeitsverhältnis geltenden Gesetze finden Sie im preiswerten Taschenbuch „Arbeitsgesetze" in der Reihe „Beck-Texte im dtv". Dieser Band enthält in ständig aktualisierter Form die wesentlichen gesetzlichen Spielregeln des Arbeitsrechts. Wenn Sie nicht gleich das richtige Gesetz finden, versuchen Sie es mit dem Stichwortverzeichnis am Ende dieser Gesetzessammlung.

3. Tarifverträge

Wir sind mit unserer Aufzählung wichtiger Rechtsquellen im Arbeitsrecht noch nicht am Ende. Von mindestens ebenso großer Bedeutung für das Arbeitsleben wie die Gesetze sind nämlich die Tarifverträge.

Was sind Tarifverträge?

Tarifverträge sind Verträge zwischen Gewerkschaften auf der einen Seite und Arbeitgeberverbänden oder einzelnen Firmen auf der anderen Seite. Auch Tarifverträge enthalten – wie Gesetze und Arbeitsverträge – Spielregeln für das Arbeitsverhältnis. Dabei werden in den Lohn- und Gehaltstarifverträgen die Lohnhöhe sowie die Lohngruppen festgelegt.

In Manteltarifverträgen (manchmal auch als „Rahmentarifverträge" bezeichnet) werden sonstige Arbeitsbedingungen festgelegt. Hier finden sich z. B. Bestimmungen über die Länge der Arbeitszeit, Erholungsurlaub, Freistellung bei Verhinderung aus persönlichen Gründen, Überstunden, Kündigungsfristen und anderes.

Wer legt diese Regeln fest?

Waren es beim Arbeitsvertrag Sie und der Arbeitgeber, bei den Gesetzen das Parlament, so sind es bei den Tarifverträgen die Tarifvertragsparteien, also die Gewerkschaften und die Arbeitgeberverbände oder einzelne Firmen, die die Regeln bestimmen.

Für wen gelten die in den Tarifverträgen festgehaltenen Regeln?

Die Regelungen eines Tarifvertrages gelten zunächst nur für „Tarifgebundene", das sind Mitglieder der den Tarifvertrag schließenden Gewerkschaft(en) einerseits und zB die Mitgliedsfirmen des jeweiligen Arbeitgeberverbandes andererseits.

Sie sind Mitarbeiter im Rechnungswesen eines großen Bauunternehmens. Im „Tarifvertrag über die Gewährung eines 13. Monatseinkommens für die Angestellten des Baugewerbes" findet sich folgende Bestimmung: „§ 2 – Anspruch: „Arbeitnehmer, deren Arbeitsverhältnis am 30. Nov. des laufenden Kalenderjahres mindestens zwölf Monate ununterbrochen besteht, haben Anspruch auf Zahlung eines Betrages in Höhe des 93fachen ihres in der Lohntabelle ausgewiesenen Gesamttarifstundenlohns."

Zusätzliche Vergütung bei Tarifbindung. Ihr zum Bauindustrieverband (Arbeitgeberverband) gehörender Arbeitgeber zahlt Ihren Kollegen, Herrn G und Herrn W., die beide in der Gewerkschaft Bauen-Agrar-Umwelt organisiert sind, zu Weihnachten jeweils zusätzlich zu ihrem Gehalt das 93fache ihres in der Lohntabelle ausgewiesenen Gesamttarifstundenlohns. Bei der Dezemberabrechnung stellen Sie fest, dass Ihr Arbeitgeber Ihnen kein 13. Monatsgehalt ausgezahlt hat. – Zu Recht?

Ihr Arbeitgeber hat Ihnen rechtlich einwandfrei die zusätzliche Vergütung verweigert, weil Sie nicht tarifgebunden sind. Es gibt allerdings noch zwei weitere Möglichkeiten, wie die Regeln eines Tarifvertrages auf ein einzelnes Arbeitsverhältnis einwirken können, wie Sie also vielleicht doch noch in den Genuss der Tarifleistung kommen könnten.

Erste Möglichkeit: **Allgemeinverbindlichkeit.** Das Bundesministerium für Arbeit und Soziales oder – soweit im Einzelfall hierzu beauftragt – die oberste Landesbehörde des jeweiligen Bundeslandes können auf Antrag einzelne Tarifverträge für allgemeinverbindlich erklären. Wie das Wort schon sagt, gelten diese Tarifverträge für alle Arbeitnehmer und Arbeitgeber der betreffenden Branche und des im Tarifvertrag genannten geographischen Geltungsbereichs (zB Hessen, Bayern usw.), unabhängig davon, ob sie gewerkschaftlich organisiert bzw. Verbandsmitglied sind oder nicht.

Da der in unserem Beispiel genannte Tarifvertrag nicht allgemeinverbindlich ist, können nicht gewerkschaftlich organisierte Arbeitnehmer hieraus keine Rechte herleiten.

Die zweite Möglichkeit besteht darin, dass der Tarifvertrag **einzelvertraglich als anwendbar vereinbart** wird. In einem solchen Fall enthält der Arbeitsvertrag etwa folgende Regelung: „Soweit in diesem Arbeitsvertrag nichts anderes bestimmt ist, finden die Tarifverträge für die Bauindustrie in ihrer jeweils geltenden Fassung Anwendung."

Wie kann ich mir einen Tarifvertrag besorgen?

Einfach ist es, wenn Sie in einer Gewerkschaft Mitglied sind. Dann wird man Ihnen ohne weiteres ein Exemplar des für Sie einschlägigen Tarifvertrages zukommen lassen.

Arbeitgeber und Arbeitnehmer, für die ein Tarifvertrag aufgrund einer Allgemeinverbindlicherklärung verbindlich ist, sowie deren beauftragte Interessenvertreter (zB Rechtsanwälte, Steuerberater) können von einer der Tarifvertragsparteien eine Abschrift des Tarifvertrages gegen Erstattung der Selbstkosten (das sind die Papier- und Vervielfältigungs- oder Druckkosten sowie das Übersendungsporto) verlangen.

Außerdem kann Ihnen, wenn Sie nicht gewerkschaftlich organisiert sind, § 8 des Tarifvertragsgesetzes weiterhelfen: „Die Arbeitgeber sind verpflichtet, die für ihren Betrieb maßgebenden Tarifverträge an geeigneter Stelle im Betrieb auszulegen."

Das Gesetz gibt Ihnen also das Recht und die Möglichkeit, bei Ihrem Arbeitgeber Einsicht in den für Sie in Betracht kommenden Tarifvertrag zu nehmen. Diese Verpflichtung gilt allerdings nur für tarifgebundene Arbeitgeber, dh für Arbeitgeber, die Mitglieder der tarifvertragsschließenden Verbände sind, und für solche Betriebe, die in den Geltungsbereich eines allgemeinverbindlichen Tarifvertrags fallen.

Wortlaut des Tarifvertrages. Sie haben mit Ihrem Arbeitgeber einen Arbeitsvertrag geschlossen, der folgende Bestimmung enthält: „Soweit in diesem Vertrag nichts anderes bestimmt ist, finden die Vorschriften des Manteltarifvertrags für die Arbeitnehmer in der Metallindustrie in der jeweils geltenden Fassung Anwendung." Der bezeichnete Tarifvertrag ist nicht allgemeinverbindlich, und Ihr Arbeitgeber ist auch nicht Mitglied des Arbeitgeberverbandes. Sie wollen bei Gelegenheit in der Personalabteilung in den Tarifvertrag Einsicht nehmen. Man sagt Ihnen, man habe leider kein Exemplar des Tarifvertrages und sehe auch keine Möglichkeit, ein solches zu beschaffen. Sie berufen sich auf § 8 des Tarifvertragsgesetzes. – Mit Recht?

Leider haben Sie kein durchsetzbares Recht, von Ihrem Arbeitgeber den Wortlaut des Tarifvertrags zu erfahren. Was können Sie also tun?

Wichtig:

Sie können bei den Verbänden, die den Tarifvertrag abgeschlossen haben, um Übersendung eines Exemplars gegen Kostenerstattung erbitten. Diese sind aber zur Übersendung nur dann gesetzlich verpflichtet, wenn der Tarifvertrag allgemeinverbindlich ist.

Wie kann ich in Erfahrung bringen, ob der für meinen Betrieb maßgebliche Tarifvertrag allgemeinverbindlich ist?

Hier empfiehlt sich ein Anruf oder eine Anfrage bei dem für Ihr Bundesland zuständigen Arbeitsministerium bzw. Senator für Arbeit. Dort weiß man über den aktuellen Stand der Allgemeinverbindlicherklärungen Bescheid. Außerdem veröffentlicht das Bundesministerium für Arbeit und Soziales im Internet eine laufend aktualisierte Liste der für allgemeinverbindlich erklärten Tarifverträge (www.bmas.de).

4. Betriebsvereinbarungen

Was ist eine Betriebsvereinbarung?

In Betrieben, in denen ein Betriebsrat besteht, können Arbeitgeber und Betriebsrat über Fragen, die zum Aufgabenbereich des Betriebsrats gehören und im Betriebsverfassungsgesetz näher beschrieben sind, Verträge schließen. Diese Verträge nennt man Betriebsvereinbarungen. Sie haben – bezogen auf den Betrieb – ähnliche Wirkungen wie Tarifverträge.

Torkontrollen durch den Betriebsrat. Ein Arbeitgeber vereinbart mit seinem Betriebsrat, dass in seinem Betrieb stichprobenweise Torkontrollen durchgeführt werden sollen. Die Vereinbarung sieht vor, dass diese Torkontrollen nur von einer Kommission, bestehend aus einem Vertreter der Personalabteilung, einem Mitglied des Betriebsrats und dem dienstältesten Arbeitnehmer, angeordnet und vorgenommen werden dürfen.

Welche Fragen sind normalerweise Gegenstand einer Betriebsvereinbarung?

Hier einige weitere Beispiele für Themen, zu denen häufig Betriebsvereinbarungen geschlossen werden:

- Festlegung von Beginn und Ende der Arbeitszeit sowie der Pausen,
- Regelung von Zeit, Ort und Art (zB bargeldlos) der Auszahlung der Arbeitsvergütung,
- Ausgestaltung und Verwaltung bestehender Sozialeinrichtungen (zB Kantine, Sportanlagen) oder
- Aufstellung allgemeiner Urlaubsgrundsätze (zB Einführung von Betriebsurlaub).

5. Gerichtsurteile

Es gibt noch einen wichtigen Komplex weiterer Spielregeln: das so genannte Richterrecht. Hier wird's etwas kompliziert. Das Richterrecht ist nämlich nicht etwa eine Sammlung von festen Regeln, sondern es sind Entscheidungen von Gerichten in Einzelfällen. Diese Entscheidungen lassen allerdings mitunter erkennen, dass die jeweiligen Richter von bestimmten, regelmäßig durch Gesetze nicht erfassten Regeln ausgegangen sind und diese auch angewendet haben.

Anfechtung des Arbeitsvertrages, aufgrund arglistiger Täuschung. Frau Kilian hat sich um die Position einer Filialleiterin einer Drogeriekette bewerben. Frau Kilian ist schwanger. Im Einstellungsfragebogen beantwortet sie wider besseres Wissen die Frage: „Sind Sie schwanger?" mit „Nein". Frau Kilian wird eingestellt. Nach einiger Zeit legt sie ein Schwangerschaftsattest vor, aus dem hervorgeht, dass sie bereits vor ihrer Einstellung schwanger war und das gewusst haben müsste. Der Personalleiter ist erbost. Frau Kilian bestreitet nicht, dass sie bei Ausfüllung des Fragebogens gewusst hat, dass sie schwanger war. Ihr Arbeitgeber ficht den Arbeitsvertrag wegen arglistiger Täuschung an. – Mit Erfolg?

Wie Sie im ersten Kapitel erfahren haben, wird die Firma mit ihrer Anfechtung keinen Erfolg haben. Denn die Frage nach der Schwangerschaft ist im Allgemeinen unzulässig und kann folgenlos falsch beantwortet werden. Die Spielregel: „Die Frage nach der Schwangerschaft ist in der Regel unzulässig und kann von der Bewerberin ohne Folgen für den Bestand des Arbeitsverhältnisses falsch beantwortet werden." werden Sie in keinem Gesetz finden. Sie ist Teil des Richterrechts oder genauer: Sie ist der Kernsatz der neueren Rechtsprechung des Bundesarbeitsgerichts, des höchsten Arbeitsgerichts in der Bundesrepublik Deutschland. Beachten Sie aber, dass das Richterrecht bestehende Gesetze nicht ändern kann, sondern lediglich da neue Regeln findet, wo Gesetze nicht genügend klar sind oder Lücken gelassen haben.

Wodurch unterscheiden sich die Gesetze vom Richterrecht?

Ein wichtiger Unterschied des Richterrechts zum Gesetz besteht darin, dass die Gerichte der unteren Instanzen (Arbeitsgerichte und Landesarbeitsgerichte) an solche Kernsätze des obersten Gerichts nicht zwingend gebunden sind. Sie können, wenn sie anderer Meinung sind, sich über ein solches höchstrichterliches Urteil hinwegsetzen. Von Richterrecht kann man also eigentlich erst dann sprechen, wenn solche Kernsätze, wie der vorher zitierte, in der Rechtsprechung der unteren Gerichte auch tatsächlich angewendet werden. Das ist allerdings häufig der Fall, so dass man in der Praxis als Faustregel davon ausgehen kann, dass die Rechtsprechung des Bundesarbeitsgerichts das arbeitsrechtliche Richterrecht bestimmt.

Ein weiterer Unterschied des Richterrechts zum Gesetzesrecht besteht darin, dass das Richterrecht – zumindest auf dem Gebiet des Arbeitsrechts – einem laufenden Wandel unterworfen ist. Der Richter oder Rechtsanwalt, der über das Richterrecht Bescheid wissen will, muss also ständig die neuesten Entscheidungen des Bundesarbeitsgerichts verfolgen, um auf dem Laufenden zu sein.

Wichtig:

Will man das in einem Urteil des Bundesarbeitsgerichts oder auch eines Landesarbeitsgerichts dokumentierte Richterrecht verstehen, muss man die Urteilsgründe sehr sorgfältig lesen. Häufig erschließt sich der Inhalt des Richterspruchs erst dann, wenn man auch den zugrunde liegenden Sachverhalt in den Einzelheiten kennt. Aus diesem Grund sind Urteilsleitsätze, wie Sie sie öfters in Zeitungen und Zeitschriften lesen können, nur mit Vorsicht zu genießen.

Fassen wir noch einmal zusammen: Wenn Sie als Arbeitnehmer über die Spielregeln des Arbeitsverhältnisses Bescheid wissen wollen, müssen Sie verschiedene Quellen zu Rate ziehen. Die wesentlichen Quellen sind

- der Arbeitsvertrag,
- die Gesetze,
- die Tarifverträge und
- die Betriebsvereinbarungen.

Die ersten beiden Quellen (Arbeitsvertrag und Gesetze) spielen für Sie immer eine Rolle, die beiden zuletzt genannten nur unter besonderen Voraussetzungen (Tarifbindung bzw. das Bestehen eines Betriebsrats). Darüber hinaus gibt es noch das Richterrecht, dessen Bedeutung für ein bestimmtes Problem im Einzelfall allerdings nur schwer einzuschätzen ist.

6. Rangordnung unter Regeln, die sich widersprechen

Wenn Sie die beschriebene Situation betrachten, werden Sie vielleicht sagen: Bei so zahlreichen Regeln aus den unterschiedlichsten Quellen ist doch damit zu rechnen, dass sich diese Regeln widersprechen. Das ist tatsächlich ein wichtiges Problem. Immer wieder ergeben sich nämlich Regelungswidersprüche zwischen den genannten Quellen. Häufig sind diese Widersprüche sogar bewusst herbeigeführt, weil die Beteiligten mit der vorher vorhandenen Regelung nicht zufrieden waren.

Was gilt, wenn verschiedene Rechtsquellen zum gleichen Fall eine unterschiedliche Regelung vorsehen?

In Ihrem Arbeitsvertrag steht unter der Überschrift: § 5 – Arbeitszeit: Es wird eine tägliche Arbeitszeit von elf Stunden vereinbart. In § 3 des Arbeitszeitgesetzes lesen Sie andererseits: „Die werktägliche Arbeitszeit darf die Dauer von acht Stunden nicht überschreiten." Es kommt zum Streit. Ihr Arbeitgeber erklärt: „Ich zahle Ihnen ohnehin ein sehr großzügig bemessenes Gehalt, deshalb bestehe ich auf der Ableistung der vereinbarten 77 Wochenstunden." Sie berufen sich hingegen auf das Arbeitszeitgesetz und sagen: „Ab der 49. Wochenstunde bin ich zur Arbeitsleistung nur in den vom Gesetz erlaubten Ausnahmefällen bereit." – Wer hat Recht?

Sie haben Recht, weil Sie sich auf ein zwingendes Gesetz berufen können. Die Vorschriften des Arbeitszeitgesetzes sind **zwingendes** Recht, das heißt, die Regel eines Arbeitsvertrags, die hiervon abweicht, ist unwirksam. Das Gesetz steht hier also auf höherer Stufe als der Einzelarbeitsvertrag. Hier noch einige weitere Beispiele für Fälle, in denen das Gesetz zwingende Regeln vorsieht:

- Mindesturlaub von 24 Werktagen nach dem Bundesurlaubsgesetz,
- Kündigungsschutz nach dem Kündigungsschutzgesetz,
- Anspruch auf Lohn-/Gehaltsfortzahlung im Krankheitsfall.

Nicht alle Gesetze haben jedoch zwingenden Charakter. Vielmehr gibt es eine Reihe von gesetzlichen Bestimmungen, die durch den Einzelarbeitsvertrag geändert werden können. Man nennt diese Bestimmungen dispositive bzw. abdingbare Gesetzesbestimmungen, weil sie „abbedungen" (= ausgeschaltet) werden können. Das kann durch den Arbeitsvertrag, einen Tarifvertrag oder eine Betriebsvereinbarung geschehen.

Geltung der Kündigungsfrist aus dem Arbeitsvertrag. In Ihrem Arbeitsvertrag steht unter der Überschrift: „Kündigung": „Das Arbeitsverhältnis kann mit einer Frist von 2 Wochen gekündigt werden."
In der Vorschrift des § 622 Absatz 1 Satz 1 des Bürgerlichen Gesetzbuches (abgekürzt: BGB) lesen Sie andererseits: „Das Arbeitsverhältnis eines Arbeiters oder eines Angestellten (Arbeitnehmers) kann mit einer Kündigungsfrist von vier Wochen zum Fünfzehnten oder zum Ende eines Kalendermonats gekündigt werden."

Sie wollen wissen, was für Sie gilt: Die Bestimmung des Arbeitsvertrags (zwei Wochen) oder die des Gesetzes (vier Wochen zum Fünfzehnten oder zum Ende eines Kalendermonats). Die Lösung ergibt sich aus dem § 622 Absatz 5 BGB. Dort heißt es:

Material Start

Einzelvertraglich kann eine kürzere als die in Absatz 1 genannte Kündigungsfrist nur vereinbart werden,

1. wenn ein Arbeitnehmer zur vorübergehenden Aushilfe eingestellt ist; das gilt nicht, wenn das Arbeitsverhältnis über die Zeit von drei Monaten hinaus fortgesetzt wird;
2. wenn der Arbeitgeber in der Regel nicht mehr als zwanzig Arbeitnehmer ausschließlich der zu ihrer Berufsbildung Beschäftigten beschäftigt und die Kündigungsfrist vier Wochen nicht unterschreitet…

Material Stop

Die einzelvertragliche Vereinbarung längerer als der in den Absätzen 1 bis 3 genannten Kündigungsfristen bleibt hiervon unberührt."

Lassen Sie sich durch das kompliziert klingende Juristendeutsch nicht abschrecken! Gemeint ist, dass **zugunsten** des Arbeitnehmers (längere Kündigungsfristen also) immer abgewichen werden kann. Eine Abweichung zum **Nachteil** des Arbeitnehmers ist andererseits nur dann möglich, wenn Sie zur vorübergehenden Aushilfe eingestellt wurden und das Arbeitsverhältnis noch nicht länger als drei Monate besteht oder wenn Ihr Arbeitgeber nicht mehr als 20 Arbeitnehmer beschäftigt und die vereinbarte Kündigungsfrist vier Wochen nicht unterschreitet.

Was sind tarifdispositive Gesetzesbestimmungen?

Es geht noch einen Schritt weiter: Es gibt gesetzliche Bestimmungen, die nicht durch einen Arbeitsvertrag, wohl aber durch den Tarifvertrag abgeändert werden können.

Kündigungsfrist in einem Manteltarifvertrag. In einem Manteltarifvertrag ist bestimmt, dass die Kündigungsfrist innerhalb der Probezeit eine Woche beträgt.

Eine solche Regelung wäre in einem Arbeitsvertrag unzulässig und damit unwirksam. Im Tarifvertrag ist sie jedoch erlaubt. Das ergibt sich aus § 622 Absatz 4 des Bürgerlichen Gesetzbuchs: „Von den Absätzen 1 bis 3 abweichende Regelungen können durch **Tarifvertrag** vereinbart werden…"

Wegen dieses Vorbehalts nennt man die Vorschrift des § 622 BGB „tarifdispositiv", was soviel heißt wie: kann durch Tarifvertrag abbedungen, also ausgeschaltet werden.

Warum können manche Gesetze durch Tarifvertrag, nicht aber durch den Arbeitsvertrag abgeändert werden?

In diesem Fall sind den Parteien des Arbeitsvertrages die Hände mehr gebunden als den Tarifvertragsparteien (= Gewerkschaften, Arbeitgeberverbänden und einzelne Arbeitgeber). Dahinter steckt die Vorstellung des Gesetzgebers, dass ein Tarifvertrag Ergebnis einer Verhandlung zwischen ungefähr gleich starken Partnern ist. Diese sind mit den Gegebenheiten der einzelnen Branche am besten vertraut. Sie können am besten beurteilen, was hier richtig und angemessen ist. Man unterstellt, dass bei Tarifverträgen unter dem Strich die Interessen beider Seiten gewahrt sind.

Bei (Einzel-)Arbeitsverträgen wird dies nicht so gesehen. Das Gesetz hält die Position des Arbeitnehmers, der einen Arbeitsvertrag schließt, ohne in den Schutzbereich eines Tarifvertrags zu fallen, für besonders schützenswert und greift da mit zwingenden Spielregeln ein.

Welche Rangordnung herrscht zwischen den verschiedenen Rechtsquellen im Arbeitsrecht?

Wir haben festgestellt, dass bei den Regelarten zu unterscheiden ist zwischen zwingenden und abdingbaren Regeln. Hieraus ergibt sich – beginnend mit dem höchsten Rang – folgende Rangordnung:

- Zwingende Gesetzesbestimmungen,
- Zwingende Bestimmungen eines Tarifvertrags,
- Zwingende Bestimmungen einer Betriebsvereinbarung,
- Bestimmungen des (Einzel-)Arbeitsvertrags,
- abdingbare Bestimmungen einer Betriebsvereinbarung,
- abdingbare Bestimmungen eines Tarifvertrages,
- abdingbare Gesetzesbestimmungen.

Was sagt uns diese Rangliste? Sie gibt Aufschluss über die Durchschlagskraft der verschiedenen Regeln, je nachdem, welcher Gruppe sie zuzuordnen sind. Widersprechen sich also Regeln verschiedener Regelgruppen, die den gleichen Sachverhalt betreffen (z. B. die Länge der Arbeitszeit in unserem Beispiel), so brauchen wir nur festzustellen, welchen Rechtsquellen die sich widersprechenden Regeln zugehören, um zu erkennen, welche Regel die *stärkere* ist und die andere aussticht: Je höher in der Rangordnung, umso stärker.

Wichtig:

Häufig ist im Gesetz oder Tarifvertrag ausdrücklich bestimmt, ob und inwieweit abweichende Regeln der Arbeitsvertragsparteien oder der Betriebspartner (Arbeitgeber und Betriebsrat, zulässig sein sollen. Es gibt aber auch Fälle, in denen dies nicht eindeutig zum Ausdruck gebracht wird und erst durch Auslegung der Vorschrift ermittelt werden kann.

Was sind beidseitig zwingende und einseitig zwingende Vorschriften?

Bei den **zwingenden** Vorschriften muss man sich im Einzelfall noch vergewissern, ob jede Abweichung oder nur eine Abweichung zu Lasten des Arbeitnehmers verboten ist.

Mehr Urlaub für den Arbeitnehmer. Das Bundesurlaubsgesetz bestimmt einen Mindesturlaub von 24 Werktagen pro Jahr. Eine für den Arbeitnehmer günstigere Regelung (also mehr Urlaub) kann im Arbeitsvertrag vereinbart werden.

Man nennt eine solche gesetzliche Regelung „einseitig zwingendes" Gesetz, einseitig, weil einer Abweichung nur in einer Richtung (nämlich zum Nachteil des Arbeitnehmers) ein Riegel vorgeschoben wird.

Zwingende Bestimmungen des Tarifvertrags oder einer Betriebsvereinbarung sind immer **einseitig** zwingend, dh, einzelvertragliche Abmachungen, die für Sie als Arbeitnehmer günstiger sind, bleiben möglich. Man nennt das deshalb auch **Günstigkeitsprinzip.** Als Faustregel können Sie sich also merken, dass zwingende Regeln in Gesetzen, Tarifverträgen oder Betriebsvereinbarungen regelmäßig nicht ausschließen, dass im **Einzelarbeitsvertrag** für den Arbeitnehmer etwas Günstigeres vereinbart wird.

Wie ist das Kräfteverhältnis zwischen Tarifvertrag und Betriebsvereinbarung?

Eine weitere Besonderheit müssen wir uns noch für das „Stärkeverhältnis" von Tarifvertrag einerseits und Betriebsvereinbarung andererseits merken: Hier hat der Gesetzgeber nämlich die Rangordnung so geregelt, dass im üblichen Betätigungsfeld der Tarifvertragsparteien Vereinbarungen zwischen Betriebsrat und Arbeitgeber generell **unzulässig** sein sollen. Das gilt auch dann, wenn die Betriebspartner für den Arbeitnehmer günstigeres vereinbaren. § 77 Absatz 3 Satz 1 des Betriebsverfassungsgesetzes stellt hierzu fest: „Arbeitsentgelte und sonstige Arbeitsbedingungen, die durch Tarifvertrag geregelt sind oder üblicherweise geregelt werden, können nicht Gegenstand einer Betriebsvereinbarung sein."

Sinn dieser Vorschrift: Den Gewerkschaften soll Vorrang vor den Betriebsräten eingeräumt werden. Es soll verhindert werden, dass das Recht der Gewerkschaften zum Abschluss von Tarifverträgen durch eifrige Betriebsräte beeinträchtigt oder ausgehöhlt wird. Man sagt auch: Der Tarifvertrag übt eine „Sperrwirkung" aus.

3. Kapitel

Der Arbeitsvertrag

1. Recht auf Abschluss eines Arbeitsvertrags?

Ein großes Hamburger Bekleidungshaus, das auch über eine eigene Produktion verfügt, sucht per Zeitungsannonce einen Schneidermeister. Der Schneidermeister Heinz Petersen bewirbt sich. Aus seinen Bewerbungsunterlagen ergibt sich, dass er die Meisterprüfung mit „sehr gut" bestanden und beste Zeugnisse hat. Seine Bewerbung bleibt ohne Erfolg. Herr Petersen will auf Einstellung klagen. Hat er damit Aussicht auf Erfolg?

Gibt es einen Anspruch des Arbeitnehmers auf Einstellung bei Vorliegen der Einstellungsvoraussetzungen?

Vertrasgsfreiheit. Grundsätzlich nein! Niemand kann gezwungen werden, überhaupt einen Vertrag oder einen Vertrag mit einer bestimmten Person abzuschließen. Dieser Grundsatz der Vertragsfreiheit gilt auch für den Arbeitsvertrag.

Der Gesetzgeber beschreibt diesen Grundsatz in § 105 der Gewerbeordnung (GewO) folgendermaßen: **„Freie Gestaltung des Arbeitsvertrages.** Arbeitgeber und Arbeitnehmer können Abschluss, Inhalt und Form des Arbeitsvertrages frei vereinbaren, soweit nicht zwingende gesetzliche Vorschriften, Bestimmungen eines anwendbaren Tarifvertrages oder einer Betriebsvereinbarung entgegenstehen."

Man spricht deshalb in diesem Zusammenhang auch von einer „Abschlussfreiheit“.

Der Arbeitsvertrag besteht – wie andere Verträge auch – aus inhaltlich übereinstimmenden Willenserklärungen **beider** Parteien, aus Angebot und Annahme. An solchen einander entsprechenden Willenserklärungen fehlt es in unserem Beispiel.

Das arbeitgeberseitige „Ja“ kann durch Herrn Petersen auch nicht gerichtlich erzwungen werden. Gewisse Ausnahmen gelten allerdings für den öffentlichen Dienst. Dort kann bei einer erkennbar willkürlichen Ablehnung eines Bewerbers unter Umständen auf Einstellung geklagt werden.

Wie gesagt, handelt es sich hierbei jedoch nur um eine seltene Ausnahme.

Wichtig:

Im Allgemeinen haben Sie bei noch so guter Qualifikation keine Möglichkeit, einen Arbeitgeber zu zwingen, es mit Ihnen zu versuchen.

Welche Besonderheiten gelten bei einer geschlechterbezogenen Stellenausschreibung nach dem Allgemeinen Gleichbehandlungsgesetz (AGG)?

Karin Saule ist 40 Jahre alt und hat ein abgeschlossenes Fachhochschulstudium als Bauingenieurin. Die Firma Hochbau GmbH sucht per Annonce „einen erfahrenen Vertriebsleiter-Stahlbau“. Frau Saule bewirbt sich. Kurze Zeit später erhält sie eine Absage, in der ihr mitgeteilt wird, dass sie für die engere Auswahl nicht in Betracht komme, da sie in Süddeutschland wohne und man im Hinblick auf die Vielzahl der Bewerbungen nur Bewerber berücksichtigen wolle, die im norddeutschen Raum wohnhaft seien. In der Zeitungsannonce war nicht erwähnt, dass in erster Linie Bewerbungen aus Norddeutschland berücksichtigt würden. Frau Saule ist empört. Sie vermutet, dass sie wegen ihres Geschlechts nicht in die engere Auswahl gezogen wurde. Frau Saule will das nicht hinnehmen und geht zum Arbeitsgericht. Dort erhebt sie Klage mit dem Antrag, die Hochbau

GmbH zu verurteilen, sie einzustellen. Falls das nicht gehe, solle ihr die Hochbau GmbH wenigsten Schadensersatz in Höhe von mindestens sechs Monatsverdiensten zahlen. Sie habe nämlich erst ein halbes Jahr nach der erfolglosen Bewerbung eine anderweitige Anstellung gefunden. Wird Frau Saule Erfolg haben?

Frau Saules Erwartungen werden sich nicht voll erfüllen. Allerdings wird sie auch nicht leer ausgehen.

Fangen wir bei Frau Saules Forderung nach einem Arbeitsvertrag an: Mit diesem Verlangen wird sie keinen Erfolg haben. Die Gesetzeslage schließt normalerweise einen gerichtlich durchsetzbaren Einstellungsanspruch aus.

Muss ein Arbeitgeber dann überhaupt Konsequenzen befürchten, wenn er beispielsweise eine Bewerberin bei einer Einstellung übergeht, weil sie eine Frau ist?

Ja. Ganz ohne Folgen bleibt das Verhalten des im alten Geschlechterdenken verhafteten Arbeitgebers nicht. Schauen wir uns zu diesem Thema den Gesetzestext des Allgemeinen Gleichbehandlungsgesetzes (AGG) an. Dort heißt es zunächst in § 1:

Benachteiligungen. Ziel des Gesetzes ist, Benachteiligungen aus Gründen der Rasse oder wegen der ethnischen Herkunft, des Geschlechts, der Religion oder Weltanschauung, einer Behinderung, des Alters oder der sexuellen Identität zu verhindern oder zu beseitigen.

Weiter lesen wir in § 2 u. a.:

(1) Benachteiligungen aus einem in § 1 genannten Grund sind nach Maßgabe dieses Gesetzes unzulässig in Bezug auf:

1. die Bedingungen, einschließlich Auswahlkriterien und Einstellungsbedingungen, für den Zugang zu unselbstständiger und selbstständiger Erwerbstätigkeit, unabhängig von Tätigkeitsfeld und beruflicher Position, sowie für den beruflichen Aufstieg,

2. bis 8. …

§ 7 AGG trifft dann die lapidare Anordnung:

> (1) Beschäftigte dürfen nicht wegen eines in § 1 genannten Grundes benachteiligt werden; dies gilt auch, wenn die Person, die die Benachteiligung begeht, das Vorliegen eines in § 1 genannten Grundes bei der Benachteiligung nur annimmt.
> (2) Bestimmungen in Vereinbarungen, die gegen das Benachteiligungsverbot des Absatzes 1 verstoßen, sind unwirksam.
> (3) Eine Benachteiligung nach Absatz 1 durch Arbeitgeber oder Beschäftigte ist eine Verletzung vertraglicher Pflichten.

Und in § 15 AGG findet sich als vom Gesetzgeber gewollte Konsequenz folgende Regelung:

> (1) Bei einem Verstoß gegen das Benachteiligungsverbot ist der Arbeitgeber verpflichtet, den hierdurch entstandenen Schaden zu ersetzen. Dies gilt nicht, wenn der Arbeitgeber die Pflichtverletzung nicht zu vertreten hat.
> (2) Wegen eines Schadens, der nicht Vermögensschaden ist, kann der oder die Beschäftigte eine angemessene Entschädigung in Geld verlangen. Die Entschädigung darf bei einer Nichteinstellung drei Monatsgehälter nicht übersteigen, wenn der oder die Beschäftigte auch bei benachteiligungsfreier Auswahl nicht eingestellt worden wäre.
> (4) bis (5) …
> (6) Ein Verstoß des Arbeitgebers gegen das Benachteiligungsverbot des § 7 Abs. 1 begründet keinen Anspruch auf Begründung eines Beschäftigungsverhältnisses, Berufsausbildungsverhältnisses oder einen beruflichen Aufstieg, es sei denn, ein solcher ergibt sich aus einem anderen Rechtsgrund.

Ergebnis: Ein Arbeitgeber muss also mit einem Schadensersatz- bzw. Entschädigungsanspruch rechnen, wenn er bei Einstellung eines Bewerbers eine Bewerberin benachteiligt, indem er sie wegen ihres Geschlechts übergeht. Einstellen muss er sie nicht.

Wichtig:

Die übergangene Bewerberin muss innerhalb von zwei Monaten nach der Ablehnung ihre Forderung schriftlich geltend machen. Sofern im angestrebten Arbeitsverhältnis eine kürzere zB tarifvertragliche Ausschlussfrist gelten würde, gilt diese (§ 15 Abs. 4

AGG). Die Frist beginnt im Fall der Bewerbung, wenn der Bewerber oder die Bewerberin die Ablehnung erhält (wenn sie ihr „zugeht", § 130 BGB). Will sie ihren Anspruch gerichtlich geltend machen, muss sie das innerhalb von drei Monaten, nachdem der Anspruch schriftlich geltend gemacht worden ist, tun (§ 61b Abs. 1 Arbeitsgerichtsgesetz).

Wann kann man von einer Benachteiligung bei der Stellenausschreibung bzw. bei der Auswahlentscheidung wegen des Geschlechts reden?

Nur selten wird vom Arbeitgeber die ablehnende Entscheidung mit dem Geschlecht begründet. Wenn dies der Fall ist, kann ohne Weiteres Schadensersatz bzw. eine Entschädigung gefordert werden. Wenn die Ablehnung aber – wie in unserem Fall – auf andere Gründe gestützt wird, ist es schwierig, eine Benachteiligung wegen des Geschlechts nachzuweisen. Gesetz und Rechtsprechung haben hierzu jedoch Grundsätze entwickelt, die die Verfolgung eines solchen Schadensersatzanspruchs erleichtern.

- Für eine Benachteiligung iSd § 7 AGG ist es nicht erforderlich, dass das Geschlecht die wesentliche Ursache für die Ablehnung war. Es reicht, wenn das Geschlecht ein Aspekt im für die Entscheidung des Arbeitgebers maßgeblichen „Motivbündel" war.
- Gelingt es einer Bewerberin bzw. einem Bewerber, eine Benachteiligung überwiegend wahrscheinlich zu machen, so muss der Arbeitgeber beweisen, dass ausschließlich nicht auf das Geschlecht bezogene Umstände eine unterschiedliche Behandlung rechtfertigen.
- Der Arbeitgeber kann seine Auswahlentscheidung nicht zugunsten eines andersgeschlechtlichen Bewerbers bzw. Bewerberin nachträglich mit Auswahlgesichtspunkten (in unserem Beispiel: Wohnsitz in Norddeutschland) begründen, die weder in der Ausschreibung noch im Auswahlverfahren formuliert wurden. Tut er es dennoch, muss er beweisen, dass es sich hier nicht nur um eine „vorgeschobene" Begründung handelt.

- Bereits in der Gestaltung des Auswahlverfahrens kann eine Benachteiligung liegen, so etwa, wenn entgegen einer ursprünglichen Ankündigung eine Einladung zum Vorstellungsgespräch nicht erfolgt.

Gibt es Fälle, in denen eine „Benachteiligung wegen des Geschlechts" zulässig ist?

Lesen wir, was das Gesetz hierzu sagt:

> § 8 AGG, Überschrift: „Zulässige unterschiedliche Behandlung wegen beruflicher Anforderungen"
> „(1) Eine unterschiedliche Behandlung wegen eines in § 1 genannten Grundes ist zulässig, wenn dieser Grund wegen der Art der auszuübenden Tätigkeit oder der Bedingungen ihrer Ausübung eine wesentliche und entscheidende berufliche Anforderung darstellt, sofern der Zweck rechtmäßig und die Anforderung angemessen ist.
> (2) …"

Eine unterschiedliche Behandlung wird also akzeptiert, wenn das andere Geschlecht eine wesentliche und entscheidende Voraussetzung für die ausgeschriebene Tätigkeit ist. Das wird aber nur in seltenen Ausnahmefällen, etwa bei der Suche eines Darstellers für eine männliche Schauspielerrolle, bejaht. Für die von der Firma Hochbau GmbH in unserem Beispiel ausgeschriebene Stelle kann man nicht davon ausgehen, dass das männliche Geschlecht eine wesentliche und entscheidende berufliche Anforderung darstellt. Entscheidend sind vielmehr die individuellen Voraussetzungen des Bewerbers bzw. der Bewerberin. Darüber kann nur eine spezifische Einzelprüfung der Bewerbungen Aufschluss geben.

Wovon hängt die Höhe der Entschädigung ab, sofern eine Benachteiligung wegen des Geschlechts vorliegt, ohne dass diese nach § 8 AGG gesetzlich akzeptiert ist?

Hier ist zu unterscheiden:

- Wäre der Bewerber auch bei benachteiligungsfreier Auswahl nicht eingestellt worden, so beträgt die Entschädigung bis zu drei

Monatsverdiensten (§ 15 Abs, 2 AGG). (Der Bewerber geht allerdings leer aus, wenn seine Bewerbung nicht vom ernsthaften Willen zur Arbeitsaufnahme getragen war oder wenn er objektiv für die zu besetzende Stelle ungeeignet ist, zB bei einer Bewerbung um eine Stelle als Kraftfahrer, wenn der Bewerber keinen Führerschein besitzt.)

- Diese Begrenzung der Entschädigung auf bis zu drei Monatsverdienste entfällt bei einem Bewerber bzw. einer Bewerberin, der/die bei benachteiligungsfreier Auswahl tatsächlich eingestellt worden wäre. In diesem Fall dient die Entschädigung nicht nur zum Ausgleich der immateriellen Schäden (Diskriminierung) – wie im Fall des § 15 Abs. 2 AGG –, sondern auch der materiellen Schäden (zB Arbeitslosigkeit) und kann damit je nach Lage des Einzelfalls deutlich höher sein.

Die Angemessenheit der Entschädigung ist anhand der Umstände des Einzelfalls festzustellen. Folgende Einzelumstände sind dabei von Bedeutung:

- der Grad des Verschuldens des Arbeitgebers, insbesondere seine Beweggründe,
- die Art und die Schwere der Benachteiligung der Bewerberin sowie
- die Nachhaltigkeit und Fortdauer der Interessenschädigung, das heißt der negativen Folgen aus der Benachteiligung (zB längere Arbeitslosigkeit).

In unserem Beispiel hat der Arbeitgeber durch die Formulierung „erfahrener Vertriebsleiter-Stahlbau“ und damit hinsichtlich eines männlichen Stelleninhabers deutlich zu erkennen gegeben, dass er Frauen nicht berücksichtigen will. Er hat deutlich gemacht, dass er sich für die freie Position als Stelleninhaber einen Mann vorstellt. Sofern der Arbeitgeber gleichwohl beweisen kann, dass der Wohnsitz tatsächlich ein sachbezogenes Unterscheidungskriterium bei der Bewerberauswahl ist, wird sich die Entschädigung für Frau Saule auf das Dreifache eines Monatsgehalts beschränken. Gelingt dem Arbeitgeber dieser Beweis nicht und hätte bei benachteiligungsfreier Auswahl Frau Saule die Stelle bekommen müssen, käme eine höhere Entschädigung in Betracht.

Gibt es unter bestimmten Umständen einen Anspruch eines schwerbehinderten Menschen auf Einstellung?

Klage bei Nicht-Erfüllung der Pflichtquote. Heinz Petersen (aus unserem ersten Beispiel in diesem Abschnitt) ist schwerbehindert mit einem Grad der Behinderung (GdB) von 60%, wobei die vorgesehene Tätigkeit durch die Art der Behinderung nicht oder nur wenig beeinträchtigt wird. Herr Petersen hat durch ein Betriebsratsmitglied erfahren, dass die Firma erheblich weniger als die gesetzlich vorgesehene Mindestzahl von schwerbehinderten Arbeitnehmern („Pflichtquote") beschäftigt. Als seine Bewerbung abgelehnt wird, klagt er beim Arbeitsgericht auf Einstellung mit der Begründung, der Arbeitgeber habe seine Pflichtquote nicht erfüllt und müsse ihn daher einstellen, zumal er alle Einstellungsvoraussetzungen erfülle. Wird er Recht bekommen?

Herrn Petersens Klage wird wohl abgewiesen werden. Der Arbeitgeber ist zwar bei mehr als 20 Arbeitsplätzen verpflichtet, auf wenigstens fünf Prozent dieser Arbeitsplätze schwerbehinderte Menschen (GdB 50% oder mehr) zu beschäftigen. Der einzelne Behinderte kann jedoch aus der Tatsache, dass der Arbeitgeber diese Pflichtquote (noch) nicht erfüllt hat, keinen Anspruch auf Einstellung herleiten. Für den Arbeitgeber hat die Nichterfüllung der Pflichtquote lediglich die Konsequenz, dass er für jeden unbesetzten Pflichtarbeitsplatz eine sog. Ausgleichsabgabe von derzeit zwischen 120 und 320 EUR pro Monat an den Staat bezahlen muss.

Die Ausgleichsabgabe hat den Zweck, einen gerechten Ausgleich für diejenigen Arbeitgeber zu schaffen, die ihre Beschäftigungspflicht erfüllen und denen daraus, zB durch den gesetzlichen Zusatzurlaub und die behinderungsgerechte Ausstattung des Arbeitsplatzes, erhöhte Kosten entstehen. Darüber hinaus soll die Ausgleichsabgabe Arbeitgeber motivieren, ihre Beschäftigungspflicht zu erfüllen.

Aus der Ausgleichsabgabe, die an das Integrationsamt entrichtet wird, werden hauptsächlich Hilfen für schwerbehinderte Menschen am Arbeitsplatz und für Arbeitgeber, denen durch die Beschäftigung eines schwerbehinderten Menschen höhere Kosten entstehen, finanziert.

Zurück zu unserem Fall: Sofern Anzeichen oder Anhaltspunkte dafür ersichtlich sind, dass Herrn Petersens Bewerbung wegen seiner Schwerbehinderung abgelehnt wurde, kann Herr Petersen Entschädigungsansprüche gegenüber der die Stelle ausschreibenden Unternehmung entsprechend den Grundsätzen geltend machen, wie wir sie anhand des Falls von Frau Saule („Suche nach dem erfahrenen Vertriebsleiter-Stahlbau") kennengelernt haben.

Welche Besonderheiten gelten bei der Bewerbung von schwerbehinderten Menschen noch?

- Eine Benachteiligung wegen einer Behinderung wird bereits vermutet, wenn feststeht, dass der Arbeitgeber eine bestehende Schwerbehindertenvertretung nicht über die eingegangene Bewerbung eines bestimmten Schwerbehinderten unterrichtet hat.
- Bei öffentlichen Arbeitgebern ist idR bereits die unterbliebene Einladung zum Vorstellungsgespräch ein Indiz für eine Benachteiligung, da in § 82 Satz 2 SGB IX geregelt ist, dass schwerbehinderte Menschen zu einem Vorstellungsgespräch bei einem öffentlichen Arbeitgeber einzuladen sind.
- Das Vorstehende gilt im Übrigen auch bei gleichgestellten behinderten Menschen, dh Menschen mit einem Grad der Behinderung von weniger als 50, aber mindestens 30, die auf ihren Antrag hin von der Agentur für Arbeit Schwerbehinderten gleichgestellt wurden.

In welchem größeren rechtlichen Zusammenhang sind die zuvor beschriebenen Entschädigungsansprüche abgelehnter Bewerber zu sehen?

Die Regeln, aus denen sich die behandelten Ansprüche übergangener Bewerber ergeben, haben wir dem Allgemeinen Gleichbehandlungsgesetz (AGG) entnommen. Dieses ist am 18. August 2006 in Kraft getreten. In seinem für das Arbeitsleben bedeutsamen Teil hat es verschiedene europarechtliche Regelungen für das Gebiet der Bundesrepublik Deutschland umgesetzt. Das Gesetz bezweckt nicht den Schutz bestimmter Personengruppen, sondern soll Benachteiligungen wegen bestimmter in § 1 AGG aufgezählter Merkmale verhindern oder beseitigen. Die verbotenen Merkmale unterschiedlicher Behandlung (Differenzierung) sind:

- die Rasse oder ethnische Herkunft,
- das Geschlecht,
- die Religion oder Weltanschauung,
- eine Behinderung,
- das Alter und
- die sexuelle Identität.

Entschädigungsansprüche bestehen nicht nur – wie gezeigt – bei der diskriminierenden Ablehnung von Bewerbern, sondern ua auch bei einer diskriminierenden Kündigung. Beispielsweise können Entschädigungsansprüche bestehen, wenn einer schwangeren Frau unter Verstoß gegen das Mutterschutzgesetz gekündigt wird.

Das Gesetz dient nicht nur dem – hier behandelten – Schutz der Beschäftigten vor Nachteilen, sondern auch dem Schutz vor Benachteiligung im Zivilrechtsverkehr, insbesondere also bei zivilrechtlichen Massengeschäften. Außerdem enthält es Sonderregelungen für öffentlich-rechtliche Dienstverhältnisse – also für Bedienstete der öffentlichen Hand – sowie Regeln über die Antidiskriminierungsstelle des Bundes.

2. Notwendiger Inhalt eines Arbeitsvertrags

Wir haben vorher festgestellt, dass ein Arbeitsvertrag durch inhaltlich übereinstimmende Willenserklärungen vom Arbeitgeber und Arbeitnehmer zustande kommt. Wir haben aber nicht geklärt, was da eigentlich gesagt oder geschrieben sein muss, damit wir von einem Arbeitsvertrag reden können. Ein Arbeitsvertrag kommt immer dann zustande, wenn sich beide Parteien über die wesentlichen Punkte geeinigt haben, nämlich

– über die zu leistende Arbeit und
– darüber, dass gegen Bezahlung gearbeitet werden soll.

Bauwerker, für 11,50 EUR. Maurergeselle Heinz Schmidt meldet sich im Personalbüro der Firma Hochbau AG. Der Personalleiter sagt zu ihm: „Sie können bei uns morgen als Bauwerker zu einem Stundenlohn von 11,50 EUR anfangen." Herr Schmidt antwortet: „In Ordnung!"

Hier haben Sie die erwähnten inhaltlich übereinstimmenden Willenserklärungen. Dabei wird deutlich, dass nicht beide Gesprächspartner dasselbe sagen müssen. Vielmehr reicht es aus, wenn einer die Konditionen (Bedingungen) ausspricht und der andere dazu „ja" sagt. Ein Arbeitsvertrag ist zustande gekommen, weil die wesentlichen Punkte, nämlich die Art der zu leistenden Arbeit und die zu zahlende Vergütung, angesprochen worden sind.

Ein Arbeitsvertrag kann übrigens noch knapper ausfallen: Die Höhe der Vergütung braucht gar nicht ausgesprochen zu werden. Es reicht vielmehr, wenn nach den Umständen klar ist, dass gegen Bezahlung gearbeitet werden soll. Die Höhe ist dann nach § 612 des Bürgerlichen Gesetzbuches regelmäßig nach der üblichen Vergütung zu bemessen. Was üblich ist, ist natürlich schwierig festzustellen, aber häufig können die für die betreffende Branche vorhandenen Lohn- und Gehaltstarifverträge weiterhelfen.

Leider ist es mitunter zwischen den Parteien gar nicht klar, ob gegen Entgelt gearbeitet werden soll, wie Sie an folgendem Fall feststellen können.

„Unentgeltliches Schnupperverhältnis". Der arbeitslose Werner Kock – Inhaber eines Führerscheins Klasse II – bewirbt sich auf eine Annonce hin bei der Firma Kanalbau AG als LKW-Fahrer. Werner Kock hat noch nie auf dem Bau gearbeitet und macht deshalb auf den Personalleiter einen etwas unsicheren Eindruck, als die Sprache auf die zu verrichtende Tätigkeit kommt. Das Bewerbungsgespräch endet damit, dass der Personalleiter erklärt: „Herr Kock, fangen Sie morgen erst einmal an, und schauen Sie, wie es geht. Wir sehen dann weiter. Melden Sie sich bei Herrn Huber, der wird Sie einweisen." Werner K. erscheint am nächsten Tag auf der Baustelle, fährt den ganzen Tag bei Herrn Huber als Beifahrer im LKW mit, hilft beim Be- und Entladen sowie bei Arbeitsschluss noch bei der Reinigung des Fahrzeugs. Als Werner K. abends zu Hause ankommt, wird ihm klar, dass ihm die Arbeit

wohl zu anstrengend ist. Bei der Firma lässt er sich zunächst nicht mehr blicken.
Zwei Wochen später schreibt er der Firma Kanalbau AG einen Brief, in dem er verlangt, dass ihm der Tag auf der Baustelle mit 72 EUR vergütet wird (acht Stunden à 9 EUR). Die Firma antwortet: „... nehmen wir mit Erstaunen zur Kenntnis, dass Sie für den Informationstag auf unserer Baustelle, den wir Ihnen ermöglicht haben, auch noch eine Vergütung wollen. Eine Vergütung haben wir zu keinem Zeitpunkt mit Ihnen vereinbart. Eine Bezahlung wäre auch nicht angebracht gewesen, da eine verwertbare Arbeitsleistung von Ihnen nicht erbracht wurde und auch nicht erbracht werden sollte. Wir betrachten das Ganze als ein unentgeltliches Schnupperverhältnis. Hochachtungsvoll!"
Muss die Firma Kanalbau AG bezahlen?

Das von der Firma Kanalbau AG ins Gespräch gebrachte – unentgeltliche – „Schnupperverhältnis" ist immer wieder Gegenstand von Auseinandersetzungen. In der juristischen Literatur wird es häufig unter der Bezeichnung „Einfühlungsverhältnis" geführt.

Ob nun im vorliegenden Fall ein entgeltliches Arbeitsverhältnis oder eine unentgeltliche Kennenlernphase ohne Pflichten gewollt ist, hängt in erster Linie von dem ab, was beide Seiten dazu gesagt haben und wie die Anwesenheitszeit des Bewerbers praktisch verläuft. Das Einfühlungsverhältnis unterscheidet sich nämlich dadurch vom Arbeitsverhältnis, dass der in den Betrieb aufgenommene potenzielle Arbeitnehmer keine Pflichten übernimmt, insbesondere keine Arbeitspflicht hat. Er unterliegt auch im Gegensatz zum Arbeitsvertrag nicht dem Weisungsrecht des Arbeitgebers, sondern nur dem Hausrecht.

Die Tatsache, dass der Personalleiter davon sprach, Herr Huber werde ihn „einweisen" (= Hinweis auf die Ausübung eines Weisungsrechts), spricht ebenso für eine Arbeitsverhältnis wie die Tatsache, dass Herr Kock sich am Be- und Entladen wie auch an den Reinigungsarbeiten am Ende der Tour beteiligt hat. Dass Herr Kock in den Augen des Arbeitgebers kein verwertbares Ergebnis erbracht hat, führt also nicht ohne weiteres dazu, dass die Anwesenheit von Herrn Kock als unentgeltlich anzusehen ist. Sehr häufig beginnen Arbeitsverhältnisse nämlich mit einer relativ unproduktiven Phase der Einarbeitung.

Die Firma Kanalbau AG muss also nach Lage der Dinge für den Tag, an dem Herr Kock da war, die übliche Vergütung bezahlen. Die Tatsache, dass Herr Kock es vorgezogen hat, im Anschluss an diesen Arbeitstag nicht mehr zu erscheinen, hat im Übrigen keinen Einfluss auf die Bezahlung für diesen Tag.

Muss ein Arbeitsvertrag schriftlich abgeschlossen werden?

Nehmen wir an, unser voriger Fall nimmt folgende Wendung:

Ansprüche bei mündlichen Arbeitsverträgen. Die Kanalbau AG bleibt zahlungsunwillig. Herr Kock geht zur Rechtsantragstelle des Arbeitsgerichts, wo man für ihn eine Klage zu Protokoll nimmt. Im Prozess, der dann folgt, beruft sich die Firma Kanalbau AG darauf, sie könne nicht in Anspruch genommen werden, weil ein schriftlicher Arbeitsvertrag nie geschlossen worden sei. Von einem Arbeitsvertrag könne man schließlich nur sprechen, wenn von Arbeitgeber und Arbeitnehmer ein entsprechendes Schriftstück unterschrieben worden sei.

Der Kanalbau AG wird ihr Einwand nicht viel nützen. Für den Abschluss eines Arbeitsvertrags ist nämlich vom Gesetz – im Gegensatz zu manchen Tarifverträgen und im Gegensatz zu Kündigung und Auflösungsvertrag – keine Schriftform vorgeschrieben. Man sagt: Es gilt der Grundsatz der **Formfreiheit**. Arbeitsverträge können also mündlich, schriftlich, ausdrücklich oder auch nur durch schlüssiges Verhalten abgeschlossen werden.

Wichtig:

Bei Tätigkeiten, die üblicherweise nur entgeltlich ausgeübt werden – hierzu gehört auch die Einarbeitung – muss zwar im Streitfall der Arbeitgeber beweisen, dass Unentgeltlichkeit vereinbart war. Um späteren Missverständnissen aus dem Weg zu gehen, empfiehlt es sich jedoch, bereits vor Antritt der Arbeit bzw. vor Beginn des „Umschauens im Betrieb" die Frage der Bezahlung anzusprechen und auch schriftlich zu fixieren.

Allerdings schreibt das Gesetz vor, dass Ihr Arbeitgeber verpflichtet ist, Sie innerhalb eines Monats über wesentliche Bedingungen Ihres Arbeitsverhältnisses in Form eines schriftlichen Nachweises zu informieren. Dieses **Nachweisgesetz** verlangt, dass insbesondere der Arbeitsort, die Art der von Ihnen verlangten Arbeitsleistung, die Höhe des Entgelts, die vereinbarte Arbeitszeit, die Dauer des jährlichen Erholungsurlaubs, die Kündigungsfristen sowie die Anwendbarkeit etwaiger Betriebsvereinbarungen und Tarifverträge angegeben werden.

Was versteht man unter einem Arbeitsvertrag durch schlüssiges Verhalten?

Dazu folgendes Beispiel:

Abgabe der Lohnsteuerkarte und Anmeldung. Auf eine Anforderung bei der studentischen Job-Vermittlung hin meldet sich der Student Martin Frey bei der Firma Obst-Import GmbH zum Entladen von LKWs mit griechischen Erdbeeren. Herr Frey übergibt dem Personalsachbearbeiter der Firma Obst-Import GmbH seine Lohnsteuerkarte und wird von diesem zu den zu entladenden Lkws geschickt. „Melden Sie sich bei dem Vorarbeiter, Herrn Karo", sagt er.

Wie Sie sehen, fehlt es hier an ausdrücklichen Erklärungen, die auf Abschluss eines Arbeitsvertrags gerichtet sind. Es reicht, dass sich beide Seiten so verhalten haben, dass der Wille ein Arbeitsverhältnis abzuschließen, deutlich geworden ist. Der Student Frey hat seinen Willen dazu durch Übergabe der Lohnsteuerkarte gezeigt, der Personalsachbearbeiter dadurch, dass er Herrn Frey zur Arbeit geschickt hat. Aus der Übergabe der Lohnsteuerkarte kann auch entnommen werden, dass Arbeit gegen Bezahlung gewollt war.

Ist der Abschluss eines schriftlichen Arbeitsvertrags zu empfehlen?

Wir haben bereits gesehen, dass Arbeitsverträge schon bei sehr knappen Erklärungen beider Seiten zustande kommen. Sie wissen weiterhin, dass in den Gesetzen und – wenn anzuwenden – Tarifverträgen zahlreiche „Spielregeln“ zur Verfügung stehen, die bei den meisten Arbeitsverhältnissen für eine mehr oder weniger ausgewogene Verteilung von Rechten und Pflichten beider Seiten sorgen. Könnte man, so gesehen, sagen, dass ein schriftlicher Arbeitsvertrag aus der Sicht des Arbeitnehmers eigentlich überflüssig ist?

In rechtlicher Hinsicht ist der Abschluss eines schriftlichen Arbeitsvertrags immer dann dringend anzuraten, wenn Sie in einzelnen oder mehreren Punkten günstigere Konditionen ausgehandelt haben, als Ihnen von den allgemeinen Regeln her (Gesetz, Tarifvertrag, Betriebsvereinbarungen) zustehen.

Mündliche Absprache der Urlaubstage. Sie haben mit Ihrem Arbeitgeber vor Beginn des Arbeitsverhältnisses einen Jahresurlaub von 36 Werktagen vereinbart. Demgegenüber stehen Ihnen laut § 3 Absatz 1 Bundesurlaubsgesetz (abgek.: BUrlG) nur 24 Werktage pro Jahr zu.

Auf das menschliche Gedächtnis ist nicht immer Verlass und es könnte sein, dass Sie im Streitfall später in Beweisnot geraten, weil sich Ihr Arbeitgeber an eine solche Abmachung nicht mehr erinnern kann. Und wenn Sie nach der Rechtslage etwas beweisen müssen, aber nicht können, nützt es Ihnen nichts, wenn Sie eigentlich Recht haben.

3. Wichtige Punkte bei Abschluss eines Arbeitsvertrags

Juristendeutsch in Arbeitsverträgen. Bruno Alt hat Glück gehabt. Er hat bei einer Firma für Heizungsbau eine gut bezahlte Stelle in seinem Beruf als Heizungsinstallateur bekommen. Vor Antritt der Arbeit meldet er sich im Personalbüro, um seine Papiere abzugeben. Die Personalsachbearbeiterin, Frau Sorg, legt ihm einen mit „Arbeitsvertrag“ überschriebenen dreiseitigen Vordruck vor und bittet um seine Unterschrift. Herr Alt weiß, dass es riskant ist, im Geschäftsleben Erklärungen zu unterschreiben, ohne ihren Inhalt gelesen und geprüft zu haben. Er setzt sich also hin und fängt an zu lesen. Schon bald befällt ihn ein ungutes Gefühl, denn bei dem komplizierten Juristendeutsch, das da verwendet wird, und der Vielzahl von Einzelbestimmungen, weiß er nicht, woran er sich eigentlich orientieren soll. Immer wieder überlegt er, ob diese oder jene Bestimmung günstig, normal oder ungünstig für ihn ist. Die Zeit verrinnt, und Frau Sorg ermuntert ihn durch wortlose Gesten, langsam zum Abschluss zu kommen und endlich zu unterschreiben. – Ist ihm zu helfen?

Zunächst ein allgemeiner Rat: Wenn Ihnen so etwas passiert, haben Sie immer die Möglichkeit, sich genügend Zeit zum Studium eines solchen Vertragswerks erbitten. An einer solchen Forderung wird das Zustandekommen eines Arbeitsvertrags kaum scheitern. Schlägt man Ihnen diese Bitte aus, so liegt die Vermutung nahe, dass im Vertragswerk Regelungen enthalten sind, die Ihre Unterschrift vielleicht verhindern würden.

Aber auch wenn Sie den Arbeitsvertrag mit nach Hause genommen haben und ihn am Abend in Ruhe studieren, kann es Probleme geben, wie sie Herr Alt in unserem Beispiel hat. Es würde zu weit führen, wollten wir an dieser Stelle alle möglichen arbeitsvertraglichen Regeln auf ihren Inhalt, ihre Bedeutung und ihre Konsequenzen für die Arbeitsvertragsparteien untersuchen. An dieser Stelle sollen Sie vielmehr auf einige Punkte aufmerksam gemacht werden, die in Arbeitsverträgen auftauchen – oder vergessen werden – und die Probleme mit sich bringen können.

Befristetes oder unbefristetes Arbeitsverhältnis?

Eingangsformulierung. Ihr Arbeitsvertrag könnte etwa so anfangen: „Das Arbeitsverhältnis beginnt am 1.9.2013."
Sie könnten aber auch – überraschend oder absprachegemäß – folgende Formulierung vorfinden:
„Das Arbeitsverhältnis beginnt am 1.9.2013. Es endet, wenn es nicht ausdrücklich verlängert wird, mit Ablauf des 30.6.2015, ohne dass es einer Kündigung bedarf."

Wenn Sie eine solche Formulierung vorfinden, handelt es sich um einen so genannten befristeten Arbeitsvertrag im Gegensatz zum unbefristeten oder Dauerarbeitsvertrag.

Wo liegt der Unterschied zwischen befristetem Arbeitsvertrag und Dauerarbeitsvertrag?

Ein befristeter Arbeitsvertrag ist von vornherein auf eine bestimmte Zeitspanne festgelegt. Dabei kann die Zeitspanne durch ein bestimmtes Datum (in unserem Beispiel: 30.6.2015) oder durch eine abstrakte Umschreibung angegeben werden: „Das Arbeitsverhältnis endet, sobald unser arbeitsunfähig erkrankter Mitarbeiter, Herr Carlson, die Arbeit wieder aufnimmt."

Der befristete Arbeitsvertrag endet, ohne dass Sie oder der Arbeitgeber irgendeine Erklärung abgeben müssen. Dies unterscheidet ihn vom Dauerarbeitsvertrag, der im Arbeitsleben die weitaus größere Rolle spielt.

Ein Dauerarbeitsverhältnis endet regelmäßig entweder

- durch eine einseitige Erklärung des Arbeitgebers (Arbeitgeberkündigung) oder
- durch eine einseitige Erklärung des Arbeitnehmers (Arbeitnehmerkündigung) oder
- durch einen Vertrag zwischen Arbeitnehmer und Arbeitgeber, wonach das Arbeitsverhältnis zu einem bestimmten Zeitpunkt enden soll (Auflösungsvertrag).

Sind befristete Arbeitsverträge überhaupt zulässig?

Befristete Arbeitsverträge sind nur unter bestimmten Voraussetzungen zulässig. Im Grundsatz darf ein Arbeitsverhältnis nur dann befristet werden, wenn hierfür ein sachlicher Grund vorliegt. Darüber hinaus ist nach dem Teilzeit- und Befristungsgesetz (TzBfG) eine Befristung auf bis zu zwei Jahre auch ohne besonderen sachlichen Grund zulässig. Diese Voraussetzungen werden weiter hinten noch näher behandelt. Lesen Sie dazu bitte Kapitel 15, Abschnitt 6. An dieser Stelle stellt sich für Sie lediglich die Frage:

Wenn ich Zweifel an der Zulässigkeit einer Befristung habe, soll ich diese Zweifel bei Abschluss des Vertrages gegenüber dem Arbeitgeber äußern oder nicht?

Ihre Rechtsposition wird nicht deswegen schlechter, weil Sie eventuell vorhandene Zweifel nicht äußern. Sie können nämlich immer noch während der Dauer des Arbeitsverhältnisses und bis drei Wochen nach Ablauf der vereinbarten Befristung gerichtlich geltend machen, dass das Arbeitsverhältnis aufgrund der Befristung nicht beendet ist.

a) Probearbeitsverhältnis

Was versteht man unter einer Probezeit?

Formulierung der Probezeit im Arbeitsvertrag. Wir lesen in unserem vorgestellten Arbeitsvertrag weiter. Da könnte etwa stehen: „Die ersten sechs Monate gelten als Probezeit." (Beispiel 1)
Oder es steht da:
„Die ersten sechs Monate gelten als Probezeit. Das Arbeitsverhältnis endet nach Ablauf dieser Probezeit, wenn es nicht zuvor ausdrücklich verlängert worden ist." (Beispiel 2)

Die Probezeit ist eine Zeitspanne am Beginn eines Arbeitsverhältnisses, während der der Arbeitgeber und der Arbeitnehmer die Möglichkeit haben sollen, den Vertragspartner und die Arbeitsstelle auf eine längerfristige Zusammenarbeit zu überprüfen.

Das Probearbeitsverhältnis ist dem in diesem Kapitel bereits besprochenen so genannten Einfühlungsverhältnis („Schnupperverhältnis") ähnlich. Auch bei diesem wollen die Parteien die Möglichkeit einer Zusammenarbeit klären. Der Arbeitnehmer wird aber beim „Einfühlungsverhältnis" in den Betrieb aufgenommen, ohne Pflichten zu übernehmen. Ob der Arbeitgeber zur Vergütungszahlung verpflichtet ist, ergibt sich aus den Vereinbarungen oder den Umständen, wie wir am Beispiel des Herrn Kock (siehe Kapitel 3, Abschnitt 2) festgestellt haben.

Welche rechtlichen Konsequenzen ergeben sich für mich aus der Vereinbarung einer Probezeit?

Die rechtlichen Folgen der Vereinbarung eines Probearbeitsverhältnisses unterscheiden sich grundlegend je nachdem, ob es sich um die Vereinbarung eines

- unbefristeten Arbeitsverhältnisses mit vorgeschalteter Probezeit (Beispiel 1) oder
- eines befristeten Probearbeitsverhältnisses (Beispiel 2) handelt.

Soweit Arbeitgeber und Arbeitnehmer im Arbeitsvertrag nicht eindeutig zum Ausdruck gebracht haben, dass sie ein **befristetes** Probearbeitsverhältnis wollen, **ist von einem unbefristeten Arbeitsverhältnis mit vorgeschalteter Probezeit auszugehen**. Beispiel einer solchen Vereinbarung: „Das Arbeitsverhältnis beginnt mit dem 1. März. Die ersten sechs Monate gelten als Probezeit."

Welche Folgen ergeben sich nun aus der Vereinbarung eines solchen unbefristeten Arbeitsverhältnisses mit vorgeschalteter Probezeit?

Das Arbeitsverhältnis kann von beiden Seiten, also Arbeitgeber wie Arbeitnehmer, mit einer **Frist von zwei Wochen** gekündigt werden. Das ergibt sich aus § 622 Absatz 3 des Bürgerlichen Gesetzbuchs. Diese abgekürzte Kündigungsfrist gilt jedoch nur bis zu maximal 6 Monaten. Danach ist – auch wenn die vereinbarte Probezeit länger sein sollte – die allgemeine Grundkündigungsfrist (vier Wochen zum Fünfzehnten oder zum Ende eines Kalendermonats) anzuwenden.

Längere Kündigungsfristen während der Probezeit können einzelvertraglich vereinbart werden. Kürzere Fristen können nur in Tarifverträgen geregelt werden.

Nicht erforderlich ist, dass der **Beendigungstermin** der Probezeitkündigung noch innerhalb der Probezeit liegt. Es reicht aus, wenn die Kündigung selbst noch innerhalb der Probzeit ausgesprochen wird.

Ist ein unbefristetes Probearbeitsverhältnis mit vorgeschalteter Probezeit vereinbart, gilt für die Kündigung eines solchen Arbeitsverhältnisses der **allgemeine und besondere Kündigungsschutz**.

Dabei greift der allgemeine Kündigungsschutz nach dem Kündigungsschutzgesetz wie auch der besondere Kündigungsschutz für schwerbehinderte Menschen erst mit Ablauf von 6 Monaten nach Beginn des Arbeitsverhältnisses (Wartezeit) ein. Nach diesen 6 Monaten ist in den meisten Fällen die Probezeit bereits abgelaufen.

Demgegenüber gilt der besondere Kündigungsschutz nach dem Mutterschutzgesetz sofort mit Abschluss des Arbeitsvertrags.

Auch in der Probezeit ist der **Betriebsrat** vor jeder Kündigung gemäß § 102 des Betriebsverfassungsgesetzes **anzuhören**. Geschieht dies nicht, ist die Kündigung unwirksam.

In **Berufsausbildungsverhältnissen** ist eine Probezeit gesetzlich vorgeschrieben, die mindestens einen Monat und höchstens drei Monate beträgt. Von dieser Ausnahme abgesehen und sofern ein anwendbarer Tarifvertrag hierzu keine Regelung enthält, ist eine Probezeit gesetzlich nicht vorgeschrieben.

Kommen wir nun zum Fall der Vereinbarung eines befristeten Probearbeitsverhältnisses.

Die Vereinbarung eines **befristeten Probearbeitsverhältnisses** muss sich eindeutig aus dem Arbeitsvertrag ergeben und sie bedarf in jedem Fall der Schriftform: § 14 Abs. 4 des Teilzeitbefristungsgesetzes (TzBfG) regelt hierzu: „Die Befristung eines Arbeitsvertrages bedarf zu ihrer Wirksamkeit der Schriftform."

Aus der Vereinbarung eines befristeten Probearbeitsverhältnis können sich schwerwiegende rechtliche Folgen ergeben: Hierzu das folgende Beispiel:

Kündigungsschutz einer werdenden Mutter in der Probezeit. Lea Gabler ist zum 1. April bei der Firma Broker GmbH als Sachbearbeiterin in ein Arbeitsverhältnis eingetreten. In ihrem Arbeitsvertrag findet sich folgende Vereinbarung: „... Die Arbeitnehmerin wird für die Dauer von sechs Monaten zur Probe eingestellt. Das Arbeitsverhältnis endet nach Ablauf dieser Frist, wenn es nicht ausdrücklich verlängert wird."

Im August erhält Frau Gabler aufgrund eines Schwangerschaftstests davon Kenntnis, dass sie im zweiten Monat schwanger ist, was sie dem Geschäftsführer der Broker GmbH, Herrn Kugler unverzüglich mitteilt. Am 20. September schickt Herr Kugler Frau Gabler ein Memo, in dem er sie darauf hinweist, dass die Probezeit nicht den Erwartungen der Firma entsprochen habe. Im Hinblick darauf sei das Arbeitsverhältnis mit Ablauf des 30. September beendet.
Frau Gabler ist verzweifelt und empört, weil sie den Arbeitsplatz schätzt und davon ausgeht, dass der besondere Kündigungsschutz des Mutterschutzgesetzes ihr zugute kommt. Sie erhebt daher Klage zum Arbeitsgericht mit dem Antrag, das Gericht möge feststellen, dass die Kündigung ihres Arbeitgebers das Arbeitsverhältnis nicht aufgelöst habe. Wird sie Erfolg haben?

Frau Gablers Aussichten sind nicht günstig. Der Kündigungsschutz des § 9 des Mutterschutzgesetzes greift hier nicht ein, weil gar nicht gekündigt wurde. Das Mutterschutzgesetz schützt die werdende Mutter vor einer Kündigung, nicht jedoch vor einer Beendigung eines Arbeitsverhältnisses durch eine zulässig vereinbarte Befristung. Ein anderes Ergebnis könnte sich allenfalls dann ergeben, wenn Frau Gabler nachweisen könnte, dass das Arbeitsverhältnis einzig wegen der Schwangerschaft nicht über den Befristungstermin hinaus fortgesetzt wurde.

Die Befristung des Probearbeitsverhältnisses ist auch zulässig, weil das Teilzeit- und Befristungsgesetz eine Befristung bis zu zwei Jahren zulässt.

b) Urlaub

Formulierung im Arbeitsvertrag. Unter der Überschrift „Urlaub" finden Sie möglicherweise folgende Regelung: „Der Urlaub des Arbeitnehmers beträgt 30 Werktage."

Wie viel Urlaubstage sind gesetzlich vorgeschrieben, und wie viel Urlaubstage werden üblicherweise vereinbart?

Hier sollten Sie auf Folgendes achten: Der gesetzliche Mindesturlaub beträgt 24 Werktage, das sind vier Wochen pro Jahr. Ist im Arbeitsvertrag also gar keine Regelung bezüglich des Urlaubs vorhanden, und sind Sie auch nicht tarifgebunden (zur Tarifbindung siehe Kapitel II, Abschnitt 3), und gibt es in Ihrem Betrieb auch keine Betriebsvereinbarung bezüglich der Urlaubsdauer, so bleibt es bei den vier Wochen. Gleiches gilt, wenn Ihr Vertrag die Regel enthält: „Für den Urlaubsanspruch des Arbeitnehmers gelten die gesetzlichen Vorschriften."

Weitere Einzelheiten zu Fragen des Urlaubs finden Sie in Kapitel IX, Abschnitt 1.

c) Versetzung

Zuweisung anderer Aufgaben. Unter dieser Überschrift, häufig auch unter der Überschrift „Tätigkeitsbeschreibung", findet sich mitunter folgende oder ähnliche Regelung: „Die Firma ist berechtigt, dem Arbeitnehmer vorübergehend oder auf Dauer andere zumutbare Arbeiten innerhalb des Unternehmens zuzuweisen. Mit einer gegebenenfalls aus betrieblichen Gründen notwendigen Versetzung an einen anderen Ort ist der Arbeitnehmer einverstanden."

Hier muss man besonders aufpassen. Im Arbeitsvertrag werden nämlich die Grenzen abgesteckt, innerhalb derer ein Arbeitgeber sein Weisungsrecht – auch Direktionsrecht genannt – ausüben darf. Will er diese Grenzen überschreiten, so muss er eine Änderungskündigung aussprechen. Eine Änderungskündigung ist eine Kündigung des Arbeitsverhältnisses, verbunden mit dem Angebot, zu veränderten Bedingungen (die im Einzelnen benannt sein müssen) weiterzuarbeiten.

Je weiter die Grenzen gesteckt werden („… mit Versetzung… einverstanden"), umso geringere formelle Schranken (Notwendigkeit einer Änderungskündigung) bestehen für den Arbeitgeber, den

Charakter Ihres Arbeitsverhältnisses zu verändern. Z. B. dadurch, dass er Ihnen einen Arbeitsplatz in einer anderen Stadt zuweist. Näheres hierzu finden Sie in Kapitel 4, insbesondere in Abschnitt 3. Bedenken Sie aber auch, dass eine sehr enge Arbeitsplatzbeschreibung im Fall betriebsbedingter Kündigungen für Sie nachteilig sein kann, weil sich die vom Arbeitgeber vorzunehmende soziale Auswahl nur auf solche Mitarbeiter bezieht, die das gleiche arbeitsvertragliche Anforderungsprofil haben wie Sie.

d) Abgrenzung zwischen Arbeitnehmer und freiem Mitarbeiter

Ist der Unterschied Arbeitnehmer – freier Mitarbeiter für mich von Bedeutung?

Die Unterscheidung zwischen Arbeitnehmern und freien Mitarbeitern kann für Sie ua bedeutsam werden, wenn es um Kündigungsschutz und Kündigungsfristen wie auch eine Vielzahl von sozialen Schutzrechten geht, die nur Arbeitnehmern vorbehalten sind. Auch für die Frage, welches Gericht für ein mögliches Gerichtsverfahren zuständig ist, kommt es darauf an, ob ein Arbeitsverhältnis vorliegt oder ein Dienstverhältnis eines freien Mitarbeiters. Streitigkeiten aus dem Arbeitsverhältnis werden vor den Arbeitsgerichten verhandelt, Streitigkeiten aus einem Dienstverhältnis eines freien Mitarbeiters gehören regelmäßig zum Zivilgericht, also zum Amtsgericht oder zum Landgericht.

Was unterscheidet den Vertrag eines freien Mitarbeiters von dem eines Arbeitnehmers?

Ein freier Mitarbeiter hat mit seinem Vertragspartner üblicherweise einen Dienstvertrag geschlossen. Das ist ein Vertrag, durch den er sich gegen Bezahlung zur Leistung von Diensten verpflichtet.

Man könnte sagen: Das ist bei mir als Arbeitnehmer doch auch so. Das ist richtig. Der Unterschied liegt jedoch darin, dass beim Arbeitsverhältnis die Dienstleistung in persönlicher Abhängigkeit geleistet wird. Das äußert sich normalerweise darin, dass ein Arbeitnehmer den Ort und die Zeit seiner Arbeitsleistung nicht frei bestimmen kann. Weiteres Anzeichen für das Vorliegen eines Arbeitsverhältnisses kann sein, dass der Dienstverpflichtete fest in die betriebliche Organisation eingebaut ist. Demgegenüber ist es von nur geringer Bedeutung, wie die Vertragsparteien ihr Dienstverhältnis nennen und wie sie es steuer- und sozialversicherungsrechtlich behandeln. Entscheidend ist die praktische Handhabung.

Der Vorteil eines Arbeitsverhältnisses liegt darin, dass Arbeitsverhältnisse einen intensiveren gesetzlichen Schutz für den Dienstleistenden (= Arbeitnehmer) bieten. Der Nachteil liegt in der größeren Abhängigkeit des Arbeitnehmers im Vergleich zum freien Mitarbeiter.

Hier nun einige Beispiele, bei denen die Rechtsprechung aufgrund der konkreten Fallgestaltung die Arbeitnehmereigenschaft bejaht hat:

Arbeitnehmereigenschaft. Außenrequisiteur; Bühnen- und Szenenbildner; Chefarzt; DRKSchwester, soweit sie nicht aufgrund ihrer Mitgliedschaft zum DRK tätig wird; Fernsehreporter; Fleischbeschau-Tierärzte; Fußballtrainer; Handelsagent; Lernschwester; Musiker im Nebenberuf; Orchestermusiker, Propagandistin im Kaufhaus; Rechtsanwalt, der in fremder Kanzlei Arbeitszeit einhalten muss und dem Mandanten zugewiesen werden; Referendare in Nebenbeschäftigung; Rentenauszahlhilfe; ständig beschäftigte Reporter beim Rundfunk; Subdirektor einer Versicherung; Stundenbuchhalter; Versicherungsvertreter; Werbesprecher; Werkstudent; Wirtschaftsberater; Zeitungsausträger; Zeitungskorrespondent; Zeitungsredakteur; Einleger von Zeitungswerbungen.

In folgenden Fällen wurde andererseits die Arbeitnehmereigenschaft verneint:

Freie Beschäftigte. Bereitschaftsarzt für Blutproben; Bezirksstellen-Lottoleiter; Diakonisse; Künstler auf geselligen Veranstaltungen eines Betriebs; Lehrbeauftragter an einer Hochschule; Lotse; Ordensgeistlicher; Repetitoren; Tankstellenbesitzer; nebenberuflicher Theaterintendant der Karl-May-Festspiele; Toilettenpächter; Psychologe in der Behindertenfürsorge, der seine Tätigkeit in 18-stündiger Arbeitszeit frei bestimmen kann.

Bitte beachten Sie, dass diese Beispiele nur einen groben Eindruck vermitteln.

Im Einzelfall kommt es nämlich darauf an, wie die Tätigkeit konkret ausgestaltet ist. Es kann also durchaus sein, dass die Tätigkeit aufgrund besonderer Umstände des einzelnen Falls einmal als Arbeitsverhältnis und im anderen Fall als freies Mitarbeiterverhältnis gewertet wird.

4. Kapitel

Das Weisungsrecht des Arbeitgebers

Kaffeekochen für den Vorgesetzten. Christine Merk hat nach längerer Zeit unfreiwilliger Arbeitslosigkeit eine Stelle als Chefsekretärin in der mittelständischen Firma Werkzeugbau GmbH angetreten. In ihrem Arbeitsvertrag heißt es ua: „Die Arbeitnehmerin wird als Chefsekretärin eingestellt." Frau Merk, die ausgebildete Erzieherin ist und früher auch in diesem Beruf gearbeitet hat, bemüht sich sehr, ihren Aufgaben gerecht zu werden. Als ihr Chef, Herr Fudickar, jedoch zu ihr sagt: „Frau Merk, bitte servieren Sie mir eine Tasse Kaffee", ist sie sich momentan unschlüssig, was sie davon halten soll. In den verschiedenen sozialen Einrichtungen der freien Wohlfahrtspflege, in denen sie früher gearbeitet hat, hatten sich immer alle Mitarbeiter – Leiter eingeschlossen – daran beteiligt, den Kaffee zu kochen. Widerstrebend führt sie den Auftrag aus. Ihre Freundin, der sie davon erzählt, hält nicht damit zurück, dass sie derartiges „Chef-Gehabe" im Zeitalter der Gleichberechtigung für überholt hält. „In deinem Arbeitsvertrag ist von Kaffeekochen nicht die Rede. So etwas brauchst du dir nicht gefallen zu lassen." – Hat Frau Merks Freundin Recht?

1. Inhalt einer Weisung und rechtliche Grundlage für das Weisungsrecht des Arbeitgebers

Die Bitte von Herrn Fudickar an Frau Merk, ihm Kaffee zu kochen, ist eine Weisung. Mit ihr bringt Herr Fudickar konkret zum Ausdruck, welche Arbeitsleistung er von Frau Merk verlangt. Man sagt auch, der Arbeitgeber konkretisiert mit der Weisung die arbeitsvert raglichen Pflichten.

Was kann Inhalt einer Weisung sein?

Die möglichen Inhalte einer Weisung sind so vielfältig wie das Arbeitsleben. Ob eine solche Weisung dann im Einzelfall zulässig und damit rechtswirksam ist, ist eine andere Frage, die anschließend behandelt wird. Eine Weisung kann neben dem Kaffeekochen das Tragen von Schutzkleidung, ein Rauchverbot, die Arbeitszeit, den Ort der Arbeit (Versetzung) oder ihren Umfang (Kurzarbeit, Überstunden) und vieles andere mehr betreffen.

Woran kann ich eine Weisung erkennen?

Im Grunde gibt es kein einheitliches äußerliches Erkennungszeichen einer Weisung. Sie kann in der Form eines „Fass mal an!“ des Tischlermeisters, einem „Hauruck“ des Vorarbeiters, einer betrieblichen „Arbeitsordnung“ mit vielen einzelnen Weisungen (zB „Alle mit Schweißarbeiten Beschäftigten müssen eine Schutzbrille tragen“), der Zuweisung von Verkaufsbezirken an einen Vertreter bis hin zum förmlichen Schreiben an einen leitenden Angestellten mit einer Versetzungsanordnung ins Ausland auftreten. All dem gemeinsam ist lediglich, dass der Arbeitgeber oder sein Vertreter vom Arbeitnehmer eine bestimmte Verrichtung (auch mehrere) oder eine bestimmte Verhaltensweise fordert.

Woher nimmt der Arbeitgeber das Recht, mir Weisungen zu erteilen?

Mit der Anweisung Kaffee zu kochen, hat Herr Fudickar von seiner Befugnis Gebrauch gemacht, die Arbeitspflicht von Frau Merk durch einseitige Weisung zu konkretisieren. Rechtsgrundlage ist der Arbeitsvertrag, in dem die zu leistende Arbeit nur ihrer Art nach (Chefsekretärin) festgelegt wurde. Wer einen Arbeitsvertrag schließt, weiß, dass er gesagt bekommt, was er zu tun hat. Das ist so selbstverständlich, dass die Unterwerfung des Arbeitnehmers unter das Weisungsrecht des Arbeitgebers nicht eigens ausgesprochen oder vereinbart werden muss. In § 106 GewO, der für alle Arbeitnehmer gilt, ist hierzu geregelt: „Der Arbeitgeber kann Inhalt, Ort und Zeit der Arbeitsleistung nach billigem Ermessen näher bestimmen, soweit diese Arbeitsbedingungen nicht durch den Arbeitsvertrag, Bestimmungen einer Betriebsvereinbarung, eines anwendbaren Tarifvertrages oder gesetzliche Vorschriften festgelegt sind. Dies gilt auch hinsichtlich der Ordnung und des Verhaltens der Arbeitnehmer im Betrieb. Bei der Ausübung des Ermessens hat der Arbeitgeber auch auf Behinderungen des Arbeitnehmers Rücksicht zu nehmen."

Doch zurück zu Frau Merks Problem, denn noch ist nicht ganz klar, ob Herr Fudickar mit seiner Weisung nicht zu weit gegangen ist.

2. Was der Arbeitgeber darf und was er nicht darf

Welche Arbeit der Arbeitnehmer im Einzelnen zu leisten hat, bestimmt sich in erster Linie nach dem **Arbeitsvertrag**. Eine Ausnahme gilt nur dann, wenn höherrangige Regeln, also zwingendes Gesetz, Tarifvertrag, oder Betriebsvereinbarung, etwas anderes vorsehen, siehe der zuvor zitierte § 106 GewO. Die wesentliche Beschränkung des Weisungsrechts liegt also im Arbeitsvertrag.

Zum Problem des Kaffeekochens sagt der Arbeitsvertrag jedoch nichts. Wir müssen also durch Auslegung des Arbeitsvertrags feststellen, ob diese Tätigkeit zum Pflichtenkreis von Frau Merk gehört.

Hierbei wird entscheidend sein, was unter den konkreten Umständen – mittelständisches Unternehmen, produzierendes Gewerbe – üblicherweise unter der Arbeit einer Chefsekretärin verstanden wird. Kaffeekochen gehört hier immer noch zum Berufsbild einer Chefsekretärin. Frau Merk hätte entgegen der Meinung ihrer Freundin kein Recht gehabt, das Kaffeekochen zu verweigern.

Anders wäre die Sachlage zu beurteilen, wenn Frau Merk als Schreibkraft im zentralen Schreibdienst der Firma Werkzeugbau GmbH angestellt worden wäre. Dann wäre die Weisung von Herrn Fudickar, ihm Kaffee zu kochen, nicht mehr im zulässigen Rahmen des Weisungsrechts und daher rechtswidrig.

Welchen Beschränkungen unterliegt der Arbeitgeber im Bereich der arbeitsvertraglichen Hauptleistungspflichten (Ort, Art und Zeit der Arbeitsleistung, Höhe der Vergütung)?

Bei Frau Merk ging es „lediglich" um die Zulässigkeit von Weisungen in einem relativ unbedeutenden Teilbereich des Arbeitsalltags. Jedoch auch im Bereich der arbeitsvertraglichen Hauptleistungspflichten wird der Rahmen durch den Arbeitsvertrag gesteckt. Nur soweit nichts Genaues vereinbart ist, kann der Arbeitgeber im Rahmen seines Weisungs- und Direktionsrechts bestimmen, welche Arbeit der Arbeitnehmer im Einzelnen zu leisten hat.

Einseitige Änderung des Inhalts. Ist der Arbeitnehmer für eine bestimmte Tätigkeit, zB als Autoverkäufer bei einem Autohändler angestellt, so ist diese Tätigkeit Inhalt des Arbeitsvertrages. Der Arbeitgeber darf ihn dann mit dem Verkauf aller von ihm gehandelten Automarken beschäftigen. In die Lohnbuchhaltung darf er ihn aber nicht versetzen, auch wenn der Arbeitnehmer dort mit der gleichen Bezahlung rechnen kann. Weder Arbeitgeber noch Arbeitnehmer können den zwischen ihnen bestehenden Arbeitsvertrag einseitig ändern.

Eine Änderung des Arbeitsvertrags ist nur möglich, wenn beide Seiten zustimmen. Der Arbeitgeber kann jedoch versuchen, die Änderung des Arbeitsverhältnisses im Wege einer Änderungskündigung durchzusetzen (mehr darüber im 13. Abschnitt dieses Kapitels).

Gibt es Situationen, in denen der Arbeitgeber auch andere als nach dem Arbeitsvertrag zulässige Arbeiten zuweisen kann?

In Notfällen (zB Brand, Überschwemmung) muss der Arbeitnehmer auf Weisung des Arbeitgebers kurzfristig auch andere als nach dem Arbeitsverhältnis zulässige Arbeiten verrichten.

Kann der Arbeitgeber im Rahmen seines Weisungsrechts auch eine geringer bezahlte Stelle zuweisen?

Im Allgemeinen kann der Arbeitgeber eine geringer bezahlte Stelle auch dann nicht zuweisen, wenn sich die Tätigkeitsbeschreibung der neuen Stelle noch im Rahmen des durch den Arbeitsvertrag festgelegten Bereichs hält. Dem Arbeitgeber ist es nämlich grundsätzlich verwehrt, den Arbeitnehmer im Rahmen seines Weisungsrechts auf einen Arbeitsplatz mit geringerer Entlohnung umzusetzen.

Geringer entlohnte Tätigkeit. Peter Brandl ist seit einigen Jahren bei der Bausparkasse BSK angestellt. Sein Arbeitsvertrag sieht eine Beschäftigung als „kaufmännischer Angestellter" vor. Herr Brandl wurde in der Beratungsstelle München-Süd als Kreditsachbearbeiter im Außendienst beschäftigt. Nachdem die Arbeitsleistung von Herrn Brandl deutlich nachgelassen hat, ordnet die BSK an, dass Herr Brandl keine Kundenberatung mehr durchzuführen, sondern nur noch im „Innendienst" zu arbeiten habe. Die Tätigkeit im Innendienst wird nach dem Gehaltsschema der BSK mit 200 EUR pro Monat geringer vergütet als die Tätigkeit im Außendienst (am Kundenschalter). Herr Brandl ist mit der neuen Tätigkeit nicht einverstanden und hält die Umsetzung für unwirksam. – Mit Recht?

Inhaltlich hat sich der Arbeitgeber durchaus im Rahmen seines Weisungsrechts gehalten, weil Herr Brandl auch nach der Versetzung weiterhin entsprechend seinem Arbeitsvertrag als kaufmännischer Angestellter beschäftigt wurde. Gleichwohl ist die Maßnahme unzulässig und damit rechtsunwirksam, weil die Umsetzung zu einer geringer entlohnten Tätigkeit geführt hat. Hier hätte die BSK eine Änderungskündigung aussprechen müssen, um Herrn Brandl wirksam in die neue Position umsetzen zu können. Das Weisungsrecht findet also im Allgemeinen da seine Grenze, wo die Maßnahme Auswirkungen auf die Vergütung des Arbeitnehmers hat.

Das gilt grundsätzlich auch dann, wenn der Arbeitgeber sich im Arbeitsvertrag die Versetzung auf eine geringer entlohnte Stelle vorbehalten hat.

Vorbehalt im Arbeitsvertrag. Der Arbeitsvertrag enthält folgende Bestimmung: Der Arbeitgeber behält sich vor, soweit erforderlich, den Arbeitnehmer auf eine andere, ggf. auch geringer entlohnte Stelle umzusetzen.

Nach Auffassung des Bundesarbeitsgerichts ist ein solcher Vorbehalt rechtsunwirksam und damit ohne Bedeutung.

Wichtig:

Steht ein solcher Vorbehalt allerdings in einem Tarifvertrag, so ist er nach Auffassung des Bundesarbeitsgerichts wirksam.

Ist jede Maßnahme, die sich im Rahmen des Weisungsrechts hält, rechtens?

Nein. Bei Ausübung des Weisungsrechts muss der Arbeitgeber seine Maßnahmen nach billigem Ermessen treffen (§ 106 S. 1 GewO: „Der Arbeitgeber kann Inhalt, Ort und Zeit der Arbeitsleistung nach billigem Ermessen näher bestimmen,...)."

Eine Weisung entspricht billigem Ermessen, wenn sie nicht willkürlich ist und die Interessen des Arbeitnehmers angemessen berücksichtigt. Der Arbeitgeber muss also insbesondere auf die Kräfte und Fähigkeiten des Arbeitnehmers sowie seine bisherige Tätigkeit Rücksicht nehmen. Er darf sich nicht von unsachlichen Motiven leiten lassen und muss unter mehreren gleich praktikablen Maßnahmen diejenige Maßnahme wählen, die den Arbeitnehmer am wenigsten belastet.

Erweiterung des Außendienstbezirks. Florian Bode ist seit sechs Jahren bei einer Wirtschaftsdetektei als Außendienstmitarbeiter (Akquisiteur) beschäftigt. Ihm war zunächst als Außendienstbezirk der Landkreis München sowie die Stadt München zugewiesen, wobei sich der Arbeitgeber im Arbeitsvertrag eine Änderung des Außendienstbezirks vorbehalten hatte. Im Zuge einer Neuorganisation wird Herrn Bode mitgeteilt, dass er nunmehr die Landkreise Garmisch-Partenkirchen, Bad Tölz und den Raum Berchtesgaden zu betreuen habe. Herr Bode ist damit nicht einverstanden, weil er in München wohnt und jetzt mehr mit dem Pkw unterwegs sein muss. Er wird bei der Personalabteilung vorstellig. Er weist auf diesen Umstand hin und auch darauf, dass es ja auch noch andere Mitarbeiter gebe, denen man diese gebirgsnahen Bezirke zuweisen könne. Der Leiter der Personalabteilung erwidert, auf solche privaten Belange könne in einem marktwirtschaftlich orientierten Unternehmen keine Rücksicht genommen werden. Die Neueinteilung sei Ergebnis gründlicher unternehmenspolitischer Überlegungen. – Ist die Neuzuweisung des Außendienstbezirks an Herrn Bode rechtens?

Die Beantwortung dieser Frage hängt davon ab, ob es dem Arbeitgeber in einem etwaigen Prozess gelingt, die Begründung für seine Maßnahme so zu präzisieren, dass deutlich wird, dass die Maßnahme Ergebnis sachlicher Überlegungen ist. Die pauschale Begründung, die Maßnahme sei durch eine neue Unternehmenskonzeption bedingt, ist nicht deutlich genug. Sie lässt nämlich nicht erkennen, ob hier Willkür im Spiel war und ob die Interessen von Herrn Bode – unter Abwägung gegen die Interessen anderer für den Außendienst zuständigen Mitarbeiter – berücksichtigt worden sind.

Bleibt es bei der dürren Begründung des Unternehmens, wird Herr Bode wohl Recht bekommen. Die Äußerung des Personalleiters, die privaten Belange von Herrn Bode könnten nicht berücksichtigt werden, ist ein gewisses Anzeichen, dass die Maßnahme nicht billigem Ermessen entspricht. Das schließt aber nicht aus, dass sich die Maßnahme nachträglich – nämlich im Prozess – als willkürfrei erweist, weil die Firma ausführlich und nachvollziehbar erläutert, warum die Maßnahme sachgerecht war und inwieweit auch die Belange von Herrn Bode berücksichtigt wurden.

Können sich Beschränkungen des Weisungsrechts auch aus „Gewohnheitsrecht" ergeben?

Um diese Frage besser zu verstehen, schauen wir uns zunächst ein **Beispiel** an:

Konkretisierung der Arbeitsleistung. Konrad Laube arbeitet seit 1980 in einer großen Pkw-Vertragswerkstätte. Er wurde seinerzeit für alle anfallenden Arbeiten eingestellt und kümmerte sich auch um die Reinigung von Büros und Werkstätten. Etwa ab 1988 wurde er zu Hilfsarbeiten in der Buchhaltung herangezogen. Ab 1990 war er dann ausschließlich mit bestimmten Bürotätigkeiten in der Buchhaltung betraut und wurde entsprechend höher bezahlt. Im Jahre 2013 bekommt Herr Laube Streit mit dem sehr viel jüngeren Leiter der Buchhaltung. Dieser erreicht, dass Herr Laube vom Geschäftsführer die Weisung erhält, sich künftig nur noch um die Reinigung der Räume und das Aufräumen des Lagers zu kümmern. Der Geschäftsführer sichert Herrn Laube allerdings zu, dass die Bezahlung die gleiche bleiben werde. Muss Herr Laube der Weisung folgen?

Nein. Herr Laube war zwar ursprünglich für „alle anfallenden Arbeiten" eingestellt worden. Weil er aber inzwischen lange Zeit nur noch im Büro gearbeitet hat, hat sich seine Arbeitsverpflichtung auf diese Tätigkeit konkretisiert. Herr Laube musste nach 23 Jahren nicht mehr damit rechnen, dass er wiederum zu Arbeiten herangezogen wird, die erheblich unter seiner jetzigen Tätigkeit einzuordnen sind. Es handelt sich um einen Fall des **Vertrauensschutzes.**

Nach wie viel Jahren ein solcher Vertrauensschutz anzuerkennen ist, ist nirgends festgelegt. Bei einer vom Arbeitgeber ausdrücklich oder stillschweigend gebilligten dauernden Ausübung einer höherwertigen Tätigkeit (wie in unserem Beispiel) wird von der Rechtsprechung ein Vertrauensschutz des Arbeitnehmers uU schon nach drei bis vier Jahren anerkannt. Soweit es aber lediglich um bestimmte Umstände der Erbringung der Arbeitsleistung geht (zB Arbeit in einer bestimmten Abteilung, in einer bestimmten Schicht oä) wird vor Ablauf von 10 Jahren regelmäßig kein Vertrauensschutz anerkannt. Aber auch wenn Sie länger als 10 Jahre mit einer bestimmten Tätigkeit oder in bestimmter Weise beschäftigt worden sind, ist die

Rechtsprechung mit der Zubilligung eines Vertrauensschutzes sehr zurückhaltend.

Wichtig:

Vertrauensschutz kann nur da entstehen, wo die Umstände dies nahe legen. Das ist aber dann nicht der Fall, wenn sich der Arbeitgeber im Arbeitsvertrag ausdrücklich vorbehalten hat, Ort oder Art und Weise der Erbringung der Arbeitsleistung zu verändern.

Ein solcher arbeitsvertraglicher Vorbehalt könnte zB folgenden Wortlaut haben: „Der Arbeitnehmer wird als Systemingenieur eingestellt. Die Firma ist berechtigt, vorübergehend oder auf Dauer andere gleichwertigen Arbeiten innerhalb des Unternehmens zuzuweisen."

Dies wäre eine Regelung, mit der sich der Arbeitgeber freie Hand behält, – allerdings in den schon besprochenen Grenzen des billigen Ermessens – die Arbeitsverpflichtung nach Art und Ort der Arbeitsleistung – ohne Ausspruch einer Änderungskündigung – umzugestalten. Auch hier empfiehlt es sich, im Streitfall zunächst einmal im Arbeitsvertrag nachzuschauen.

Kann mir mein Arbeitgeber Weisungen bezüglich meines außerdienstlichen Verhaltens geben?

Im Allgemeinen nicht. Das Privatleben ist für den Arbeitgeber tabu. Auch hier gibt es Ausnahmen. So können sich für einen Arbeitnehmer aus der Tätigkeit in einer bestimmten Branche oder in bestimmten (insbesondere leitenden) Positionen erhöhte Rücksichtspflichten bezüglich der betrieblichen Interessen ergeben, die dazu führen, dass der Arbeitgeber auch Weisungen bezüglich des außerdienstlichen Verhaltens erteilt.

Äußerungen gegen das Programm des eigenen Unternehmens. Ein Unternehmen, das sich mit dem Bau von Kernreaktoren und Waffensystemen befasst, untersagt den leitenden Angestellten, sich in der Öffentlichkeit kritisch zum Produktionsprogramm zu äußern. Der Geschäftsführer einer „Liga gegen den Alkohol" wird angewiesen, auf die Verherrlichung des Alkoholkonsums im privaten Bereich zu verzichten.

Wie Sie sehen, hört in bestimmten Ausnahmefällen das Weisungsrecht am Werkstor nicht auf. Hier muss das Recht des Arbeitnehmers, seine Meinung frei zu äußern, hinter das betriebliche Interesse an einer erfolgreichen Vermarktung des Produkts zurücktreten.

Gibt es typische Einschränkungen des Weisungsrechts des Arbeitgebers bezüglich meines Verhaltens innerhalb des Betriebs?

Das Weisungsrecht findet seine Grenzen in den Gesetzen, Tarifverträgen und Betriebsvereinbarungen, insbesondere auch in dem durch die Verfassung geschützten Persönlichkeitsrecht des Arbeitnehmers. § 106 S. 1 GewO: „Der Arbeitgeber kann Inhalt, Ort und Zeit der Arbeitsleistung nach billigem Ermessen näher bestimmen, soweit diese Arbeitsbedingungen nicht durch den Arbeitsvertrag, Bestimmungen einer Betriebsvereinbarung, eines anwendbaren Tarifvertrages oder gesetzliche Vorschriften festgelegt sind."

Diese Beschränkung durch gesetzliche Vorschriften kann von Bedeutung sein etwa bei unangemessenen Weisungen für die Kleidung, den Haarschnitt sowie bei Leibesvisitationen im Rahmen von Torkontrollen, weil hierin je nach Sachlage ein unzulässiger Eingriff in das allgemeine Persönlichkeitsrecht gesehen werden kann.

Weiterhin ist die maßvolle Bekundung der politischen Überzeugung im Betrieb regelmäßig durch das Grundrecht der freien Meinungsäußerung gedeckt. Entsprechende Äußerungen sind kein Verstoß gegen die betriebliche Ordnung und geben dem Arbeitgeber kein Recht, eine Abmahnung auszusprechen, auch wenn die geäußerte Meinung nicht gefällt.

Wichtig:

Eine Meinungsäußerung ist nicht gegen Weisungen bzw. Abmahnungen des Arbeitgebers geschützt, wenn sie aufdringlichen, missionierenden Charakter hat. Es muss dann nämlich damit gerechnet werden, dass Mitarbeiter da sind, die sich gegen eine Missionierung verwahren oder sich gar zur Gegenpropaganda animiert fühlen. Es ist dann nur noch eine Frage der Zeit, wann das Betriebsklima vergiftet ist. Der Arbeitgeber braucht diesen Zeitpunkt nicht abzuwarten, sondern kann im Wege der Abmahnung schon vorher eingreifen.

Ob und inwieweit eine Meinungsäußerung noch maßvoll oder schon aufdringlich ist, darüber lässt sich im Einzelfall streiten. Das gilt insbesondere dann, wenn die Meinungsäußerung sehr knapp und prägnant gehalten ist, nämlich in Form von Plaketten an der Kleidung, Aufklebern am Auto oder einem Medaillon um den Hals. Solche Meinungsäußerungen wurden von der Rechtsprechung in verschiedenen Fällen als zu aufdringlich angesehen. Regelmäßig spielten dabei Größe und Aufmachung eine entscheidende Rolle.

3. Rechtliche Schritte gegen eine Weisung des Arbeitgebers

Welche Folgen können sich ergeben, wenn ich eine Weisung nicht befolge?

Die möglichen Folgen hängen davon ab, ob die Weisung rechtmäßig ist oder nicht. Ist sie rechtmäßig, kann sie der Arbeitgeber wegen Verstoßes gegen die arbeitsvertraglichen Pflichten – häufig ist von „Arbeitsverweigerung" die Rede – abmahnen und, je nach Schwere der Pflichtverletzung, mit oder ohne vorherige Abmahnung auch kündigen.

Jedoch brauchen Sie Weisungen, die sich nicht in den durch den Arbeitsvertrag gesteckten Grenzen halten oder die gegen ein Gesetz oder die guten Sitten verstoßen, nicht zu befolgen. Wegen Ihrer Weigerung in einem solchen Fall darf Ihnen der Arbeitgeber nicht kündigen.

Wichtig:

Sie müssen Ihren Arbeitgeber allerdings deutlich auf die Gründe hinweisen, die Sie dazu bewegen, die geforderte Arbeitsleistung nicht zu erbringen oder das geforderte Verhalten zu verweigern.

Umfang der Weisungen zur Meinungsäußerung. Peter Wiedenhöfer ist Buchhalter in der Firma Software GmbH. In der Mittagspause äußert er gegenüber Kollegen, dass er den Verzicht auf ein generelles Tempolimit auf den bundesdeutschen Autobahnen für unverantwortlich hält. Es kommt zu einer heftigen Diskussion, von der auf Umwegen der Geschäftsführer Kenntnis erhält. Einige Tage später erhält Herr Wiedenhöfer von der Personalabteilung ein Schreiben, in dem er aufgefordert wird, kritische Äußerungen über das Problem eines Tempolimits zu unterlassen. Andernfalls müsse er mit arbeitsrechtlichen Konsequenzen rechnen. Herr Wiedenhöfer kümmert sich nicht um die Abmahnung, sondern vertritt weiterhin im Kollegengespräch seine Meinung. Die Firma kündigt ihm darauf hin. Herr Wiedenhöfer erhebt Kündigungsschutzklage. Im Prozess führt der Vertreter der Firma aus: „Die Kündigung war sozial gerechtfertigt und damit wirksam, weil Herr Wiedenhöfer mit seinem Gerede gröblich gegen die Interessen unserer Volkswirtschaft wie auch gegen die Interessen unseres Unternehmens als Vertragspartner eines großen Automobilproduzenten verstoßen hat. – War die Weisung der Firma an Herrn Wiedenhöfer, das Thema „Tempolimit" zu vermeiden, rechtmäßig?

Das Gericht wird nach Lage der Dinge wohl Herrn Wiedenhöfer Recht geben. Die im Rahmen der Abmahnung ausgesprochene Weisung an Herrn Wiedenhöfer, sich im Betrieb jeder Meinungsäußerung zum Problem Tempolimit zu enthalten, hielt sich nicht im Rahmen des Weisungsrechts des Arbeitgebers, da die Form, in der Herr Wiedenhöfer sich geäußert hat, nicht zu beanstanden war. Ein Verstoß gegen diese Weisung beinhaltete daher keine Verletzung der arbeitsvertraglichen Pflichten durch Herrn Wiedenhöfer und konnte daher die Kündigung nicht rechtfertigen.

Wichtig:

Beachten Sie, dass die Beurteilung eines solchen Falles sehr stark von den Umständen des Einzelfalles abhängt. Bereits geringe Veränderungen in den Gesamtumständen können ggf. zu einem veränderten Urteil des Gerichts führen. Das könnte etwa der Fall sein, wenn Herr Wiedenhöfer seine Kollegen immer wieder mit diesem Thema konfrontiert („traktiert") und seine Meinungsäußerungen dadurch missionarischen Charakter bekommen haben.

Was wird aus meinem Vergütungsanspruch, wenn ich eine mir unzulässigerweise zugewiesene Arbeit verweigere?

Bezieht sich eine – unrechtmäßige – Weisung auf die Erbringung einer bestimmten Arbeitsleistung, so bleibt Ihr Vergütungsanspruch erhalten, auch wenn Sie infolge der Weigerung keine Arbeitsleistung erbracht haben. Zwar gilt im Allgemeinen der Grundsatz: „Ohne Arbeit kein Lohn!" Hier verhält es sich jedoch anders. An Ihrer Bereitschaft, eine vertragsgemäße Arbeitsleistung zu erbringen, hat sich durch Ihre Weigerung, eine vertragswidrige Tätigkeit auszuführen, nichts geändert. Der Arbeitgeber ist also weiterhin zur Vergütung verpflichtet, wenn Sie Ihre Arbeitskraft ordnungsgemäß anbieten, also am Arbeitsplatz erscheinen.

Ausbleiben der Arbeitsleistung nach Versetzung. Petra Kleinschmidt ist als Sekretärin eines Abteilungsleiters bei der Firma Materialbau GmbH beschäftigt. Eines Tages macht Herr Kohler, ihr Vorgesetzter, ihr einen Heiratsantrag, den sie höflich, aber bestimmt ablehnt. Herr Kohler fühlt sich brüskiert und setzt bei der Geschäftsleitung durch, dass Frau Kleinschmidt angewiesen wird, ab dem ersten Werktag des Folgemonats in der Schreibkanzlei des Unternehmens zu arbeiten. Frau Kleinschmidt erscheint an diesem Tag dennoch an ihrem alten Arbeitsplatz, stellt aber fest, dass dieser bereits von einer neuen, jüngeren Mitarbeiterin besetzt ist. Frau Kleinschmidt geht nach Hause. Für die sich anschließende Zeit der Arbeitslosigkeit verlangt sie von der Firma Vergütung. Die Firma weigert sich zu zahlen mit der Begründung, Frau Kleinschmidt habe nicht gearbeitet, obwohl Arbeit in der Schreibkanzlei in ausreichendem Umfang da gewesen sei. – Wer hat Recht?

Frau Kleinschmidt wird Recht bekommen, da die Weisung in diesem Fall nicht dem erforderlichen billigen Ermessen entsprochen hat und damit unzulässig war. Dieser – unzulässigen – Weisung brauchte Frau Kleinschmidt nicht Folge zu leisten. Da sie andererseits ihre Arbeitsleistung ordnungsgemäß angeboten hat, hat sie ihren Vergütungsanspruch nicht verloren. Man sagt: Der Arbeitgeber befand sich im **Annahmeverzug**, das heißt, er hat es versäumt, die von Frau Kleinschmidt ordnungsgemäß angebotene Arbeit anzunehmen.

Was ist, wenn ich irrtümlich geglaubt habe, eine Weisung sei rechtswidrig und ich deshalb die Arbeit verweigere?

Sehr unangenehm für Sie: Wenn Sie irrtümlich an die Rechtswidrigkeit einer Weisung geglaubt haben, nützt Ihnen das nichts. Das heißt, es kann Ihnen nach einer entsprechenden Abmahnung trotzdem **gekündigt** werden.

Wichtig:

Diese unangenehme Folge kann sich nach der Rechtsprechung des Bundesarbeitsgerichts uU sogar dann ergeben, wenn Ihr Irrtum auf einer entsprechenden Beratung eines Rechtsanwalts oder einer Gewerkschaft beruhte.

Kann ich gegen eine Weisung gerichtlich vorgehen?

Häufig wird es aus der Natur der Situation heraus kaum möglich oder sinnvoll sein, gegen eine Weisung gerichtlich vorzugehen. Bis es zum Prozess und zu einer Entscheidung im Prozess kommt, hat sich die Angelegenheit in der einen oder anderen Weise (Befolgung oder Nichtbefolgung der Weisung) erledigt. In diesen Fällen geht es dann nur noch um die Folgen, zB um die Zulässigkeit einer Kündigung wegen Arbeitsverweigerung oder um die Vergütungspflicht des Arbeitgebers bei Annahmeverzug.

Bei Weisungen, die auf einen Dauerzustand oder eine immer wieder auftretende Situation gerichtet sind, kann eine Klage gegen die Weisung selbst aber durchaus sinnvoll sein. Dazu zwei Beispiele:

Parteianstecker und Versetzung in entfernte Filiale. Manfred Kugler ist Angestellter in der Firma Oxanol GmbH. In letzter Zeit erscheint er öfter mit einem unscheinbaren Parteiabzeichen am Revers im Betrieb. Von der Firmenleitung erhält er einen Brief, in dem ihm das Tragen des Parteiabzeichens unter Hinweis auf den Betriebsfrieden untersagt wird.
Frau Paulsen ist Filialleiterin in einer Drogeriemarkt-Kette. Ihr Arbeitsvertrag enthält in § 2 folgende Regelung: „Die Arbeitnehmerin wird als Filialleiterin in der Filiale Wandsbeker Marktstraße in Hamburg-Wandsbek eingestellt. Mit einer ggf. aus betrieblichen Gründen notwendigen Versetzung in eine andere Filiale ist die Arbeitnehmerin einverstanden". Die

Filiale in der Wandsbeker Marktstraße befindet sich in der Nähe der Wohnung von Frau Paulsen. Nach drei Jahren Beschäftigungsdauer erhält sie ein Schreiben der Firmenleitung, in dem ihr ohne nähere Begründung aufgegeben wird, ab nächstem Ersten in der Filiale in der Pinneberger Chaussee in Hamburg-Eidelstedt ihre Arbeit aufzunehmen.

In beiden Fällen ist es sinnvoll, wenn der betroffene Arbeitnehmer bzw. die betroffene Arbeitnehmerin im Wege einer Klage gegen die Weisung gerichtlich vorgeht. Es handelt sich nämlich in beiden Fällen um Weisungen, die längerfristig für den Arbeitnehmer Auswirkungen haben. Eine solche Klage wird auch als zulässig angesehen. Ob die Klage im Einzelfall allerdings jeweils Erfolg haben wird, kann nur nach näherer Kenntnis der Einzelumstände beurteilt werden. Was dabei eine Rolle spielt, haben wir in den vorangegangenen Abschnitten erläutert.

Übrigens bezeichnet man Weisungen, die darauf gerichtet sind, dem Arbeitnehmer einen Arbeitsplatz an einem anderen Ort oder einen andersartigen Arbeitsplatz zuzuweisen, als **Versetzung**.

Wann muss der Arbeitgeber eine Änderungskündigung aussprechen?

Im Zusammenhang mit unseren Überlegungen zum Weisungsrecht des Arbeitgebers haben wir an verschiedener Stelle festgestellt, dass der Arbeitgeber normalerweise an den „Pflöcken" des Arbeitsvertrags nicht im Wege des Weisungsrechts rütteln kann, sondern hierzu eine Änderungskündigung aussprechen muss. Wir wollen uns deshalb im Folgenden mit der Änderungskündigung und ihren Unterschieden zu einer Maßnahme im Rahmen des Weisungsrechts beschäftigen.

Was ist eine Änderungskündigung?

Dazu zunächst ein **Beispiel**:

Angebot einer neuen Stelle nach Kündigung. Cornelia Sommer ist seit zweieinhalb Jahren bei der Condata GmbH, einem Software-Haus mit elf Arbeitnehmern, als Buchhalterin halbtags beschäftigt. Nach einer internen Überprüfung und aufgrund einer Beratung durch einen Unternehmensberater reift beim Geschäftsführer die Einsicht, dass die Buchhaltung wirtschaftlicher durch einen stundenweise in freier Mitarbeit beschäftigten Buchhalter bewältigt werden kann. Frau Sommer erhält daraufhin folgendes Schreiben: „Betrifft: Änderungskündigung. Sehr geehrte Frau Sommer, zu unserem Bedauern sehen wir uns gezwungen, Ihr Arbeitsverhältnis aus betrieblichen Gründen ordentlich zum Quartalsende zu kündigen. Zugleich bieten wir Ihnen die Stelle einer Sekretärin mit einer gegenüber bisher um 175 EUR brutto geringeren Vergütung bei im Übrigen gleich bleibenden Bedingungen an." Das Schreiben verursacht bei Frau Somer erhebliche Aufregung. Sie wendet sich an Rechtsanwalt Dr. Wagler, um zu erfahren, was sie dagegen machen kann. Was wird ihr der Rechtsanwalt sagen?

Dr. Wagler wird ihr vorab erklären, was eine Änderungskündigung eigentlich ist: Eine Änderungskündigung ist zunächst einmal eine Kündigung, dh eine Erklärung des Arbeitgebers (oder auch des Arbeitnehmers), mit der dieser das Arbeitsverhältnis **einseitig** beendet. Eine Änderungskündigung kann wie eine „normale" Beendigungs-Kündigung als außerordentliche (= fristlose) oder als ordentliche (=fristgemäße) Kündigung ausgesprochen werden.

Das Besondere der Änderungskündigung gegenüber der Beendigungskündigung liegt nun darin, dass die Kündigung mit dem Angebot zum Abschluss eines neuen Arbeitsvertrags mit geänderten Bedingungen verbunden ist.

Wichtig:

Die Änderungskündigung ist für den Arbeitgeber der einzige formelle Weg, um von „ungeliebten" Arbeitsvertragsbestimmungen herunterzukommen, ohne Sie um Ihr Einverständnis bitten zu müssen. Gehören Sie zum nach dem Kündigungsschutzgesetz oder anderen Gesetzen bei Kündigungen geschützten Personenkreis, muss er allerdings das Vorliegen der Voraussetzungen für eine Kündigung nachweisen können.

Was kann ich gegen eine Änderungskündigung unternehmen?

Frau Sommer hat zwei Möglichkeiten:

(1) Sie kann das neue Vertragsangebot ablehnen oder ignorieren und gegen die Kündigung als solche Klage erheben, in der Hoffnung, dass die Kündigung vom Gericht als unrechtmäßig angesehen wird. Sie wird dann nur die Kündigung mit einer Kündigungsschutzklage angreifen (Achtung: Die Klage muss innerhalb von 3 Wochen nach Zugang der Kündigung bei Ihnen beim Arbeitsgericht eingereicht werden!). Diesen Weg wird Frau Sommer wählen, wenn das Arbeitsverhältnis für sie nur zu den alten Konditionen interessant ist, wenn sie sich also sagt: „Wenn es mir nicht gelingt, das Arbeitsverhältnis mit den früheren Bedingungen zu erhalten, möchte ich das Arbeitsverhältnis lieber ganz aufgeben."

Ein solcher Standpunkt wäre etwa nachvollziehbar, wenn Frau Sommer befürchten muss, durch die weniger qualifizierte Tätigkeit als Sekretärin mit ihren Buchhaltungsfähigkeiten aus der Übung zu kommen und damit bei späteren Bewerbungen eine schlechtere Ausgangsposition zu haben.

(2) Will Frau Sommer nicht riskieren, dass sie den Arbeitsplatz verliert, hat sie die Möglichkeit, sich diesen zu sichern. Dazu muss sie ihrem Arbeitgeber innerhalb der Kündigungsfrist, spätestens aber innerhalb von drei Wochen, nachdem sie die Kündigung erhalten hat, etwa Folgendes mitteilen: „Ihr Vertragsangebot im Zusammenhang mit Ihrer Änderungskündigung nehme ich unter dem Vorbehalt (oder: unter der Voraussetzung) an, dass die Änderung der Vertragsbedingungen nicht sozial ungerechtfertigt ist."

Mit einer solchen Erklärung hat Frau Sommer deutlich gemacht, dass sie an ihrem Arbeitsplatz auf jeden Fall – notfalls auch unter den von der Condata GmbH gewünschten geänderten Bedingungen – festhalten und nur die Änderung der Konditionen durch das Gericht überprüfen lassen will. Frau Sommer muss dann, wenn sie die unter Vorbehalt angenommenen Arbeitsbedingungen nicht akzeptieren möchte, innerhalb von 3 Wochen nach Kündigungszugang Änderungsschutzklage beim zuständigen Arbeitsgericht einreichen. Das Gericht wird dann die Änderung der Arbeitsbedingungen auf ihre soziale Rechtfertigung hin überprüfen, wenn Frau Sommer den allgemeinen Kündigungsschutz nach dem Kündigungsschutzgesetz (KSchG) genießt.

Unter welchen Voraussetzungen ist eine Änderungskündigung rechtswirksam?

Ganz allgemein gesprochen sagt man, die Änderung der Arbeitsbedingungen müsse sozial gerechtfertigt sein und einen angemessenen Ausgleich der beiderseitigen Interessen beinhalten. Beachten Sie aber, dass das nur dann gilt, wenn die Voraussetzungen für die Anwendbarkeit des Kündigungsschutzgesetzes vorliegen. (Näheres dazu im Abschnitt über den Kündigungsschutz)

Im Ergebnis läuft es regelmäßig darauf hinaus, dass das Gericht an eine Änderungskündigung weniger strenge Maßstäbe anlegt als an eine Beendigungskündigung.

Zurück zu unserem Fall mit Frau Sommer. Rechtsanwalt Dr. Wagler wird Frau Sommer darauf hinweisen, dass sie – wenn sie klagt – nicht ohne weiteres mit einem Erfolg ihrer Klage rechnen kann. Wenn die Condata GmbH nämlich nachweisen kann, dass die Buchhaltung tatsächlich ohne willkürliches Handeln auf einen externen Buchhalter verlagert wurde und dadurch der Arbeitsplatz von Frau Sommer wegfällt, wird das Gericht der Condata GmbH Recht geben.

Welchen Unterschied macht es für mich, ob mein Arbeitgeber in meinem Arbeitsverhältnis eine Änderung der Arbeitsbedingungen im Wege des Weisungsrechts oder nur mit einer Änderungskündigung durchsetzen kann?

In diesem Kapitel haben wir gesehen, dass der Arbeitgeber eine bestimmte Maßnahme im einen Fall durch eine formlose Weisung, im anderen Fall nur im Wege einer Änderungskündigung durchsetzen kann. Folgender **Fall** soll die sich hieraus ergebenden rechtlichen Folgen verdeutlichen:

Versehentliches Auslassen der „Versetzungsklausel". Heidemarie Scholl wird von der Drugstore GmbH, einem Unternehmen, das überregional Drogerie-Märkte betreibt, als Filialleiterin eingestellt. In ihrem Arbeitsvertrag findet sich ua folgende Bestimmung: „§ 1. Frau Scholl wird als Filialleiterin für die Filiale Frankfurt, Gutleutstraße, eingestellt. Mit einer ggf. aus betrieblichen Gründen notwendigen Versetzung in eine andere Filiale ist Frau Scholl einverstanden."
Heike Löffler wird in der gleichen Filiale als Verkäuferin beschäftigt. In ihren Arbeitsvertrag wurde versehentlich die zitierte Bestimmung des § 1 („Mit einer...Versetzung... einverstanden.") nicht mit aufgenommen.
Die Drugstore GmbH entschließt sich wegen unbefriedigender Erträge in der Filiale Gutleutstraße, dieselbe zu schließen und die dort Beschäftigten in eine gerade neu eröffnete Filiale am Stadtrand umzusetzen. Wodurch unterscheiden sich die Rechtspositionen von Frau Scholl und Frau Löffler?

Die Drugstore GmbH kann die geplante Umsetzung von Frau Scholl im Rahmen des Weisungsrechts durchführen, da der Arbeitsvertrag die Grenzen des Weisungsrechts bezüglich des Beschäftigungsorts sehr weit gesteckt hat. Die Drugstore GmbH kann also Frau Scholl durch einfaches Schreiben und ohne Einhaltung einer Frist anweisen, ihre Arbeitsleistung künftig in der neu eröffneten Filiale zu erbringen. Klagt Frau Scholl gegen diese Weisung, so wird das Gericht die Weisung daraufhin überprüfen, ob sie der „Billigkeit entspricht". Das ist im Allgemeinen ein weniger strenger Maßstab, als wenn das Gericht die soziale Rechtfertigung einer Änderungskündigung prüft. Bei ihrer Klage ist Frau Scholl an keine formelle Frist gebunden. Es wird ihre Position allerdings nicht verbessern, wenn sie mit einer beabsichtigten Klage zu lange wartet.

Wie sieht es bei Frau Löffler aus? Sie hat in dieser Situation zweifellos einen besseren Stand. Die Drugstore GmbH kann Frau Löffler nämlich nur dann wirksam in die neue Filiale versetzen, wenn sie eine Änderungskündigung ausspricht. Da die Änderungskündigung eine Kündigung ist, sind die vorgesehenen Kündigungsfristen für die beabsichtigte Veränderung einzuhalten. Geht Frau Löffler gegen die Kündigung gerichtlich vor, so sind die vom Gericht zu prüfenden Voraussetzungen an die Wirksamkeit der Versetzungsanordnung im Ergebnis strenger als bei einer Versetzungsanordnung im Rahmen des Weisungsrechts. Voraussetzung ist allerdings, dass das Kündigungsschutzgesetz Anwendung findet (Näheres hierzu im Abschnitt über den Kündigungsschutz).

Genießt Frau Löffler besonderen Kündigungsschutz, weil sie zB schwanger, Betriebsratsmitglied oder schwerbehindert ist, so kommt ihr dies bei der von der Drugstore GmbH durchgeführten Änderungskündigung ebenfalls zugute.

Sind also zB sowohl Frau Scholl wie auch Frau Löffler zum Zeitpunkt der Maßnahme schwanger, so kann Frau Scholl bei Vorliegen der sonstigen Voraussetzungen sofort in die neue Filiale geschickt werden, während vor der erforderlichen Änderungskündigung von Frau Löffler die Zustimmung der zuständigen Stelle (in Bayern: Gewerbeaufsichtsamt) eingeholt sein muss. Ist dies nicht geschehen, ist die Änderungskündigung von Frau Löffler schon deswegen rechtsunwirksam.

5. Kapitel

Die Arbeitszeit

Änderung der Werktäglichen Arbeitsazeit. Otto Stenger ist Arbeiter in der Endmontage der Süddeutschen Produktionsmittel GmbH. Laut Tarifvertrag beträgt die wöchentliche Arbeitszeit 38,5 Stunden. Der Arbeitgeber und der Betriebsrat haben eine Betriebsvereinbarung geschlossen, wonach montags bis einschließlich donnerstags je 8,5 Stunden und freitags 4,5 Stunden und samstags überhaupt nicht gearbeitet wird. Herr Stenger, dem an einem langen Feierabend mehr gelegen ist als an einem frühen Arbeitsende am Freitag, wendet sich gegen die Betriebsvereinbarung. Er stellt sich auf den Standpunkt, die Betriebsvereinbarung verstoße gegen ein zwingendes Gesetz, da im Arbeitszeitgesetz eine tägliche Arbeitszeit von maximal acht Stunden vorgesehen sei. Hat Herr Stenger Recht?

Herr Stenger wendet sich zu Unrecht gegen die Betriebsvereinbarung. Es ist zwar richtig, dass das Arbeitszeitgesetz ein zwingendes Gesetz ist, also ein Gesetz, von dem durch Arbeitsvertrag, Betriebsvereinbarung oder Tarifvertrag nicht abgewichen werden darf. Die dort festgelegte werktägliche Arbeitszeit kann jedoch unter bestimmten Voraussetzungen, auf die noch später eingegangen wird, überschritten werden.

1. Die wichtigsten Regeln

Was für ein Gesetz ist das Arbeitszeitgesetz und welche Regeln enthält es?

Herr Stenger beruft sich auf das Arbeitszeitgesetz (amtl. abgekürzt: ArbZG), ein zweifellos wichtiges Gesetz, wenn es darum geht festzustellen, wie der Arbeitgeber mit der Arbeitszeit seiner Arbeitnehmer umgehen darf. Das Arbeitszeitgesetz – so die Absicht des Gesetzgebers –

- bezweckt die Sicherheit und den Gesundheitsschutz der Arbeitnehmer, begrenzt deshalb die höchstzulässige Arbeitszeit,
- verpflichtet zu Ruhepausen und **Ruhezeiten**.
- sichert den Arbeitnehmern **Freiräume für die private Lebensgestaltung** aufgrund der nach Art. 140 des Grundgesetzes zu achtenden Sonn- und Feiertagsruhe und
- dient der Sicherung des Wirtschaftsstandorts Deutschland durch die erleichterte Einführung flexibler Arbeitszeiten.

Im Einzelnen legt das Arbeitszeitgesetz Ober- und Untergrenzen fest, was tägliche Arbeitszeit, Ruhepausen, arbeitsfreie Ruhezeiten, Nachtarbeit und Sonntagsarbeit betrifft.

Um Ihnen den Einstieg in die relativ komplizierte Materie des Arbeitszeitrechts zu erleichtern, erhalten Sie zunächst einen stichwortartigen Überblick über die wesentlichen Regeln des Arbeitszeitgesetzes und anderer arbeitszeitrechtlicher Vorschriften:

- **tägliche Höchstarbeitszeit:** 8 Stunden, Verlängerungsmöglichkeit auf maximal 10 Stunden
- Wochenarbeitstage: 6 Werktage
- **wöchentliche Höchstarbeitszeit**: 48 Stunden pro Woche; unter bestimmten Voraussetzungen Verlängerungsmöglichkeit bis auf 60 Stunden
- **Nachtarbeit:**
  - Höchstens 8 Stunden pro Nachtschicht

  - Regelmäßige ärztliche Untersuchung auf Kosten des Arbeitgebers
  - Pflicht des Arbeitgebers zur Versetzung des Arbeitnehmers in die Tagschicht unter bestimmten Voraussetzungen
  - Pflicht zur Gewährung bezahlter freier Tage bzw. eines angemessenen Zuschlags als Ausgleich für geleistete Nachtarbeit
- **Sonntagsarbeit:** grundsätzlich verboten, aber Ausnahmen
- **Pausen**:
  - 30 Min. bei über 6 Std. bis 9 Std. Arbeit
  - 45 Min. bei mehr als 9 Std. Arbeit, Aufteilung in Einzelpausen à 15 Min. möglich
  - Spätestens nach 6 Std. erste Pause!
- Mindestruhezeiten zwischen Arbeitsende und Beginn der nächsten Arbeitsschicht: 11 Stunden
- **Sondervorschriften für Frauen**, soweit nicht das Mutterschutzgesetz eingreift: keine

Beachten Sie, dass es sich bei diesen Regeln um Grundsatzregeln handelt, die durch zahlreiche und komplizierte Ausnahmen durchbrochen werden.

Welche Gesetze und Verordnungen mit Arbeitszeitregeln gibt es außer dem Arbeitszeitgesetz noch?

Auch hier ein Überblick:

- **Jugendarbeitsschutzgesetz:** Arbeitszeit von Kindern und Jugendlichen vor Vollendung des 18.Lebensjahres umfassend geregelt
- **Mutterschutzgesetz:** besondere Arbeitszeitregeln für werdende Mütter und Wöchnerinnen
- Sozialgesetzbuch IX (früher: Schwerbehindertengesetz): Schwerbehinderte Menschen können auf Verlangen von der Leistung von Mehrarbeit befreit werden
- **Ladenschlussgesetz:** Regelung der Arbeitszeit der im Einzelhandel Beschäftigten indirekt über die Festlegung von Öffnungszeiten

- Hinzu kommen arbeitszeitschutzrechtliche Regelungen für besondere Arbeitnehmergruppen (zB Bäcker und Konditoren, Seeleute, Kraftfahrer).

Welche Gemeinsamkeit haben die genannten Arbeitszeitgesetze und -verordnungen?

Die genannten Gesetze und Verordnungen legen Mindestbedingungen bzw. Höchstgrenzen fest, die vom Arbeitgeber – und damit indirekt auch vom Arbeitnehmer – einzuhalten sind. Hält sich der Arbeitgeber nicht an die Bestimmungen, so muss er mit staatlichen Strafen oder Bußgeldern rechnen. Die zuständige Aufsichtsbehörde überwacht als staatliche Instanz die Einhaltung der arbeitszeitschutzrechtlichen Vorschriften.

Gibt es neben Vorschriften über Strafen und Bußgelder noch andere Regeln, die die Einhaltung der Arbeitszeitbestimmungen sichern?

Ihren Arbeitgeber trifft noch eine Reihe von Nebenpflichten, die die Einhaltung der Arbeitszeitvorschriften sichern sollen:

- Ihr Arbeitgeber muss eine Kopie des Arbeitszeitgesetzes, der aufgrund dieses Gesetzes erlassenen Rechtsverordnungen sowie von Tarifverträgen und Betriebsvereinbarungen im Betrieb aushängen, die Abweichungen vom Arbeitszeitgesetz enthalten.
- Er muss die über die werktägliche Arbeitszeit von 8 Stunden hinausgehende Arbeitszeit seiner Arbeitnehmer aufzeichnen und die damit vorhandenen Nachweise mindestens 2 Jahre aufbewahren.
- Weitreichende Aufzeichungspflichten ergeben sich für Arbeitgeber aus dem sog. Mindestlohngesetz. Diese bestehen für bestimmte Branchen (ua für das Baugewerbe, das Gaststätten- und Beherbergungsgewerbe, das Gebäudereinigungsgewerbe und die Fleischwirtschaft) sowie für alle geringfügig Beschäftigten (unabhängig von der Branche). Aufzuzeichnen ist spätestens bis zum Ablauf des siebten auf den Tag der Arbeitsleistung folgenden Kalendertages Beginn, Ende und Dauer der täglichen Arbeitszeit. Die Unterlagen sind mindestens zwei Jahre aufzubewahren.

- Ein indirekter Zwang zur Einhaltung der Arbeitszeitvorschriften wird auch noch dadurch erzeugt, dass Vorschriften eines Einzelarbeitsvertrags, die gegen das Arbeitszeitgesetz verstoßen, unwirksam sind. Der Arbeitnehmer kann die Arbeitsleistung verweigern, wenn ihn der Arbeitgeber zu Arbeiten heranzieht, die die gesetzlich zulässigen Arbeitszeiten überschreiten.

Wo finde ich – außer im Gesetz – weitere Regeln bezüglich meiner Arbeitszeit und was ist dort geregelt?

Das Arbeitszeitgesetz behandelt die Frage, wie lange ein Arbeitnehmer maximal arbeiten darf, regelt also die höchst zulässige Arbeitszeit. Darüber hinaus stellen sich jedoch noch zwei weitere wichtige Fragen im Zusammenhang mit der Arbeitszeit, nämlich

– wie lange muss der Arbeitnehmer arbeiten (zB 35 Std. pro Woche, 40 Std. pro Woche, 20 Std. pro Woche)
– welche Zeiten sind in welcher Höhe vergütungspflichtig?

Diese Fragen werden regelmäßig durch entsprechende Regeln im Arbeitsvertrag, in Tarifverträgen, in Betriebsvereinbarungen oder durch richterrechtliche Regeln beantwortet.

Im Einzelarbeitsvertrag wird die Arbeitszeit üblicherweise nur kurz behandelt. Beispiel einer arbeitsvertraglichen Regelung: „Die regelmäßige Arbeitszeit beträgt 40 Stunden pro Woche".

Dies ist eine für den Arbeitnehmer günstigere Regelung als im Arbeitszeitgesetz vorgesehen. Das Arbeitszeitgesetz sieht nämlich für den Regelfall eine wöchentliche Höchstarbeitszeit von 48 Stunden vor.

Tarifverträge befassen sich im Allgemeinen sehr eingehend mit der Arbeitszeit. Fast immer legen sie die Zeitdauer der wöchentlichen Arbeitszeit fest, bisweilen jetzt auch die monatliche Arbeitszeit.

So lautet z. B. § 7 Absatz 1 des Manteltarifvertrages für das Gaststätten- und Beherbergungsgewerbe in Bayern vom 26. Mai 2006: „Die Regelarbeitszeit ausschließlich der Essenszeit und Ruhepausen beträgt 8 Stunden täglich bzw. 39 Stunden wöchentlich bzw. 169 Stunden monatlich. Die wöchentliche Arbeitszeit ist auf 5 Tage zu verteilen. Die monatliche Arbeitszeit darf 200 Stunden nicht überschreiten."

Die Tarifvertragsparteien können auch den Beginn und das Ende der täglichen Arbeitszeit sowie der Pausen festlegen. Hiervon wird in der Praxis jedoch relativ selten Gebrauch gemacht, da diese Fragen zweckmäßiger auf betrieblicher Ebene geregelt werden. Man überlässt daher diesen Bereich meist einer Betriebsvereinbarung. Bezüglich der Arbeitszeit behandeln Betriebsvereinbarungen üblicherweise Fragen des Beginns und des Endes der Arbeitszeit sowie der Pausen.

Zurück zu unserem Ausgangsfall mit Herrn Stenger. Hier hatte der Betriebsrat mit dem Arbeitgeber eine Betriebsvereinbarung über Beginn und Ende der Arbeitszeit getroffen, die jedoch zugleich auch eine Aussage über die Dauer der regelmäßigen täglichen Arbeitszeit (8,5 Stunden) enthielt. Da das Arbeitszeitgesetz einen höheren Rang hat als eine Betriebsvereinbarung, geht das Arbeitszeitgesetz im Zweifel vor. Das ist allerdings nur von Bedeutung, wenn die Betriebsvereinbarung gegen das Arbeitszeitgesetz verstößt. Wollen wir also wissen, ob die Betriebsvereinbarung gegen das Arbeitszeitgesetz verstößt, müssen wir das Gesetz noch etwas genauer anschauen.

Was gilt als Arbeitszeit?

Als Arbeitszeit gilt die Zeit vom Beginn bis zum Ende der Arbeit ohne Ruhepausen (§ 2 Absatz 1 ArbZG). Es ist die Zeitspanne, während der der Arbeitnehmer seine Arbeitskraft dem Arbeitgeber zur Verfügung stellen muss und für die er die Vergütung erhält. Dabei ist es unerheblich, ob der Arbeitnehmer tatsächlich arbeitet. Entscheidend ist, dass er sich zum Zweck der Erfüllung seiner Arbeitspflicht dem Arbeitgeber zur Verfügung stellt. Beginn und Ende der Arbeitszeit werden häufig durch Tarifvertrag oder Betriebsvereinbarung geregelt. Je nach konkreter Ausgestaltung kann die Arbeitszeit mit dem Betreten des Betriebs beginnen, mit dem Erreichen des Arbeitsplatzes, der Aufnahme der tatsächlichen Arbeit oder – wie früher vielfach anzutreffen – mit dem Ertönen eines akustischen Signals.

Gehören Wegezeiten zur Arbeitszeit?

Wegezeiten, also die Zeiten, die der Arbeitnehmer für den Weg von seiner Wohnung zum Betrieb und zurück benötigt, gehören nicht zur Arbeitszeit. Für diese Zeit besteht auch kein Vergütungsanspruch. Allerdings gilt ein Wegeunfall als Arbeitsunfall (§ 8 AbS. 2 Nr. 1SGBVII)

Was versteht man unter einer Ruhezeit?

Eine ebenfalls nicht vergütungspflichtige Zeitspanne ist die Ruhezeit. Das ist die Zeit zwischen dem Ende der täglichen Arbeitszeit und dem Wiederbeginn der Arbeit (§ 5 Abs. 1 ArbZG). In diesem Zeitraum soll sich der Arbeitnehmer von der Arbeit erholen und neue Kräfte sammeln. In dieser Zeit darf der Arbeitnehmer deshalb nicht zur Arbeit herangezogen werden etwa in der Weise, dass ihm nicht bearbeitete Akten mit nach Hause mitgegeben werden.

§ 5 Absatz 1 Arbeitszeitgesetz: „Die Arbeitnehmer müssen nach Beendigung der täglichen Arbeitszeit eine ununterbrochene Ruhezeit von mindestens elf Stunden haben."

Besonderheiten gelten für Krankenhäuser und andere Einrichtungen zur Behandlung, Pflege und Betreuung von Personen, in Gaststätten und sonstigen Bewirtungs- und Beherbergungsbetrieben, in Verkehrsbetrieben, beim Rundfunk sowie in der Landwirtschaft und in der Tierhaltung.

Muss der Arbeitgeber die Zeit der gesetzlich vorgesehenen Ruhepausen mit vergüten?

Nicht vergütungspflichtig sind die Ruhepausen, sofern es sich – wie in § 4 ArbZG vorgesehen – um im Voraus feststehende Unterbrechungen der Arbeitszeit handelt, in denen der Arbeitnehmer – von Notfällen abgesehen – nicht zur Leistung von Arbeit herangezogen werden darf. In dieser Zeit braucht er sich auch zu keiner Arbeitsleistung bereit zu halten, sondern kann den Arbeitsplatz verlassen und selbst bestimmen, wo und wie er die Zeit verbringt.

Wird die so genannte Arbeitsbereitschaft auch zur Arbeitszeit gezählt?

Im Arbeitszeitrecht wird je nach Intensität der arbeitsbezogenen Inanspruchnahme des Arbeitnehmers zwischen Vollarbeit, Arbeitsbereitschaft, Bereitschaftsdienst und Rufbereitschaft unterschieden.

- Auch die Arbeitsbereitschaft wird neben der Vollarbeit zur Arbeitszeit im Sinne des Arbeitszeitgesetzes gezählt. Sie wird von einem Arbeitnehmer geleistet, der während seiner regelmäßigen Arbeitszeit keine volle, seine gesamte Aufmerksamkeit beanspruchende Tätigkeit zu entfalten hat. Die Rechtsprechung umschreibt sie fast poetisch als „Zeit wacher Aufmerksamkeit im Zustand der Entspannung". In der Praxis häufig ist der Wechsel zwischen Vollarbeit und Arbeitsbereitschaft. Typisch ist das Warten auf den Arbeitseinsatz am Arbeitsplatz, um sofort in den Arbeitsprozess eingreifen zu können. **Beispiele:** Taxifahrer, auf Kunden wartendes Verkaufspersonal. Als Arbeitszeit unterliegt die Arbeitsbereitschaft den dem Gesundheitsschutz der Arbeitnehmer dienenden Beschränkungen der höchstzulässigen Arbeitszeit.
- Bereitschaftsdienst leistet ein Arbeitnehmer, der sich außerhalb seiner regelmäßigen Arbeitszeit an einer vom Arbeitgeber bestimmten Stelle aufzuhalten hat, um auf Abruf unverzüglich seine Arbeit aufzunehmen. Auch der Bereitschaftsdienst ist Arbeitszeit im Sinne des Arbeitszeitgesetzes. Dem Arbeitnehmer steht für die Zeit des Bereitschaftsdienstes wegen der besonderen Art der Arbeitsleistung ein Anspruch auf Vergütung zu. Wegen der insgesamt geringeren Inanspruchnahme des Arbeitnehmers kann diese Zeit allerdings geringer vergütet werden als die so genannte Vollarbeit. Regelmäßig wird dem in der Praxis des Arbeitslebens in zulässiger Weise dadurch Rechnung getragen, dass die Vergütung unter Berücksichtigung der erfahrungsgemäß tatsächlich anfallenden Arbeit pauschaliert wird. Auch hieran sehen Sie, dass genau unterschieden werden muss zwischen dem Problem der arbeitszeitrechtlich zulässigen Arbeitszeit und der Vergütungsseite.
- Unter Rufbereitschaft – teilweise auch als „Hintergrunddienst" bezeichnet – versteht man die Verpflichtung des Arbeitnehmers

außerhalb seiner regelmäßigen Arbeitszeit auf Abruf die Arbeit aufzunehmen. Er muss nur für seine ständige Erreichbarkeit sorgen und daher seinen Aufenthaltsort dem Arbeitgeber anzeigen. Eine solche Anzeige ist allerdings regelmäßig dann nicht erforderlich, wenn der Arbeitnehmer über Mobiltelefon erreichbar ist. Im Verhältnis zu den beiden anderen Formen der Bereitschaft belastet Rufbereitschaft den Arbeitnehmer am geringsten. Sie ist daher Ruhezeit im Sinne des Gesetzes, ist jedoch vergütungspflichtig. Die Abgeltung erfolgt regelmäßig im Wege einer Pauschalierung, die den erfahrungsgemäß tatsächlich anfallenden Umfang der Arbeit berücksichtigt.

Wie ist es zu bewerten, wenn zB von zuhause aus dienstliche E-Mails oder Anrufe beantwortet werden?

Selbst bei einer freiwilligen Arbeitsaufnahme handelt es sich grundsätzlich um Arbeitszeit, die bei der Berücksichtigung der Höchstarbeitszeiten sowie der Dauer der (ununterbrochenen) Ruhezeit zu berücksichtigen sind. Darüber hinaus besteht auch für die Nutzung solcher Kommunikationsmittel in betrieblichem Zusammenhang ein umfassendes Sonn- und Feiertagsarbeitsverbot, auf dessen Einhaltung der Arbeitgeber zu achten hat. Arbeitgeber sind somit verpflichtet, derartige Arbeitzeiten aufzuzeichnen und die Einhaltung der Arbeitszeitgrenzen zu kontrollieren oder aber die Nutzung strikt zu untersagen.

Hinsichtlich der Vergütung solcher Zeiten kann es für den Arbeitnehmer zu Darlegungs- und Beweisproblemen kommen, insbesondere wenn die Vergütung von Überstunden beansprucht wird (vgl. Kapitel 5 Ziffer 2).

Welche regelmäßige tägliche Arbeitszeit ist höchstens zugelassen – wie lange darf mich also mein Arbeitgeber am Tag im Höchstfall beschäftigen?

Das Arbeitszeitgesetz geht von einer Höchstarbeitszeit von 8 Stunden pro **Werktag** und von einer Woche mit 6 Werktagen aus. Damit kommen wir zu einer Wochenarbeitszeit von 48 Stunden. Beachten Sie, dass es sich um eine Höchstarbeitszeit handelt, die durch Tarifvertrag oder Arbeitsvertrag abgekürzt werden kann. Von dieser Möglichkeit wird heutzutage meistens Gebrauch gemacht.

Gibt es Ausnahmen vom Grundsatz der achtstündigen Höchstarbeitszeit?

Ja. Es gibt zahlreiche Ausnahmen vom Grundsatz der achtstündigen Arbeitszeit.

Eine wesentliche Ausnahme besteht darin, dass die Arbeitszeit ungleichmäßig verteilt werden kann, sofern eine durchschnittliche Arbeitszeit von 8 Stunden pro Werktag und eine zehnstündige Arbeitszeit im konkreten Einzelfall nicht überschritten wird. Bei der Berechnung des Durchschnitts können bis zu 6 Kalendermonate zugrunde gelegt werden. (§ 3 Satz 2 ArbZG) Damit löst sich der Fall des Herrn Stenger. Die in der Betriebsvereinbarung vorgesehene Tagesarbeitszeit ist zulässig. Sie überschreitet nämlich nicht die „Schallgrenze" von 10 Stunden pro Arbeitstag und hält sich innerhalb des Rahmens von durchschnittlich 8 Stunden.

Darüber hinaus gibt es eine Vielzahl von weiteren recht komplizierten Ausnahmen im Arbeitsgesetz. Die in diesen Ausnahmeregelungen vorgesehenen Abweichungen vom Grundsatz der acht- bzw. zehnstündigen Höchstarbeitszeit setzen allerdings regelmäßig eine entsprechende Regelung in einem Tarifvertrag oder in einer tarifvertraglich zugelassenen Regelung durch die Betriebspartner, also in einer Betriebsvereinbarung voraus.

Darf der Arbeitgeber Arbeit an Sonn- und Feiertagen anordnen?

Grundsätzlich dürfen Arbeitnehmer an Sonn- und gesetzlichen Feiertagen von 0.00 Uhr bis 24.00 Uhr nicht beschäftigt werden (§ 9 Abs. 1 ArbZG). Allerdings dürfen Arbeitnehmer in bestimmten Branchen ausnahmsweise auch an diesen Tagen beschäftigt werden, sofern die Arbeiten nicht an Werktagen vorgenommen werden kann.

Ausnahme: Gastronomie. Josef Reindl ist Kellner im Gasthaus „Zur Alpspitze". Der Wirt des Gasthauses hat wegen des umsatzträchtigen Ausflugsbetriebs am Wochenende auch sonntags geöffnet. Er teilt Herrn Reindl durchgehend zur Arbeit am Sonntag ein. Herr Reindl ist nicht einverstanden.

Die Anordnung des Wirts ist im Grundsatz nicht zu beanstanden, weil die Gastronomie zu den insgesamt 16 Wirtschaftsbereichen gehört, für die genannte Ausnahmeregel gilt, und weil es auf der Hand liegt, dass das „Sonntagsgeschäft" nicht an einem Wochentag gemacht werden kann. Allerdings ist der Wirt verpflichtet, innerhalb von zwei Wochen nach dem Arbeits-Sonntag einen so genannten Ersatzruhetag zu gewähren. Außerdem müssen 15 Sonntage im Jahr beschäftigungsfrei bleiben. Auch diese „eiserne Ration" von beschäftigungsfreien Sonntagen kann durch Tarifvertrag oder Betriebsvereinbarung noch weiter verringert werden.

Bei der Einführung und Durchführung von Sonn- und Feiertagsarbeit bestehen Mitbestimmungsrechte des Betriebsrates. Der Betriebsrat hat mitzubestimmen bei der Festlegung von Beginn und Ende der täglichen Arbeitszeit sowie deren Verteilung auf die Wochentage. Die öffentlich-rechtliche Gestattung schränkt das Mitbestimmungsrecht nicht ein. Das gilt auch, wenn ein Tarifvertrag Sonn- und Feiertagsarbeit zulässt. Das Mitbestimmungsrecht scheidet nur dann aus, wenn die Regelung inhaltlich und abschließend durchgesetzt oder im Tarifvertrag geregelt ist und auch der Arbeitgeber keinen Entscheidungsspielraum hat.

Kann mein Arbeitgeber Sonntagsarbeit anordnen, um seine Maschinen besser auszulasten?

Ohne Erlaubnis der Aufsichtsbehörde darf der Arbeitgeber auch dann keine Sonntagsarbeit anordnen, wenn er so viele Aufträge hat, dass er die Maschinen an 7 Tagen laufen lassen könnte und so zu einer rentableren Maschinenauslastung käme. Allerdings muss die Aufsichtsbehörde ihm nach dem Gesetz (§ 13 Absatz 5 ArbZG) die Sonntagsarbeit genehmigen, „wenn bei einer weitgehenden Ausnutzung der gesetzlich zulässigen Betriebszeiten und bei längeren Betriebszeiten im Ausland die Konkurrenzfähigkeit unzumutbar beeinträchtigt ist und durch die Genehmigung von Sonn- und Feiertagsarbeit die Beschäftigung gesichert werden kann."

Die Erlaubnis zur Sonntagsarbeit muss also unter folgenden Bedingungen gewährt werden:

- Die gesetzlichen Arbeitszeiten sind bereits voll ausgenutzt.
- Die Konkurrenz arbeitet gleichwohl mit Maschinenlaufzeiten, die das inländische Zeitvolumen überschreiten.
- Die Konkurrenzfähigkeit der deutschen Produktion ist dadurch beeinträchtigt.
- Die Erlaubnis zur Sonntagsarbeit ist auch geeignet, die Beschäftigung von Arbeitnehmern zu sichern.

2. Überstunden und ihre Bezahlung

Was sind Überstunden und wodurch unterscheiden sich Überstunden von Mehrarbeit?

Unter Überstunden versteht man im Allgemeinen diejenigen Arbeitsstunden Ihrer Arbeitszeit, die über die vertraglich/tarifvertraglich festgesetzte Normalarbeitszeit hinaus gehen.

Überstunden sind jede Mehrarbeit. Ihre wöchentliche Arbeitszeit beträgt laut Arbeitsvertrag 39 Stunden. In der Woche vor Weihnachten arbeiten Sie statt 39 insgesamt 48 Stunden. Bei der 40. bis einschließlich 48. Stunde handelt es sich um Überstunden.

Der Begriff der Mehrarbeit wird im Arbeitsleben heute – anders als in früheren Jahren – auf den gleichen Sachverhalt angewendet wie der Begriff der Überstunden. Praktisch gibt es also keinen Unterschied zwischen „Überstunden" und „Mehrarbeit".

Wann muss ich Überstunden leisten?

Zur Beantwortung dieser Frage ist ein Blick in den Arbeitsvertrag – ggf. auch den Tarifvertrag – erforderlich. Findet sich in Ihrem Arbeitsvertrag lediglich eine Begrenzung der wöchentlichen Arbeitszeit, zB: „Die Arbeitszeit beträgt 40 Stunden pro Woche.", so brauchen Sie im Allgemeinen keine Überstunden zu leisten. Etwas anderes kann allerdings in Notfällen gelten oder wenn sich eine solche Verpflichtung aus der Art Ihres Arbeitsvertrags (zB als gut bezahlter leitender Angestellter) ergibt. Ungünstiger sieht es für Sie aus, wenn im Arbeitsvertrag die Anordnung von Überstunden vorbehalten ist, zB: „Der Arbeitnehmer ist verpflichtet, Über- und Mehrarbeit, Sonn- und Feiertagsarbeit sowie Nacht- und Schichtarbeit im gesetzlich zulässigen Umfang zu leisten." Die Anordnung von Überstunden ist dann im Rahmen des Weisungsrechts des Arbeitgebers und der gesetzlichen Grenzen zugelassen. Die Weisung des Arbeitgebers muss sich aber auch hier im Rahmen des billigen Ermessens (siehe IV. Kapitel) halten. Besteht in Ihrem Betrieb ein Betriebsrat, muss Ihr Arbeitgeber im Übrigen vor der Anordnung von Überstunden im Allgemeinen die Zustimmung des Betriebsrats einholen.

Unter welchen Voraussetzungen muss mir der Arbeitgeber Überstunden vergüten?

Wir kommen hier zu einer Frage, die Ihnen vielleicht gar nicht problematisch erscheint, die aber immer wieder zu Streitfällen führt. Wann nämlich können Sie überhaupt Überstundenvergütung verlangen? (Unterscheiden Sie hiervon die weiter unten behandelte Frage, wann eine solche Vergütung zuschlagspflichtig ist.)

Um eine Forderung auf Zahlung von Überstundenvergütung gerichtlich erfolgreich durchzusetzen, sind einige schwierige Hürden zu überwinden.

- Sie müssen angeben, zu welchen Zeiten sie nach dem Arbeitsvertrag/Tarifvertrag zur Arbeit erscheinen müssen bzw. mussten (zB Montag bis Freitag von 8.00 Uhr bis 16.30 Uhr).
- Sie müssen ferner angeben, zu welchen Zeiten Sie tatsächlich gearbeitet haben: Beispiel: „Am 7. August habe ich von 8.00 Uhr bis

18.30 Uhr gearbeitet. Mittagspause war von 12.00 Uhr bis 12.30 Uhr"

- Ungenügend wäre es, wenn Sie Folgendes angeben: „Am 7. August habe ich zwei Überstunden geleistet." oder: „In der Woche vom 7. bis 13. August habe ich insgesamt zehn Überstunden geleistet."
- Auf diesen Vortrag muss Ihr Arbeitgeber erwidern und im Einzelnen vortragen, welche Arbeiten er Ihnen zugewiesen hat und ggf. an welchen Tagen Sie von wann bis wann diesen Weisungen nicht nachgekommen sind.
- Sie müssen darüber hinaus angeben, ob und wann Ihr Arbeitgeber die Überstunden angeordnet oder „wissentlich geduldet" hat bzw., dass sie zur Erledigung der geschuldeten Arbeit notwendig waren. Das bedeutet, dass Sie dem Gericht möglichst genau berichten müssen, wann Ihr Arbeitgeber Ihnen gesagt hat, dass er will, dass Sie diese Überstunden leisten. Eine solche Anordnung kann auch darin liegen, dass Ihr Arbeitgeber Ihnen eine Arbeit zuweist, die nur bei Überschreitung der regelmäßigen Arbeitszeit geleistet werden kann, und dass er die Erwartung ihrer baldigen Erledigung zum Ausdruck bringt. Wollen Sie sich darauf berufen, dass Ihr Arbeitgeber die Überstunden wissentlich geduldet hat, müssen sie mitteilen, woraus sich das ergibt. Bloße Vermutungen reichen nicht.

Wenn Sie sich diesen stattlichen Katalog von Voraussetzungen für eine erfolgreiche Überstundenvergütungsklage anschauen, wird es Sie nicht wundern, dass solche Klagen oft erfolglos bleiben.

Wichtig:

Es gibt einen sicheren Weg, um sich die Vergütung von Überstunden zu sichern: Sie führen Aufzeichnungen über Ihre Überstunden und lassen diese gleich am nächsten Tag oder bei der nächsten Gelegenheit von Ihrem Vorgesetzten als richtig abzeichnen.

Was ist, wenn mein Arbeitgeber die Bezahlung von Überstunden im Arbeitsvertrag ausgeschlossen hat?

Nicht selten enthalten Arbeitsverträge Klauseln, nach denen anfallende Überstunden mit der monatlichen Vergütung abgegolten sein sollen. Wenn es sich hierbei um eine sog. vorformulierte Vertragsbedingung, dh eine Regelung die nicht zwischen Ihnen und Ihrem Arbeitgeber im Einzelnen ausgehandelt wurde, sondern von diesem gestellt wurde, handelt, dann kann eine solche Klausel unwirksam sein. Dies wäre beispielsweise der Fall, wenn formuliert wäre: „Erforderliche Überstunden sind mit der monatlichen Vergütung abgegolten". Aus einer solchen Formulierung wäre für Sie nicht erkennbar, welche Arbeitsleistung von einer solchen Klausel erfasst wird. Mit anderen Worten: Es lässt sich hieraus nicht erkennen, ob und wann ein Anspruch auf zusätzliche Vergütung besteht. Konsequenz wäre, dass sie einen Anspruch auf Vergütung der angefallenen Überstunden dem Grunde nach hätten. Etwas anderes kann sich ergeben, wenn Ihr Arbeitsvertrag vorsieht, dass eine bestimmte Anzahl, zB die ersten 20 Überstunden im Monat, mit der monatlichen Vergütung abgegolten sein sollen. Hier kommt es lediglich darauf an, dass die geleistete Vergütung dann nicht sittenwidrig ist, dh ein auffälliges Missverhältnis von Leistung und Gegenleistung entsteht. Ein solches Missverhältnis wird beispielsweise angenommen, wenn die Vergütung unterhalb von Zweidrittel des in dem Wirtschaftszweig gezahlten Tariflohns liegt.

Habe ich einen Anspruch auf Freizeitausgleich für geleistete Überstunden?

Wie so oft lässt sich diese Frage nicht pauschal beantworten. Es kommt vielmehr darauf an, was der Arbeitsvertrag hierzu regelt. Nicht selten enthalten Arbeitsverträge Regelungen, wonach geleistete Überstunden in Freizeit auszugleichen sind. Dann haben sie grundsätzlich Anspruch auf einen solchen Freizeitausgleich. Im Gegenzug dazu haben Sie dann im bestehenden Arbeitsverhältnis keinen Anspruch auf Bezahlung der angefallenen Überstunden. Offene Ansprüche auf Freizeitausgleich sind somit erst bei Beendigung des Arbeitsverhältnisses in Geld abzugelten.

6. Kapitel

Die Arbeitsvergütung

1. Die Lohnhöhe

Der wichtigste Anspruch, den Sie gegen Ihren Arbeitgeber haben, ist der auf Zahlung des vereinbarten Entgelts für Ihre Tätigkeit.

Bei Angestellten spricht man von Gehalt und bei Arbeitern von Lohn. Einige Gesetze jedoch bezeichnen jede Form der Arbeitsvergütung als Lohn. So werden auch nachfolgend die Bezeichnungen nicht streng unterschieden.

Woraus ergibt sich die Höhe der Vergütung?

Sagt der Arbeitsvertrag über die Höhe der Vergütung nichts aus, so ergibt sich eine Antwort vielfach aus einem Gehalts- oder Lohntarifvertrag, nämlich dann, wenn Sie Mitglied der Gewerkschaft sind und der Arbeitgeber Mitglied des Arbeitgeberverbandes ist, die den Entgelttarifvertrag abgeschlossen haben.

Der Tarifvertrag ist auch für nicht gewerkschaftlich organisierte Mitarbeiter maßgebend, nämlich dann, wenn dessen Anwendung im Arbeitsvertrag vereinbart wurde oder wenn der Arbeitgeber in seinem Betrieb üblicherweise den Tarifvertrag zugrunde legt. Überdies hat der zuständige Landes- oder Bundesarbeitsminister den Tarifvertrag nicht selten für allgemeinverbindlich erklärt, dh seine Anwendbarkeit auf alle nicht tarifgebundenen Arbeitgeber und Arbeitnehmer erstreckt.

Lohnvereinbarung. Fräulein Klar vereinbart mit dem Inhaber einer Gaststätte in Bad Tölz einen Lohn, der um 50 EUR unter dem Tariflohn liegt.

Sie kann, wenn der Arbeitsminister den Lohntarifvertrag des Hotel- und Gaststättengewerbes für allgemein verbindlich erklärt hat, Bezahlung mindestens in Höhe des Tariflohnes – also 50 EUR mehr – verlangen. Zu den einem Arbeitsverhältnis zugrunde liegenden Regeln lesen Sie im Einzelnen Kapitel 2, S. 19 ff. Ist die Höhe der Vergütung weder durch Tarifverträge noch durch den Einzelarbeitsvertrag festgelegt, so ist die übliche Vergütung für die betreffende Tätigkeit zugrunde zu legen.

Gibt es in Deutschland einen allgemeinen gesetzlichen Mindestlohn

Seit dem 1. Januar 2015 gibt es auch in Deutschland einen allgemein gesetzlichen Mindestlohn. Er betrug zunächst 8,50 Euro pro Arbeitsstunde.

Die dafür zuständige Kommission, der Vertreter der Gewerkschaften und der Arbeitgeberverbände wie auch unabhängige Experten angehören, hat den Mindestlohn unter Berücksichtigung der Tariflohnentwicklung der letzten Jahre mit Wirkung zum 1. Januar 2017 auf 8,84 Euro pro Arbeitsstunde angehoben.

Wie finde ich die jeweils maßgebliche Lohn- und Gehaltsgruppe?

In den meisten Gewerbezweigen bestehen Vergütungstarifverträge. Sie ordnen die Tätigkeiten der Arbeitnehmer bestimmten Vergütungsgruppen zu.

Der Tarifvertrag für den öffentlichen Dienst (TVöD) des Bundes wie auch der für die Länder geltende entsprechende Tarifvertrag kennen 15 Vergütungsgruppen.

Qualifikationseckpunkte sind dabei:

- Entgeltgruppen 1–4 für angelernte und ungelernte Arbeitnehmer,
- Entgeltgruppen 5–8 für Arbeitnehmer mit mindestens 2- bis 3-jähriger Ausbildung,

- Entgeltgruppen 9–12 für Arbeitnehmer mit Fachhochschulstudium,
- Entgeltgruppen 13–15 für Arbeitnehmer mit abgeschlossenem wissenschaftlichem Hochschulstudium.

Übliche Merkmale der Lohn- und Gehaltsgruppen sind dabei die Vorbildung (Dreiteilung in Facharbeiter, angelernte und ungelernte Arbeiter), die Berufserfahrung und die Schwere der Arbeit. Mit der Einordnung Ihrer Tätigkeit in eine bestimmte Lohn- und Gehaltsgruppe ist die wesentliche Entscheidung gefallen, an welcher Stelle der Einkommensleiter Sie angesiedelt sind. Die Vergütungshöhe können Sie mit dem Arbeitgeber frei vereinbaren.

Im Fall der Tarifbindung muss die vereinbarte Vergütung mindestens die tarifliche Bezahlung erreichen.

Vereinbarung unter dem Tariflohn. Der Mitarbeiter ist Mitglied der Gewerkschaft VERDI, der Arbeitgeber, die Stadt München, Mitglied des Kommunalen Arbeitgeberverbandes. Wäre der Tariflohn 2500 EUR, würde der Mitarbeiter jedoch einen Lohn von lediglich 2400 EUR vereinbaren, so könnte er dennoch die Bezahlung von 2500 EUR verlangen.

Zahlt Ihnen Ihr Arbeitgeber weniger als Ihre Arbeit nach dem Tarifvertrag wert ist, so können Sie den Unterschiedsbetrag zu der Vergütungsgruppe verlangen, der Ihrer tatsächlich ausgeübten Tätigkeit zuzuordnen ist.

Sie können dann die höhere Bezahlung fordern und ggf. vor dem Arbeitsgericht einklagen.

Im Verfahren vor Gericht müssen Sie eine genaue Beschreibung Ihrer Tätigkeit vorlegen und die darin enthaltenen Tatsachenbehauptungen auch beweisen, wenn sie der Arbeitgeber bestreitet.

Was ist, wenn sich meine Tätigkeit später ändert?

Ändert sich nachträglich Ihre Tätigkeit, weil Ihnen eine höherwertige Arbeit zugewiesen wird, so sind Sie auch in diesem Falle „höher zu gruppieren“.

2. Die verschiedenen Vergütungsarten

Alles, was der Arbeitgeber Ihnen für Ihre Arbeitsleistung zuwendet, ist Arbeitsentgelt.

Das gilt nicht nur für Geldzahlungen, sondern auch für Sachbezüge, wie die Gewährung freier Unterkunft und Verpflegung oder die Überlassung eines Dienstwagens auch zur persönlichen Nutzung.

Welches sind die wichtigsten Vergütungsarten?

Die wichtigsten Vergütungsarten sind:

- Vergütung nach der Arbeitszeit (Zeitlohn),
- ergebnisabhängige Vergütungen (zB Akkordlohn),
- Zuwendungen aus bestimmtem Anlass wie die Weihnachtsgratifikation,
- Prämien: Vergütungen für besonders gute Erfüllung der Vertragspflichten. Sie werden meistens zusätzlich zum Zeitlohn gezahlt, um dem Arbeitnehmer einen Anreiz für einen bestimmten Leistungserfolg zu geben. So gibt es Qualitäts–, Mengen–, Pünktlichkeits–, Anwesenheits–, Ersparnisprämien.

Prämie für Pünktlichkeit. Ihr Arbeitgeber schreibt Ihnen: „Jeder Mitarbeiter, der nicht mehr als einmal im Monat zu spät zur Arbeit erscheint, erhält für diesen Monat zusätzlich 50 EUR."

- Provisionen stellen Vergütungen dar, die dem Wert der vermittelten oder abgeschlossenen Geschäfte, die durch Ihre Tätigkeit als Arbeitnehmer zustande gekommen sind, entsprechen.
- Mit den Tantiemen werden die Mitarbeiter am Jahresgewinn des Unternehmens beteiligt. Bei vorzeitigem Ausscheiden erhält der tantiemenberechtigte Mitarbeiter einen seiner Arbeitszeit entsprechenden Anteil am Jahresgewinn.
- Beim Zeitlohn zahlt der Arbeitgeber für einen bestimmten Zeitraum (Stunde, Tag, Woche, Monat) einen im Voraus fest bestimmten Betrag, unabhängig davon, wie die Arbeitsleistung tatsächlich zu bewerten ist.

Zeitlohn, unabhängig von der Arbeitsleistung. Die Sekretärin schreibt fehlerhaft. Die Verkäuferin berät schlecht und ist unfreundlich, der Kellner ist ungeschickt und unhöflich. Der Arbeiter stellt statt der erwarteten durchschnittlichen 20 Stück nur zehn, oder aber er stellt gar 30 Stück her – an dem vereinbarten Stundenlohn von 15 EUR ändert dies nichts.

a) Leistungslohn (Akkordlohn)

Im Falle der Akkordentlohnung zahlt der Arbeitgeber einen nach der Leistung bemessenen Lohn. Je erfolgreicher der Mitarbeiter ist, umso mehr „verdient" er.

Beim Geldakkord (auch Stückakkord genannt) wird für eine bestimmte Leistung – etwa: je hergestelltes Stück, je Quadratmeter gereinigter Fläche, je transportierten Sack Getreides – ein bestimmter Geldbetrag festgesetzt, den der Arbeitnehmer erhält.

Von der Arbeitsleistung abhängiger Lohn. Für jeden Quadratmeter gestrichener Wand werden 2 EUR, pro 100 kg transportierten Getreides 3 EUR vergütet.

Wie errechnet sich der Lohn beim Zeitakkord?

Die überwiegende Form des Akkords ist heute allerdings der Zeitakkord.

Beim Zeitakkord wird dem Arbeitnehmer nicht Geld, sondern es wird ihm Zeit (Zahl der Minuten) gutgeschrieben.

Für jede Tätigkeit wird eine bestimmte „Vorgabezeit" ermittelt.

Für das Bemalen eines Tellers werden fünf Minuten veranschlagt.

Dabei wird eine Normalleistung zugrunde gelegt. Der so ermittelte Zeitfaktor wird nun mit dem Geldfaktor vervielfacht. Dieser beträgt in der Regel ein Sechzigstel ($^1/_{60}$) des so genannten Akkordrichtsatzes, dh derjenigen Geldsumme, die bei Normalleistung in einer Stunde verdient wird.

Errechnung:

Liegt der Akkordrichtsatz bei 12 EUR, so beträgt der Geldfaktor 12 EUR: 60 = 20 Cent.

Beschränkt sich ein Arbeitnehmer auf die Normalleistung, so stellt er bei einer Vorgabezeit von fünf Minuten pro Stunde zwölf Stück her.

Er erhält dafür 12 · 5 = 60 Minuten gutgeschrieben.

Mit dem Geldfaktor 0,20 EUR multipliziert, ergibt dies den Akkordrichtsatz von 12 EUR.

Bemalt er dank besonderer Fertigkeit pro Stunde 15 Teller, so werden ihm 75 Minuten gutgeschrieben. Das entspricht einem Verdienst von 15 EUR pro Stunde.

Bei der Einführung wie bei der Ausgestaltung des Akkordlohnes hat der Betriebsrat mitzubestimmen.

Welche Vor- und welche Nachteile hat das Akkordlohnsystem?

Akkordarbeit hat für die Unternehmer beträchtliche Vorteile:

Eine solche Entlohnung besitzt die Tendenz, den Arbeitseinsatz der Arbeitnehmer zu steigern. Damit spart der Unternehmer zugleich Aufsichtspersonal. Jeder Arbeitnehmer bemüht sich im eigenen Interesse von selbst um ein möglichst gutes Ergebnis.

Das Akkordsystem ist eine der Ursachen des ungeheuren Produktivitätsfortschritts der industriellen Herstellung in den letzten 100 Jahren.

Zugleich führt das Akkordsystem nicht selten zu Gesundheitseinbußen der Mitarbeiter und zu Verdienstnachteilen bei älteren, körperlich nicht mehr voll leistungsfähigen Mitarbeitern.

Warum geht die Zahl der Akkordarbeiter wieder zurück?

Diese Lohnform lässt sich indes nur dort einsetzen, wo sich das Arbeitsergebnis zählen und messen lässt.

Mit verstärkter Mechanisierung und Automatisierung nehmen solche Arbeitsabläufe ab. So geht gegenwärtig die Zahl der Akkordarbeiter wieder ständig zurück.

Neue Formen des Leistungslohnes treten mehr und mehr in den Vordergrund, bei denen es weniger auf die Zahl der hergestellten

Stücke als auf Eigenschaften wie Aufmerksamkeit, Sorgfalt, Initiative und Verantwortungsbereitschaft – etwa beim Erkennen und Beseitigen aufgetretener Störungen – ankommt.

b) Der Anspruch auf eine Gratifikation

Zusätzlich zu dem üblichen Arbeitsentgelt gewähren die Arbeitgeber häufig eine Sondervergütung oder Gratifikation aus besonderen Anlässen (Weihnachten, Urlaub, Geschäfts- und Dienstjubiläen). Gratifikationen sind in der Regel zusätzliches Entgelt für geleistete Dienste und zugleich Anreiz für weitere Betriebstreue. Sie sind also keine Schenkungen.

Wann erwerbe ich einen Anspruch auf eine Gratifikation?

Ein Anspruch auf eine Gratifikation kann sich für Sie ergeben aus einem Tarifvertrag, einer Betriebsvereinbarung, aus dem Arbeitsvertrag oder auch aus dem Gleichbehandlungsgrundsatz.

80% des Monatslohnes als Weihnachtsgeld. Ihre Gehaltsabrechnung für Dezember ist eindrucksvoll: Zusätzlich zu Ihrem Dezembergehalt von 3000 EUR hat Ihr Arbeitgeber Ihnen weitere 3000 EUR als Weihnachtsgeld gezahlt.
Aber es gab auch lange Gesichter: Wie schon in den vergangenen Jahren, so erhielten auch dieses Jahr die Arbeiter nur 80% ihres – ohnehin niedrigeren – Monatslohnes als Weihnachtsgeld.
Können die Arbeiter einen vollen Monatslohn als Weihnachtsgeld verlangen?

Aufgrund des Gleichbehandlungsgrundsatzes gilt hinsichtlich der Arbeiter:

Diese können Zahlung der Differenz von 20% zu einem vollen Monatslohn verlangen, wenn der Arbeitgeber für die Schlechterstellung der Arbeiter gegenüber den Angestellten keine einleuchtende Begründung geben kann.

Ein Anspruch auf Zahlung für die Zukunft entsteht, wenn der Arbeitgeber dreimal hintereinander ohne Vorbehalt eine Gratifikation bezahlt hat.

Ein schlechtes Geschäftsjahr. Unternehmer Groß hat in den letzten fünf Jahren zu Weihnachten jeweils einen Monatslohn zusätzlich bezahlt.
Hierzu war er nicht verpflichtet. Weil das letzte Geschäftsjahr keinen Gewinn gebracht hat, wollte er dieses Jahr keine Gratifikation bezahlen. Zwei Arbeiter verlangen einen zusätzlichen Monatslohn – zu Recht?

Ja, denn der Anspruch ist auch für die künftigen Jahre entstanden, da Groß die Gratifikation mindestens drei Jahre hintereinander ohne Vorbehalt gewährt hatte.

Von der vertraglichen Verpflichtung zur Zahlung der Gratifikation kann der Arbeitgeber sich für die Zukunft nur durch eine entsprechende vertragliche Abrede mit dem Mitarbeiter befreien. Wenn dieser nicht darauf eingeht, so kann er sich in besonders gelagerten Ausnahmefällen, insbesondere bei sehr erheblicher Verschlechterung der Geschäftslage, durch eine Änderungskündigung von dieser Verpflichtung befreien.

Gratifikation unter Vorbehalt. Wegen einer dauerhaften sehr erheblichen Verschlechterung der Geschäftslage, die die Existenz der Firma gefährdet, kündigt der Arbeitgeber allen Mitarbeitern und bietet ihnen die Fortsetzung der Arbeitsverhältnisse an zu gleichen Bedingungen, jedoch bei Wegfall der Gratifikation.

Etwas anderes gilt jedoch, wenn der Arbeitgeber bei der Zahlung oder bei der Zusage der Gratifikation etwa folgenden Vorbehalt macht: „freiwillig“, „jederzeit widerruflich“, „ohne Anerkennung einer Rechtspflicht“, „ohne Rechtsanspruch“.

Ein derartiger Vorbehalt schließt aus, dass für spätere Jahre ein Anspruch auf eine Gratifikation entsteht. Ein solcher Vorbehalt berührt jedoch nicht das Recht des Arbeitnehmers auf die für das laufende Jahr zugesagte oder gewährte Gratifikation. Die gewährte Gratifikation kann der Arbeitgeber nicht widerrufen. Es ist jedoch möglich, dass der Arbeitgeber die Gewährung der Gratifikation davon abhängig macht, dass der Arbeitnehmer das Arbeitsverhältnis zum Auszahlungszeitpunkt nicht gekündigt hat.

Kündigung zum 31.12. Frey hat das Arbeitsverhältnis zum 31.12. gekündigt. Der Arbeitgeber zahlt allen anderen eine Gratifikation – außer ihm. – Zu Recht?

Der Arbeitgeber kann die Zahlung der Gratifikation verweigern, wenn er deren Zahlung bisher davon abhängig gemacht hatte, dass das Arbeitsverhältnis nicht gekündigt war, und die Mitarbeiter dies wussten.

Wann muss der Mitarbeiter eine Gratifikation zurückzahlen?

Die bereits gewährte Gratifikation zurückzahlen muss der Mitarbeiter nur, wenn der Arbeitgeber mit ihm verbindlich eine Pflicht zur Rückzahlung für den Fall seines Ausscheidens aus dem Arbeitsverhältnis vereinbart hatte.

Kündigung am 31.3.. Der Arbeitgeber hat mit dem Mitarbeiter vereinbart: Die Weihnachtsgratifikation in Höhe des Monatsgehalts von 3000 EUR ist zurückzuzahlen, wenn der Mitarbeiter das Arbeitsverhältnis zum 31. März des nächsten Jahres kündigt. – Der Mitarbeiter kündigt zum 31. März. Muss er zahlen?

Ja. Der Arbeitgeber kann die Rückzahlung der im Dezember ausgezahlten Gratifikation verlangen.

Wann sind Rückzahlungsklauseln ungültig?

Solche Rückzahlungsklauseln sollen die Entscheidungsfreiheit des Arbeitnehmers für oder gegen eine betriebliche Veränderung jedoch nicht allzu stark einschränken.

Sie sind entsprechend den von der Rechtsprechung des Bundesarbeitsgerichts aufgestellten Grundsätzen nur innerhalb folgender Grenzen verbindlich:

– Eine Kleinstgratifikation bis zu 500 EUR braucht in keinem Fall zurückgezahlt zu werden, auch nicht anteilig. Eine mit einer solchen Zahlung verbundene Rückzahlungsklausel ist unwirksam.

- Bei einer Gratifikation von weniger als einem Monatsgehalt darf eine Rückzahlung nur für den Fall vorbehalten werden, dass der Arbeitnehmer bis spätestens zum 31.3. des nächsten Jahres ausscheidet.

In unserem Beispiel muss der Angestellte die 3000 EUR voll zurückzahlen. Es verbleibt ihm also auch kein Sockelbetrag.

Welches ist der Unterschied zwischen einer Weihnachtsgratifikation und einem 13. Monatsgehalt?

Keine Gratifikationen im bisher erwähnten Sinne sind Gehaltsbestandteile, die fest in das Gehaltsgefüge eingebaut sind, wie etwa das 13. Monatsgehalt. Mit der Weihnachtsgratifikation wird vergangene und – je nach Ausgestaltung – auch zukünftige Betriebstreue belohnt. Das 13. Monatsgehalt ist demgegenüber eine zusätzliche Vergütung für geleistete Dienste.

Ist das 13. Monatsgehalt bei vorzeitigem Ausscheiden anteilig zu gewähren?

Während ein Anspruch auf eine Weihnachtsgratifikation häufig nur entsteht, wenn der Arbeitnehmer zum üblichen Zeitpunkt der Auszahlung der Gratifikation – etwa Ende November oder Anfang oder Ende Dezember – noch im Arbeitsverhältnis steht, ist das 13. Monatsgehalt auch dann entsprechend der abgeleisteten Dienstzeit zu zahlen, wenn der Arbeitnehmer im Laufe des Jahres ausscheidet. Bei Beginn des Arbeitsverhältnisses am 1.1. und Ausscheiden zum 30.6. des Jahres ist es also zur Hälfte zu gewähren.

Woran erkenne ich, ob es sich bei einer Zusatzleistung um ein 13. Monatsgehalt oder um eine Weihnachtsgratifikation handelt?

Darüber, ob es sich bei der Zahlung um eine Gratifikation oder um ein 13. Monatsgehalt handelt, entscheidet nicht allein die Bezeichnung.

Sagt der Arbeitgeber Ihnen eine zusätzliche Leistung zu, ohne weitere Voraussetzungen für den Anspruch zu nennen, so können Sie im

Zweifelsfall davon ausgehen, dass lediglich eine zusätzliche Vergütung für geleistete Arbeit bezweckt wird.

Soll hingegen die bewiesene „Betriebstreue“ belohnt werden, so kommt dies etwa darin zum Ausdruck, dass der Arbeitnehmer eine bestimmte Zeitdauer dem Betrieb angehört haben muss und zum Stichtag – etwa Weihnachten – noch Arbeitnehmer ist, um in den Genuss der Zuwendung zu kommen.

c) Die Zuschläge für Überstunden

Die Höhe Ihres Arbeitsentgelts richtet sich nach dem Arbeitsvertrag, dem Tarifvertrag oder den betrieblichen Regelungen. Der Arbeitgeber schuldet die Vergütung als Bruttoentgelt.

Dieses besteht aus dem an den Arbeitnehmer zu zahlenden Nettobetrag von Grundvergütung und Zuschlägen sowie den Abzügen, die der Arbeitgeber einbehalten muss.

Als Zuschläge kommen in Frage: Nacht-, Sonntags-, Feiertags-, Gefahren-, Schmutz-, Erschwernis- und Leistungszulagen, Trennungsentschädigungen, Auslösungen, Kinderzulagen.

Die Zulagen müssen nach Grund und Höhe vereinbart oder im Tarifvertrag vorgesehen sein.

Überstundenzuschläge zur Grundvergütung kommen in Frage für Arbeit, die über die arbeitsvertraglich festgelegte regelmäßige Arbeitszeit hinausgeht.

Wann habe ich Anspruch auf Bezahlung der geleisteten Überstunden?

Einen Anspruch auf Überstundenvergütung haben Sie nur, wenn Ihr Arbeitgeber die Leistung der Überstunden angeordnet oder wenn er Ihnen solche Arbeit zugewiesen hat, die Sie nur bei Überschreitung der regelmäßigen Arbeitszeit erledigen konnten.

Entsprechendes gilt, wenn dem Arbeitgeber die Leistung von Überstunden bekannt ist und er sie duldet.

Nachtarbeit. Der Bäckergeselle arbeitet während der kalten Jahreszeit gerne bis spät in die Nacht, da es ihm davor graut, seine ungeheizte Wohnung aufzusuchen.
Von dem ahnungslosen Brötchengeber kann er die Bezahlung der Überstunden nicht verlangen.

(Zu den Rechten bei der Ableistung von Überstunden vgl. näher 5. Kapitel unter 2.)

Wenn feststeht, dass dem Arbeitnehmer für die geleisteten Überstunden eine Grundvergütung zusteht – sie errechnet sich nach dem normalen Arbeitsentgelt –, fragt es sich, ob er einen Anspruch auf einen Überstundenzuschlag hat; der Zuschlag beträgt häufig 25% der Grundvergütung, entsprechend tariflichen Regelungen zuweilen auch mehr.

Wann habe ich Anspruch auf Überstundenzuschläge?

Soweit für ein Arbeitsverhältnis weder ein Tarifvertrag noch eine Betriebsvereinbarung gilt, in denen Überstundenzuschläge vorgesehen sind, hat der Arbeitnehmer nur dann Anspruch auf den Zuschlag, wenn dies im Arbeitsvertrag vereinbart oder wenn es betriebs- oder branchenüblich ist. Das ist heute weitgehend der Fall.

Können Überstunden durch einen Pauschallohn abgegolten werden?

Sie können mit dem Arbeitgeber aber auch vereinbaren, dass mit der Zahlung eines entsprechend höheren Gehaltes oder eines überdurchschnittlichen Lohnes etwaige Überstunden abgegolten sein sollen (Pauschalabgeltung).

Wird einem Angestellten ein weit überdurchschnittliches Gehalt für verantwortungsvolle Aufgaben bezahlt, für die sich begrenzte Arbeitszeiten von vorneherein schwer festlegen lassen, so spricht dies für eine Pauschalabgeltung der gesamten Arbeitszeit.

Unbezahlte Überstunden im Arbeitsvertrag. Im Arbeitsvertrag eines leitenden Angestellten heißt es unter anderem: „Der Angestellte verpflichtet sich, seine ganze Arbeitskraft im Interesse der Firma einzusetzen und erforderlichenfalls auch über die betriebliche Arbeitszeit hinaus zu arbeiten.
Der Angestellte erhält ein monatliches Gehalt von 10.000 EUR. Darüber hinaus gewährt die Firma ihm eine Umsatzbeteiligung von einem Prozent des Jahresumsatzes, die in Höhe von zwei Monatsgehältern fest garantiert wird."

Aufgrund der gesamten Vertragsgestaltung ist davon auszugehen, dass Überstunden durch das überdurchschnittliche Gehalt mit abgegolten sind.

Wie müssen im Streitfall die geleisteten Überstunden nachgewiesen werden?

Will ein Arbeitnehmer seine Überstundenvergütung vor Gericht einklagen, so muss er, wenn der Arbeitgeber die Überstunden bestreitet, im Einzelnen darlegen und beweisen, an welchen Tagen und zu welchen Stunden er über die vereinbarte oder übliche Arbeitszeit hinaus gearbeitet hat und dass der Arbeitgeber die Überstunden angeordnet hatte oder dass sie zur Erledigung der übertragenen Arbeiten notwendig waren oder dass der Arbeitgeber die Überstunden gebilligt oder zumindest geduldet hat.

Wenn schriftliche, vom Vorgesetzten abgezeichnete Aufstellungen oder etwa auch Stempelkarten nicht vorhanden sind – eigene Notizen allein reichen nicht aus –, so ist der Beweis meist nicht zu führen, da Zeugen im Streitfall vor Gericht sich an all diese Umstände im Einzelnen später kaum zuverlässig erinnern werden. Lesen Sie hierzu auch die Erläuterungen in Kapitel 5.

3. Brutto- und Nettolohn

Was ist der Unterschied zwischen Brutto- und Nettolohn?

Der Lohn vor Vornahme der Abzüge (Steuern und Sozialversicherungsbeiträge) ist der Bruttolohn. Von dem geschuldeten Bruttolohn oder Lohn muss der Arbeitgeber die Lohnsteuer und, bei versicherungspflichtigen Arbeitnehmern, die Arbeitnehmeranteile zur Sozialversicherung abziehen.

Der dann noch auszuzahlende Betrag ist der Nettolohn.

Abzug der Sozialversicherungsbeiträge. Ein Koch vereinbart mit seinem Arbeitgeber einen Nettolohn von 2500 EUR. Der Gaststätteninhaber meint, die Sozialversicherungsbeiträge müsse er von den 2500 EUR abziehen.

Nettolohnvereinbarungen sind zulässig. Der Arbeitgeber muss also den vereinbarten Betrag in voller Höhe auszahlen und die Lohnsteuer wie die Sozialversicherungsbeiträge (Arbeitgeber- und Arbeitnehmeranteil) aus der eigenen Tasche abführen.

Diese Abzüge errechnen sich nicht etwa nach dem Lohn von 2500 EUR, sondern nach dem Bruttolohn, der sich aufgrund des vereinbarten Nettolohns ergibt.

Wann ist Brutto- und wann Nettolohn vereinbart?

Die Vereinbarung eines Nettolohns ist die Ausnahme. Sie muss eindeutig sein.

Wird nur ein bestimmter Betrag ohne nähere Kennzeichnung genannt, so gilt er als Bruttolohn.

Wer ist Steuerschuldner?

Steuerschuldner ist der Arbeitnehmer. Der Arbeitgeber haftet lediglich neben dem Arbeitnehmer für die richtige Abführung.

Weil Rechtsanwalt Schnell für die bei ihm angestellte Frau Fest 500 EUR zu wenig Lohnsteuer abgeführt hat, zahlt er diesen Betrag auf Verlangen des Finanzamts nach.

Rechtsanwalt Schnell kann verlangen, dass Frau Fest ihm diesen Betrag erstattet.

7. Kapitel

Lohn ohne Arbeit

Im Arbeitsrecht gilt der Grundsatz: „Ohne Arbeit kein Lohn." Das Arbeitsverhältnis ist jedoch meist die einzige Existenzgrundlage des Arbeitnehmers. Deshalb hat der Gesetzgeber eine Reihe von Fällen vorgesehen, in denen Arbeitnehmer einen Lohnanspruch erwerben, obwohl sie nicht arbeiten, insbesondere bei Krankheit, bei Kuren und einigen sonstigen Gründen persönlicher Verhinderung wie Pflege schwerwiegend erkrankter naher Angehöriger.

1. Vergütung bei Krankheit

Allen Arbeitnehmern, auch den geringfügig Beschäftigten, bleibt der Vergütungsanspruch für die Dauer bis zu sechs Wochen erhalten, wenn sie ohne ihr Verschulden an der Arbeitsleistung gehindert sind.

Das regelt das Entgeltfortzahlungsgesetz nunmehr für alle Arbeitnehmer, für Arbeiter wie für Angestellte, einheitlich.

Die gesetzliche Bestimmung (§ 3) lautet: „(1) Wird ein Arbeitnehmer durch Arbeitsunfähigkeit infolge Krankheit an seiner Arbeitsleistung verhindert, ohne dass ihn ein Verschulden trifft, so hat er Anspruch auf Entgeltfortzahlung im Krankheitsfall durch den Arbeitgeber für die Zeit der Arbeitsunfähigkeit bis zur Dauer von sechs Wochen..."

Das klingt kompliziert. Doch greifen wir den wesentlichen Punkt heraus.

Wann ist der Entgeltfortzahlungsanspruch ausgeschlossen?

Der Arbeitnehmer hat einen Anspruch auf Entgeltfortzahlung nur, wenn die Arbeitsunfähigkeit unverschuldet ist.

Verschuldet ist die Arbeitsunfähigkeit nur, wenn sie auf einen „gröblichen Verstoß“ gegen das von einem verständigen Menschen im eigenen Interesse zu erwartende Verhalten zurückzuführen ist.

Lohnfortzahlung bei eigener Fahrlässigkeit. Franziskus Blum stutzte an einem Wochenende in seinem Garten die Bäume. Plötzlich brach auf dem halbgefrorenen Boden die Stehleiter ein. Der Gartenfreund stürzte hinunter und brach sich ein Bein. Als er von seinem Arbeitgeber Streng die Fortzahlung der Vergütung für sechs Wochen verlangte, berief der sich darauf, Franziskus Blum habe die einschlägigen Unfallverhütungsvorschriften außer Acht gelassen und den Unfall damit selbst „grob fahrlässig" verschuldet.
Ähnlich erging es Friedrich Hupfer, der, als er nach dem Fensterln gar zu beschwingt die Leiter hinabstieg, sich ein Bein brach und alsdann vergeblich von seinem Arbeitgeber die Lohnfortzahlung verlangte.

Beide Arbeitgeber mussten sich vom Richter sagen lassen, dass nur ein „grob fahrlässiges Eigenverschulden“ den Anspruch ausschließt. (Eine Faustformel für grobe Fahrlässigkeit lautet: „Das darf auf gar keinen Fall passieren!“ Vgl. Kapitel XI).

Der Arbeitgeber kann sich in diesem Zusammenhang jedoch nicht auf die einschlägigen Unfallverhütungsvorschriften berufen. Die sind auf den persönlichen Lebensbereich nämlich nicht anzuwenden. Franziskus Blum wie Friedrich Hupfer hatten sich zwar unvorsichtig verhalten. Ein bloß unvorsichtiges Verhalten ist jedoch noch nicht „grob fahrlässig“.

So mussten die jeweiligen Arbeitgeber den Lohn fortzahlen.

Nur ein besonders leichtfertiges Verhalten schließt also den Lohnfortzahlungsanspruch aus.

Das liegt jedoch nur selten vor.

Was ist, wenn mir beim Sport etwas zustößt?

So gibt es auch keine schlechthin gefährlichen Sportarten, deren Verletzungsfolgen den Vergütungsanspruch ausschlössen. Und es behält auch ein Drachenflieger, der auf einem Baum „landet“ und sich dabei verletzt, seinen Anspruch, wenn er die bekannten Sicherheitsvorkehrungen und Regeln beim Ausüben seines Sports beachtet hatte.

Unfälle wegen Teilnahme an einer Rauferei schließen hingegen einen Lohnanspruch in der Regel aus, ebenso die Anbahnung eines Liebesverhältnisses, wenn mit der Eifersuchtstat eines Freundes der Frau zu rechnen ist.

Fingerhakeln hingegen ist zumindest im bayerischen Raum eine durchaus nicht unübliche Art des Zeitvertreibs. Dabei erlittene Verletzungen sind nicht selbstverschuldet und schließen den Lohnfortzahlungsanspruch nicht aus, es sei denn, der Verletzte hat besonders schwache und verletzungsanfällige Fingerknochen, und dies ist ihm bekannt gewesen.

Und was ist, wenn ich einen über den Durst getrunken habe?

Ist ein Unfall auf Alkoholmissbrauch zurückzuführen, so entfällt ein Anspruch, „da heute jedem Erwachsenen die Gefahren des Alkohols bekannt sind“.

Unfall bei Trunkenheit. So haben die Arbeitsgerichte den Lohnfortzahlungsanspruch einer Frau abgelehnt, die, nachdem sie mehrere Gläser Bier und Schnaps getrunken hatte, bei dem Versuch aufzustehen, über einen Stuhl gestürzt ist und sich dabei verletzt hat. Zuvor hatte ihr Lebensgefährte sie vergeblich aufgefordert, mit dem Trinken aufzuhören und nach Hause zu gehen.

Und was passiert, wenn ich bei einem Unfall den Sicherheitsgurt nicht angelegt hatte?

Die durch das Nichttragen des Sicherheitsgurtes eingetretenen Verletzungsfolgen sind stets verschuldet. Ein Lohnfortzahlungsanspruch besteht in diesem Falle nicht.

Was muss ich tun, wenn ich krank bin?

Alle Arbeitnehmer sind verpflichtet, den Arbeitgeber von einer Arbeitsunfähigkeit so bald als möglich zu unterrichten.

Muss ich zu Hause bleiben?

Sie brauchen Ihrem Chef jedoch nicht mitzuteilen, woran sie erkrankt sind. Sie brauchen während der Arbeitsunfähigkeit auch nicht unbedingt das Bett zu hüten.

Teilnahme an Veranstaltungen während der Arbeitsunfähigkeit.
Der Maurer Frisch war vom 20.5. bis zum 11.7. an Lungenentzündung erkrankt. Am Tag nach dem Arztbesuch hat er den Arbeitgeber telefonisch von der Arbeitsunfähigkeit verständigt. Zwei Tage später hat er die Arbeitsunfähigkeitsbescheinigung vorgelegt.
Am 30. und 31. Mai hat er an einer Marienwallfahrt nach Walldürn im Odenwald teilgenommen.
Für diese beiden Tage hat der Arbeitgeber die Lohnzahlung strikt verweigert.
Zu Recht?

Das Arbeitsgericht verurteilte den Arbeitgeber, den Lohn nachzuzahlen. Die Arbeitsunfähigkeit hatte Frisch durch die Vorlage der ärztlichen Bescheinigung nachgewiesen. Allein aus der Teilnahme an der Wallfahrt folgt nicht, dass Frisch etwa arbeitsfähig gewesen wäre. Erhebliche Zweifel an der Arbeitsunfähigkeit wären etwa dann veranlasst gewesen, wenn Frisch an seinem Haus gemauert hätte. Beachten Sie im Übrigen, dass Sie während einer Erkrankung verpflichtet sind, alles zu unterlassen, was den Heilungsverlauf beeinträchtigen kann. Schwere Verstöße gegen diese Pflicht können uU eine Kündigung rechtfertigen.

Wer muss eine Arbeitsunfähigkeitsbescheinigung vorlegen?

Eine ärztliche Bescheinigung über das Bestehen einer Arbeitsunfähigkeit und deren voraussichtliche Dauer müssen Arbeitnehmer dem Arbeitgeber nur dann vorlegen, wenn die Arbeitsunfähigkeit länger als drei Tage dauert.

Die Bescheinigung muss der Arbeitnehmer dem Arbeitgeber in diesem Fall am darauf folgenden Arbeitstag vorlegen.

In Abweichung von dieser Regelung ist der Arbeitgeber allerdings auch berechtigt, die Vorlage der ärztlichen Bescheinigung früher zu verlangen.

Hält der Arbeitnehmer sich zu Beginn der Arbeitsunfähigkeit im Ausland auf, so muss der Arbeitnehmer die Arbeitsunfähigkeit und deren voraussichtliche Dauer nicht nur unverzüglich seiner gesetzlichen Krankenkasse anzeigen. Er muss vielmehr auch dem Arbeitgeber die Arbeitsunfähigkeit, deren Dauer sowie die Anschrift am Aufenthaltsort in der schnellstmöglichen Art der Übermittlung mitteilen. Die Kosten hierfür trägt der Arbeitgeber.

Was geschieht, wenn ich die Arbeitsunfähigkeitsbescheinigung erst später vorlege?

Bis zur Vorlage der Bescheinigung kann der Arbeitgeber die Fortzahlung des Lohnes vorübergehend verweigern. Bei Vorlage der Bescheinigung muss er den Lohn voll nachzahlen.

Was muss mir mein Arbeitgeber während der Krankheit weiterzahlen?

Den Anspruch auf Entgeltfortzahlung erwirbt der Arbeitnehmer erst, wenn das Arbeitsverhältnis vier Wochen ununterbrochen bestanden hat. Während dieser Wartezeit kann er ggf. Krankengeld von der Krankenkasse beanspruchen.

Und seit der gesetzlichen Neuregelung, die zum 1.10.1996 in Kraft getreten ist, sind Überstunden nicht mehr zu berücksichtigen.

2. Lohnzahlung bei Kuren und Heilverfahren sowie bei Schonzeit

Alle Arbeitnehmer haben bei Kuren und Heilverfahren zur Erhaltung, Besserung oder Wiederherstellung der Erwerbsfähigkeit einen Anspruch auf Vergütungsfortzahlung für sechs Wochen.

Früher konnten Angestellte sich nach einer Kur eine Schonzeit ärztlich verordnen lassen. Diese Möglichkeit gibt es nach dem Entgeltfortzahlungsgesetz nicht mehr.

Der Arbeitgeber muss dem Arbeitnehmer jedoch auf dessen Verlangen im Anschluss an eine Kur Urlaub gewähren.

3. Lohnzahlung bei sonstiger persönlicher Verhinderung

Häufig sehen die einschlägigen Manteltarifverträge für sonstige Fälle von Arbeitsverhinderung bezahlten Sonderurlaub vor.

In welchen Fällen persönlicher Verhinderung ist der Lohn fortzuzahlen?

Sofern der einschlägige Tarifvertrag oder der Einzelarbeitsvertrag nichts anderes vorsieht, bleibt den Arbeitnehmern auch in verschiedenen anderen Fällen der Lohnanspruch erhalten, wenn ihnen die Arbeit aus persönlichen Gründen nicht zumutbar ist. In den Worten des Gesetzes (§ 616 Bürgerliches Gesetzbuch) liest sich dies so: „Der zur Dienstleistung Verpflichtete wird des Anspruchs auf die Vergütung nicht dadurch verlustig, dass er für eine verhältnismäßig nicht erhebliche Zeit durch einen in seiner Person liegenden Grund ohne sein Verschulden an der Dienstleistung verhindert wird."

Zu nennen sind vor allem folgende Anlässe: Geburt, Sterbefall oder Begräbnis in der Familie; eigene Hochzeit oder auch silberne Hochzeit, goldene Hochzeit der Eltern; Arztbesuch, ohne dass Arbeitsunfähigkeit vorliegt, soweit dieser außerhalb der Arbeitszeit nicht möglich ist; gerichtliche Ladung als Zeuge oder Beisitzer; Musterung; Gesellenprüfung; schwerwiegende Erkrankung naher Angehöriger.

Wann besteht bei Betreuung eines erkrankten Kindes ein Lohnanspruch?

Wenn ein im Haushalt des Arbeitnehmers lebendes Kind erkrankt, so behält der Arbeitnehmer den Anspruch auf Lohn für bis zu fünf Tagen, wenn nach ärztlichem Zeugnis der Arbeitnehmer das Kind betreuen muss, weil eine andere im Haushalt lebende Person (Ehemann, Lebensgefährtin usw.) nicht zur Verfügung steht.

Zu wessen Lasten gehen schlechte Verkehrsverhältnisse?

Schlechte Witterungsverhältnisse (Überschwemmungen, Glatteis, Schnee), Zusammenbruch der öffentlichen Verkehrsmittel, Fahrverbote wegen Smog liegen nicht „in der Person des Arbeitnehmers begründet“ und lassen, wenn deswegen der Arbeitnehmer nicht zur Arbeitsstelle kommen kann, den Lohnanspruch entfallen.

In den meisten Branchen sehen die einschlägigen Manteltarifverträge für Arbeitsverhinderungen bezahlten Sonderurlaub vor, so zB für die eigene Eheschließung ein bis drei Tage; für die Eheschließung von Eltern, Kindern, Geschwistern einen Tag; für den Todesfall des Ehegatten zwei bis vier Tage; Todesfall von Kindern, Eltern, Geschwistern, Schwiegereltern ein bis drei Tage; Entbindung der Ehefrau ein bis zwei Tage; schwere Erkrankung des Ehegatten, der Kinder oder Eltern ein bis sechs Tage; für die Teilnahme an Vorsorgeuntersuchungen, die Wahrnehmung öffentlicher Ehrenämter sowie die Vorladung bei Gerichten und Behörden, soweit der Arbeitnehmer nicht Antragsteller, Partei oder Beschuldigter ist, wird bezahlter Sonderurlaub für die Dauer der notwendigerweise ausfallenden Arbeitszeit gewährt.

Soweit Arbeitgeber und Arbeitnehmer nicht durch einen Tarifvertrag gebunden sind, können sie frei vereinbaren, ob und für welche Arbeitsverhinderungen der Arbeitgeber bezahlten Sonderurlaub in welcher Dauer gewähren muss.

4. Die Lohnzahlung bei Annahmeverzug des Arbeitgebers

Wenn der Arbeitgeber Sie als Arbeitnehmer trotz ordnungsgemäß angebotener Arbeit am Betreten des Betriebs hindern oder Ihnen keine Arbeit zuweisen würde, käme er in „Annahmeverzug". Die Folge wäre: Sie würden als Arbeitnehmer Ihren Lohnanspruch behalten.

Verkäuferin wird zum „Ausspannen" verpflichtet. Am Montagmorgen findet die Verkäuferin der Boutique einen Zettel der Inhaberin Lore Leicht vor: „Liebe Hilde! Bin bis Mittwoch in Paris. Spann auch du bis dahin aus. Lore." Als Hilde am Monatsende ihre Abrechnung überprüft, stellt sie fest, dass Lore ihr für drei Tage einen Gehaltsabzug gemacht hat. Hilde verlangt Nachzahlung. – Wer hat Recht?

Lore Leicht bleibt zur Lohnzahlung für die Zeit von Montag bis Mittwoch verpflichtet. Hilde braucht die ausgefallene Arbeitszeit nicht nachzuholen.

Behalte ich den Lohnanspruch bei unberechtigter Kündigung?

Entsprechendes gilt auch für den Fall, dass der Arbeitgeber das Arbeitsverhältnis zu Unrecht fristlos oder unwirksam fristgerecht kündigt.

Der Arbeitgeber gerät bei der unberechtigten fristlosen Kündigung sofort und bei der unwirksamen fristgerechten Kündigung mit Ablauf der Kündigungsfrist in Annahmeverzug.

Muss ich mich nach Erhalt einer Kündigung beim Arbeitgeber melden, um meinen Lohnanspruch zu behalten?

Der Arbeitgeber muss den Lohn nachzahlen. Der arbeitswillige Arbeitnehmer braucht seine Arbeitskraft nicht nochmals gesondert anzubieten. Seinen Arbeitswillen hat er durch seine bisherige Arbeitsleistung bereits hinreichend gezeigt.

Unwirksamkeit der Kündigung wird 8 Monate später festgestellt. Die Friseurin Sonja Fein weigert sich, der Aufforderung ihres Chefs Schönherr nachzukommen, die Schaufensterscheiben zu putzen. Daraufhin kündigt er ihr Anfang Januar fristlos. Auf ihre Klage erklärt das Arbeitsgericht im September die Kündigung für unwirksam. Herr Schönherr muss seiner Friseurin Sonja den Lohn für die Monate Januar bis September nachzahlen.

Etwaigen Zwischenverdienst – zB Bezahlung für Aushilfstätigkeit während der üblichen Arbeitszeit bei einem anderen Friseur – oder erhaltenes Arbeitslosengeld muss sie sich jedoch anrechnen lassen. Regelmäßig verlangt dann das Arbeitsamt das „verauslagte“ Arbeitslosengeld vom Arbeitgeber zurück.

Brauche ich mich also in keinem Fall nach einer Kündigung mehr zu melden, um meinen Anspruch auf Lohn zu behalten?

Waren Sie bei Ablauf der Kündigungsfrist jedoch arbeitsunfähig, so sollten Sie dem Arbeitgeber mitteilen, wann Sie wieder arbeitsfähig sind, damit er Ihnen Arbeit zuweisen kann, wenn diese Meldung die neuere Rechtsprechung in diesem Fall auch nicht mehr zwingend verlangt. Teilen Sie daher Ihrem Arbeitgeber sofort mit, wenn Sie wieder arbeitsfähig sind.

8. Kapitel

Die Sicherung des Lohns

Gehalt oder Lohn sind häufig die einzige Existenzgrundlage des Arbeitnehmers. Andererseits kommt es immer wieder vor, dass Gläubiger des Arbeitnehmers (zB Finanzierungsinstitute, Banken, Versandunternehmen, der Arbeitgeber selbst) auf den Lohn zugreifen.

Geht es dem Arbeitgeber schlecht, dann muss der Arbeitnehmer uU mit anderen Gläubigern des Arbeitgebers um dessen knappe Geldmittel kämpfen.

Der Gesetzgeber hat deshalb Vorkehrungen zum Schutz des Arbeitsentgelts getroffen, und zwar vor dem Zugriff Dritter (Pfändungsschutz), Maßnahmen des Arbeitgebers (Aufrechnungsverbot) und eigenen Verfügungen des Arbeitnehmers (Abtretungsverbot) und auch für den Fall der Insolvenz des Arbeitgebers.

1. Schutz gegen Pfändungen

Kommt der Arbeitnehmer seinen finanziellen Verpflichtungen nicht nach (etwa gegenüber Unterhaltsberechtigten oder bei Teilzahlungskauf), so kann der Inhaber der Forderung (= Gläubiger, zB eine Bank oder ein Kfz-Händler) die Lohnforderung des Arbeitnehmers gegen den Arbeitgeber vom Gericht pfänden lassen, wenn er einen vollstreckbaren Titel (zB ein Gerichtsurteil) gegen den Arbeitnehmer besitzt.

Gläubiger kann Lohnforderung geltend machen. Arbeitnehmer Schmidt schuldet dem Radiohändler Gern 1000 EUR. Schmidt ist bei Arbeitgeber Draf beschäftigt. Bei der Lohnpfändung tritt nun folgende Lage ein: Durch den gerichtlichen Pfändungs- und Überweisungsbeschluss, den Radiohändler Gern beim Amtsgericht erwirkt, tritt Gern an die Stelle von Schmidt, soweit die Lohnforderung gepfändet ist. Herr Gern wird durch die Pfändung also Inhaber des Lohnanspruchs von Herrn Schmidt gegen Herrn Draf. Daraus folgt: Gläubiger Gern kann die Lohnforderung gegen Draf geltend machen, als ob es seine eigene Lohnforderung wäre. Für einen Streit über diese Forderung sind demnach auch die Arbeitsgerichte zuständig.

An wen muss der Arbeitgeber den Lohn nach erfolgter Pfändung zahlen?

Die Lohnforderung darf nun nicht mehr der Arbeitnehmer einziehen, der Arbeitgeber darf nicht mehr an ihn zahlen. Der Arbeitgeber muss an den Pfändungsgläubiger leisten.

Beachtet der Arbeitgeber die Lohnpfändung nicht, so muss er die gepfändeten Lohnteile an den Pfändungsgläubiger (nochmals) zahlen, auch wenn er den Lohn schon an den Arbeitnehmer ausgezahlt hatte.

Überweisung der Differenz nach Abzug der Pfändung. Arbeitnehmer Schmidt verdient beim Arbeitgeber Draf 2000 EUR netto. Davon hatte der Radiohändler Gern 500 EUR gepfändet. Dennoch hatte der Arbeitgeber Draf dem Arbeitnehmer Schmidt den vollen Monatslohn von 2000 EUR bezahlt.
Den Betrag von 500 EUR muss der Arbeitgeber nun zusätzlich noch an Herrn Gern bezahlen. (Vom Arbeitnehmer Schmidt kann der Arbeitgeber die 500 EUR wieder zurückverlangen.)

Kann ein Gläubiger den gesamten Lohn kassieren?

Nein. Damit dem Arbeitnehmer Geld zum Leben bleibt, ist die Pfändbarkeit des Lohnes beschränkt.

Das gilt in zweifacher Hinsicht:

Was darf überhaupt nicht gepfändet werden?

Einmal sind bestimmte Arten von Bezügen absolut unpfändbar wie Reisespesen, Auslösungsgelder, Gefahren–, Schmutz- und Erschwerniszulagen, zusätzliches Urlaubsgeld.

Wie viel darf vom Lohn gepfändet werden?

Außerdem sieht das Gesetz beim Lohn bestimmte pfändungsfreie Beträge (Pfändungsgrenzen) vor. Hierbei ist immer vom Nettoeinkommen auszugehen.

2. Aufrechnungsverbot

Der Arbeitnehmer muss auch dann um seinen Lohn bangen, wenn der Arbeitgeber den Vergütungsanspruch nicht durch Zahlung erfüllt, sondern durch Aufrechnung.

Was ist eine Aufrechnung, und wie schützt das Aufrechnungsverbot meinen Lohn?

Zuweilen kann der Arbeitgeber die Lohnforderung des Arbeitnehmers mit einer eigenen Forderung – zB wegen Schadensersatzes – aufrechnen.

Aufrechnung ist die wechselseitige Tilgung zweier sich gegenüberstehender Forderungen durch Verrechnung.

Verrechnung eines Schadens mit dem Lohn. Der angestellte Busfahrer beschädigt durch leichtsinnige Fahrweise den nicht kaskoversicherten Bus. Der Schaden beträgt 300 EUR.
Der Arbeitgeber kann den Betrag vom Lohn einbehalten. Es handelt sich nicht um eine Lohnminderung, sondern um eine Aufrechnung des Schadensersatzanspruches von 300 EUR gegen die Lohnforderung in dieser Höhe.

Die Gegenforderung des Arbeitgebers muss fällig und ebenfalls eine Geldforderung sein. Die Aufrechnung ist aber unzulässig, soweit die Lohnforderung nicht der Pfändung unterworfen ist oder auch, wenn die Aufrechnung durch Tarifvertrag, Betriebsvereinbarung oder Einzelvertrag ausgeschlossen ist.

Soweit der Arbeitnehmer seine Arbeitspflichten nicht erfüllt, steht dem Arbeitgeber ein Zurückhaltungsrecht am Lohn zu. Allerdings ist eine Zurückbehaltung insoweit nicht gegeben, als die Lohnforderung der Pfändung nicht unterworfen ist.

3. Abtretungsverbote

Was bedeutet es, wenn dem Arbeitnehmer verboten ist, Lohn abzutreten?

Wenn eine Forderung nicht pfändbar ist, kann der Arbeitnehmer sie auch nicht an einen anderen abtreten. Eine dennoch vorgenommene Abtretung ist unwirksam. Dadurch soll der Arbeitnehmer davor geschützt werden, durch eine Abtretung seiner Lohnansprüche das notwendige Bargeld, das er für seinen Lebensunterhalt braucht, zu verlieren.

Abtretung zur Sicherung eines Darlehens. Die zur Sicherung eines Bankdarlehens erfolgte Abtretung des gesamten Monatsgehalts ist bei einem nicht unterhaltspflichtigen Arbeitnehmer bei einem Monatseinkommen von 2000 EUR netto nur in Höhe von 749 EUR wirksam.

Ferner kann die Abtretbarkeit der Lohnforderung im Arbeitsvertrag, in Tarifverträgen und in Betriebsvereinbarungen im Voraus ausgeschlossen werden. Die trotzdem von Arbeitnehmern verfügte Abtretung wäre nichtig.

4. Lohnsicherung bei Insolvenz

Wie ist mein Lohn bei Insolvenz gesichert?

Ist der Arbeitgeber zahlungsunfähig geworden, so kann auf seinen eigenen Antrag oder aufgrund des Antrages eines Arbeitnehmers oder eines anderen Gläubigers das Amtsgericht das Insolvenzverfahren über das Vermögen des Arbeitgebers eröffnen.

In diesem Fall werden die Forderungen der Arbeitnehmer zum Teil vorweg berücksichtigt oder aber sie genießen Rangvorteile vor den gewöhnlichen Insolvenzforderungen.

Wozu dient das Insolvenzgeld?

Häufig kommt es allerdings vor, dass das Insolvenzverfahren, weil kein oder zu wenig Schuldnervermögen zu verteilen ist, „mangels Masse" nicht eröffnet wird oder dass die Masse so gering ist, dass für rückständige Lohnforderungen nicht mehr genügend Geld vorhanden ist.

Deshalb zahlen die Arbeitsämter auf Antrag der Arbeitnehmer diesem Insolvenzgeld als Ausgleich von Ansprüchen auf rückständigen Lohn für die der Eröffnung des Insolvenzverfahrens vorausgegangenen letzten drei Monate des Arbeitsverhältnisses.

Wird „mangels Masse" der Insolvenzantrag abgewiesen oder die Betriebstätigkeit ohne Insolvenzantrag mangels Masse vollständig beendet, so kann der Arbeitnehmer ebenfalls Zahlung von Insolvenzgeld verlangen.

Hat der Arbeitnehmer in Unkenntnis der Abweisung des Insolvenzantrages mangels Masse weitergearbeitet, so wird Insolvenzgeld für rückständigen Arbeitslohn während der letzten drei Monate vor Kenntnisnahme des Arbeitnehmers gezahlt.

Wie hoch ist das Insolvenzgeld?

Die Höhe des Insolvenzgeldes entspricht dem um die gesetzlichen Abzüge (Lohnsteuer, Kirchensteuer, Sozialversicherungsbeiträge) verminderten Arbeitsentgelt für die der Insolvenzeröffnung vorausgegangenen letzten drei Monate des Arbeitsverhältnisses, das der Arbeitnehmer noch zu beanspruchen hat.

Wann muss ich den Antrag auf Insolvenzgeld stellen?

Den Antrag auf Insolvenzgeld können die Arbeitnehmer bei jedem Arbeitsamt stellen.

Sie können dies innerhalb von zwei Monaten nach Insolvenzeröffnung tun.

9. Kapitel

Der Anspruch auf Urlaub

1. Erholungsurlaub

Jeder Arbeitnehmer hat in jedem Jahr Anspruch auf einen Erholungsurlaub, also auf bezahlte Freizeit. Er soll zur Wiederherstellung der Arbeitskraft und zur Persönlichkeitsentfaltung beitragen.

Wie viel Urlaub steht mir zu?

Nach dem Bundesurlaubsgesetz beträgt der Urlaub jährlich mindestens 24 Werktage. Arbeitsfreie Samstage werden mitgezählt. Demnach ergibt sich eine gesetzliche Mindestdauer von vier Wochen.

Die Tarifpolitik ist über diesen Mindesturlaub erheblich hinausgegangen: Für mehr als 98% der tariflich erfassten Arbeitnehmer beträgt der Urlaub vier Wochen und mehr.

Rund 94% der Arbeitnehmer erhalten einen Urlaub von fünf Wochen und mehr. Mindestens sechs Wochen erhielten 1987 rund 66% der von Tarifverträgen erfassten Arbeitnehmer.

Ab wann kann ich wie viel Urlaub bekommen?

Der Arbeitnehmer erwirbt den vollen Urlaubsanspruch regelmäßig bereits mit Jahresbeginn.

Bei einem neubegründeten Arbeitsverhältnis entsteht der volle Urlaubsanspruch jedoch erstmalig nach Ablauf einer Wartezeit von sechs Monaten.

Eine Zwölftelung des gesetzlichen Urlaubsanspruches für jeden vollen Monat des Arbeitsverhältnisses findet dann statt, wenn der Arbeitnehmer die Wartezeit nicht voll erfüllt oder nach erfüllter Wartezeit in der ersten Jahreshälfte aus dem Arbeitsverhältnis ausscheidet.

Urlaubstage in einem 7 monatigen Arbeitsverhältnis. Der Arbeitnehmer ist am 10.10. in das Arbeitsverhältnis eingetreten und zum 31.5. des folgenden Jahres ausgeschieden. Er hat für das vergangene Jahr Anspruch auf (2 · 2 =) vier und für das laufende Jahr Anspruch auf (5 · 2 =) zehn Urlaubstage.

Muss ich dem Arbeitgeber etwas zurückzahlen, wenn ich bereits den gesamten Jahresurlaub genommen habe und vorzeitig ausscheide?

Hat derselbe Arbeitnehmer nach Ableistung der Wartezeit von sechs Monaten den vollen Urlaub von 24 Tagen für das laufende Kalenderjahr – etwa im Mai – erhalten, so schadet ihm die nachträgliche Kürzung des Urlaubsanspruchs infolge seines Ausscheidens innerhalb der ersten Jahreshälfte nicht: Das für den bereits genommenen Urlaub gezahlte Urlaubsentgelt kann nicht zurückgefordert werden.

Wann darf ich in Urlaub gehen?

Nach Entstehung des Urlaubsanspruchs darf sich der Arbeitnehmer nicht selbst beurlauben. Vielmehr setzt der Arbeitgeber den Urlaubszeitpunkt fest (Urlaubserteilung).

Hierbei muss er die Urlaubswünsche des Arbeitnehmers berücksichtigen.

Will der Arbeitgeber Betriebsferien allgemein für die Belegschaft oder einen Teil von ihr festsetzen, so kann er dies nur, wenn – soweit vorhanden – der Betriebsrat zustimmt.

Der Arbeitgeber soll den Urlaub zusammenhängend gewähren, und der Arbeitnehmer soll ihn nach Möglichkeit im laufenden Urlaubsjahr nehmen.

Was ist, wenn ich am Jahresende oder bis März des Folgejahres meinen Urlaub noch nicht genommen habe?

Eine Übertragung des Urlaubs auf das nächste Kalenderjahr kommt nur ausnahmsweise „bei dringenden betrieblichen oder in der Person des Arbeitnehmers liegenden Gründen" in Betracht, bestimmt das Bundesurlaubsgesetz. Zur Übertragung bedarf es jedoch keiner besonderen Abrede zwischen Arbeitgeber und Arbeitnehmer.

Verfall des Urlaubs aus dem Vorjahr. Wegen starken Termindrucks konnte der Angestellte Schweiger nicht, wie er vorhatte, im Dezember in Urlaub gehen. Im Februar verlangt er für März seinen Urlaub von einem Monat aus dem Vorjahr. Der Arbeitgeber lehnt ab. Er meint, der Urlaub sei verfallen. Kann Schweiger seinen Urlaub noch verlangen?
Ja, da Schweiger den Urlaub aus betrieblichen Gründen nicht hat nehmen können, ist er auf das nächste Jahr übergegangen. Schweiger kann verlangen, dass ihm der Urlaub bis Ende März gewährt wird.
Versäumt Schweiger es, den Urlaub bis Ende März zu nehmen, so erlischt der Anspruch. War er zu dieser Zeit arbeitsunfähig, so behält er jedoch den Anspruch.

Kann ich Abgeltung des nicht genommenen Urlaubs verlangen?

Eine Abgeltung des Urlaubs ist nur für den Fall vorgesehen, dass der Arbeitnehmer ihn wegen der Beendigung des Arbeitsverhältnisses nicht mehr in natura einbringen kann.

Solange das Arbeitsverhältnis besteht, haben Sie also keinen Anspruch auf Abgeltung des nicht in Anspruch genommenen Urlaubs.

Wie hoch ist das Urlaubsentgelt?

Wesentliches Merkmal des Erholungsurlaubs ist die Zahlung von Urlaubsentgelt, das den Lebensstandard des Arbeitnehmers während des Urlaubs sicherstellen soll.

Es ist deshalb vor Urlaubsantritt auszuzahlen. Es bemisst sich in der Höhe nach dem durchschnittlichen Verdienst des Arbeitnehmers in den letzten 13 Wochen vor Urlaubsantritt; Überstunden wirken sich seit dem 1.10.1996 nicht mehr erhöhend auf das Urlaubsentgelt aus.

Wann habe ich Anspruch auf ein zusätzliches Urlaubsgeld?

Gesetzlich ist ein zusätzlich zum Urlaubsentgelt zu zahlendes zusätzliches Urlaubsgeld nicht vorgeschrieben, jedoch sehen zahlreiche Tarifverträge es vor.

Ende 1985 hatten 94% der erfassten Arbeitnehmer zusätzlich zu dem während des Urlaubs fortzuzahlenden Arbeitsentgelt aufgrund von Tarifverträgen einen Anspruch auf zusätzliches Urlaubsgeld.

Was geschieht mit meinem Urlaub, wenn ich krank werde?

Erkranken Sie während der Betriebsferien oder sonst während des Urlaubs, so haben Sie für die Dauer der Arbeitsunfähigkeit Anspruch auf Lohnfortzahlung.

Erkrankt ein Arbeitnehmer vor Beginn des Urlaubs, so muss der Urlaub verschoben und neu festgesetzt werden.

Verfällt der Urlaub bei Krankheit?

Diejenigen Tage des ursprünglich geplanten Urlaubs, an denen Sie krank gewesen sind, bleiben Ihnen als Urlaubsanspruch erhalten. Wenn Sie den Urlaub wegen Krankheit im Urlaubsjahr oder bis zum 31. März des folgenden Jahres nicht einbringen konnten, bleibt er erhalten.

Wie viel zusätzlicher Urlaub steht Jugendlichen zu?

Jugendliche haben Anspruch auf längeren Erholungsurlaub. Er beträgt jährlich mindestens 30 Werktage, wenn der Jugendliche zu Beginn des Kalenderjahres noch nicht 16 Jahre alt, mindestens 27 Werktage, wenn der Jugendliche zu Beginn des Kalenderjahres noch nicht 17 Jahre alt, und mindestens 25 Werktage, wenn der Jugendliche zu Beginn des Kalenderjahres noch nicht 18 Jahre alt ist.

(…) und wie viel Schwerbehinderten?

Den Schwerbehinderten hat der Arbeitgeber einen zusätzlichen bezahlten Urlaub von einer Woche zu gewähren.

Dieser Anspruch steht jedoch nicht den Gleichgestellten zu, also den Personen, die mit ihrem Grad der Behinderung zwischen 30% und 50% liegen und die das Arbeitsamt auf ihren Antrag den Schwerbehinderten „gleichgestellt" hat.

2. Elternzeit

Wer hat Anspruch auf Elternzeit?

Einen Urlaubsanspruch besonderer Art haben berufstätige Mütter und Väter.

Der frühere „Mutterschaftsurlaub" in den ersten sechs Monaten nach der Geburt ist durch die Regelung des „Gesetzes zum Elterngeld und zur Elternzeit (BEEG)" ersetzt worden.

Dreijährige Elternteilzeit. Sonja Silber entbindet am 30.7. von einer Tochter. Am 28.8. teilt sie ihrem Arbeitgeber mit, dass sie bis zur Vollendung des dritten Lebensjahres Elternzeit beansprucht.

Sie verlangt zu Recht Elternzeit für diese Dauer.

Aufgrund dieses Gesetzes kann jeder Ehegatte bis zu 3 Jahre Freistellung von der Arbeit (Elternzeit) von seinem Arbeitgeber verlangen, und zwar für jedes Kind, auch wenn sich die Zeiträume überschneiden. Die Elternzeit können beide Eltern auch gemeinsam oder jeder anteilig nehmen.

Wie viel Elterngeld können die Eltern erwarten?

Die Eltern haben Anspruch auf insgesamt 12 Monate Elterngeld. Sie haben Anspruch auf 2 weitere Monatsbeträge, wenn für 2 Monate eine Minderung des Erwerbseinkommens erfolgt. Ein Elternteil kann höchstens für 12 Monate Elterngeld beziehen. Das Elterngeld kann in der Zeit vom Tag der Geburt und längstens bis zur Vollendung des 14. Lebensmonats des Kindes bezogen werden.

Elterngeld wird in Höhe von 67% des in den 12 Kalendermonaten vor dem Monat der Geburt durchschnittlich erzielten monatlichen Einkommens gezahlt. Es beträgt jedoch mindestens 300 EUR und höchstens 1800 EUR monatlich. Für den Antrag und die Auszahlung des Elterngelds sind die Elterngeldstellen zuständig. Deren Anschriften können sie etwa bei den Gemeinden oder den Landratsämtern erfragen.

Für den Antrag und die Auszahlung des Erziehungsgeldes sind in Bremen, Hamburg, Niedersachsen, Saarland und Schleswig-Holstein die Arbeitsämter zuständig; in Baden-Württemberg die Landeskreditbank; in Rheinland-Pfalz die Jugendämter; in Bayern, Hessen und Nordrhein-Westfalen die Versorgungsämter; in Berlin die Bezirksämter (Abteilung Jugend).

Für welche Zeit besteht Anspruch auf Elternzeit?

Für bis zu drei Jahre kann einer der beiden Ehegatten unbezahlte Freistellung von der Arbeit (Elternzeit) von seinem Arbeitgeber verlangen.

3. Betreuungsgeld

Wer hat Anspruch auf Betreuungsgeld?

Vom 1. August 2013 an konnten Eltern für 22 Monate Betreuungsgeld verlangen, wenn Sie ihr Kind im Anschluss an die Elternzeit zu Hause selbst betreut oder es durch eine nicht öffentlich geförderte Stelle haben betreuen lassen statt es in eine öffentlich geförderte Kindertageseinrichtung zu schicken.

Dieses Gesetz hat das Bundesverfassungsgericht wegen der fehlenden Gesetzgebungszuständigkeit des Bundes für unwirksam erklärt. Daraufhin hat der Freistaat Bayern in einer entsprechenden landesgesetzlichen Regelung mit Wirkung ab Juni 2016 bestimmt, dass Eltern für jedes Kind monatlich 150 Euro für die Zeit vom 15. Lebensmonat bis zur Vollendung des 3. Lebensjahres des Kindes verlangen können.

10. Kapitel

Die betriebliche Altersversorgung

Auch wenn Sie in den verdienten Ruhestand getreten sind, reißt zumindest ihr finanzielles Band zum früheren Arbeitgeber nicht gänzlich ab: Zum Arbeitsentgelt gehört auch die betriebliche Altersversorgung.

Sozialversicherung und Betriebsrente. Sie sind mit 63 Jahren in den Ruhestand getreten. Neben Ihrer Rente vom Träger der Sozialversicherung erhalten Sie von Ihrem Arbeitgeber eine monatliche Betriebsrente von 500 EUR.

Wenn Sie als Arbeitnehmer bei Erreichen der Altersgrenze, bei Erwerbs- oder Berufsunfähigkeit aus dem Arbeitsverhältnis ausscheiden, so erhalten Sie vom Rentenversicherungsträger eine Rente. Sie soll Ihnen und Ihrer Familie den Lebensunterhalt sichern.

Diese gesetzlichen Renten (Angestelltenversicherung, Arbeiterrentenversicherung) sind in der Regel niedriger als das bisherige Arbeitseinkommen. So gewähren viele Arbeitgeber ihren langjährig Beschäftigten eine zusätzliche betriebliche Altersversorgung (Ruhegeld, Ruhegehalt, Pension) oder den Hinterbliebenen eine Hinterbliebenenversorgung.

Über 60% der Arbeitnehmer sind in eine Form der betrieblichen Altersversorgung einbezogen.

Welche Formen der betrieblichen Altersversorgung gibt es?

Folgende Formen der betrieblichen Altersversorgung gibt es:

- Der Arbeitgeber gibt dem Arbeitnehmer eine unmittelbare Versorgungszusage (Direktzusage). Damit ist er selbst zur Zahlung des Ruhegeldes an den Arbeitnehmer verpflichtet.
- Der Arbeitgeber schließt mit einer Lebensversicherungsgesellschaft eine Lebensversicherung zugunsten einzelner, mehrerer oder aller Arbeitnehmer ab (= Direktversicherung). Ihr Anspruch entsteht gegen die Versicherung.
- Es besteht eine Pensionskasse. Der Arbeitgeber wendet dem Arbeitnehmer einen Rechtsanspruch gegen die selbständige betriebliche Pensionskasse zu.
- Es besteht nur eine Unterstützungskasse. Auf ihre Leistungen besteht kein Rechtsanspruch.
- Der Arbeitgeber entrichtet für den Arbeitnehmer Beiträge zur Höherversicherung in der gesetzlichen Sozialversicherung. Der Arbeitnehmer erwirbt unmittelbare Ansprüche gegen die Träger der Sozialversicherung.

Das hier maßgebliche „Gesetz zur Verbesserung der betrieblichen Altersversorgung" begründet selbst keine Ruhegeldansprüche.

Welche Ansprüche sichert das Gesetz?

Das Gesetz sichert lediglich anderweitig begründete Ansprüche. Diese Ruhegeldansprüche können sich namentlich ergeben aus dem Einzelarbeitsvertrag, aus einer Betriebsvereinbarung, aus einem Tarifvertrag oder auch aus dem Gleichbehandlungsgrundsatz oder dem Gedanken der Gleichberechtigung.

Teilzeitbeschäftigung. Ein Kaufhauskonzern sieht für seine Mitarbeiter arbeitsvertraglich folgende Leistungen vor. „Nach 15 Jahren Betriebszugehörigkeit erwirbt der Mitarbeiter Anspruch auf die betriebliche Altersversorgung der Kaufhaus AG." Frau Klar scheidet nach 7 Jahren Teilzeitbeschäftigung mit Erreichen des 65. Lebensjahres aus und verlangt von der Kaufhaus AG die Leistungen aus der betrieblichen Altersversorgung. Die Kaufhaus AG will nicht zahlen. Sie stellt sich auf den Standpunkt, sie brauche nur die elf Jahre der Vollzeitbeschäftigung anzurechnen. Frau Klar zieht vor das Arbeitsgericht. – Wird sie Recht bekommen?

Allgemein sind 90% der Teilzeitbeschäftigten Frauen. Die Regelung hätte auch hier eine teilzeitbeschäftigte Frau benachteiligt. Sie war insoweit wegen „mittelbarer Benachteiligung“ der teilzeitbeschäftigten Frauen unwirksam. Der Arbeitgeber musste somit auch die Betriebszugehörigkeit als Teilzeitbeschäftigte berücksichtigen.

Die Verkäuferin Frau Klar hat demnach einen Anspruch auf die betriebliche Altersversorgung erworben.

Bleibt mir die Versorgungsanwartschaft auch bei einem Wechsel des Arbeitgebers erhalten?

Wechselt ein Arbeitnehmer während seines Arbeitslebens den Arbeitgeber, so besteht die Gefahr, dass er seine während eines früheren Arbeitsverhältnisses erworbene Anwartschaft auf betriebliche Altersversorgung durch den Wechsel verliert.

Das Gesetz regelt daher insbesondere die Unverfallbarkeit von Versorgungsanwartschaften: Diese bleiben dem Arbeitnehmer auch bei einem Wechsel des Betriebs erhalten, wenn der Arbeitnehmer zu diesem Zeitpunkt 35 Jahre alt ist und entweder die Zusage zehn Jahre besteht oder der Arbeitnehmer dem Unternehmen zwölf Jahre angehört hat und seit mindestens drei Jahren eine Versorgungszusage besitzt.

Altersruhegeld zweier Arbeitgeber. Alfred Lang ist 40 Jahre alt und seit 13 Jahren bei der Firma Müller beschäftigt.
Nach der dort bestehenden Regelung erwerben Mitarbeiter nach zehnjähriger Betriebszugehörigkeit und Eintreten in den Ruhestand einen Anspruch auf betriebliche Altersversorgung. Lang scheidet bei der Firma Müller nunmehr aus und tritt bei der Firma Mayer ein. Mit Vollendung des 65. Lebensjahres scheidet er endgültig aus dem Arbeitsleben aus. Jetzt kann er auch von seinem früheren Arbeitgeber, der Firma Müller, sein dort verdientes betriebliches Altersruhegeld verlangen.

Was geschieht mit dem Anspruch auf Ruhegeld, wenn der Arbeitgeber inzwischen in Insolvenz gegangen ist?

Für die betrieblichen Ruhegeldansprüche besteht eine besondere gesetzliche Insolvenzsicherung:

Wenn Ihr Arbeitgeber wegen Zahlungsunfähigkeit oder wegen Konkurses die Ruhegeldansprüche nicht erfüllt, können Sie Ihre Ansprüche gegen den Pensions-Sicherungsverein mit Sitz in Köln geltend machen.

11. Kapitel

Auslagen des Arbeitnehmers für den Arbeitgeber

1. Aufwendungen im Allgemeinen

Was sind Aufwendungen des Arbeitnehmers aus dem Arbeitsverhältnis?

Mit der Vergütung erhält der Arbeitnehmer das versprochene Entgelt für seine Arbeit. Daneben entstehen auf Arbeitnehmerseite häufig noch andere finanzielle Forderungen, die ihre Ursache darin haben, dass der Arbeitnehmer dem Arbeitgeber etwas „auslegt". Man spricht hier von Aufwendungen des Arbeitnehmers für den Arbeitgeber.

Aufwendungen aus dem Arbeitsverhältnis sind also im Allgemeinen Ausgaben, die dem Arbeitnehmer bei Ausführung der ihm übertragenen Arbeit entstehen. Hierzu werden teilweise auch Schäden gerechnet, die der Arbeitnehmer bei Ausübung der Arbeit an seinem Eigentum erleidet.

Wann muss mein Arbeitgeber mir meine Aufwendungen erstatten?

Aufwendungen bei Ausführung der Arbeit muss Ihr Arbeitgeber ersetzen, wenn Sie diese Auslagen den Umständen nach für erforderlich halten durften und diese Aufwendungen nicht bereits mit dem Lohn bzw. Gehalt abgegolten sind.

Sie können sich vorstellen, dass es bei der Feststellung, ob eine bestimmte Aufwendung als mit dem Lohn abgegolten anzusehen ist, schnell zu gegensätzlichen Auffassungen kommen kann. Kommt ein solcher Fall zum Gericht, ist die Entscheidung nur schwer vorauszusagen, weil die Grenzen fließend sind.

Um diese Rechtsunsicherheit zu beseitigen, finden wir in zahlreichen Tarifverträgen ausführliche Regeln zu diesem Punkt. Als grobe Leitlinie können Sie sich für die Fälle, in denen der Aufwendungsersatz nicht in einem Tarifvertrag oder in Ihrem Arbeitsvertrag eigens geregelt ist Folgendes einprägen:

Zu den **erstattungsfähigen** Auslagen gehören nur diejenigen Aufwendungen, die der Arbeitsausführung selbst dienen, so z. B.:

Der Arbeitsausführung dienend. Fahrtkosten zu auswärtigen Baustellen, Fahrtkosten für Dienstfahrten, Reisespesen (Übernachtung), Auslagen zur Beschaffung von Handwerkszeug, sofern nicht branchenüblich vom Arbeitnehmer selbst bereitzustellen.

Nicht erstattungsfähig sind die persönlichen von seiner Vergütung zu bestreitenden Aufwendungen des Arbeitnehmers.

Persönliche Aufwendungen. In der Regel die Kosten der Arbeitskleidung, Kosten der Verpflegung, Fahrtkosten zwischen Wohnung und Arbeitsstätte, Umzugskosten.

Wann muss mein Arbeitgeber mir Auslagen für von mir beschaffte Arbeitskleidung ersetzen?

Erstattungsfähig sind Ausgaben für persönliche Schutzkleidung, die aufgrund von Unfallverhütungsvorschriften zu tragen ist. Im Allgemeinen muss der Arbeitgeber diese Bekleidungsstücke selbst bereitstellen. Tut er das nicht und besorgen Sie an seiner Stelle die vorgeschriebenen Stücke (zB Sicherheitsschuhe, Sicherheitshelm, Schutzbrille), so muss der Arbeitgeber Ihnen die erforderlichen Auslagen ersetzen. Bei Beendigung des Arbeitsverhältnisses müssen Sie diese Gegenstände dann allerdings herausgeben. Nicht erstattungspflichtig sind Kosten derjenigen Arbeitskleidung, die lediglich zur Schonung Ihrer Privatkleidung bestimmt ist, oder etwa die Kosten Ihrer im Dienst getragenen normalen Kleidung.

In allen übrigen Fällen müssen Sie ua anhand der Branchenüblichkeiten feststellen, ob Aufwendungen hierfür als mit der Vergütung abgegolten angesehen werden müssen oder nicht. Vielfach können jedoch Tarifverträge weiterhelfen, weil sie Rückschlüsse auf bestehende Branchenüblichkeiten zulassen.

2. Sachschäden des Arbeitnehmers

Pavlos Samirakis ist Lagerarbeiter bei der Halogen GmbH. Eines Tages wird er beim Entladen eines LKWs mit Ameisensäure-Korbflaschen eingesetzt. Bei einer der Korbflaschen platzt beim Herunterheben von der Rampe wegen eines Materialfehlers der Glasboden ab. Die Säure fließt aus und verletzt ihn erheblich. Außerdem ist seine Bekleidung unbrauchbar geworden. Die zuständige Berufsgenossenschaft hat den Vorfall als Berufsunfall anerkannt und den Personenschaden ersetzt. Herr Samirakis möchte von der Halogen GmbH auch den Schaden an seiner Kleidung, also den Sachschaden ersetzt bekommen. Die Halogen GmbH lehnt ab. Am Materialfehler des Glases der Korbflasche treffe sie kein Verschulden, und ohne Verschulden gebe es keine Haftung. Wer hat recht?

Was gilt, wenn im Rahmen meiner Arbeit meine persönlichen Sachen einen Schaden erleiden?

Herr Samirakis kann verlangen, dass der Schaden an seiner Kleidung ersetzt wird. Hätte die Halogen GmbH ein Verschulden an dem Unfall getroffen (zB mangelnde Sicherheitsvorkehrungen trotz Vorhersehbarkeit des Unfalls), so wäre ein Schadensersatzanspruch schon deswegen gegeben.

Im vorliegenden Fall, der vom Bundesarbeitsgericht vor vielen Jahren einmal entschieden wurde, fehlte es an einem solchen Verschulden. Das Bundesarbeitsgericht hat dennoch einen Schadensersatzanspruch anerkannt, indem es den Schaden als einen Aufwand des Arbeitnehmers angesehen hat, der mit der Arbeitsvergütung als nicht abgegolten angesehen werden könne. Voraussetzung sei jedoch, so das Bundesarbeitsgericht damals,

- dass der Schaden im Vollzug einer gefährlichen Arbeit entstanden ist und
- dass er außergewöhnlich ist, der Arbeitnehmer also damit nach der Art des Betriebes oder nach der Natur der Arbeit nicht zu rechnen brauchte.

Diese Voraussetzungen hat das Bundesarbeitsgericht in dem geschilderten Fall als gegeben angesehen. Aus diesen Grundsätzen ergibt sich andererseits deutlich, dass nicht jeder Schaden, den Sie bei Ausübung Ihrer Arbeit an Ihrem Eigentum erleiden, von Ihrem Arbeitgeber ersetzt werden muss.

Zerrissener Strumpf. Frau Spät ist Sekretärin. Sie bückt sich, um aus dem untersten Fach eines Regals einen schweren Aktenordner hervorzuholen. Mit einer scharfen Kante des Ordners reißt sie ein Loch in ihren Strumpf.

Hier muss der Arbeitgeber nicht zahlen, da die Arbeit von Frau Spät zum einen nicht gefährlich ist und zum anderen der entstandene Schaden auch nicht außergewöhnlich ist.

Muss mir mein Arbeitgeber den Schaden ersetzen, wenn ich auf einer Dienstfahrt mit meinem Pkw einen Unfallschaden habe?

Die beschriebene Abgrenzung von erstattungspflichtigen Schäden zu Schäden, die der Arbeitnehmer selbst tragen muss, führt allerdings bei Dienstfahrten mit dem Privat-Pkw zu unbefriedigenden Ergebnissen. Auto fahren kann zwar als gefährlich eingestuft werden, dabei auftretende Schäden sind aber keineswegs außergewöhnlich.

Das Bundesarbeitsgericht hat aus diesem Grund seine Rechtsprechung verändert. Nunmehr gilt, dass der Arbeitgeber für Schäden am Eigentum des Arbeitnehmers aufkommen muss, wenn folgende Voraussetzungen erfüllt sind:

- Der Schaden ist im Betätigungsbereich des Arbeitgebers entstanden.
- Der Arbeitnehmer erhält für das diesbezügliche Schadensrisiko **keine besondere Vergütung**.

- Der Schaden gehört **nicht zum privaten Lebensbereich** des Arbeitnehmers (vgl. den zuvor dargestellten Fall mit dem zerrissenen Strumpf).

Damit ist jetzt für die Haftungsfrage nicht mehr entscheidend, ob der Schaden „im Vollzug einer gefährlichen Arbeit" entstanden und ob er „außergewöhnlich" ist.

Unfall mit eigenem Fahrzeug bei einer Dienstfahrt. Maria Kandler ist beim Verein für Sozialfürsorge e. V. – einer Sozialstation mit ländlichem Einzugsgebiet – als hauptamtliche Altenpflegerin beschäftigt. Für ihre Hausbesuche benutzt sie mit Billigung des Geschäftsführers des Vereins ihr privates Kraftfahrzeug und erhält dafür ein Kilometergeld von 0,16 EUR. An einem Februarmorgen fährt sie auf einer Kreisstraße zu einem Hausbesuch. Auf einer nicht rechtzeitig erkennbaren Ölspur gerät sie ins Schleudern und kollidiert mit einem Baum. Sachschaden: 2.500 EUR. Frau Kandler möchte den Schaden vom Verein ersetzt haben. Der Geschäftsführer winkt ab: Solche Schäden gehörten zum allgemeinen Lebensrisiko und außerdem habe Frau Kandler sich durch eine Kaskoversicherung schützen können. – Wer hat Recht?

Der Verein wird zahlen müssen. Hätte Frau Kandler ihr Fahrzeug nicht zur Verfügung gestellt, hätte der Verein selbst ein eigenes Fahrzeug einsetzen und damit das Unfallrisiko tragen müssen. Mit öffentlichen Verkehrsmitteln hätte sich nämlich Frau Kandlers Aufgabe (viele Hausbesuche) nicht erledigen lassen. So gesehen kann ohne weiteres angenommen, dass der Schaden „im Betätigungsbereich des Arbeitgebers" entstanden ist.

Wichtig:

Wenn Sie ein privateigenes Kraftfahrzeug im Dienst einsetzen, ist für die eventuelle Schadensersatzpflicht Ihres Arbeitgebers entscheidend, ob Ihr Arbeitgeber für den Fall, dass Sie Ihr Fahrzeug nicht bereitstellen würden, ein Dienstfahrzeug zur Verfügung stellen müsste.

Hinzu kommt, dass das Unfallrisiko von Frau Kandler durch den Verein nicht vergütet worden ist. Der Kilometersatz von 0,16 EUR mag ihre allgemeinen Kfz-Kosten knapp abdecken, für den Abschluss einer Vollkaskoversicherung reicht dieser Satz sicher nicht aus. Frau Kandler hat also keine besondere Vergütung für dieses Schadensrisiko erhalten.

Haftet mein Arbeitgeber auch, wenn ich den Unfall schuldhaft verursacht habe?

Hierzu vertritt die Rechtsprechung die Auffassung, dass der Arbeitgeber nicht nur das Schadensrisiko unverschuldeter Unfälle tragen muss, sondern auch das Risiko, dass es infolge geringen Verschuldens (= leichteste Fahrlässigkeit) zu einem Unfall kommt.

Auffahrunfall. Frau Kandler fährt auf ein bei Gegenlicht vor ihr fahrendes und überraschend bremsendes Fahrzeug auf. Sachschaden: 1.000,– EUR.

Auch in diesem Fall könnte Frau Kandler Ersatz des an ihrem Pkw entstandenen Schadens vom Verein verlangen. Beruht der Unfall andererseits auf sogenannter „mittlerer Fahrlässigkeit“, so ist der Schaden zwischen Arbeitgeber und Arbeitnehmer zu teilen. Bei grober Fahrlässigkeit schließlich muss der Arbeitnehmer den Schaden in der Regel allein tragen.

Wie kann ich leichte von mittlerer Fahrlässigkeit und mittlere Fahrlässigkeit von grober Fahrlässigkeit unterscheiden?

Das Bürgerliche Gesetzbuch erklärt im § 276 Abs. 2 BGB den allgemeinen Begriff der Fahrlässigkeit folgendermaßen: „Fahrlässig handelt, wer die im Verkehr erforderliche Sorgfalt außer Acht lässt.“

Wir ersparen uns ein Studium der umfangreichen Einzelfallrechtsprechung zum Fahrlässigkeitsbegriff. Stattdessen folgende Faustregel:

- **Leichte Fahrlässigkeit:** Das kann jedem passieren.
- **Mittlere Fahrlässigkeit:** Das darf nicht passieren.
- **Grobe Fahrlässigkeit:** Das darf auf keinen Fall passieren.

Abschließend noch ein Fall, der für den Arbeitnehmer ungünstig ausging, obwohl dem Arbeitnehmer nur leichte Fahrlässigkeit vorzuwerfen war.

Freistellung des Verkehrsmittels. Der 30-jährige Marcus Panke ist Einrichtungsplaner bei der Bayerischen Auto-Union (BAU), einem Hersteller von Kraftfahrzeugen. Von der Abteilung Arbeitssicherheit wird er vom Betriebssitz München aus zu einem Arbeitssicherheitslehrgang der Süddeutschen Eisen- und Stahlberufsgenossenschaft nach Treuchtlingen entsandt. Zwischen München und Treuchtlingen besteht eine durchgehende Zugverbindung (Fahrzeit ca. eineinhalb Stunden). Die BAU hatte ihren Lehrgangsteilnehmern freigestellt, als Verkehrsmittel die Eisenbahn oder einen privaten Pkw zu benutzen. Fahrtkostenerstattung (Bahn-Fahrkarte bzw.0,21 EUR/km bei Kfz-Benutzung) war zugesagt. Der in Starnberg (25 km südlich von München) wohnende Kläger benutzte seinen fast neuen Privat-Pkw (Wert ca.30.000 EUR), den er als Jahreswagen nutzte. Das Fahrzeug war nicht vollkaskoversichert.
Herr Panke war in einem Hotel etwa 20 Gehminuten vom Schulungsheim entfernt untergebracht. Als er am zweiten Tag des Lehrgangs morgens vom Hotel zum Schulungsheim fährt, kommt es infolge eines leicht fahrlässigen Fahrfehlers von Herrn Panke zu einem Unfall. Der Schaden am Wagen des Herrn Panke beträgt 17.000 EUR.
Herr Panke möchte den Schaden von der BAU ersetzt bekommen. Er steht auf dem Standpunkt, seine Teilnahme an der Tagung sei eine dienstliche Unternehmung gewesen, für die die BAU AG das Schadensrisiko tragen müsse, zumal die Benutzung des eigenen Kfz ausdrücklich freigestellt worden sei. Mit den 0,21 EUR/km könne andererseits eine Vollkaskoversicherung nicht bezahlt werden.
Die BAU hält Herrn Panke entgegen, die Teilnahme an der Tagung sei zwar als Dienstfahrt angeordnet gewesen, nicht aber die Benutzung des privaten Kraftfahrzeugs. Diese sei freigestellt gewesen.
Wie wird das Gericht entschieden haben?

Herr Panke muss den Schaden selbst übernehmen. Dabei ist entscheidend, dass die Firma BAU Herrn Panke kein Fahrzeug hätte bereitstellen müssen, wenn er auf die Benutzung des eigenen Fahrzeugs verzichtet hätte. Herr Panke hätte nämlich genauso gut mit der Bahn fahren können. Die Benutzung des Autos diente lediglich der persönlichen Erleichterung und ist damit dem persönlichen Lebensbereich und Lebensrisiko des Arbeitnehmers zuzuordnen. Hierfür muss der Arbeitgeber nicht aufkommen.

Wie kann ich mich bei Dienstfahrten mit meinem privaten Pkw dahingehend absichern, dass eventuelle Unfallschäden nicht von mir selbst getragen werden müssen?

Wenn es nicht – wie etwa im Fall von Frau Kandler – offensichtlich ist, dass Ihr Arbeitgeber Ihnen eigentlich ein Fahrzeug zur Durchführung der Dienstfahrten zur Verfügung stellen müsste, müssen Sie darauf dringen, dass die Benutzung des eigenen Pkws von Ihrem Arbeitgeber vor Antritt der Reise angeordnet wird. Eine andere Möglichkeit besteht darin, dass Sie eine – ggf. zeitlich begrenzte – Vollkaskoversicherung abschließen und sich von Ihrem Arbeitgeber zusichern lassen, dass die Kosten hierfür zusätzlich zum Kilometergeld übernommen werden.

12. Kapitel

Arbeitnehmerrechte im betrieblichen Alltag

Die für das Arbeitsverhältnis charakteristische persönliche Abhängigkeit (vgl. 3. Kapitel, Abschnitt 3, S. 61 f.) hat eine rechtliche und eine faktische Komponente: Das Weisungsrecht des Arbeitgebers, das nicht nur für die eigentlichen Arbeitsbedingungen, sondern auch – wie § 106 S. 2 der Gewerbeordnung (GewO) ausdrücklich klarstellt – „hinsichtlich der Ordnung und des Verhaltens der Arbeitnehmer im Betrieb" besteht, und die Eingliederung des Arbeitnehmers in die betriebliche Organisation. Der Arbeitgeber gestaltet den Betrieb nach seinen Vorstellungen; er bestimmt die räumlichen Verhältnisse, die technische Ausrüstung, die Organisation, die Einbindung des Arbeitnehmers in die Betriebsgemeinschaft. Die vielfältigen Zwänge, denen der Arbeitnehmer damit unterworfen ist, bergen Gefahren für das Persönlichkeitsrecht und andere wichtige Rechte. Das hat der Gesetzgeber anerkannt, wenn er in Art. 75 Betriebsverfassungsgesetz (BetrVG) Arbeitgeber und Betriebsrat verpflichtet, die freie Entfaltung der Persönlichkeit zu schützen und zu fördern.

1. Betriebliche Verhaltensregeln

Der Arbeitgeber nimmt nicht nur durch Weisungen Einfluss auf die Arbeit selbst, er regelt auch in vielfacher Hinsicht das sonstige Verhalten der Arbeitnehmer im Betrieb.

So werden Sie möglicherweise zu Beginn Ihres Arbeitsverhältnisses nicht nur in Ihr Aufgabengebiet eingewiesen, sondern auch darüber aufgeklärt, was Sie alles im Betrieb dürfen und was nicht. Manche Unternehmen haben umfangreiche Betriebsordnungen, die detaillierte Verhaltensregeln enthalten.

Betriebliche Verhaltensregeln greifen mehr oder weniger stark in Ihre Freiheitsrechte ein.

Kann der Arbeitgeber vorschreiben, wie ich im Betrieb gekleidet sein muss und wie ich sonst mein Äußeres zu gestalten habe?

Grundsätzlich ist es auch im Betrieb allein Ihre Sache, was Sie anziehen, wie Sie Ihre Haare tragen, welches Parfüm Sie benutzen etc. Das Äußere eines Menschen ist seine höchstpersönliche Angelegenheit.

Schulterlanges Haar. Der 20-jährige Herbert Vorster ist als Kassierer in einem Supermarkt beschäftigt. Er bevorzugt schulterlanges Haar, der Marktleiter ist ein Anhänger des Bürstenschnitts. – Kann er Vorster zum Friseur schicken, weil ihm die Haartracht nicht gefällt?

Sicher nicht. Das Arbeitsverhältnis berechtigt den Arbeitgeber nicht, einem Arbeitnehmer Vorschriften im Bereich des persönlichen Geschmacks zu machen. Wohl aber kann er Regeln auch für das Äußere aufstellen, wenn nur so Verletzungen oder sonstige Gesundheitsgefährdungen vermieden werden. Ebenso können Hygienegründe solche Vorschriften rechtfertigen. Besteht etwa bei der Bedienung einer Maschine die Gefahr, dass lose Gegenstände erfasst werden, dürfen z. B. weite Ärmel oder Schmuck, der nicht eng anliegt, nicht getragen werden.

Es gibt Arbeiten, die mit einer (zumeist vom Arbeitgeber gestellten) Dienstkleidung verrichtet werden. Z. B. für Bedienungen in Gaststätten oder für den Liftboy in einem Hotel. Die Üblichkeit solcher Dienstkleidungen führt dazu, dass diese kaum als Einschränkung der persönlichen Freiheit empfunden werden. Allerdings muss der Arbeitgeber gerade bei einer Dienstkleidung auf die Vorstellungen und Empfindlichkeiten des Arbeitnehmers bezüglich seines persönlichen Erscheinungsbildes Rücksicht nehmen. So darf etwa ein

Gaststättenbesitzer seinen weiblichen Bedienungen keine Bluse mit einem besonders weiten Ausschnitt oder einen besonders kurzen Rock vorschreiben.

Bei Tätigkeiten mit Kundenkontakt werden Vorschriften für das Äußere des Arbeitnehmers häufig mit den Erwartungen der Kunden begründet.

Krawattenzwang (Bank). Sie sind Kundenberater einer Bank. Nachdem Sie mehrfach im Pullover und ohne Krawatte zum Dienst erschienen sind, macht Sie der Zweigstellenleiter darauf aufmerksam, dass „Krawattenzwang" besteht.

Die Berufung auf die Kunden darf natürlich nicht nur Vorwand sein. Es muss eine objektiv nachvollziehbare Beeinträchtigung der Geschäftsinteressen anzunehmen sein. Bei der Bankkundschaft ist sicher die Vorstellung weit verbreitet, dass Bankangestellte gut gekleidet sein müssen und bei männlichen Angestellten dazu auch das Tragen einer Krawatte gehört.

Allerdings führt ein berechtigtes geschäftliches Interesse des Arbeitgebers regelmäßig nur zu ganz allgemeinen „Richtlinien", nicht dagegen zu detaillierten Vorschriften.

Angestelltenkleidung (Modegeschäft). Eine Verkäuferin in einem Modegeschäft darf sicherlich nicht abgenutzte und erkennbar schäbige Kleidung tragen. Ein teures Kleid aus einem exklusiven Modehaus kann ihr aber nicht vorgeschrieben werden.

Ob sich der Streit mit Ihrem Arbeitgeber über eine solche Frage lohnt, müssen Sie selbst beantworten, vielleicht sind Sie der Auffassung, dass es im Arbeitsverhältnis wichtigere Dinge gibt.

Kann der Arbeitgeber im Betrieb das Rauchen verbieten?

Bei Brand- oder Explosionsgefahr versteht sich ein Rauchverbot von selbst. Ebenso, wenn eine Verunreinigung des Arbeitsprodukts (z. B. Lebensmittel) durch den Tabakrauch zu befürchten ist. Eine Einschränkung des Rauchens wird auch verlangt werden können, wenn das Rauchen die Arbeitsleistung erkennbar mindert.

§ 5 der Arbeitsstättenverordnung verpflichtet den Arbeitgeber die erforderlichen Maßnahmen zu treffen, damit die nichtrauchenden Beschäftigten in Arbeitsstätten wirksam vor den Gesundheitsgefahren durch Tabakrauch geschützt sind. Der Arbeitgeber kann also nicht nach dem Motto verfahren: Das werden die Arbeitnehmer untereinander schon regeln. Soweit erforderlich, hat der Arbeitgeber ein allgemeines oder auf einzelne Bereiche der Arbeitsstätte beschränktes Rauchverbot zu erlassen.

Rauchen in einem Einzelbüro. Herr Weber ist bei einer großen privaten Krankenversicherung als Sachbearbeiter angestellt. Er sitzt in einem Einzelbüro mit einer Tür zum Gang. Für Besprechungen ist ein eigener Raum vorgesehen. Der Arbeitgeber will Herrn Weber das Rauchen mit der Begründung verbieten, dass dieses ungesund sei und letztlich zu mehr Versicherungsleistungen führe, die von den Versicherungen bezahlt werden müssten.

Herrn Weber kann das Rauchen nicht verboten werden, da sein „Qualm" die Kolleginnen und Kollegen nicht berührt. Die Begründung des Verbots ist sozialpolitisch vielleicht richtig, aber arbeitsrechtlich falsch. Was Herr Weber seiner Gesundheit zumutet, ist seine Sache. Herr Weber ist auch nicht als Beispiel für einen gesunden Lebenswandel eingestellt, sondern als Sachbearbeiter. Die räumlichen und organisatorischen Verhältnisse im Betrieb werden allerdings nur sehr selten so sein, dass die Raucher keine Einschränkungen hinnehmen müssen. Dies zeigt sich, wenn man den Fall dahingehend abwandelt, dass sich an das Büro von Herrn Weber ein Sekretariat anschließt, und sein Zigarettenrauch dort deutlich wahrnehmbar ist. – Werden die dort beschäftigten Sekretärinnen nicht verlangen können, dass Herr Weber – wie sie selbst – nicht raucht?

Rauchfreier Arbeitsplatz. Herr Fischer ist bei der Firma Tiemons als angestellter Architekt beschäftigt. Es gibt nur einen großen Raum, in dem alle Architekten arbeiten. Herr Fischer ist Nichtraucher und von Arbeitsplätzen umgeben, an denen nur Raucher sitzen; er wird regelrecht eingeräuchert. – Kann er „Abhilfe" von seinem Arbeitgeber verlangen?

So gestellt, wird man die Frage bejahen müssen. Die eigentliche Schwierigkeit besteht im „Wie“. Lassen die räumliche Situation oder auch der Arbeitsablauf eine andere Lösung nicht zu, bleibt nur ein Rauchverbot. In der betrieblichen Praxis kommt es häufig zu Kompromissen, da auch die Interessen der Raucher zu berücksichtigen sind. Derartige Kompromisse leben von der „Duldungsbereitschaft“ der Nichtraucher. Auf den Freiflächen des Betriebes kann das Rauchen grundsätzlich nicht untersagt werden.

Wie ist das mit dem Rauchen bei den Beschäftigten in Gaststätten?

Nach § 5 Abs. 2 Arbeitsstättenverordnung hat der Arbeitgeber Maßnahmen zum Schutz vor Passivrauchen in Arbeitsstätten mit Publikumsverkehr nur insoweit zu treffen, als die „Natur des Betriebes und die Art der Beschäftigung es zulassen“. Dies zielt insbesondere auch auf Gaststätten. Der Arbeitgeber wird also in Gaststätten, in denen das Rauchen erlaubt ist, keinen Nichtraucherschutz praktizieren müssen. Besteht allerdings ein (landesgesetzliches) Rauchverbot in Gaststätten, kann der Inhaber einer Gaststätte, soweit er nicht einer Ausnahmeregelung unterfällt, nicht mehr geltend machen, dass die Natur seines Betriebes Maßnahmen zum Nichtraucherschutz der Beschäftigten entgegensteht.

Kann mir das Trinken von Alkohol im Betrieb untersagt werden?

Das Thema „Alkohol im Arbeitsverhältnis“ wirft eine Reihe sehr wichtiger Fragen auf, die hier nicht behandelt werden: Alkoholismus als Krankheit, Gehalts- bzw. Lohnfortzahlung bei Arbeitsunfähigkeit wegen Alkoholerkrankung, Kündigung wegen Alkoholismus. In unserem Zusammenhang geht es nur darum, ob und inwieweit der Arbeitgeber den Alkoholgenuss im Betrieb untersagen kann.

Bei Tätigkeiten, die unter Alkoholeinfluss nicht ausgeübt werden dürfen, kann der Arbeitgeber den Genuss von Alkohol im Betrieb verbieten (z. B. Kraftfahrer). Ob ansonsten ein allgemeines betriebliches Alkoholverbot zulässig ist, ist durch die Rechtsprechung noch nicht endgültig geklärt. Trotz der damit verbundenen Einschränkung für die Arbeitnehmer sprechen beachtliche Gründe für die

Zulässigkeit eines solchen Verbotes. Anders als das Rauchen ist der Alkoholgenuss grundsätzlich geeignet, die Erbringung jedweder Arbeitsleistung zu beeinträchtigen, allein schon durch Ermüdung und verminderte Reaktionsfähigkeit. Natürlich kommt es auf die Art des Alkohols und die Menge an; die zu beachtende Grenze ist aber kaum zu kontrollieren. Der Arbeitgeber ist auch unfallversicherungsrechtlich verpflichtet, Arbeitnehmer, die infolge Alkohols oder anderer berauschender Mittel nicht mehr in der Lage sind, ihre Arbeit ohne Gefahr für sich oder andere auszuführen, nicht zu beschäftigen (§ 12 Unfallverhütungsvorschrift „Allgemeine Vorschriften für Sicherheit und Gesundheitsschutz“). Es erscheint daher nicht unbillig, wenn der Arbeitgeber solchen Exzessen durch ein allgemeines Alkoholverbot vorbeugt. Zu bedenken ist auch, dass ohne ein solches Verbot Alkohol in den Betrieb gebracht werden kann und damit unter Umständen auch solchen Personen und Personengruppen zugänglich wird, an die der Arbeitgeber aufgrund gesetzlicher Regelung (§ 31 Jugendarbeitsschutz) oder der Fürsorgepflicht (Alkoholsüchtige) keinen Alkohol abgeben darf.

Ein allgemeines Verbot würde die Einnahme von Alkohol auch während der Pause erfassen. Das Verbot endet allerdings an den Betriebstoren. Ist den Arbeitnehmern gestattet, sich während der Pause auch außerhalb des Betriebes aufzuhalten, vielleicht sogar in einer Gaststätte oder Kantine eines anderen Unternehmens verbilligt Essen einzunehmen, besteht nur die arbeitsvertragliche Nebenpflicht, sich nicht durch den Genuss alkoholischer Getränke in einen Zustand zu versetzen, der einer Erbringung der geschuldeten ordnungsgemäßen Arbeitsleistung entgegensteht.

Ob es allerdings opportun ist, ein allgemeines Alkoholverbot einzuführen, wenn der Alkoholgenuss bisher im Betrieb gestattet war und zu keinerlei Problemen geführt hat, ist eine andere Frage. Unnötig erscheinende Beschränkungen haben immer eine demotivierende Wirkung. In jedem Fall erscheint eine Sonderregelung für allgemein zugelassene oder im Einzelfall genehmigte Betriebsfeiern (Jubiläen etc.) angebracht.

Hat der Betriebsrat bei Regeln für das Verhalten der Arbeitnehmer im Betrieb mitzureden?

Regeln, die das Äußere des Arbeitnehmers oder Verhaltensweisen wie Rauchen oder Alkoholtrinken im Betrieb betreffen, unterliegen dem Mitbestimmungsrecht des Betriebsrates, d. h. der Arbeitgeber kann sie nicht ohne Zustimmung des Betriebsrates einführen. Der Arbeitgeber ist dann regelmäßig gezwungen, Kompromisse zu machen oder als Preis für die Durchsetzung seiner Vorstellungen einen Ausgleich für die Arbeitnehmer zu akzeptieren.

Raucherpause. In der Abteilung des Herrn Fischer wird ein generelles Rauchverbot während der Arbeitszeit eingeführt, dafür aber dürfen die Arbeitnehmer einmal in zwei Stunden eine (bezahlte) Raucherpause von fünf Minuten außerhalb des Arbeitsraumes machen.

Oder:

Eingeschränktes Alkoholverbot. Zwar ist der Alkoholgenuss allgemein während der Arbeit untersagt; dieses Verbot gilt aber nicht am Freitag ab 12 Uhr.

Durch welche Verhaltensweisen störe ich den Betriebsfrieden?

Zu den ungeschriebenen Regeln für das Verhalten der Arbeitnehmer im Betrieb gehört das Verbot, den Betriebsfrieden zu stören. Je nach Harmoniebedürfnis und Interessenlage können sehr unterschiedliche Vorstellungen von Betriebsfrieden bestehen.

Bei folgenden Sachverhalten handelt es sich ohne Frage um Störungen des Betriebsfriedens: Tätlichkeiten gegenüber Arbeitskolleginnen/kollegen, beleidigende Äußerungen, aber auch dauernde Sticheleien, Anschwärzen von Arbeitskollegen ohne Grund oder wegen irgendwelcher Nichtigkeiten, ungerechtes und überhartes Vorgehen von Vorgesetzten.

Wie steht es aber in folgendem **Fall:**

Empörung über Beschwerde. Herr Maier schreibt an die Personalabteilung: „Mein Abteilungsleiter, Herr Haimerl, weist mir immer die schwierigsten Fälle zur Bearbeitung zu." Herr Haimerl stellt dies in Abrede, und die Kolleginnen und Kollegen von Herrn Maier sind empört, weil damit der Eindruck erweckt wird, dass sie weniger belastet sind. Sie sehen den Betriebsfrieden gestört.

Der Sache nach handelt es sich um eine Beschwerde. Das Recht zur Beschwerde ist im Gesetz ausdrücklich vorgesehen. Ob sich Herr Maier zu Recht beschwert, ist nicht entscheidend. Auch die negative Resonanz seiner Beschwerde bei den Kolleginnen und Kollegen darf sein Recht nicht beeinträchtigen. Der Arbeitgeber darf Herrn Maier nicht als „Störer" behandeln, vielmehr muss er die Beschwerde objektiv behandeln und jeden Anschein vermeiden, dass ihn der Ärger der anderen Mitarbeiter beeindruckt.

Eine Grenze für das Beschwerderecht besteht nur dort, wo sich der Arbeitnehmer wiederholt ohne Anlass beschwert.

Wie frei kann ich im Betrieb meine Meinung äußern?

Das Recht zur freien Meinungsäußerung hat in unserer Verfassungsordnung einen hohen Stellenwert. Das Grundrecht auf freie Meinungsäußerung gilt im Grundsatz auch im Betrieb, das wird allgemein anerkannt.

Aber wo sind die Grenzen?

Streitgespräch mit Kollegen über politische Themen. Hans Schettler ist als Systemberater bei einer Firma TCS ComputerSystems GmbH in Kassel beschäftigt. Diese Firma liefert ihre Systeme auch an die Bundeswehr. In einer Arbeitspause vertritt Herr Schettler die Ansicht, dass der Waffenexport der Industrieländer in die Länder der Dritten Welt den Frieden in diesen Regionen gefährde. Er gerät darüber mit einigen Kollegen in einen lebhaften Disput. Die Geschäftsleitung, die von dieser Äußerung erfährt, fordert Herrn Schettler unter Androhung einer Kündigung im Wiederholungsfalle auf, solche Äußerungen zukünftig zu unterlassen, da dadurch die positive Einstellung der Mitarbeiter zum Unternehmen gefährdet wird. – Ist Herr Schettler zu Recht abgemahnt worden?

Nein. Herr Schettler hat in zulässiger Weise von seinem Recht zur freien Meinungsäußerung Gebrauch gemacht. Zwar darf Herr Schettler als Beschäftigter der Firma TCS nicht direkt gegen deren Lieferungen an die Bundeswehr im Betrieb agitieren. Dies bedeutet aber nicht, dass er sich auch jeder Äußerung zu einem rüstungspolitischen Thema enthalten müsste. Es ist auch nicht ersichtlich, dass er seine Meinung in einer bewusst provozierenden Weise vorgetragen hätte. Auch hat die Meinungsäußerung während der Pause stattgefunden, so dass auch der Arbeitsablauf nicht gestört werden konnte. Dass einige Kollegen – möglicherweise aufgrund einer starken Identifikation mit den Zielen der Firma TCS – überempfindlich reagiert haben, ist noch keine Betriebsfriedensstörung, die Herrn Schettler angelastet werden könnte.

Für die rechtliche Beurteilung macht es auch keinen Unterschied, ob die vertretene Ansicht eine Mehrheit findet oder ob sie bei den meisten Arbeitskollegen Widerspruch erntet. Gerade Minderheiten sind besonders auf das Recht zur freien Meinungsäußerung angewiesen.

Bei politischen Meinungsäußerungen hat die Rechtsprechung allerdings nachdrücklich gefordert, dass der Betriebsfrieden nicht gestört werden dürfe. Bei provokativen und agitatorischen Formen der politischen Meinungsäußerung ist die Neigung in der Rechtsprechung erkennbar, eine Betriebsfriedensstörung anzunehmen.

Das Bundesarbeitsgericht hat in dem Tragen einer mehr als 12 cm breiten Plakette mit dem Konterfei des damaligen CSU-Vorsitzenden Strauß und der Aufschrift „Stoppt Strauß" eine Betriebsfriedensstörung gesehen. Ob dies sehr demokratisch gedacht ist, mag dahinstehen. Kleinere Anstecker, die lediglich die Mitgliedschaft zu einer politischen Organisation oder die Anhängerschaft zu einer bestimmten Weltanschauung zum Ausdruck bringen, sind unproblematisch und können vom Arbeitgeber nicht verboten werden.

Welcher rechtlichen Bewertung unterliegen gewerkschaftliche Meinungsäußerungen im Betrieb?

Verteilung gewerkschaftlicher Flugblätter. Sie sind gerade Mitglied einer im Betrieb vertretenen Gewerkschaft geworden. Am Tag nach einer vergeblichen Verhandlung der Tarifvertragsparteien über einen neuen Lohnrahmentarifvertrag drückt Ihnen ein gewerkschaftlich aktiver Kollege einen Stapel Flugblätter in die Hand und bittet Sie, die Flugblätter in der Pause in Ihrer Abteilung zu verteilen. Im Flugblatt heißt es u. a.: „... haben die Arbeitgeber bei der gestrigen Verhandlungsrunde wiederum nur eine Lohnerhöhung von 1% angeboten. Das ist angesichts der hohen Gewinne der letzten Jahre ein Skandal." – Sie zögern und möchten wissen, ob Sie damit nicht gegen irgendwelche arbeitsvertragliche Pflichten verstoßen.

Diese Aufgabe können Sie unbesorgt übernehmen, es handelt sich um eine gewerkschaftliche Betätigung, die den besonderen Schutz des Grundgesetzes genießt. Auch ist Ihre Verpflichtung zur Arbeitsleistung nicht tangiert, da Sie das Flugblatt in der Pause verteilen sollen.

2. Kontrolle der Arbeitnehmer im Betrieb

Ihr Arbeitgeber bestimmt nicht nur durch Anweisungen, Regelungen und „Ordnungen" die Bedingungen der Arbeitsleistung und des sonstigen Verhaltens im Betrieb, sondern übt auch Kontrolle über Sie aus.

Muss ich es hinnehmen, dass ich bei meiner Arbeit überwacht werde?

Die Kontrolle betrifft zunächst Quantität und Qualität Ihrer Arbeit. Dass Ihr Arbeitgeber Ihre Arbeitsleistung kontrollieren darf, ist unproblematisch. Dieses Recht darf aber nicht zum Anlass für eine Totalüberwachung genommen werden. Auch das Interesse des Arbeitgebers an einer Kontrolle der Arbeit rechtfertigt dies nicht. Das Persönlichkeitsrecht des Arbeitnehmers ist wenigstens in einem Kernbereich auch gegenüber scheinbar plausiblen Zugriffen des Arbeitgebers geschützt. So ist etwa die Verwendung von sog. Einwegscheiben, die zwar dem Vorgesetzten den Blick auf die zu überwachenden Arbeitsplätze ermöglicht, den Vorgesetzten selbst vor den Augen der Überwachten verbirgt, unzulässig.

Kann der Arbeitgeber ohne Einschränkungen meine Arbeitszeit kontrollieren?

Das Recht des Arbeitgebers, die Einhaltung der Arbeitszeit zu kontrollieren, unterliegt als solches keinem Zweifel. Schließlich verpflichten Sie sich durch den Arbeitsvertrag, dem Arbeitgeber Ihre Arbeitskraft für eine bestimmte Zeit zu überlassen, und ohne eine festgelegte Arbeitszeit wäre ein geordneter Gang der Produktion nicht denkbar. Für die Überprüfung der Einhaltung der Arbeitszeit ist regelmäßig der Vorgesetzte zuständig. In vielen Betrieben geschieht die Kontrolle des Arbeitszeitverhaltens aber durch technische Einrichtungen. Sie stecken den maschinenlesbaren Ausweis in das Zeiterfassungsgerät, und der Computer verarbeitet diesen Vorgang zu der Information, zu welchem Zeitpunkt Sie den Betrieb betreten oder verlassen haben und ob Sie die vorgeschriebenen Arbeitszeiten (bei Gleitzeit etwa die Kernzeit) eingehalten haben. Damit entsteht eine perfekte Pünktlichkeitskontrolle, auch hat auf die Daten möglicherweise von vorneherein die Personalabteilung Zugriff, die ja ansonsten bei Verstößen gegen die Arbeitszeit bei einem nachsichtigen Vorgesetzten nicht unbedingt verständigt wird.

Es ist Aufgabe des Betriebsrates, im Rahmen des Mitbestimmungsrechts Vorkehrungen gegen eine allzu rigorose Nutzung der computergestützten Zeiterfassung für die Vorbereitung von arbeitsrechtlichen Sanktionen wie Abmahnungen und Kündigungen durchzusetzen.

Darf der Arbeitgeber mich bei meiner Arbeit mit einer Videokamera überwachen?

Eine Verletzung des Persönlichkeitsrechts des Arbeitnehmers liegt auch vor, wenn das Arbeitsverhalten durch eine ständig eingeschaltete Videokamera aufgezeichnet wird. Damit werden Verhaltensweisen und Reaktionen privatester Natur miterfasst, die für die Beurteilung der Arbeitsleistung ohne Belang sind, aber tiefe Einblicke in die Persönlichkeitsstruktur ermöglichen. Allerdings können Eingriffe in das Persönlichkeitsrecht durch die Wahrnehmung überwiegender schutzwürdiger Interessen des Arbeitgebers gerechtfertigt sein. Auch der Einsatz einer Videokamera ist daher nicht in jedem Fall ausgeschlossen:

Videokamera zur Kundenüberwachung. Sie sind Verkäuferin in der Filiale eines großen Warenhauses. Die Diebstahlquote ist sehr hoch. Auch der Einsatz von Detektiven hat daran nichts geändert. Es wird eine Kamera aufgestellt, welche die Vorgänge an den Verkaufsständen aufnimmt, wodurch auch Sie gelegentlich „ins Bild" kommen. Das Vorhandensein der Kamera ist Ihnen bekannt. Sie wird nur in bestimmten Zeitabständen eingeschaltet. Während sie läuft, leuchtet an einer bestimmten Stelle im Verkaufsraum ein kleines rotes Licht auf, das von den Arbeitsplätzen aus gesehen werden kann. Das Personal wurde vom Filialleiter in diesen Ablauf eingewiesen. Es gehe nicht um die Überwachung der Angestellten. Für die Kunden ist ein allgemeiner Hinweis auf die Videoüberwachung im Eingangsbereich angebracht. – Begegnet dieser Einsatz einer Videokamera rechtlichen Bedenken?

Die Frage ist zu verneinen. Das Bundesdatenschutzgesetz (BDSG) enthält in § 6 b eine Regelung für Videoüberwachung „öffentlich zugänglicher Räume". Dazu gehören auch die Verkaufsräume eines Kaufhauses. Wie sich das Gesetz ausdrückt, ist die Videoüberwachung ausnahmsweise zulässig, wenn sie „zur Wahrung berechtigter Interessen für konkret festgelegte Zwecke erforderlich" ist und „keine Anhaltspunkte bestehen, dass schutzwürdige Interessen der Betroffenen überwiegen". Ist die Aufstellung und Aktivierung einer solchen Kamera nachweisbar die einzige Möglichkeit, der Diebstahlsflut Herr zu werden, und ist – wie in unserem Beispiel – alles getan, um den Eingriff in das Persönlichkeitsrecht der Arbeitnehmer so gering wie möglich zu halten, wird man sowohl die berechtigten Interessen des Arbeitgebers als auch das Fehlen einer überwiegenden Schutzwürdigkeit der von der Videoüberwachung (mit) betroffenen Arbeitnehmer bejahen können.

Allerdings lässt § 32 BDSG die Erhebung personenbezogener Daten im Beschäftigungsverhältnis zur Aufdeckung von Straftaten nur bei einem Verdacht einer Straftat *im Beschäftigungsverhältnis* zu, wofür das Beispiel keine Anhaltspunkte liefert. Doch ist § 32 BDSG auf die geschilderte Fallgestaltung nicht anwendbar, weil der Zweck der Installierung der Videokamera nicht die Überwachung der Beschäftigten, sondern des Publikums ist. Dafür spricht nicht nur die Erklärung des Filialleiters, sondern auch die Modalität der Überwachung.

Veränderung der Rechtslage bei Videokameras?

Das Bundeskabinett hat als Reaktion auf die bestehende Terrorgefahr am 21.12.2016 eine Gesetzesvorlage beschlossen, wonach die Regelung über die Videoüberwachung im Bundesdatenschutzgesetz angepasst werden soll. Bei Videoüberwachungsmaßnahmen durch private Betreiber in öffentlich zugänglichen Räumen soll der Schutz von Leben, Gesundheit oder Freiheit von Menschen gegenüber den schutzwürdigen Interessen der „Betroffenen“ stärker gewichtet werden. Das zielt auf alle Arten von öffentlichen Anlagen, wie Sport- und Vergnügungsstätten, aber auch auf Einkaufszentren. Mittelbar könnten durch eine solche Änderung auch Arbeitnehmerrechte berührt sein.

Videokamera zur Überwachung der Beschäftigten. Das Theater einer größeren Stadt verlangt von den Besuchern Garderobegebühren. Die Garderobefrauen müssen diese für jedes Kleidungsstück kassieren und hierfür dem Besucher einen Beleg, den sie einem Abrissblock entnehmen, aushändigen. Die „Abrechnung" der Gebühren erfolgt unmittelbar nach Schließung der Garderobe anhand der Abrissblöcke. Dem Leiter der Theaterverwaltung wird von einem befreundeten Rechtsanwalt erläutert, wie „kinderleicht" die Unterschlagung von eingenommenen Geldern durch die Garderobefrauen sei. „Kein Mensch interessiert sich für diese Belege. Kommt ein Besucher mit mehreren Mänteln, wird zwar voll kassiert, aber dem Block nur ein Beleg entnommen." Beindruckt ordnet der Theaterleiter die Installation von zwei (verdeckten) Videokameras an, die so ausgerichtet sind, dass die Tätigkeit der Garderobefrauen voll erfasst wird. – Wie steht es hier um die Rechtmäßigkeit der Videoüberwachung?

Das Vorgehen des Verwaltungsleiters ist zweifellos rechtswidrig. Zwar ist auch die Eingangshalle des Theaters ein „öffentlich zugänglicher" Raum. Nach § 6 b BDSG ist möglicherweise das Ergebnis einer Bewertung nicht ganz eindeutig: „Berechtigte Interessen" und „schutzwürdige Belange" sind doch sehr dehnungsfähige Begriffe. Entscheidend aber ist, dass hier wegen der Zweckrichtung einer Überwachung von Beschäftigten – anderes als im vorausgegangenen Beispiel – § 32 Abs. 1 S. 2 BDSG anzuwenden ist, der tatsächliche Anhaltspunkte für einen Verdacht einer strafbaren Handlung verlangt. Ein irgendwie konkretisierter Verdacht, dass die Garderobefrauen eine Straftat begangen haben oder begehen könnten, liegt nicht vor. Die Erkenntnis, dass sie eine Gelegenheit hierzu haben, reicht nicht aus.

Darf ein Arbeitgeber ein von einem Dienstapparat aus geführtes privates Telefongespräch mithören?

Sind private Telefongespräche erlaubt, darf der Arbeitgeber nicht mithören. Allerdings darf der Arbeitgeber auch ein privates Telefongespräch mit einer so genannten Aufschaltanlage unterbrechen. Der Aufschaltvorgang muss durch ein deutlich hörbares Zeichen angezeigt werden, so dass der Arbeitnehmer sofort das Privatgespräch beenden kann.

Darf ein Arbeitgeber ein dienstliches Telefongespräch mithören?

Offenes Mithören von Kundengesprächen. Ein Unternehmen, das Anwendungsprogramme für die Lohnabrechnung und die Buchführung produziert und verkauft, bietet den Kunden einen umfangreichen Telefonservice. Herr Lange wird bei diesem Unternehmen als „Mitarbeiter im Telefonservice" eingestellt. Gemäß seiner Aufgabenbeschreibung hat er die Kunden „telefonisch in freundlicher und zielführender Weise zu beraten, dabei die technischen Zusammenhänge für den Kunden verständlich zu erläutern und die Qualität der Programme positiv hervorzuheben, auch evtl. auf den Erwerb von Upgrades und neuen Programmen hinzuwirken". Als er nach einer Woche, in der er ausschließlich zu den Produkten geschult wurde, mit der Arbeit am Telefon beginnen sollte, kam der Vorgesetzte an seinen Arbeitsplatz und erklärte ihm, er werde heute „mit ihm zusammen" die Gespräche führen. Er würde dies über den Zweithörer an seinem Arbeitsplatz tun. – Muss Herr Lange dies hinnehmen?

Unter den geschilderten Umständen ist dies zu bejahen. Auch beim Mithören dienstlicher Gespräche ist grundsätzlich der Schutz des Persönlichkeitsrechts zu beachten. Hierzu gehört das Recht am eigenen Wort, das die Befugnis umfasst, selbst zu bestimmen, ob der Gesprächsinhalt einzig dem Gesprächspartner, einem bestimmten Personenkreis oder der Öffentlichkeit zugänglich sein soll. Begreift man das Mithören eines Telefongesprächs als eine „Erhebung von Daten" ist das Datenschutzgesetz einschlägig. Der schon oben im Zusammenhang mit der Videoüberwachung erwähnte § 32 BDSG ist dem Wortlaut nach geeignet, auch Fragen der Zulässigkeit eines Mithörens von Telefongesprächen zu klären. Die Anwendung dieser im Jahr 2009 eingefügten Vorschrift führt – jedenfalls bei verfassungskonformer Auslegung – zu den gleichen Ergebnissen wie die frühere am Persönlichkeitsschutz orientierte Rechtsprechung. Unter bestimmten Voraussetzungen ist allerdings das Mithören zulässig. Dabei ist zunächst von Bedeutung, wie intensiv in das Recht des Arbeitnehmers am eigenen Wort eingegriffen wird. Dabei spielt die Form des Mithörens eine Rolle, insbesondere die Erkennbarkeit des Mithörvorgangs und der mithörenden Person, aber auch die Häufigkeit des Mithörens. Die sozusagen mildeste Form ist das offene Mithören durch den Vorgesetzten am Arbeitsplatz mittels des eingeschalteten Lautsprechers oder des Zweithörers. Aber auch hier müssen berechtigte Interessen des Arbeitgebers vorliegen. Solche sind anzuerkennen, wenn die vertragliche Arbeitsleistung gerade in der Führung von Telefongesprächen mit Kunden liegt oder Inhalt und Art der Gesprächsführung das Ergebnis der Arbeitsleistung wesentlich beeinflussen. Das Mithören dient dann sowohl der Einübung als auch der Kontrolle des vom Arbeitgeber gewünschten Gesprächsstandards. In einer Entscheidung zum Mithören im Call-Center aus dem Jahr 1995 hat das Bundesarbeitsgericht ein berechtigtes Interesse des Arbeitgebers bejaht, das Kundengespräch eines neu eingesetzten Mitarbeiters mitzuhören. Die Gesprächsführung könnte nur beurteilt werden, wenn der Vorgesetzte oder Ausbilder die Gesprächsbeiträge des Arbeitnehmers im Zusammenhang mit denjenigen des Kunden hört. Das Bundesarbeitsgericht hat in dieser Entscheidung hervorgehoben, dass die „Eingriffe" in der schonendsten Art erfolgten, da sie auf die Probezeit beschränkt und nur am Arbeitsplatz des Arbeitnehmers und daher mit seiner vollen Kenntnis vorgenommen wurden. Nach diesen Kriterien begegnet das Verlangen des Vorgesetzten in unserem Beispiel keinen Bedenken.

Verdecktes Mithören von Kundengesprächen. Weiterentwicklung des Falles: Herr Lange ist drei Jahren beanstandungsfrei im Telefonservice tätig. Eines Tages erhält er die Mitteilung, dass im Büro des Leiters der Serviceabteilung die Telefonnebenstelle mit einer Mithörfunktion ausgestattet worden ist, und er damit rechnen muss, dass auch seine Gespräche mit Kunden ohne sein Wissen mitgehört werden. – Was ist davon – in rechtlicher Hinsicht – zu halten?

Geheimes Mithören ist der schwerste Eingriff in das Persönlichkeitsrecht. Es ist unzulässig. Belange des Arbeitgebers, die ihn auch zu einem geheimen Mithören berechtigen können, sind grundsätzlich nicht anzuerkennen. Eine Ausnahme gilt nur dann, wenn der konkrete Verdacht einer gegen den Arbeitgeber gerichteten strafbarer Handlung (Betrug, Diebstahl, Terroranschlag etc.) besteht und diese nur durch das heimliche Mithören verhindert oder aufdeckt werden kann. Die Besonderheit liegt bei unserem Beispiel darin, dass das Mithören nur insofern geheim ist als der Arbeitnehmer im konkreten Fall nicht weiß ob mitgehört wird. Er weiß aber, dass eine Mithörmöglichkeit besteht, und muss damit rechnen, dass davon Gebrauch gemacht wird. Bei einer solchen Fallgestaltung wird von einem verdeckten Mithören gesprochen. Nach überwiegender Meinung ist auch das verdeckte Mithören ohne Einverständnis des Arbeitnehmers wie das geheime Mithören zu bewerten. Allerdings wird teilweise die Auffassung vertreten, dass es rechtlich dem offenen Mithören gleichsteht und daher im Rahmen des Erforderlichen zulässig sein kann. Dies ist allenfalls dann akzeptabel, wenn gewichtige Interessen des Arbeitgebers das Mithören gebieten und mit einer offenen Form des Mithörens der verfolgte Zweck nicht erreicht werden könnte. Selbst diese Voraussetzungen sind in unserem Fall nicht gegeben. Regelmäßig wird Mithören nicht mehr erforderlich sein, wenn mit Ablauf der Probezeit zur Überzeugung des Arbeitgebers feststeht, dass der Arbeitnehmer den gewünschten Gesprächsstandard erreicht hat. Herr Lange hat sich ganz offensichtlich im Telefonservice bewährt und es besteht auch kein Anlass dafür ersichtlich, warum eine Kontrolle seiner Kundengespräche nun auf einmal notwendig geworden ist. Ebenso ist nicht nachvollziehbar, warum nunmehr die rechtlich problematische Form des verdeckten Mithörens praktiziert werden soll.

Ob ein offenes Mithören auch nach einer erfolgreichen Einarbeitung ausnahmsweise zulässig sein kann, ist noch nicht geklärt. Das Bundesarbeitsgericht konnte es in der oben genannten Entscheidung dahingestellt sein lassen. Vorstellbar ist eine Qualitätskontrolle allenfalls in größeren Abständen oder wenn hierfür ein neuer sachlicher Grund vorliegt, etwa sich die Kundengespräche auf ein neues Produkt beziehen, oder Beschwerden über die Gesprächsführung eines Mitarbeiters aufgetreten sind.

Gibt es eine „Privatsphäre" für persönliche Angelegenheiten, die ich auf meinem Arbeitsplatzcomputer gespeichert habe?

Nutzung des Arbeitsplatzes für private Zwecke (Spiele). Herr Pleier ist als Werbefachmann bei der Fa. Pelzdesign beschäftigt. Vor einem halben Jahr hatten er und seine Kollegen die Mitteilung erhalten, dass ihnen jetzt ein Internetanschluss für dienstlich notwendige Recherchen im Internet zur Verfügung steht. Die Produktivität von Herr Pleier ging seitdem merklich zurück. Auch ist dem Vorgesetzten aufgefallen, dass Herr Pleier den Bildschirm immer schnell herunterfuhr, wenn er sich beobachtet glaubte. Eine Kontrolle der Verbindungsdaten ergab, dass Herr Pleier tatsächlich doppelt so oft wie seine Kollegen im Internet war. Als Herr Pleier seinen freien Tag hatte, öffnete der Vorgesetze den Internetexplorer und stellte bei Durchsicht der „Favoriten" fest, dass dort mehrere Adressen für verschiedene Spiele gespeichert waren. – Durfte sich der Vorgesetzte in dieser Weise an dem Arbeitsplatzcomputer des Herrn Pleier zu schaffen machen?

Hat der Arbeitgeber die private Internetnutzung verboten, stehen ihm weitgehende Kontrollrechte zu. Fehlt es an einer Regelung, muss der Arbeitnehmer grundsätzlich davon ausgehen, dass der Arbeitsplatzcomputer ausschließlich dienstlich verwendet werden darf. Ebenso wie bei einem Verbot der privaten Nutzung sind die privaten Daten oder Dateien auf dem Rechner in diesem Fall nicht gegen den Zugriff des Arbeitgebers geschützt. Die Regelung der Fa. Pelzdesign für die Internetnutzung ist zwar nicht als Verbot formuliert. Wenn der Zweck der Internetnutzung aber in der Unterstützung dienstlich notwendiger Recherchen besteht, wird Herr Pleier kein stillschweigendes Einverständnis oder eine Duldung der privaten Internetnutzung annehmen können. Der Vorgesetzte durfte daher überprüfen, welche Internetseiten Herr Pleier an seinem Arbeitsplatz aufgerufen hat.

Herrn Dreier drohen sicher auch Sanktionen. Die Härte hängt von den Umständen ab. Vielleicht wird ein verständiger Arbeitgeber in Rechnung stellen, dass hier Herr Pleier den Verführungen des Internets erlegen ist, und es mit einer Abmahnung bewenden lassen.

Internetrecherche mit Arbeitsplatzrechner (politische Inhalte). Herr Hermanns ist bei einem Sicherheitsdienst in der Verwaltung tätig. Nach einer internen Anweisung kann von den Rechnern am Arbeitsplatz in einem „arbeitsverträglichen Umfang" auch von dem Internetzugang der Firma Gebrauch gemacht werden. Nachdem Herr Hermanns bei Diskussionen mehrfach die Ansicht vertrat, dass das mit der Judenvernichtung „dummes Zeug" sei, und man im Internet ausreichend Belege für die Unrichtigkeit dieser „Kampagne" finde, überprüfte die Personalleitung aufgrund des Hinweises eines Betriebsratsmitgliedes, welche Internetadressen Herrn Hermanns in den letzten zwei Monaten besucht hatte. Außerdem wurden die Favoritenordner und die Archivierungsordner durchsucht. Dabei stellte sich heraus, dass Herr Hermanns mehrfach eine Homepage mit der Domain www.adem.arg. aufgesucht hatte. Die weitere Recherche ergab, dass dort Links zu den einschlägig bekannten nationalsozialistischen Propagandaseiten angeboten wurden. Auf einer dieser Seiten fanden sich Texte, in denen der Holocaust geleugnet bzw. verharmlost und das Ziel einer weiteren Judenvernichtung propagiert wurde. Herr Herrmanns hatte sich aus diesen Seiten die Darstellung einer Vielzahl von Kennzeichen der NSDAP und ihrer Nebenorganisationen (z. B. Hakenkreuze, Doppel-Sigrunen, Hitlerbilder) heruntergeladen und in einem Ordner „persönlich" gespeichert. – Waren die Recherchen der Personalabteilung zulässig?

Ist die private Nutzung des vom Arbeitgeber zur Verfügung gestellten Arbeitsplatzcomputers ausdrücklich erlaubt, hat der Arbeitgeber grundsätzlich kein Recht, auf die in diesem Zusammenhang entstandenen Daten und Dateien zuzugreifen. Er darf also auch grundsätzlich nicht überprüfen, welche Internetseiten der Arbeitnehmer an seinem Arbeitsplatz aufgerufen hat. Allerdings wird man ausnahmsweise ein Kontrollrecht bejahen müssen, wenn ein begründeter Verdacht besteht, dass der zulässige Umfang der Internetnutzung überschritten oder von der Nutzungsbefugnis in rechtswidrigen Weise Gebrauch gemacht worden ist. Ein solcher Fall liegt hier vor. Die Seiten, die über den Link bei www.adem.arg. aufgerufen werden können, haben einen strafbaren Inhalt (§ 130 StGB). Der Aufruf dieser Seiten über den Internetbrowser des Arbeitgebers barg auch die Gefahr eines erheblichen Imageschadens für die Firma. Herr Hermanns musste wissen, dass er damit die Grenzen des Nutzungsrechts überschreitet. Nachdem er sich selbst für seine Ansichten auf das Internet bezog, war auch ein ausreichender Verdacht vorhanden. Die Recherchen der Personalabteilung waren daher zulässig. Die Ergebnisse unterlagen in einer evtl. gerichtlichen Auseinandersetzung keinem Beweisverwertungsverbot.

Herr Hermanns hat eine erhebliche Vertragspflichtverletzung begangen, wobei erschwerend hinzukommt, dass er sich mit den Inhalten der strafbaren Internetseiten identifizierte und sie sogar aktiv im Betrieb vertrat. Er wird mit Sanktionen zu rechnen haben, möglicherweise sogar mit einer außerordentlichen Kündigung.

Darf der Arbeitgeber meine E-Mails kontrollieren?

Besteht die Möglichkeit, E-Mails vom Arbeitsplatz aus abzusenden und zu empfangen, stellt sich die Frage, inwieweit der Arbeitgeber den E-Mail-Verkehr überwachen darf.

Geheimes Mitlesen von dienstlichen E-Mails. Frau Nowak ist – zusammen mit einer Kollegin – im Sekretariat der Vertriebsabteilung eines IT-Unternehmens tätig. Als die Kollegin krank ist, schickt ihr Frau Nowak eine E-Mail: „Liebe Sonja, den Vorgang über die Bestellung der tausendfünfhundert Briefbögen kann ich nicht finden. Ist er wieder einmal unter deinem großen Aktenberg verschwunden?" Einen Verteiler gibt sie nicht an. Gleichwohl bekommt sie prompt vom Geschäftsführer eine E-Mail, in der es heißt: „Aus Ihrem E-Mail an Sonja entnehme ich mit großem Befremden, dass diese Angelegenheit offensichtlich bis heute liegen geblieben ist, obwohl ich schon vor einem Monat um unverzügliche Erledigung gebeten habe." In der innerbetrieblichen Richtlinie „Nutzung von E-Mail und Internet am Arbeitsplatz" des IT-Unternehmens ist bestimmt, dass die E-Mail-Funktion ausschließlich für dienstliche Zwecke verwendet werden darf. Frau Nowak, die diesen Vorgang für unerhört hält, weil der Geschäftsführer bisher immer den Eindruck erweckt hatte, die Kommunikation zwischen den Beschäftigten mittels E-Mails könnte großzügig und unbefangen erfolgen und auch niemals von einer beabsichtigen Kontrolle der E-Mails gesprochen hatte, informiert den Betriebsrat. Als der Betriebsrat den Geschäftsführer auf diesen Vorgang anspricht, stellt sich heraus, dass dieser ein Programm installiert hat, wodurch er von allen in der Vertriebsabteilung ausgehenden E-Mails eine elektronische Kopie erhält. Er rechtfertigte dies damit, dass in der Vertriebsabteilung „manches schief und leider auch an ihm vorbei" gelaufen sei. Außerdem sei es sein selbstverständliches Recht, die dienstliche Korrespondenz einzusehen. Bei E-Mails könne nichts Anderes gelten. – Hat er Recht?

Obwohl es sich um eine dienstliche E-Mail gehandelt hat, bestehen gegen das Verhalten des Geschäftsführers rechtliche Bedenken. Zwar galt für die fragliche E-Mail das Fernmeldegeheimnis nicht. Nach § 88 Abs. 1 des Telekommunikationsgesetzes (TKG) unterliegen der Inhalt der Telekommunikation und ihre näheren Umstände, insbesondere die Tatsache, ob jemand an einem Telekommunikationsvorgang beteiligt ist oder war, dem Fernmeldegeheimnis. Nach § 88 Abs. 2 S. 1 dieses Gesetzes ist der *Anbieter von Telekommunikationsdienstleistungen* zur Wahrung des Fernmeldegeheimnisses verpflichtet. Das ist der Arbeitgeber im Verhältnis zum Arbeitnehmer jedenfalls dann nicht, wenn er – wie hier – private E-Mails über den

E-Mail-Account des Arbeitsplatzrechners nicht zulässt. Gleichwohl ist hier das Persönlichkeitsrecht der Frau Nowak verletzt. Nach den Umständen konnte Frau Nowak davon ausgehen, dass die E-Mail dem Geschäftsführer nicht zur Kenntnis gelangen würde. Dementsprechend hat sie die E-Mail in einer Art abgefasst wie dies auch bei vertraulichen Gesprächen am Arbeitsplatz oder bei Telefonaten üblich ist. Sie hätte die E-Mail mit Sicherheit anders formuliert, wenn ihr bewusst gewesen wäre, dass der Geschäftsführer davon Kenntnis erhält, den Hinweis auf den „Aktenberg" ihrer Kollegin hätte sie sich sicher verkniffen. In der rechtlichen Bewertung bestehen daher Parallelen zu dem Mithören von Telefonaten oder dem Einsatz einer Videokamera.

Der Geschäftsführer kann auch nicht argumentieren, dass er ja durch einen Zugriff auf den Ordner über die ausgehenden E-Mails jederzeit die Möglichkeit gehabt hätte, diese E-Mail zu lesen. Das trifft möglicherweise zu (vgl. die vorigen Beispiele). Aber es macht einen großen Unterschied, ob der Geschäftsführer von jeder E-Mail automatisch eine elektronische Abschrift erhält oder ob er bei gelegentlichen Kontrollen des Rechners von einzelnen E-Mails Kenntnis erlangt. Im letzteren Fall ist die E-Mail möglicherweise (zulässigerweise) schon gelöscht oder sie hat ihre Bedeutung verloren, weil die Sache zur Zufriedenheit erledigt ist.

Durch das vom Geschäftsführer installierte Programm wurde die betriebliche EDV um eine Funktion zur Überwachung und Kontrolle der Arbeitnehmer erweitert. Darin liegt ein mitbestimmungspflichtiger Tatbestand. Fehlte die Zustimmung des Betriebsrates zur Installation des Programms, war die auch der Zugriff des Geschäftsführers auf die E-Mail der Frau Nowak schon aus diesem Grund rechtswidrig.

Mitlesen dienstlicher E-Mails und Fernmeldegeheimnis. Nach diesem „Fauxpas" verhandelt der Geschäftsführer mit dem Betriebsrat über die Änderung und Ergänzung der Richtlinie „Nutzung von E-Mail und Internet am Arbeitsplatz". Ergebnis: Der Geschäftsführer kann grundsätzlich das installierte Programm weiterhin nutzen. Er braucht aber für die Aktivierung einen begründeten Anlass. Benutzt der Arbeitnehmer die E-Mail-Funktion seines Rechners, wird ihm angezeigt, ob der Geschäftsführer sich eingeschaltet hat. Private E-Mails sind – in festgelegten Grenzen – ausdrücklich erlaubt, müssen aber als „privat" gekennzeichnet werden. Sie sind dann gegenüber dem Zugriff des Geschäftsführers geschützt. – Könnte der Geschäftsführer jetzt E-Mails wie die von Frau Nowak (immer vorausgesetzt, er hätte einen begründeten Anlass) unbedenklich über sein Programm einsehen?

Man möchte meinen, dass nun alle Bedenken ausgeräumt sind. Das ist aber deshalb zweifelhaft, weil nunmehr auch private E-Mails zugelassen sind. Wenn die private Kommunikation über den E-Mail-Account des Arbeitgebers erlaubt ist, wird vielfach angenommen, dass der Arbeitgeber auch im Hinblick auf die dienstlichen E-Mails Dienstanbieter im Sinne des Telekommunikationsgesetzes ist und daher dem Fernmeldegeheimnis unterliegt. Nach dieser Ansicht wäre daher die Vorgehensweise des Geschäftsführers immer noch rechtswidrig. Daran könnte auch die mit Zustimmung des Betriebsrates erlassene Richtlinie nichts ändern. Eine Einwilligung der Frau Nowak in die Offenbarung der unter das Fernmeldegeheimnis fallenden Umstände liegt nicht vor.

In neueren Entscheidungen verschiedener Landesarbeitsgerichte wird allerdings die Auffassung vertreten, dass der Arbeitgeber nicht allein dadurch zum Dienstanbieter i. S. des Telekommunikationsgesetzes wird, dass er seinen Beschäftigten gestattet, einen dienstlichen E-Mail-Account privat zu nutzen. Es gibt auch Überlegungen im politischen Raum, die in diesem Sinne eine Klarstellung in das Telekommunikationsgesetz aufnehmen wollen.

Muss ich Torkontrollen und Leibesvisitationen durch den Arbeitgeber hinnehmen?

Die Einführung von Torkontrollen und Leibesvisitationen ist nur dann zulässig, wenn nachweisbar Diebstähle vorgekommen sind oder wegen der Art des Betriebes besondere Sicherheitsanforderungen bestehen (z. B. Gelddruckerei). Von den Torkontrollen müssen alle Arbeitnehmer gleichmäßig betroffen sein. Werden Stichproben gemacht, darf auch nicht der äußere Anschein einer unsachlichen Auswahl der kontrollierten Arbeitnehmer entstehen. Das Öffnen von Handtaschen, Handkoffern, Tüten etc. kann regelmäßig verlangt werden. Das Abtasten der Kleidung ist dagegen nur gestattet, wenn ein konkreter Verdacht vorliegt. Die Durchführung der Kontrolle darf das Ehrgefühl der Arbeitnehmer nicht verletzen. Ist ein Abtasten der Kleidung unvermeidbar, darf dies bei Arbeitnehmerinnen nur durch weibliche Kontrollpersonen erfolgen. Gibt es einen Betriebsrat, kann eine solche Maßnahme nur mit seiner Zustimmung eingeführt werden. Der Betriebsrat hat darauf zu achten, dass das Persönlichkeitsrecht soweit wie möglich gewahrt wird.

Darf der Arbeitgeber mich durch einen Detektiv überwachen lassen?

Das Thema ist vielschichtig. Der Einsatz von Detektiven im Betrieb zur allgemeinen Abwehr von Diebstählen und sonstigen strafbaren Handlungen kann unter den für den Einsatz von Videokameras aufgestellten Kriterien zulässig sein. So ist der Einsatz von Kaufhausdetektiven auch zur Verhinderung von Diebstählen bzw. Unterschlagungen durch das Personal allgemein üblich und rechtlich nicht zu beanstanden.

Der Einsatz eines Detektivs zur Überwachung eines bestimmten Arbeitnehmers ist dagegen – wenn überhaupt – nur in Grenzfällen erlaubt.

Überwachung durch Detektiv in der Freizeit. Joseph Franzen ist Werkstattleiter der Firma Haustechnik in Köln. Von einer Arbeitnehmerin der Personalabteilung, die gerade aus dem Arbeitsverhältnis ausgeschieden ist, erfährt er, dass er im Auftrag der Firma Haustechnik von einem Detektiv in seiner Freizeit überwacht wird, weil Gegenstände aus der Werkstatt abhandengekommen seien. Der Personalchef habe gemeint, es käme zwar jeder im Betrieb für die Diebstähle in Betracht, irgendwo müsse man aber anfangen. – Ist der Einsatz des Detektivs zur Überwachung von Herrn Franzen zulässig?

Diese Frage ist zu verneinen. Es fehlt jeder begründete Verdacht gegen Herrn Franzen. Auch ist nicht ersichtlich, dass der Arbeitgeber die innerbetrieblichen Kontrollmöglichkeiten ausgeschöpft hat. Der Einsatz des Detektivs richtet sich in diskriminierender Weise gegen

Herrn Franzen, obwohl im Grunde alle Arbeitnehmer des Betriebes für die Diebstähle in Betracht kommen.

Wie kann ich mich gegen unzulässige Kontrollen oder rechtswidrig installierte Kontrolleinrichtungen wehren?

Bei unzulässigen Kontrollmaßnahmen des Arbeitgebers besteht ein gerichtlich durchsetzbarer Anspruch des Arbeitnehmers, dass die Maßnahme unterbleibt. So könnte etwa ein Arbeitnehmer, der ununterbrochen von der Videokamera bei seiner Arbeit aufgenommen wird, verlangen, dass der Arbeitgeber die Videokamera abstellt oder auf ein zulässiges Maß beschränkt. Auch bei einem unzulässigen Einsatz eines Detektivs zur Überwachung (siehe das Beispiel oben) kann der betroffene Arbeitnehmer bei Gericht beantragen, dass der Arbeitgeber die Überwachung durch den Detektiv unterlässt. Der Arbeitnehmer hat in einem solchen Fall auch das Recht, die Arbeit unter den Bedingungen des Einsatzes einer rechtswidrigen Kontrolleinrichtung zu verweigern. Will er dies tun, sollte er allerdings die Ratschläge im Abschnitt 6 dieses Kapitels beachten.

3. Umgang des Arbeitgebers mit Personaldaten (unter Berücksichtigung des Bundesdatenschutzgesetzes)

Das Persönlichkeitsrecht umfasst auch das Recht jedes Einzelnen, selbst über die Preisgabe und Verwendung seiner **personenbezogenen Daten** zu bestimmen (informationelles Selbstbestimmungsrecht). Es steht daher auch dem Arbeitnehmer im Arbeitsverhältnis zu. Andererseits benötigt der Arbeitgeber zur zweckgerechten Durchführung des Arbeitsverhältnisses persönliche Daten des Arbeitnehmers. Zentral für die Abgrenzung dieser beiden Rechtspositionen ist der Begriff der Erforderlichkeit. Dazu gibt es eine umfangreiche Rechtsprechung des Bundesarbeitsgerichts. Das Bundesdatenschutzgesetz (BDSG) hat diese Rechtsprechung in § 32 Abs. 1 S. 1 aufgenommen. Dort heißt es:

„Personenbezogene Daten eines Beschäftigten dürfen für Zwecke des Beschäftigungsverhältnisses erhoben, verarbeitet oder genutzt werden, wenn dies für die Entscheidung über die Begründung eines Beschäftigungsverhältnisses oder nach Begründung des Beschäftigungsverhältnisses für dessen Durchführung oder Beendigung erforderlich ist“

§ 32 Abs. 1 S. 1 BDSG stellt die Datenverarbeitung dem Wortlaut nach zwar nur unter die Voraussetzung der Erforderlichkeit. Aus verfassungsrechtlichen Überlegungen und mit Blick auf die Vorgaben des EG-Rechts muss die Erhebung, Verarbeitung und Nutzung geschützter Daten daneben aber weiterhin einem legitimen Zweck dienen und unmittelbar in Bezug auf diesen Zweck auch verhältnismäßig (geeignet, erforderlich und angemessen) sein.

Abweichend von der sonstigen Systematik des Bundesdatenschutzgesetzes gilt dieser Grundsatz im Arbeitsverhältnis auch für personenbezogene Daten, die nicht dateimäßig verarbeitet und genutzt werden, also auch für die Verwendung in nicht nach bestimmten Kriterien geordneten Akten (§ 32 Abs. 2 BDSG).

Achtung: Veränderte Rechtslage ab 25. Mai 2018

Am 25.5.2016 ist eine EU-Datenschutz-Grundverordnung (DSGVO) in Kraft getreten. Sie ist nach einer Übergangsfrist von zwei Jahren ab 25.5.2018 von der EU-Mitgliedstaaten anzuwenden. Sie gilt ohne Umsetzungsakt unmittelbar. Die Bestimmungen des Bundesdatenschutzgesetzes werden damit formal obsolet. Ob sich durch die Anwendung der DSGVO andere rechtliche Beurteilungen ergeben, wäre im Einzelfall zu prüfen. Ohne eine entsprechende Anwendungspraxis könnten hierzu nur sehr vorläufige Aussagen gemacht werden. Eine erste Einschätzung legt aber nahe, dass die nachfolgenden Fallgestaltungen im Wesentlichen gleich zu beantworten wären.

Die DSGVO enthält keine § 32 BDSG entsprechende Regelung für den Beschäftigtendatenschutz. Allerdings sieht Art. 88 DSGVO vor, dass die Mitgliedstaaten für Beschäftigungsdatenschutz „spezifischere“ Vorschriften treffen können. Ob der Gesetzgeber von dieser Öffnungsklausel Gebrauch machen wird, ob dies die Wiederkehr des § 32 BDSG in anderem Gewande bedeutet, oder ob möglicherweise eine – schon oft geforderte und nicht eingelöste – Gesamtkodifikation des Beschäftigtendatenschutzes stattfindet, kann heute nicht vorausgesagt werden. Die nachfolgenden Ausführungen beschränken sich daher auf die derzeitige Rechtslage.

Welche Voraussetzungen müssen erfüllt sein, dass das Bundesdatenschutzgesetz im Arbeitsverhältnis Anwendung findet?

Die Anwendung des Bundesdatenschutzgesetzes auf private Arbeitgeber setzt – sieht man von dem erweiterten Anwendungsbereich des § 32 Abs. 1 BDSG ab – voraus, dass entweder der Umgang mit den Daten durch den Einsatz einer Datenverarbeitungsanlage erfolgt (automatisierte Verarbeitung) oder in einer Sammlung von Daten besteht bzw. darauf beruht, die gleichartig aufgebaut und nachbestimmten Merkmalen zugänglich ist und ausgewertet werden kann (nicht automatisierte Datei).

Der Schutzbereich umfasst daher nicht nur den Umgang mit Personaldaten unter Verwendung technischer, insbesondere elektronischer Medien. Auch manuell hergestellte und verwendete Dateien wie die Karteikarten in einem Kasten mit erkennbaren Markern (Rot: Männlich; Blau: Weiblich) fallen unter das Bundesdatenschutzgesetz. Lediglich Akten und sonstige Ansammlungen von Unterlagen, die nicht nach bestimmten Kriterien geordnet sind, werden ausgenommen.

Das Bundesdatenschutzgesetz gilt für die

- Erhebung,
- Verarbeitung und
- Nutzung von Daten.

Es handelt sich um aufeinander bezogene Formen des Umgangs mit Daten: Bestimmte Daten werden erhoben, etwa die Qualifikation eines Arbeitnehmers in einem Fragebogen, um dann in einer Datei (Personalinformationssystem) gespeichert zu werden und dann für personelle Einzelmaßnahmen, etwa eine Versetzung genutzt zu werden. Der Begriff der Nutzung hat aber keine selbständige Bedeutung, wenn die zielorientierte Verwendung der Daten schon eine Verarbeitung im Sinne des Bundesdatenschutzes darstellt. Zur Verarbeitung zählt das Speichern, das Verändern, das Übermitteln, das Sperren und Löschen personenbezogener Daten.

Für die im Arbeitsverhältnis besonders wichtige Auswertung von personenbezogenen Daten enthält das Bundesdatenschutzgesetz keine Sonderregeln. Zumeist wird es sich um eine Nutzung der Daten im Sinne der datenschutzrechtlichen Vorschriften handeln. Der Auswertungsvorgang kann aber auch die Verarbeitung eines neuen Datums (Datenänderung) sein.

Welche übergeordneten Grundsätze enthält das Bundesdatenschutzgesetz?

Das Erheben, Verarbeiten und Nutzen von personenbezogenen Daten ist nur zulässig, wenn es eine ausdrückliche gesetzliche Regelung dafür gibt oder der Betroffene freiwillig in die Verarbeitung seiner Daten eingewilligt hat. Die gesetzliche Regelung kann auch im Bundesdatenschutzgesetz selbst enthalten sein. Dazu gehört auch der genannte § 32 BDSG. Die Freiwilligkeitserklärung muss zweifelsfrei sein und in schriftlicher Form erfolgen.

Eine Datenerhebung, also das Beschaffen von Daten, ist grundsätzlich nur beim Betroffenen unmittelbar selbst zulässig. Ausnahmen gelten bei öffentlich zugänglichen Daten und bei Vorliegen besonderer im Gesetz genannten Voraussetzungen,

Daten sollen so sparsam wie möglich und nur so lang wie nötig gespeichert werden (keine Vorratsdatenspeicherung).

Die Datenerhebung und Datenverarbeitung muss transparent sein. Der Betroffene soll wissen, welche Daten zu welchem Zweck bei welcher Stelle für wie lange und aus welchem Grund gespeichert werden. Eine heimliche Datenerhebung ist grundsätzlich unzulässig.

Jeder Datenverarbeitung muss ein bestimmter Zweck zugrunde liegen. Dieser muss auch schon vor der Verarbeitung festgelegt und am besten dokumentiert worden sein. Nur zu diesem zuvor ursprünglich festgelegten, nicht jedoch zu einem anderen Zweck darf eine Verarbeitung und Nutzung erfolgen. Eine Ausnahme bildet die vorher erteilte Einwilligung des Betroffenen.

Welche Abwehr- und Korrekturrechte gibt es bei Verletzungen des Persönlichkeitsrechts und Verstößen gegen datenschutzrechtliche Bestimmungen?

Außerhalb des Anwendungsbereichs des Bundesdatenschutzgesetzes sind verschiedene Abwehrrechte des Arbeitnehmers anerkannt. Der Arbeitnehmer kann verlangen, dass unrichtige Angaben in der Personalakte berichtigt oder aus der Personalakte entfernt werden. Rechtswidrige Abmahnungen oder Rügen sind ebenfalls aus der Personalakte zu entfernen. Das Gleiche gilt für den Arbeitnehmer besonders belastende Vorgänge, soweit nicht berechtigte Belange des Arbeitgebers entgegenstehen. Wird durch den Zugriff des Arbeitgebers auf die Personaldaten das Persönlichkeitsrecht des Arbeitnehmers verletzt, hat dieser auch einen gerichtlich durchsetzbaren Anspruch gegen den Arbeitgeber, dass die Persönlichkeitsverletzung unterbleibt.

Das Bundesdatengesetz sieht spezifische Rechtsbehelfe vor, die auch dem Arbeitnehmer bei Verstößen gegen seine Rechte zustehen. Er kann unter Umständen Berichtigung, Löschung oder Sperrung der Daten verlangen.

Löschen ist die Unkenntlichmachung gespeicherter Daten. Das kann durch Schwärzen, Überschreiben, Radieren oder durch Vernichtung des Datenträgers erfolgen. Die Löschung von Daten auf magnetischen Datenträgern erfolgt durch Überschreiben mit neuen Informationen oder Leerzeichen.

Sperren bedeutet die Anbringung eines Sperrvermerks bei den entsprechenden Daten. Dieser hat zur Folge, dass die Daten ohne Einwilligung des Betroffenen nicht mehr verarbeitet, insbesondere nicht mehr übermittelt, aber auch sonst nicht mehr genutzt werden dürfen (Ausnahme: Nutzung zu wissenschaftlichen Zwecken, zur Behebung einer bestehenden Beweisnot, bei „überwiegendem Interesse“ der speichernden Stelle oder eines Dritten).

Welche Informationen darf sich der potentielle Arbeitgeber über einen Bewerber beschaffen? Und aus welchen Quellen?

Ein potentieller neuer Arbeitgeber kann im Rahmen einer Bewerbung nicht beliebig von Ihnen Informationen erfragen. Ebenso darf er nicht durch medizinische Untersuchungen und psychologische Tests sich beliebig Wissen über Sie aneignen. Es muss vielmehr ein enger Bezug zu dem konkreten Arbeitsverhältnis bestehen. Lesen Sie hierzu 1. Kapitel, Abschnitt 3, S. 9). Auch eine Speicherung von persönlichen Daten, die nicht erfragt werden dürfen, ist unzulässig. In der wahrheitsgemäßen Beantwortung einer unzulässigen Frage, liegt noch keine Einwilligung im Sinne des § 4 des BDSG.

Besonderes gilt für die dem Betriebsarzt im Rahmen einer Einstellungsuntersuchung bekannt gewordenen Daten über den Gesundheitszustand des Arbeitnehmers (Befund-, Diagnose- und Therapiedaten). Sie unterliegen der ärztlichen Schweigepflicht. Mit Einwilligung des betroffenen Arbeitnehmers kann der Betriebsarzt dem Arbeitgeber das Ergebnis der Einstellungsuntersuchung im Hinblick auf die Eignung für den in Aussicht genommenen Arbeitsplatz mitteilen. Die sonstigen medizinischen Daten muss der Betriebsarzt in einer Weise aufbewahren, dass der Arbeitgeber keine Kenntnis hiervon erlangen kann. Insbesondere dürfen diese Daten nicht in ein Personalinformationssystem des Arbeitgebers eingehen, dies selbst dann nicht, wenn lediglich dem Betriebsarzt ein Zugriffsrecht hierauf eingeräumt wird.

Arbeitsvertrag mit bisherigem Arbeitgeber. Sie hegen den Gedanken, den Arbeitgeber zu wechseln, und führen Gespräche über eine mögliche Anstellung. Der Personalchef der „neuen" Firma erkundigt sich, ohne Ihr Einverständnis eingeholt zu haben, beim derzeitigen Arbeitgeber über ihre Tätigkeit, worauf ihm u. a. eine Kopie des Arbeitsvertrages und der Tätigkeitsbeschreibung zur Verfügung gestellt wird. – Ist dies zulässig?

Der (bisherige) Arbeitgeber durfte den Arbeitsvertrag nicht weitergeben. Das Bundesarbeitsgericht hält es zwar für zulässig, dass der Arbeitgeber derjenigen Person, mit der der Arbeitnehmer in Vertragsverhandlungen über den Abschluss eines neuen Arbeitsvertrages steht, auch ohne Einverständnis des Arbeitnehmers Auskunft über das Verhalten und die Leistung während des Arbeitsverhältnisses gibt. Eine sicherlich problematische Ansicht. Zu beachten ist aber, dass dies kein Freibrief ist, beliebig Einzelheiten weiterzugeben; die Auskunft muss sich tatsächlich auf die Einschätzung der betrieblichen Leistung und des betrieblichen Verhaltens beziehen. Die Gewährung der Einsicht in den Arbeitsvertrag überschreitet diese Grenze.

Der potentielle neue Arbeitgeber durfte den Arbeitsvertrag nicht verwenden. Die Informationseinholung in einem Bewerbungsverfahren bei Dritten muss sich im Rahmen des Fragerechts halten, darf sich also nicht auf Gegenstände erstrecken, nach denen der potentielle Arbeitgeber den Arbeitnehmer nicht fragen hätte dürfen. Ein Arbeitsvertrag enthält aber naturgemäß eine Vielzahl von Informationen, darunter regelmäßig auch solche, die für Begründung und Durchführung des neuen Arbeitsverhältnisses nicht relevant sind, und die deshalb auch nicht vom Fragerecht umfasst sind (bisherige Vergütungs- und Arbeitszeitregelungen, Versetzungsvorbehalte etc.).

Auszug aus der Personalakte des bisherigen Arbeitgebers. Wie wäre der Fall zu beurteilen, wenn der (bisherige) Arbeitgeber einen Teil der elektronischen Personalakte einer E-Mail an den potentiellen neuen Arbeitgeber anhängen würde, und dieser den Anhang im Ordner „Bewerber" abspeichert?

Ob unter Geltung des Bundesdatenschutzgesetzes eine Auskunftseinholung bei einem früheren Arbeitgeber ohne Einverständnis des Bewerbers als Grundlage für die Entscheidung über eine Einstellung überhaupt zulässig ist, erscheint zweifelhaft. Grundsätzlich müssen personenbezogene Daten beim Betroffenen erhoben werden (§ 4 Abs. 2 S. 1 BDSG). Zwar kann auch eine Erhebung von personenbezogenen Daten ohne Mitwirkung des Betroffenen zulässig sein, wenn der Geschäftszweck eine Erhebung bei anderen Personen oder Stellen erforderlich macht. Das kann aber nicht generell für den Zweck einer Entscheidung über eine Bewerbung angenommen werden. Jedenfalls wird man verlangen müssen, dass die Bewerbungsunterlagen und die Angaben des Bewerbers (trotz entsprechender Befragung) nicht ausreichen oder konkrete Anhaltspunkte dafür vorhanden sind, dass sie unrichtig oder nicht objektiv sind.

Daten aus Werbeauftritt des Arbitnehmers. Nach Vorliegen Ihrer Bewerbung gibt der Personalchef Ihren Namen bei Google ein und gelangt zu Ihrem Webauftritt, in dem Sie unter anderem auf Ihre Leidenschaft für das Gleitschirmfliegen und Ihr Interesse für fernöstliche Religionen hervorheben. Er überträgt diese Daten in eine Bewerberdatei. – Darf er das?

Zwar werden auch hier personenbezogene Daten nicht direkt beim Betroffenen und auch ohne dessen Einwilligung erhoben, doch die Besonderheit besteht darin, dass sie der Betroffene selbst allgemein zugänglich gemacht hat. In diesem Fall genießen die Daten keinen Schutz. Dies gilt sogar dann, wenn es sich um besonders sensible Daten handelt, zu denen auch religiöse und philosophische Überzeugungen gehören.

Welche Stammdaten darf der Arbeitgeber im bestehenden Arbeitsverhältnis speichern?

Speicherung betriebsnotwendiger Daten. Gerd Männel ist als Ingenieur in der Forschungsabteilung der Firma Strahlschutz beschäftigt. Der Arbeitgeber speichert in einem Personalinformationssystem folgende Daten von Herrn Männel: Geschlecht, Konfession, Familienstand, Beginn Wehrdienst, Ende Wehrdienst, Schule, Ausbildung in Lehr- und anderen Berufen, Fachschulausbildung, Sprachkenntnisse. – Ist die Speicherung dieser Daten zulässig?

Unzulässig ist lediglich die Speicherung der Konfession und der Wehrdienstdaten, zulässig die Speicherung der übrigen Daten. So das Ergebnis eines arbeitsgerichtlichen Verfahrens, in dem der betroffene Arbeitnehmer Löschung der oben genannten Daten verlangt hatte.

Das Bundesarbeitsgericht vertrat als letzte Instanz die Auffassung, dass nicht nur Lohnabrechnungsdaten gespeichert werden dürften, sondern auch Daten für dispositive Zwecke. Die Speicherung des Geschlechts sei schon deshalb gerechtfertigt, weil der Arbeitgeber in regelmäßigen Abständen die Zahl der männlichen und weiblichen Arbeitnehmer melden müsse; auch handle es sich bei dem Geschlecht um ein für die allgemeine Personalplanung bedeutsames Datum.

Der Familienstand könne für Sozialleistungen, für Versetzungen, für einen auswärtigen Einsatz des Arbeitnehmers und schließlich im Falle von Kündigungen für die vom Arbeitgeber nach dem Kündigungsschutzgesetz zu treffende soziale Auswahl relevant sein.

Die Speicherung der Daten über die Schul- und Berufsausbildung sowie über die Sprachkenntnisse hielt das Bundesarbeitsgericht für zulässig, weil sie Auskunft über die Einsatzmöglichkeit des Arbeitnehmers geben.

Darf ein Arbeitgeber Datenabgleiche zur Korruptionsbekämpfung vornehmen?

Mitarbeiterüberprüfung durch Datenabgleich. Die Deutsche Bahn führte in den Jahren 2002 und 2003 einen automatisierten Datenabgleich (sog. Datenscreening) von Mitarbeiterdaten mit den Daten von Geschäftspartnern durch. Der Abgleich umfasste Namen, Adressen und Kontodaten der Mitarbeiter. Dadurch sollten Mitarbeiter identifiziert werden, die sich über Scheinfirmen selbst lukrative Aufträge zuschanzten. Es waren jeweils etwa 170.000 der 240.000 Beschäftigten der Deutschen Bahn von dem Datenabgleich betroffen. Verdachtsmomente, die auf die vom Datenabgleich erfassten Mitarbeiter hinwiesen, gab es nicht. Einbezogen wurden auch Arbeitnehmer, die mit der Auftragsvergabe nichts zu tun hatten. – Wie ist dieser Sachverhalt nach der gegenwärtigen Rechtlage zu beurteilen?

Als 2009 das flächendeckende Datenscreening der Deutschen Bahn bekannt wurde, war das Echo in der Presse enorm. Von Bespitzelung der Bahnmitarbeiter war die Rede. Es kam auch zu einem Bußgeldbescheid des zuständigen Datenschutzbeauftragten in Millionenhöhe, wobei allerdings nicht so sehr der oben wiedergegebene – reduzierte – Sachverhalt maßgebend war, sondern weitere Aktionen der Bahn wie die Überwachung von E-Mails sowie die Modalitäten der Einschaltung einer externen Firma für die Durchführung des Datenabgleichs.

Würde man den Sachverhalt allein nach dem Maßstab der Erforderlichkeit beurteilen, sähe man sich mit dem Argument konfrontiert, dass Unternehmen verpflichtet sind, Korruptions- und Betrugsfälle wirksam zu bekämpfen, und dass dazu auch flächendeckende Überprüfungen notwendig sind. Gleichwohl bestand auch schon vor einer gesetzlichen Sonderregelung Einigkeit darüber, dass anlass- und verdachtsunabhängige Datenscreenings nicht zulässig sind. Datenscreenings müssten in datenschutzrechtlich zulässiger Weise ausgestaltet sein.

Für die Aufdeckung von Straftaten ist seit 2009 in § 32 Abs. 1 S. 2 BDSG eine spezifische Regelung getroffen. Danach dürfen zur Aufdeckung von Straftaten personenbezogene Daten eines Beschäftigten nur dann erhoben, verarbeitet oder genutzt werden, wenn zu dokumentierende tatsächliche Anhaltspunkte den Verdacht begründen, dass der Betroffene im Beschäftigungsverhältnis eine Straftat begangen hat, die Erhebung, Verarbeitung oder Nutzung zur Aufdeckung erforderlich ist und das schutzwürdige Interesse des Beschäftigten an dem Ausschluss der Erhebung, Verarbeitung oder Nutzung nicht überwiegt, insbesondere Art und Ausmaß im Hinblick auf den Anlass nicht unverhältnismäßig sind. Danach wäre ein Datenscreening wie bei der Bundesbahn schon deshalb unzulässig, weil es unabhängig davon durchgeführt wurde, ob tatsächliche Anhaltspunkte für die Begehung von Straftaten bei den betroffenen Mitarbeitern vorlagen.

Darf der Arbeitgeber von mir ein umfassendes Persönlichkeitsprofil erstellen?

Eine Erstellung eines Persönlichkeitsprofils liegt dann vor, wenn tendenziell alle Lebensäußerungen erfasst werden sollen und auch tatsächlich persönliche und private Umstände (Religion, politische Einstellung etc.) in das Profil einbezogen werden. Damit wird tief in das Persönlichkeitsrecht des Arbeitnehmers eingegriffen. Die Erstellung eines solchen umfassenden Persönlichkeitsprofils kann nicht durch Zwecke des Arbeitsverhältnisses gerechtfertigt werden.

Ist die Auswertung von technisch erfassten Leistungs- und Verhaltensdaten durch den Arbeitgeber beliebig zulässig?

Ist das Gerät, das der Erfassung von bestimmten Informationen über ihr betriebliches Verhalten dient, für den Arbeitnehmer sichtbar, und ist eindeutig festgelegt, welcher Kontroll- und Überwachungszweck verfolgt wird, so sind die Gefahren kalkulierbar. Ein wachsendes Problem sowohl im gesellschaftlichen Bereich (Überwachungsstaat!) als auch im Betrieb ist die Auswertung von Daten, die entweder „erhoben" werden, ohne dass dies dem Betroffenen bewusst ist, oder zu einem anderen (meist harmlosen und unverdächtigen) Zweck.

Informationen können zu unterschiedlichen Zwecken verwendet werden:

- Die Zeiterfassungsdaten können entweder nur für die Abrechnung eingesetzt werden oder auch zur Pünktlichkeitskontrolle.
- Die Höhe des Akkord- oder Prämienlohns kann auch Informationen über die Leistungsfähigkeit oder Leistungsbereitschaft liefern.
- Die Telefonstatistik gibt Aufschluss, in welchem Umfang das Telefon bei der Arbeit benutzt wird.
- Die Aufzeichnung der krankheitsbedingten Fehlzeiten ist für die Gehalts- bzw. Lohnfortzahlung notwendig, kann aber auch für die Vorbereitung einer personellen Maßnahme (Übertragung einer anderen Arbeit, Kündigung) verwendet werden.

Voraussetzung für derartige Auswertungen ist, dass Zwecke des Arbeitsverhältnisses sie erforderlich machen und unter Berücksichtigung der – auch grundrechtlich – geschützten Interessen der Arbeitnehmer nicht unverhältnismäßig sind. Unzulässig ist deshalb die Auswertung von Daten, die Schlussfolgerungen auf das private Verhalten des Arbeitnehmers oder auf seinen Intimbereich zulassen. Eine Auswertung der Kantinendaten im Hinblick auf die Trink- und

Essgewohnheiten (Herr Huber ist Diabetiker oder trinkt regelmäßig zum Mittagessen zwei Bier) ist unzulässig. Ebenso unzulässig wäre eine Auswertung des Kommunikationsverhaltens (Wer geht mit wem regelmäßig in die Kantine, kommt zur gleichen Zeit und geht zur gleichen Zeit?).

Welche Rechtsfragen treten bei der Auswertung von Daten über krankheitsbedingte Fehlzeiten auf?

Können Sie aus dem Gedächtnis sagen, wie viele Tage Sie im letzten Jahr wegen Krankheit ausgefallen sind? Wohl kaum. Sicherlich wäre es für Sie auch recht mühsam, dies zu rekonstruieren. Anders der Arbeitgeber, der ein computergestütztes Personalinformationssystem zur Verfügung hat. Er kann in Sekundenschnelle die Arbeitsunfähigkeitszeiten des letzten Jahres, wahrscheinlich sogar aller Jahre Ihres Arbeitsverhältnisses, abrufen. Nicht nur dies: Er kann möglicherweise Ihre Arbeitsunfähigkeitszeiten mit denen Ihrer Kollegen vergleichen und von einem Computerprogramm ausrechnen lassen, wie hoch der Anteil an Krankheitstagen an der (jährlichen, monatlichen) Sollarbeitszeit ist. Natürlich könnte der Personalchef auch ohne EDV veranlassen, dass ein Mitarbeiter alle diese Angaben aus den Unterlagen heraussucht und die notwendigen Übersichten erstellt. Eine zeit- und arbeitsaufwendige Angelegenheit, die noch dazu nicht sehr zuverlässig ist. Erst der Einsatz des Computers macht aus der theoretischen Möglichkeit eine realistische Gefahr und führt zu einem erhöhten Überwachungsdruck.

Automatisierte Auswertung von Krankheitsdaten. Frau Lakanidis ist bei der Firma Andruck als Hilfsarbeiterin beschäftigt. Sie erhält einen Brief des Arbeitgebers: „Sehr geehrte Frau Lakanidis, Wir mussten feststellen, dass Sie in den letzten drei Jahren jeweils mehr als 20% der gesamten Jahresarbeitszeit arbeitsunfähig krank waren. 2013: 45 Arbeitstage. 2015: 60 Arbeitstage. 2016: 53 Arbeitstage. Auch zurzeit fehlen Sie wieder wegen Krankheit. Wir weisen Sie darauf hin, dass nach der Rechtsprechung häufige Fehlzeiten wegen Krankheit eine Kündigung begründen können. Mit freundlichen Grüßen"
Frau Lakanidis wendet sich wegen dieses Schreibens an den Betriebsrat. Dieser erklärt ihr, dass in der Personalabteilung mit einem Computerpro-

gramm alle Arbeitnehmer festgestellt werden, die in den letzten drei Jahren mehr als 20% der jährlichen Arbeitszeit arbeitsunfähig krank gewesen sind. Die auf diese Weise festgestellten Arbeitnehmer hätten alle ein Schreiben mit einem solchen Text erhalten. Der Betriebsrat sei schon an der Sache dran und wolle Missbrauch abstellen. – Sind die Auswertungen zulässig? Was kann der Betriebsrat machen?

Das Bundesarbeitsgericht hält es für zulässig, dass der Arbeitgeber mit einem Computerprogramm eine solche Auswertungen vornimmt: Diese überschreiten nach Ansicht des Bundesarbeitsgerichts nicht den Rahmen des Arbeitsverhältnisses, der Arbeitgeber hat ein berechtigtes Interesse daran, die durch die krankheitsbedingten Fehlzeiten entstehenden Kosten in den Griff zu bekommen, und schließlich kann er sogar bei erheblichen Fehlzeiten berechtigt kündigen. Die Durchsetzung von Vorkehrungen, die den von solchen Auswertungen ausgehenden Überwachungsdruck mindern sollen, ist auch hier wieder dem Betriebsrat überlassen. So könnte der Betriebsrat mit dem Arbeitgeber vereinbaren, dass allein aufgrund dieser Auswertungen keine personellen Maßnahmen erfolgen dürfen, dass vielmehr in einem Personalgespräch eine umfassende Erörterung der Situation des betreffenden Arbeitnehmers unter Einschluss der Personalsituation zu erfolgen hat.

Wie bin ich davor geschützt, dass der Arbeitgeber meine Daten für einen anderen als den ursprünglichen Verwendungszweck verarbeitet oder nutzt?

Der grundsätzlich vom Bundesdatenschutzgesetz geforderte enge Zusammenhang mit Zwecken des Beschäftigungsverhältnisses schließt weitgehend aus, dass die Daten für andere Zwecke verarbeitet und genutzt werden dürfen.

Zweckwidrige Weitergabe von Personaldaten. Die Firma Flott stellt Kinder- und Jugendbekleidung her. Sie wertet die Namen und Adressen ihrer Mitarbeiter danach aus, ob sie Kinder haben, und überlässt diese Daten den von ihr belieferten Einzelhandelsgeschäften. – Ist dies zulässig?

Nein. Hier liegt eine Zweckänderung vor, die nicht mehr im Rahmen des Arbeitsverhältnisses liegt, und für die kein berechtigtes Interesse der Fa. Flott erkennbar ist. Man wird auch das Interesse der Mitarbeiter nicht geringachten dürfen, nicht auf diese Weise in eine Kundenkartei zu geraten. Der Umstand, dass ein Arbeitnehmer Kinder hat, ist auch kein allgemein zugänglicher Sachverhalt.

Die Erstellung einer Kündigungsliste nach bestimmten Kriterien. Ein Arbeitgeber speichert die Umsatzdaten seiner Außendienstmitarbeiter zur Berechnung der Provision in der Lohn- und Gehaltsdatei. Da er eine Reduzierung der Belegschaft um 20% anstrebt, legt er eine Datei an, in der Arbeitnehmer gespeichert werden, die für eine Kündigung oder für einen Aufhebungsvertrag in Betracht gezogen werden sollen. In diese Datei werden auch die Mitarbeiter übernommen, die in den letzten 3 Jahren weniger als 70% des durchschnittlichen Umsatzes erbracht haben? Ist dies zulässig? Müssen die betroffenen Arbeitnehmer darüber unterrichtet werden?

Da der Arbeitgeber berechtigt ist, die Arbeitsleistung des Arbeitnehmers auch zum Anlass für dispositive Zwecke bis hin zur Kündigung heranzuziehen, hält sich die Übernahme der Umsatzdaten in die „Kündigungsdatei" im Rahmen eines Zwecks des Arbeitsverhältnisses. Problematisch ist, ob die betroffenen Arbeitnehmer davon unterrichtet werden müssen. Man könnte argumentieren, dass eine solche Unterrichtung aus dem datenschutzrechtlichen Gebot folgt, die Zwecke einer Verarbeitung oder Nutzung konkret festzulegen. Dagegen spricht, dass der hier nunmehr verfolgte Zweck zu den zentralen Zwecken eines Arbeitsverhältnisses gehört, die dem Arbeitnehmer mit dem Abschluss des Arbeitsvertrages bekannt sind. Eine besondere Unterrichtung der Arbeitnehmer ist daher aus Anlass der Übernahme der Umsatzdaten in die Datei Kündigungsgründe nicht erforderlich.

Auswertung von Zugangsdaten zur Arbeitszeitkontrolle. Verschiedene Banken betreiben durch ein von ihnen gegründetes Unternehmen ein gemeinsames Rechenzentrum. Ein Betriebsrat besteht dort nicht. Der große sicherheitsempfindliche Bereich soll durch ein Zugangskontrollsystem gesichert werden. Die in diesem Bereich eingesetzten Arbeitnehmer erhalten eine Chipkarte, mit der sie die Türen öffnen können. Beim Türöffnungsvorgang werden die Personalnummer des Arbeitnehmers und die Zugangszeit erfasst. Der Arbeitgeber erläutert in einer Personalversammlung die neue Regelung und weist darauf hin, dass durch die Zugangskontrolle ausschließlich eine höhere Sicherheit erreicht werden soll. Dem Arbeitnehmer Hamberger wird unter Bezug auf eine vom System bewirkte automatische Auswertung der erfassten Zugangsdaten vorgehalten, dass er seit Einführung des Systems an zwanzig Tagen erst zehn bis fünfzehn Minuten nach Dienstbeginn am Arbeitsplatz eingetroffen ist. – War diese Auswertung datenschutzrechtlich erlaubt?

Die Frage ist zu verneinen. Zwar ist das Bedürfnis des Arbeitgebers, die Pünktlichkeit der Arbeitnehmer zu kontrollieren, nicht in Abrede zu stellen. Der Arbeitgeber hat aber den Zweck, zu dem die Zugangsdaten erhoben worden sind, dahingehend konkretisiert, dass sie ausschließlich der erhöhten Sicherheit dienen. Dass er die Zugangsdaten auch für die Arbeitszeitkontrolle heranziehen will, hat er den Arbeitnehmern nicht mitgeteilt. Die strenge Zweckbindung ist ein datenschutzrechtliches Prinzip und kommt im Bundesdatenschutzgesetz an mehreren Stellen zum Ausdruck. Bei der Erhebung von personenbezogenen Daten beim Betroffenen müssen diesem auch die Zweckbestimmung der Erhebung, Verarbeitung oder Nutzung dem Betroffenen mitgeteilt werden (§ 4 Abs. 3 BDSG). Bei einer Zweckänderung ohne Kenntnis des Betroffenen kann dies nicht anders sein. Auf die nunmehr zusätzliche Zweckbestimmung der Arbeitszeitkontrolle kann er sich daher der Arbeitgeber im vorliegenden Fall nicht berufen.

Berechtigte Interessen, die dem Arbeitgeber zur Seite stehen könnten, sind ebenfalls nicht anzuerkennen. Er ist für die Arbeitszeitkontrolle auf die Auswertung der erfassten Zugangsdaten nicht angewiesen ist. Die Arbeitszeitkontrolle kann auch durch gelegentliche Stichproben des Vorgesetzten geschehen. Auch überwiegt das schutzwürdige Interesse der Arbeitnehmer, da sie darauf vertrauen konnten, dass ausschließlich Sicherheitsaspekte für die Einführung der Zugangskontrolle maßgebend waren.

Was hat mit personenbezogenen Daten zu geschehen, deren Speicherung unzulässig ist?

Unzulässig gespeicherte Daten sind zu löschen. Da – wie wir im Beispiel des Herrn Männel gesehen haben – die Speicherung der Religionszugehörigkeit und der Daten der Wehrdienstzeit durch die Zwecke des Arbeitsverhältnisses nicht gerechfertigt ist, kann Herr Männel jederzeit die Löschung verlangen.

Was muss mein Arbeitgeber mit Personalunterlagen tun, die unrichtig sind?

Korrektur von Unrichtigkeiten (Papierakte ohne Dateicharakter). Walter Anders ist im Kurhotel Lebensquell als Koch beschäftigt. In der Zeit vom 16. März bis 30. März 1998 war er arbeitsunfähig krank und hat dies auch durch eine Arbeitsunfähigkeitsbescheinigung belegt. Diese hat er allerdings erst am 21. März dem Kurhotel vorgelegt. Da Herr Anders das Gefühl hat, dass an seinem Stuhl gesägt wird, nimmt er Einsicht in die Personalakte. Unter anderem befindet sich dort eine Aufstellung über seine krankheitsbedingten Fehlzeiten. Bei der Krankheitszeit vom 16. bis 30. März ist in Klammer vermerkt: „Davon drei Tage unentschuldigt." Es handelt sich um eine herkömmliche Papierakte ohne Dateicharakter. Herr Anders hält diese Aussage für unrichtig und möchte etwas dagegen unternehmen.

Auch bis zum 20. März hat Herr Anders nicht unentschuldigt gefehlt. Er hat ja eine Arbeitsunfähigkeitsbescheinigung vorgelegt, die diese Zeit abdeckt. Daran ändert nichts, dass die Arbeitsunfähigkeitsbescheinigung nicht, wie im Entgeltfortzahlungsgesetz vorgesehen, bis zum Ablauf von drei Tagen nach Beginn der Arbeitsunfähigkeit dem Arbeitgeber vorlag. Die Aussage über das unentschuldigte Fehlen ist also falsch. Darüber aber, ob Herr Anders einen Anspruch auf Entfernung dieses Vermerks hat, wird man trefflich streiten können. Die Unrichtigkeit dieser Aussage lässt sich ohne weiteres durch die Vorlage der Arbeitsunfähigkeitsbescheinigung belegen. Besonders belastet wird daher Herr Anders durch diesen Vermerk nicht. Er hat auch das Recht, die unrichtige Aussage durch eine zur Personalakte gegebene Erklärung richtig zu stellen.

Korrektur von Unrichtigkeiten (elektronische Datenverarbeitung). In der Fehlzeitendatei des computergestützten Personalinformationssystems wird die Zeit vom 16. bis 20. März als unentschuldigte Fehlzeit geführt – Wie kann sich Herr Anders wehren?

Da das Datenschutzgesetz Anwendung findet, kann es keine Rolle spielen, dass aufgrund der „Aktenlage" ohne weiteres die Unrichtigkeit dieser Aussage festgestellt werden kann und Herr Anders daher auch ohne Korrektur Nachteile nicht befürchten muss. Das Bundesdatenschutzgesetz will gerade Schutz bieten gegenüber den Gefahren der Verarbeitung von Daten durch moderne Techniken, die sowohl die Schnelligkeit des Zugriffs erhöhen als auch die Verknüpfungsmöglichkeiten erweitern. Unter diesem Gesichtspunkt können auch scheinbar unbedeutende und leicht zu widerlegende Unrichtigkeiten eine Gefahrenquelle für das Persönlichkeitsrecht darstellen. Da eine unentschuldigte Fehlzeit nicht vorliegt, ist dieses „Datum" daher vom Arbeitgeber zu berichtigen.

Entfernung aus Personalakte bzw. Datenlöschung bei veränderter Sachlage. Elfriede Bolten ist Bankangestellte. Beim Einstellungsgespräch gab sie freimütig zu, dass sie aufgrund eines Engagements für einen in Not geratenen Freund erhebliche Schulden hat. Die Bank stellte Frau Bolten zwar ein, über die Vermögenssituation wurde aber ein Aktenvermerk gemacht und zur Personalakte genommen. Nach zwei Jahren teilt Frau Bolten der Bank mit, dass sie nunmehr vollkommen schuldenfrei ist. Die Bank sieht keinen Anlass, den ursprünglichen Aktenvermerk aus der Personalakte zu entfernen. – Handelt die Bank rechtmäßig?

Ist die Behauptung der Frau Bolten richtig, muss die Bank den Aktenvermerk aus der Personalakte nehmen. Im Falle einer gerichtlichen Durchsetzung ihres Anspruchs auf Entfernung aus der Personalakte muss allerdings Frau Bolten beweisen, dass sie nunmehr schuldenfrei ist. Dies folgt aus der allgemeinen Regel, dass der Anspruchssteller die Voraussetzungen seines Anspruchs beweisen muss.

Findet allerdings das Bundesdatenschutzgesetz Anwendung, muss die Bank, solange sie die Richtigkeit der gespeicherten Information über die schlechte Vermögenslage der Frau Bolten nicht bewiesen hat, dieses „Datum“ sperren. Personenbezogene Daten sind nämlich zu sperren, wenn ihre Richtigkeit vom Betroffenen bestritten wird und sich weder die Richtigkeit noch die Unrichtigkeit feststellen lässt.

Müssen auch richtige, aber für mich besonders belastende Vorgänge unter Umständen aus der Personalakte entnommen werden?

Entfernung Unterlagen aus Papierakte ohne Dateicharakter (Diebstahlsverdacht). Die Verkäuferin Luise Neidhart wird verdächtigt, eine Ware in Diebstahlsabsicht aus dem Warenangebot genommen zu haben. Da Beweise fehlen, kommt es nicht zu einer Kündigung, auch nicht zu einer Abmahnung. Das staatsanwaltschaftliche Ermittlungsverfahren wird mangels eines hinreichenden Tatverdachts eingestellt. Der Bericht des Kaufhausdetektivs und das Protokoll der Anhörung der Frau Neidhart durch den Personalleiter werden in der Personalakte, die noch eine herkömmliche Papierakte ohne Dateicharakter und ohne automatisierte Verarbeitung der Daten ist, abgelegt. – Ist dies mit dem Persönlichkeitsrecht der Frau Neidhart vereinbar?

Der Arbeitgeber wird geltend machen, er benötige die Unterlagen, falls erneut ein Diebstahl auftritt und sich wiederum Verdachtsmomente gegen Frau Neidhart richten. Frau Neidhart wird argumentieren, die Aufbewahrung dieser Vorgänge belaste ihr Arbeitsverhältnis zu Unrecht und könne Entscheidungen des Arbeitgebers zu ihrem Nachteil beeinflussen. Die Antwort auf die Frage hängt von den Umständen des einzelnen Falles ab. Ist Frau Neidhart im Laufe der Ermittlungen reingewaschen worden, und sind bei einer vernünftigen Betrachtungsweise keine Verdachtsgründe mehr erkennbar, wird die Personalakte von allen Unterlagen, die den Vorgang betreffen, „gesäubert“ werden müssen. Bleiben allerdings Verdachtsmomente, auch wenn der Sachverhalt für eine Anklageerhebung durch die Staatsanwaltschaft nicht ausreicht, so wird der Arbeitgeber das Protokoll des Kaufhausdetektivs und der Anhörung der Betroffenen in der Personalakte behalten können. Die Rechte der Frau Neidhart sind dann ausreichend dadurch gewahrt, dass sie die Aufnahme aller Unterlagen, die für ihre Unschuld sprechen, in die Personalakte verlangen kann.

Löschung Daten aus elektronischer Datenverarbeitung (Diebstahlsverdacht). Das Kaufhaus bringt bei den in einer Datei gespeicherten Personalstammdaten der Frau Neidhart ein Zeichen an, das besagt, dass sie im Zusammenhang mit einem betrieblichen Eigentumsdelikt auffällig geworden ist. – Was kann Frau Neidhart hiergegen machen?

Das Bundesdatenschutzgesetz erkennt für diesen Fall das Dokumentationsinteresse nicht an. Zwar wird lediglich der Umstand, dass sich der Verdacht gegen die Arbeitnehmerin gerichtet hat, gespeichert, doch handelt es sich auch hier um eine Information „über eine strafbare Handlung". Wegen der Einstellung des Ermittlungsverfahrens mangels eines hinreichenden Tatverdachts ist davon auszugehen, dass der Diebstahl nicht bewiesen werden kann. Das „Merkmal" ist daher zu löschen.

Was hat mit den Personaldaten zu geschehen, wenn sie für die Durchführung des Arbeitsverhältnisses nicht mehr benötigt werden?

Entfernung nicht mehr benötigter Unterlagen (Verfassungsschutzauskunft). Manfred Burger ist bei der Firma BMN als Ingenieur beschäftigt. Das Unternehmen stellt sowohl Panzer als auch zivile Nutzfahrzeuge her. Die Tätigkeit des Herrn Burger bezieht sich auf die Panzerproduktion. Nachdem er von einem Kollegen beim Verteilen eines Flugblattes mit Friedensparolen beobachtet worden ist, holt der Arbeitgeber eine Auskunft des Verfassungsschutzes ein, die eine Aktivität für eine linke Organisation während der Studentenzeit zutage fördert. Unter einem Vorwand wird Herr Burger in einen Betriebsteil versetzt, wo er ausschließlich mit der LKW-Produktion zu tun hat. – Darf die Auskunft des Verfassungsschutzes bei den Personalunterlagen verbleiben?

Die Aufbewahrung von Personaldaten kann das Persönlichkeitsrecht verletzen, wenn der Arbeitgeber die Daten nicht mehr benötigt. Die Verfassungsschutzauskunft ist für das Arbeitsverhältnis nach der Versetzung bedeutungslos geworden. Sie muss daher aus der Personalakte genommen und vernichtet werden. Die Firma BMN kann auch nicht argumentieren, dass sie unter Umständen später einmal, vielleicht im Rahmen einer weiteren Auseinandersetzung mit Herrn Burger, nachweisen können muss, warum es zu dieser Versetzung gekommen ist. Die Firma BMN hat die Versetzung des Herrn Burger nicht mit der Verfassungsschutzauskunft begründet, sondern eine andere Begründung vorgeschoben und muss sich daran festhalten lassen.

Entfernung nicht mehr benötigter Unterlagen (Führerscheinentzug). Jürgen Joschka ist Kraftfahrer in der Firma Alltransport. Er hat in seiner Freizeit einen Unfall und wird wegen Trunkenheit am Steuer bestraft. Der Führerschein wird ihm für zwei Jahre entzogen. Herr Joschka wird zunächst von seiner Aufgabe als Kraftfahrer suspendiert und dann mit seinem Einverständnis in den Innendienst versetzt. Die Tatsache des Führerscheinentzugs bleibt im EDV-gestützten Personalinformationssystem auch nach der Versetzung gespeichert. – Ist dies zulässig, und was kann Herr Joschka dagegen tun?

Die Speicherung des Führerscheinentzugs ist nach der einvernehmlichen Versetzung des Herrn Joschka in den Innendienst für die Durchführung des Arbeitsverhältnisses nicht mehr erforderlich. Die Information ist daher zu löschen. Daten über gesundheitliche Verhältnisse, strafbare Handlungen, Ordnungswidrigkeiten sowie religiöse oder politische Anschauungen sind zu löschen, wenn ihre Richtigkeit von der speichernden Stelle nicht bewiesen werden kann.

Darf der Arbeitgeber die während des Arbeitsverhältnisses über mich angesammelten Personaldaten nach Beendigung des Arbeitsverhältnisses unbegrenzt aufbewahren?

Die Beendigung des Arbeitsverhältnisses führt nicht zur Auflösung der Personalakte. Allerdings darf der Arbeitgeber Vorgänge über ein beendetes Arbeitsverhältnis nur so lange aufbewahren, wie dies für berechtigte Verwendungszwecke, insbesondere zur Abwendung von Rechtsansprüchen des ausgeschiedenen Arbeitnehmers, notwendig erscheint. Muss ein Arbeitgeber wegen des Ablaufs der gesetzlichen Verjährungsfristen oder wegen einer Vereinbarung mit dem Arbeitnehmer, dass diesem keine Ansprüche aus dem Arbeitsverhältnis mehr zustehen, nicht mehr mit einer Inanspruchnahme rechnen, ist er regelmäßig zur Vernichtung der Personalunterlagen des ausgeschiedenen Arbeitnehmers verpflichtet.

Was muss der Arbeitgeber bei der Weitergabe meiner Personaldaten an Dritte beachten?

Der Arbeitgeber muss die Personaldaten und Unterlagen, die personenbezogene Vorgänge dokumentieren, vertraulich behandeln.

Weitergabe von Personaldaten an Außenstehende. Egon Weißkirch ist seit einem Jahr von seiner Frau geschieden. Herr Rechtsanwalt Feindel, der Frau Weißkirch in unterhaltsrechtlichen Angelegenheiten gegen ihren Ehemann vertritt, ist ein guter Freund des Geschäftsführers der Firma, in der Herr Weißkirch beschäftigt ist. Er bittet den Geschäftsführer, ihn über die finanzielle Situation von Herrn Weißkirch zu informieren, insbesondere über die Höhe des Gehalts, über Sonderzahlungen, aber auch über Gehaltspfändungen. Der Geschäftsführer weist die Personalabteilung an, die Informationen an Herrn Rechtsanwalt Feindel zu geben. – Muss sich Herr Weißkirch dies gefallen lassen?

Die Weitergabe dieser Daten ist eindeutig rechtswidrig. Sie verletzt das Persönlichkeitsrecht des Herrn Weißkirch. Wenn Herr Rechtsanwalt Feindel diese Daten für die Geltendmachung eines Unterhaltsanspruchs benötigt, muss er ihre Preisgabe mit gerichtlichen Mitteln durchsetzen.

Die Frage der Weitergabe der Personaldaten hat auch eine innerbetriebliche Dimension: Ihre Personaldaten dürfen auch nicht anderen Arbeitnehmern zugänglich sein, soweit diese nicht zu Personalentscheidungen befugt sind oder sonst aufgrund der betrieblichen Funktion Zugang zu Personalunterlagen haben müssen.

Welche Auskunftsrechte und Mitteilungsrechte stehen mir nach dem Bundesdatenschutzgesetz zu?

Der Arbeitnehmer kann Auskunft über die zu seiner Person gespeicherten Daten verlangen, bei automatischer Verarbeitung auch Auskunft über die Personen und Stellen, an die Daten regelmäßig übermittelt werden. Der Auskunftsanspruch deckt sich weitgehend mit dem Recht auf Einsichtnahme in die Personalakte (§ 83 Betriebsverfassungsgesetz).

4. Wahrung und Sicherung von Rechten der Arbeitnehmer im Betrieb

Zweifellos eine häufige Erfahrung: Haben sich Arbeitgeber und Arbeitnehmer erst einmal vor dem Arbeitsgericht gestritten, ist das Arbeitsverhältnis nicht mehr auf Dauer zu retten. Umso wichtiger ist die innerbetriebliche Durchsetzung und Sicherung von Rechten.

Auch im Arbeitsleben gilt wie auch sonst die Maxime, dass Sorgfalt und Vorbedacht zur rechten Zeit manchen Streit vermeiden hilft.

Sie sollten daher schon bei Vertragsschluss darauf achten, dass Ihre Rechte und Pflichten möglichst genau festgelegt werden.

Habe ich, wenn ich einen mündlichen Vertrag geschlossen habe, einen Anspruch darauf, dass der Inhalt des Vertrages schriftlich fixiert wird?

Verlangen einer schriftlichen Fixierung des Vertragsinhalts. Ludwig G. ist bei einer kleinen Vertriebsfirma beschäftigt. Die Einstellung erfolgte auf der Grundlage eines mündlich mit dem ihm persönlich bekannten Inhaber ausgehandelten Vertrages. Schon unmittelbar nach der Arbeitsaufnahme stellte sich heraus, dass unterschiedliche Auffassungen über die Wochenarbeitszeit bestanden. G. war der Meinung, dass er – wie branchenüblich – nur 37,5 Stunden arbeiten müsse, sein Chef will an der in seinem Betrieb praktizierten 40-Stunden-Woche festhalten. Zwar können sich G. und sein Chef auf eine Wochenarbeitszeit von 38 Stunden einigen. G. ist allerdings der Meinung, dass – um solche Konflikte in Zukunft auszuschließen – die wesentlichen Vertragsbedingungen schriftlich fixiert werden müssten. – Kann G. dies verlangen?

Ja. Der Arbeitgeber ist gesetzlich verpflichtet, spätestens einen Monat nach dem vereinbarten Beginn des Arbeitsverhältnisses die wesentlichen Vertragsbedingungen schriftlich niederzulegen, die Niederschrift zu unterzeichnen und dem Arbeitnehmer auszuhändigen. Zu den „wesentlichen Vertragsbedingungen" gehören Zeitpunkt des Beginns des Arbeitsverhältnisses, der Arbeitsort, die Charakterisierung oder allgemeine Beschreibung der zu leistenden Tätigkeit, die Zusammensetzung und die Höhe des Arbeitsentgeltes einschließlich der Zuschläge, die vereinbarte Arbeitszeit, die Dauer des jährlichen Erholungsurlaubes sowie die Fristen für die Kündigung des Arbeitsverhältnisses.

Der Inhalt der Arbeitspflicht, aber auch andere Fragen des Arbeitsverhältnisses werden in Arbeitsverträgen oft nur allgemein geregelt und bedürfen der Konkretisierung in der betrieblichen Praxis. Daran ändert auch die oben beschriebene gesetzliche Verpflichtung zur schriftlichen Fixierung wesentlicher Vertragsbedingungen nichts. Sind aber Fragen des Arbeitsverhältnisses dem Direktionsrecht des Arbeitgebers überlassen, bedeutet dies eine erhöhte Macht des Arbeitgebers und eine Unsicherheit des Arbeitnehmers bezüglich seiner Rechte.

Muss der Arbeitgeber mich über meine betrieblichen Aufgaben und Zuständigkeiten informieren?

Um dem Arbeitnehmer trotz unvollkommener vertraglicher Regelung eine gewisse „Rechtssicherheit" zu geben, besteht eine gesetzliche Verpflichtung zur Information des Arbeitnehmers über die Bedingungen seiner Arbeit.

§ 81 Abs. 1 Betriebsverfassungsgesetz (BetrVG) schreibt vor, dass der Arbeitgeber den Arbeitnehmer

- über dessen Aufgabe und Verantwortung
- sowie über die Art seiner Tätigkeit und ihre Einordnung in den Arbeitsablauf des Betriebes

zu unterrichten hat.

Des Weiteren hat er nach dieser Bestimmung Arbeitnehmer vor Beginn der Beschäftigung

– über die Unfall- und Gesundheitsgefahren, denen dieser bei der Beschäftigung ausgesetzt ist,
– sowie über die Maßnahmen und Einrichtungen zur Abwendung dieser Gefahren.

zu belehren".

In gleicher Weise ist der Arbeitnehmer über Veränderungen in seinem Arbeitsbereich zu unterrichten.

In der Praxis bedeutsam ist die Aufklärung über die Abgrenzung von Zuständigkeiten einschließlich der Information, in welchen Fällen die Zustimmung von Vorgesetzten oder anderen Mitarbeitern einzuholen ist oder diese zu unterrichten sind.

Fehlende Kompetenzklärung. Herr Leissner ist Leiter der Abteilung „Teilefertigung I". Seine vertragliche Aufgabe ist es unter anderem, mit Lieferanten über die technische Beschaffenheit von geliefertem Material zu verhandeln. Ihm wird vorgeworfen, er habe einen Kunden zur Lieferung von geändertem Material veranlasst, ohne den kaufmännischen Leiter hiervon zu unterrichten. – Zu Recht?

War Herr Leissner nicht auf die Verpflichtung hingewiesen worden, kann ihm kein Vorwurf gemacht werden, insbesondere kann der Arbeitgeber nicht argumentieren: „Das hätten Sie wissen müssen." Der Arbeitgeber muss sich vielmehr wegen seines Versäumnisses an der Nase fassen.

Wie kann ich feststellen, welche Meinung der Arbeitgeber über mich und meine beruflichen Möglichkeiten im Betrieb hat?

Wenn der Arbeitgeber sich einmal zu einer personellen Maßnahme entschlossen hat, besteht zumeist keine Möglichkeit, diese Entscheidung zu beeinflussen, es bleibt nur die Möglichkeit der gerichtlichen Auseinandersetzung. Diese ist aber fast immer der Anfang vom Ende eines in normalen Bahnen verlaufenden Arbeitsverhältnisses. Umso wichtiger ist es, rechtzeitig zu wissen, was auf einen zukommen kann. Nur dann kann man sich darauf einstellen, also sich entweder an die Erwartungen des Arbeitgebers anpassen oder sich nach innerbetrieblichen oder außerbetrieblichen beruflichen Alternativen umsehen. Nach § 82 Absatz 2 Satz 1 BetrVG kann der Arbeitnehmer verlangen, dass mit ihm die Beurteilung seiner Leistungen sowie die Möglichkeit seiner beruflichen Entwicklung im Betrieb erörtert werden.

Bahnen sich im Betrieb negative Entwicklungen für Sie an, spiegelt sich dies zumeist auch in der Personalakte. Dort sind Abmahnungen, Beurteilungen und Aktenvermerke Ihres Vorgesetzten abgelegt. Wollen Sie in einer solchen Situation Ihre betriebliche Wertschätzung sozusagen durch die Brille Ihres Arbeitgebers betrachten, müssen Sie in die Personalakte Einsicht nehmen. Das Recht zur Einsichtnahme in die Personalakte kann Ihnen der Arbeitgeber nicht verwehren.

In diesen Zusammenhang gehört auch Ihr Recht, unter bestimmten Voraussetzungen ein Zwischenzeugnis zu verlangen. Lesen Sie hierzu 16. Kapitel, Abschnitt 1., S. 312).

Wie kann ich gegenüber Maßnahmen des Arbeitgebers meinen Standpunkt zu Gehör bringen?

Damit der Arbeitnehmer Maßnahmen des Arbeitgebers nicht „sprachlos" hinnehmen muss, sieht das Gesetz Folgendes vor. § 82 Absatz 1 BetrVG: „Der Arbeitnehmer hat das Recht, in betrieblichen Angelegenheiten, die seine Person betreffen, von den nach Maßgabe des organisatorischen Aufbaus des Betriebs hierfür zuständigen Personen gehört zu werden. Er ist berechtigt, zu Maßnahmen des Arbeitgebers Stellung zu nehmen sowie Vorschläge für die Gestaltung des Arbeitsplatzes und des Arbeitsablaufs zu machen"

Die Stellungnahme des Arbeitnehmers zu ihn betreffenden Maßnahmen ist unter zweierlei Gesichtspunkten von Bedeutung: Zum einen ist es ein Versuch, dem Arbeitgeber die eigene Sichtweise, aber auch eigene Belange näherzubringen und ihn vielleicht zu überzeugen, dass er von einer negativen Einschätzung oder Maßnahme abrückt. Zum Zweiten kann eine Stellungnahme wichtig sein, um deutlich zu machen, dass man mit einer getroffenen Maßnahme nicht einverstanden ist (Schweigen ist zwar zumeist nicht Zustimmung, aber kann im Einzelfall zusammen mit anderen Umständen als solche gewertet werden).

Wie mache ich von meinem Recht zur Gegendarstellung sachgemäß Gebrauch?

Dazu gehört auch das „Recht zur Gegendarstellung", das in der Praxis hauptsächlich im Zusammenhang mit Abmahnungen von Bedeutung ist. Das Recht zur Gegendarstellung muss aber auch funktionsgerecht genutzt werden. Gegendarstellungen müssen daher so abgefasst werden, dass sie auch geeignet sind, den Arbeitgeber zur Rücknahme einer Abmahnung, Rüge oder sonstiger belastender Maßnahmen zu bewegen. Häufig wird aber das Recht zur Gegendarstellung als Recht zum Gegenschlag missverstanden.

Unsachliche Gegendarstellung. Herr Zander, Sachbearbeiter in der Vertriebsabteilung der Gen GmbH in Frankfurt, ist wegen der verspäteten Ablieferung einer ihm aufgetragenen Verkaufsanalyse von seinem neuen, ein halbes Jahr im Amt befindlichen Abteilungsleiter abgemahnt worden. Er schreibt hierauf, verärgert: „Ich bin nun zehn Jahre bei der Firma beschäftigt und habe mich für die Unternehmensbelange aufgeopfert. Da kommt der neue Abteilungsleiter daher, der noch grün hinter den Ohren ist, und schikaniert mich wegen einer solchen Lappalie." – War dies eine vernünftige Reaktion?

Mit einem solchen Schreiben hat der betroffene Arbeitnehmer zwar seinem Ärger Luft gemacht, seine Stellung im Betrieb aber eher verschlechtert als verbessert. Auf den Arbeitgeber macht es regelmäßig keinen (oder einen schlechten) Eindruck, wenn man seine Leistung für den Betrieb allzu hoch einschätzt. Ob die nicht rechtzeitige Ablieferung der Arbeit eine Lappalie ist, ist doch sehr die Frage; möglicherweise ist der neue Abteilungsleiter gerade auch dazu angehalten worden, die Abteilung auf Trab zu bringen. Besser wäre sicher folgende Gegendarstellung gewesen:

„Zwar trifft es zu, dass der vorgegebene Termin von mir um drei Tage überschritten wurde. Bei der Durchführung der übertragenen Aufgabe entstanden nicht vorhersehbare Schwierigkeiten. Außerdem war Herr…, den ich vertrete, im Urlaub. Ich musste auch dessen Arbeit erledigen. Ohne mich auf meinen Lorbeeren ausruhen zu wollen, darf ich doch darauf hinweisen, dass ich bisher meine Arbeit unbeanstandet erledigt habe. Angesichts des Sachverhaltes erscheint mir die Abmahnung als eine unangemessene Maßnahme. Ich bitte daher, die Abmahnung zurückzunehmen."

Kann die Rücknahme der Abmahnung nicht erreicht werden, so dokumentiert dieses Schreiben doch, dass der Arbeitnehmer die Abmahnung nicht unwidersprochen hingenommen hat, und gibt die aus der Sicht des Arbeitnehmers gegen die Abmahnung sprechenden Gesichtspunkte wieder.

Ergänzt wird das Recht zur Stellungnahme durch die gesetzliche Verpflichtung des Arbeitgebers, Erklärungen des Arbeitnehmers, die den Inhalt der Personalakte betreffen, auf Verlangen des Arbeitnehmers dieser beizufügen.

Kann ich zu einem „kritischen" Gespräch mit dem Arbeitgeber bzw. einem Vorgesetzten ein Betriebsratsmitglied hinzuziehen?

Zum einen kann es sein, dass bei einem solchen Gespräch ein erheblicher Druck ausgeübt wird. Dann hat die Teilnahme einer weiteren Person, die Ihr Vertrauen genießt, die Funktion der Beratung und der Unterstützung. Zum anderen besteht die Gefahr, dass über den Inhalt der von Ihnen abgegebenen Erklärung Streit entsteht und Sie Ihre Version nicht beweisen können. Dann hat die Hinzuziehung einer weiteren Person die Funktion der „Beweissicherung".

Im Zusammenhang mit den Rechten des Arbeitnehmers auf Erläuterung der Berechnung und Zusammensetzung des Arbeitsentgeltes und – wichtiger – auf Erörterung der Beurteilung der Leistungen sowie der Möglichkeiten der beruflichen Entwicklung, hat der Gesetzgeber in § 82 Absatz 2 Satz 2 BetrVG vorgesehen, dass der Arbeitnehmer ein Mitglied des Betriebsrates hinzuziehen kann.

Dieses Recht besteht regelmäßig auch dann, wenn das Personalgespräch der Klärung dienen soll, ob der Arbeitnehmer bereit ist, einen Aufhebungsvertrag abzuschließen, selbst wenn der Arbeitgeber sich ausschließlich auf dieses Thema beschränken will, da der

Arbeitnehmer regelmäßig einen Anspruch darauf hat zu erfahren, wie seine bisherigen Leistungen beurteilt werden und warum es für ihn keine beruflichen Entwicklungsmöglichkeiten im Betrieb mehr geben soll. Etwas Anderes soll nach Ansicht des Bundesarbeitsgerichts allerdings gelten, wenn es nur noch um die Modalitäten eines Aufhebungsvertrages geht. Hier fehlt jeder Bezug zu der Beurteilung der Leistung und dem beruflichen Fortkommen im Betrieb.

Wie kann ich sonst vermeiden, dass ich ein für mich wichtiges Gespräch mit dem Arbeitgeber bzw. einem Vorgesetzten unter vier Augen führen muss?

Gibt es keinen Betriebsrat im Betrieb oder wollen Sie kein Betriebsratsmitglied hinzuziehen, weil Sie kein ausreichendes Vertrauen haben oder sich wegen des Themas keine wirkliche Hilfe versprechen, stellt sich die Frage, ob Ihnen das Recht zusteht, dritte Personen, also entweder Kolleginnen/Kollegen oder auch externe Personen wie einen Gewerkschaftssekretär oder einen Rechtsanwalt, hinzuzuziehen. Das ist insbesondere dann relevant, wenn es bei dem Gespräch (auch) um Inhalt oder Bestand des Arbeitsverhältnisses geht, da in diesem Zusammenhang sowohl rechtliche als auch taktische Fragen eine große Rolle spielen. Das Recht, einen Gewerkschaftssekretär oder einen Rechtsanwalt hinzuziehen, wird sicher dann bestehen, wenn der Arbeitgeber seinerseits sich bei dem Gespräch von einem Verbandsvertreter oder Rechtsanwalt unterstützen lässt. Das gebietet der Grundsatz der „Waffengleichheit". Ansonsten ist die Frage nicht endgültig geklärt. Sie ist im Ergebnis allerdings etwas dadurch entschärft, dass das Bundesarbeitsgericht dem Arbeitgeber kein Recht zubilligt, Gespräche über den Inhalt des Arbeitsvertrages (Änderung der Vergütung, der Arbeitszeit etc., siehe auch das nachfolgende Beispiel) anzuordnen. Will man dem Gespräch nicht ausweichen, besteht immer die Möglichkeit, die Teilnahme davon abhängig zu machen, dass auch ein Rechtsvertreter zugegen ist.

Gespräche in der Personalabteilung. Sie erhalten knapp vor Dienstschluss den Anruf ihres Personalbetreuers, dass Sie am nächsten morgen um 9 Uhr in der Personalabteilung erscheinen sollen. Auf Ihre Frage, warum es geht, wird Ihnen gesagt, dass der Verzicht auf das vertragliche 13. Monatsgehalt besprochen werden soll. – Müssen Sie der Aufforderung zu dem Personalgespräch Folge leisten?

Nein. Da nach § 106 GewO sich das Weisungsrecht des Arbeitgebers nur auf Inhalt, Ort und der Zeit der Arbeitsleistung sowie auf Ordnung und Verhalten im Betrieb bezieht, kann er auch nur Gespräche anordnen, die damit im Zusammenhang stehen. Hier geht es aber um die Änderung der vertraglichen Hauptpflichten. Insofern besteht kein Weisungsrecht des Arbeitgebers. Folgerichtig auch kein Recht, ein Personalgespräch mit dieser Thematik anzuordnen.

In der Praxis ergeben sich Probleme dadurch, dass sich der Arbeitgeber möglicherweis bei der Ankündigung des Personalgesprächs nicht in der geschilderten Weise festlegt oder auch andere Themen vorschiebt, so dass Sie sich nicht sicher sein können, dass Sie nicht doch der Aufforderung zum Gespräch Folge leisten müssen. Sie könnten dann, wenn sich nicht vorab das Thema des Gesprächs definitiv klären lässt, der Aufforderung unter dem Vorbehalt Folge leisten, dass Sie das Gespräch abbrechen, wenn es den Inhalt oder den Bestand Ihres Arbeitsvertrages betrifft.

Wichtig:

Hat ein Gespräch mit dem Arbeitgeber möglicherweise Auswirkungen auf Inhalt oder Bestand des Arbeitsverhältnisses, sollten Sie vermeiden, es allein zu führen.

Habe ich ein Recht, mich beim Arbeitgeber zu beschweren?

Jeder Arbeitnehmer hat das Recht, sich bei den zuständigen Stellen des Betriebs zu beschweren, wenn der sich vom Arbeitgeber oder von Arbeitnehmern des Betriebs benachteiligt oder ungerecht behandelt oder in sonstiger Weise beeinträchtigt fühlt (§ 84 Abs. 1 S. 1 BetrVG).

Was kann ich mit einer Beschwerde beim Betriebsrat bewirken?

Der Gesetzgeber hat die Beschwerde beim Betriebsrat ausdrücklich anerkannt und dem Betriebsrat auch ein Instrument zur Einwirkung auf den Arbeitgeber gegeben. Bei Meinungsverschiedenheiten über die Berechtigung der Beschwerde kann der Betriebsrat die Einigungsstelle anrufen. Soweit es nicht um einen Rechtsanspruch geht, den der Arbeitnehmer gegen den Arbeitgeber gerichtlich durchsetzen kann, ist die Entscheidung der Einigungsstelle über die Berechtigung der Beschwerde auch für den Arbeitgeber verbindlich (§ 85 BetrVG).

Einigungsstelle, Abhilfe der Beschwerde. Ein Meister, der für seine ausländerfeindliche Einstellung bekannt ist, spricht einen türkischen Kollegen immer mit „Mullah" oder „Ajatollah" oder ähnlichen „Titeln" an, nicht mit dessen Namen. Außerdem macht er sich in seiner Gegenwart über den Islam lustig, obwohl er weiß, dass der Türke gläubig ist. Der türkische Arbeitnehmer beschwert sich beim Betriebsrat. Nachdem der Betriebsrat sich vergeblich bemüht hat, den Arbeitgeber zum Einschreiten gegen den Meister zu bewegen, ruft er die Einigungsstelle an. Die Einigungsstelle erklärt die Beschwerde für berechtigt und empfiehlt, das Weisungsrecht für den türkischen Kollegen dem Meister zu entziehen und einem anderen zu übertragen und dem Meister eine Rüge wegen seines Verhaltens zu erteilen.

Der Arbeitgeber muss nun der Beschwerde abhelfen, wobei er allerdings an die Empfehlung der Einigungsstelle nicht gebunden ist. Die Abhilfe muss aber in geeigneter und wirksamer Form erfolgen. Etwas in Richtung der Empfehlung der Einigungsstelle wird der Arbeitgeber daher unternehmen müssen.

Wie bin ich davor geschützt, dass ich nicht durch die Ausübung meiner betrieblichen Rechte Nachteile erleide?

Der Arbeitnehmer darf die genannten Rechte (Auskunfts- und Erläuterungsansprüche, Recht zur Gegendarstellung und Beschwerderecht) während der Arbeitszeit ausüben. Weder beim Arbeitsentgelt noch in sonstiger Hinsicht dürfen ihm durch die Ausübung der Rechte Nachteile entstehen.

Kann ich mich wegen betrieblicher Missstände an zuständige Behörden wenden?

Strafanzeige (untertarifliche Bezahlung). Herr Hansen ist in der Buchhaltung der Drogeriekette Sauber seit zwei Jahren beschäftigt. Er war vorher bei einem anderen Unternehmen des Einzelhandels und ist daher mit der Höhe der Tariflöhne vertraut. Als er feststellt, dass die Fa. Sauber ihre Verkäuferinnen und Verkäufer untertariflich bezahlt, zeigt er die Geschäftsführer der Fa. Sauber ohne Vorwarnung bei der Staatsanwaltschaft wegen Betruges an.

Das hätte Herr Hansen besser nicht getan. Sollte es zu einer Kündigung durch die Fa. Sauber kommen, wird Herr Hansen einen schweren Stand haben. Es liegt ein sog. Whistleblowing vor, was soviel wie Verpfeifen oder Alarmschlagen bedeutet. Arbeitsrechtlich gilt für das Whistleblowing: Grundsätzlich darf sich der Arbeitnehmer wegen vom Arbeitgeber selbst oder von Vorgesetzten begangener Gesetzesverstöße nur dann an die zuständigen Behörden oder an die Öffentlichkeit wenden, wenn er zunächst den Arbeitgeber aufgefordert hat, die Gesetzesverstöße abzustellen, die Bemühung um die innerbetriebliche Klärung aber erkennbar ohne Erfolg geblieben ist. Nach Ansicht der Arbeitsgerichte folgt dies aus der Pflicht des Arbeitnehmers, Rücksicht auf die Interessen des Arbeitgebers zu nehmen. Ausnahmsweise gilt etwas Anderes, wenn dem Arbeitnehmer Tatsachen bekannt werden, die eine erhebliche strafbare Handlung nahelegen. Aber auch dann darf der Arbeitnehmer nicht leichtfertig oder in ausschließlicher Schädigungsabsicht handeln. Das Bundesarbeitsgericht will hier auch eine Verhältnismäßigkeitsprüfung vornehmen, in die auch die Schwere der Straftat, das Maß der Begründetheit des Verdachts und die Motivation des Mitarbeiters einzubeziehen sind.

In unserem Fall ist schon fraglich, ob eine Straftat vorliegt. Eine untertarifliche Bezahlung kann zwar Betrug sein, wenn der Arbeitgeber den Arbeitnehmern vortäuscht, dass sie tariflich bezahlt werden. Dafür liefert der Fall aber keine Anhaltspunkte. Es fehlt daher an einem konkreten Verdacht einer strafbaren Handlung. Herr Hansen wäre gut beraten gewesen, die untertarifliche Bezahlung innerbetrieblich zu monieren, oder – besser – die Einhaltung des Tarifvertrages der zuständigen Gewerkschaft zu überlassen.

Verbesserung der Rechtlage bei Whistleblowing?

Der Europäische Gerichtshof für Menschenrechte hat in seinem Urteil vom 21. Juli 2011 (Fall Heinisch) festgestellt, dass eine Whistleblowerin, die wegen der Gesetzesverstöße in einem Pflegeheim Strafanzeige erstattet und sich an die Öffentlichkeit gewendet hatte, durch das Urteil eines deutschen Arbeitsgerichts, das die deswegen ausgesprochene Arbeitgeberkündigung bestätigte, in ihren Menschenrechten verletzt worden ist. Wie diese Entscheidung die Rechtsprechung der Arbeitsgerichte zum Whistleblowing beeinflussen wird, bleibt abzuwarten. Eine grundsätzliche Abkehr von den bisher in solchen Fällen von den deutschen Arbeitsgerichten angewendeten Kriterien ist nicht zu erwarten, da der Europäische Gerichtshof für Menschenrechte nur die Gewichtung dieser Kriterien gegenüber den Rechten der Whistleblowerin beanstandet hat. Nachdem bis heute nichts geschehen ist, muss man auch skeptisch sein, dass die im Koalitionsvertrag 2013 von den Regierungsparteien erklärte Absicht, den Hinweisgeberschutz daraufhin zu überprüfen, ob die internationalen Vorgaben hinreichend umgesetzt sind, zu einer gesetzlichen Regelung führen wird. Da auch Arbeitgeberinteressen berührt sind, handelt es sich um ein heißes Eisen.

Für den Gesundheitsschutz gibt es in § 17 Abs. 2 S. 1 Arbeitssicherheitsgesetz schon eine Regelung, die dem Arbeitnehmer bei Mängeln der betrieblichen Sicherheit oder des Gesundheitsschutzes gestattet, sich nach dem Scheitern einer auf Abhilfe dieser Mängel gerichteten Beschwerde an die zuständige Behörde zu wenden. In Satz 2 dieser Bestimmung ist geregelt, dass hierdurch den Beschäftigten keine Nachteile entstehen dürfen.

Welchen Vorteil kann es mir bringen, wenn der Betriebsrat sein Mitbestimmungsrecht ausübt?

Wir haben schon auf die Mitbestimmungsrechte des Betriebsrates hingewiesen. Gerade bei Maßnahmen des Arbeitgebers mit kollektivem Charakter (z. B. Änderung der Arbeitszeit, Fragen der betrieblichen Lohngestaltung, allgemeine Verhaltensrichtlinien, Beurteilungsgrundsätze) wird die Rechtsposition des einzelnen Arbeitnehmers entscheidend davon bestimmt, ob und wie der Betriebsrat seine Mitbestimmungsrechte wahrnimmt. Die Mitbestimmungsrechte bedeuten daher auch einen Schutz des einzelnen Arbeitnehmers.

Einschaltung Betriebsrat (Überstunden). Ihr Arbeitgeber ordnet Überstunden für eine Abteilung an. Sie wollen aus privaten Gründen keine Überstunden leisten und wenden sich an den Betriebsrat. – Was kann der Betriebsrat in Ihrem Interesse tun?

Der Betriebsrat könnte etwa im Rahmen seines Mitbestimmungsrechts eine Vereinbarung erreichen, dass nur Arbeitnehmer zu den Überstunden heranzuziehen sind, die diese freiwillig ableisten, und dass für die geleisteten Überstunden ein zusätzlicher Freizeitausgleich erfolgt.

Der Betriebsrat wird sich allerdings selten in vollem Umfange gegen den Arbeitgeber durchsetzen, so dass die unter Mitwirkung des Betriebsrates getroffenen Regelungen zumeist Kompromisscharakter tragen.

Einschaltung Betriebsrat (Zulagen). Ihr Arbeitgeber zahlt zusätzlich zum tariflichen Monatsgehalt Zulagen in unterschiedlicher Höhe. Einige Arbeitnehmer, zu denen auch Sie gehören, erhalten überhaupt keine Zulage. Gründe für diese unterschiedliche Handhabung sind für Sie nicht ersichtlich; angeblich hängt die Höhe der Zulagen von der Leistung ab. Sie wenden sich an den Betriebsrat. – Was kann dieser in Verhandlungen mit dem Arbeitgeber erreichen?

Er könnte z. B. folgendes Ergebnis erzielen: Es wird eine Zulage in gleicher Höhe an alle bezahlt, die allerdings nur die Hälfte des bisherigen Durchschnittsbetrages ausmacht. Die andere Hälfte des bisherigen „Zulagentopfes“ wird nach Leistungsgesichtspunkten, die im Einzelnen definiert sind, an die Arbeitnehmer verteilt.

Der Betriebsrat hat sich hier mit seiner Vorstellung, allen eine Zulage in gleicher Höhe zukommen zu lassen, nur zum Teil durchgesetzt. Außerdem reicht sein Recht, bei der Lohngestaltung mitzubestimmen, von vorneherein nicht so weit, dass alle Arbeitnehmer mehr bekommen. Der Betriebsrat kann nur bei der Verteilung mitbestimmen und damit für eine größere Gerechtigkeit sorgen.

Wie kann der Betriebsrat durch Ausübung seines Mitbestimmungsrechts meine Rechtsposition bei Versetzungen stärken?

Gerade bei personellen Einzelmaßnahmen hat der Betriebsrat eine starke Rechtsposition. Er kann die Zustimmung verweigern, wenn der betroffene Arbeitnehmer durch eine personelle Maßnahme benachteiligt wird, ohne dass dies aus betrieblichen oder in der Person des Arbeitnehmers liegenden Gründen gerechtfertigt ist (§ 99 Absatz 2 Ziffer 4 BetrVG).

Beachten Sie allerdings: Der Betriebsrat kann, muss aber nicht seine Zustimmung verweigern. In welchem Umfange er sich die Begründung des Arbeitgebers zur Notwendigkeit der personellen Maßnahme zu eigen macht, steht in seinem pflichtgemäßen Ermessen. Verweigert allerdings der Betriebsrat wegen der Benachteiligung des betroffenen Arbeitnehmers seine Zustimmung, bleibt dem Arbeitgeber nur der Weg zum Gericht, will er an der personellen Maßnahme festhalten.

Das Gericht prüft dann, ob der Betriebsrat die Zustimmung zu Recht verweigert hat.

Einschaltung Betriebsrat (Versetzung). In einer Druckerei stehen zwei Druckmaschinen, die unterschiedlichen technischen „Generationen" angehören. Die neue Maschine leistet in der gleichen Zeit das Doppelte wie die alte. Die 50-jährige schwerbehinderte Hanna Müller, die die Druckerzeugnisse daraufhin zu überprüfen hat, ob diese vollständig und ordnungsgemäß gefaltet aus der Maschine kommen, soll von der alten an die neue Maschine versetzt werden, obwohl sie aufgrund ihrer Schwerbehinderung etwas langsam ist und an der neuen Maschine die Gefahr der Erhöhung der Fehlerquote besteht. – Was kann der Betriebsrat tun?

Verweigert der Betriebsrat die Zustimmung zur Versetzung an die neue Maschine, muss der Arbeitgeber die Zustimmung des Arbeitsgerichts einholen.

Gerade bei einem solchen Sachverhalt, der dem Arbeitgeber bei der Ausübung seiner Fürsorgepflicht nicht das beste Zeugnis ausstellt, wird möglicherweise schon eine Hemmschwelle vorhanden sein, überhaupt das Arbeitsgericht anzurufen. Dann bleibt dem Arbeitgeber nur, die Finger von der Versetzung zu lassen.

Wie kann mich der Betriebsrat durch Ausübung seines Mitbestimmungsrechts in Urlaubsfragen unterstützen?

Der Betriebsrat hat in Urlaubsfragen ein Mitbestimmungsrecht, das sich insbesondere auf die Erstellung von Urlaubsplänen und die Aufstellung von allgemeinen Urlaubsgrundsätzen bezieht. Aber mehr noch: Der Betriebsrat hat auch mitzubestimmen bei der Festsetzung der zeitlichen Lage des Urlaubs für einzelne Arbeitnehmer, wenn zwischen dem Arbeitgeber und den beteiligten Arbeitnehmern kein Einverständnis besteht.

Anrufung Einigungsstelle wegen Urlaubs-Zeitpunkt. Julius Haffner ist seit zehn Jahren als kaufmännischer Angestellter bei der Modefirma Fleck GmbH beschäftigt. Er hat sich Anfang Februar in die Urlaubsliste für einen Urlaub vom 5. bis 26. Mai eingetragen. Ende März teilt ihm die Personalabteilung mit, dass der Urlaub wegen Arbeitsüberlastung der Abteilung nicht gewährt werden kann. – Was kann der Betriebsrat für Herrn Haffner tun?

Der Betriebsrat kann den Urlaubswunsch des Herrn Haffner gegenüber der Personalabteilung unterstützen. Kommt eine Einigung mit dem Arbeitgeber nicht zustande, hat er die Möglichkeit, die Einigungsstelle – eine aus Vertretern der Arbeitgeberseite und der Betriebsratsseite und einem neutralen Vorsitzenden zusammengesetzte Einrichtung – anzurufen, die dann verbindlich entscheidet. Damit wird Ihnen der während des bestehenden Arbeitsverhältnisses problematische Gang zum Gericht erspart.

Ist die Zeit nicht allzu kurz, kann auch das Einigungsstellenverfahren so rechtzeitig durchgeführt werden, dass eine Entscheidung bis zum Urlaubsbeginn vorliegt.

5. Verweigerung und Zurückbehaltung der Arbeit

Wird vom Arbeitnehmer im Betrieb etwas verlangt, wozu er glaubt nicht verpflichtet zu sein, oder muss er seine Arbeitsleistung unter Bedingungen erbringen, die ihm nicht erträglich erscheinen, stellt sich die Frage nach dem Recht zur Arbeitsverweigerung oder nach einem Recht zur Zurückbehaltung der Arbeitsleistung. Im Gegensatz zu den eher vorbeugenden und flankierenden betrieblichen Rechten, die im vorherigen Kapitel behandelt wurden, handelt es sich hierbei regelmäßig um einen hochriskanten Ausweg aus einer akuten betrieblichen Konfliktsituation.

Ein Recht zur Arbeitsverweigerung kann dem Arbeitnehmer zustehen, wenn der Arbeitgeber etwas von ihm verlangt, was er nach dem Arbeitsvertrag nicht verlangen kann, oder wenn er die Grenzen des ihm grundsätzlich nach dem Arbeitsvertrag zustehenden Weisungsrechts überschreitet (vgl. ausführlich 4. Kapitel).

Wie verschaffe ich mir Klarheit, ob das, was der Arbeitgeber von mir verlangt, mit meinem Arbeitsvertrag vereinbar ist?

Zuweisung einer anderen Arbeit. Herr Huber, 58 Jahre alt, ist in der Generaldirektion der Allgemeinen Versicherung in München beschäftigt. Nach seinem schriftlichen Arbeitsvertrag ist er zu allen Tätigkeiten des Hausdienstes verpflichtet. Seit einem Jahr übt er nur noch die Tätigkeit eines Pförtners aus. Als der erste Schnee im November fällt, erklärt ihm der Leiter der Organisationsabteilung, er müsse, was er ja auch schon früher gemacht habe, in diesem Winter den Schnee im Hof wegschaufeln. Als Herr Huber darauf hinweisen will, dass diese Arbeit nicht zu den Aufgaben des Pförtners, sondern zu den Aufgaben des Hausdienstes gehört, schneidet ihm der Leiter der Organisationsabteilung das Wort ab und erklärt: „In diesem Winter müssen Sie den Schnee wegräumen, basta!" Herr Huber hält die Weisung für rechtswidrig und will ihr nicht Folge leisten. – Welche Gesichtspunkte muss er in seine Überlegungen einbeziehen?

Zunächst muss Herr Huber seinen schriftlichen Arbeitsvertrag und eventuelle schriftliche Vertragsänderungen zu Rate ziehen. Eine schriftliche Übertragung des Pförtnerdienstes wäre die sicherste Grundlage.

Wollte er sich auf eine mündliche Änderung berufen, müsste er rekonstruieren, was im Zusammenhang mit der Übernahme des Pförtnerdienstes auf Seiten der Allgemeinen Versicherung erklärt worden ist. Mündliche Zusagen haben oft den Nachteil, dass sie nicht bewiesen werden können. Auch könnte sein Arbeitsvertrag eine Klausel enthalten, dass Änderungen und Ergänzungen der Schriftform bedürfen. Das schließt zwar eine mündliche Änderung nicht vollständig aus, verlangt aber einen eindeutigen „Geltungswillen", der regelmäßig bei mündliche Zusagen „einfacher" Vorgesetzter nicht vorhanden ist.

Liegt eine beweisbare mündliche Zusage nicht vor, bliebe noch eine Vereinbarung durch ein sog. schlüssiges Verhalten (vgl. zum Zustandekommen eines Arbeitsvertrages durch schlüssiges Verhalten 3. Kapitel, Abschnitt 2., S. 52). Dafür wird aber die einjährige Tätigkeit als Pförtner nicht ausreichend sein. Es kommt vielmehr auf alle Umstände an, die möglicherweise das Vertrauen des Herrn Huber begründet haben, dass er nur noch Pförtnerdienst ausüben muss. Wurde damals auf sein Alter Rücksicht genommen, konnte er auch ohne eine ausdrückliche Zusicherung davon ausgehen, dass er keine andere Arbeit mehr ausüben muss. War damals nur ein vorübergehender Engpass beim Pförtnerpersonal vorhanden, der zu seiner „Abordnung" führte, die sich dann aber doch länger hinzog, wird man nicht von einer Vertragsänderung ausgehen können. Auch in diesem Zusammenhang spielt eine etwaige Schriftformklausel eine wesentliche Rolle. Eine solche Klausel hat gerade den Sinn, dass nur bei einer ausdrücklichen und von der zuständigen Stelle gegebenen Zustimmung eine Änderung des Arbeitsvertrages eintritt. Dafür reicht ein „schlüssiges Verhalten" regelmäßig nicht aus.

Überstunden bei fehlender vertraglicher Regelung. Frau Rezanek ist Verkäuferin und Kassiererin in einer Filiale der Drogeriekette Sauber. Sie hat in ihrem Arbeitsvertrag eine Wochenarbeitszeit von 24 Stunden vereinbart. Die tägliche Arbeitszeit (Montag bis Samstag) ist dort auf 9 bis 13 Uhr festgelegt. Eine Klausel über die Leistung von Überstunden enthält der Arbeitsvertrag nicht. Frau Rezanek wird ab13 Uhr von einer Kollegin, derzeit Frau Ulrich, abgelöst. Während ihrer Schicht sind die Verkäuferinnen allein. Nur einmal in der Woche hält sich auch die Marktleiterin für einige Stunden in der Filiale auf. An einem Dienstag erhält Frau Rezanek um 12 Uhr von der Marktleiterin einen Anruf, dass Frau Ulrich sich gerade krank gemeldet hätte, und sie daher bis die Aushilfe, was etwa gegen 15 Uhr zu erwarten sei, einträfe, „die Stellung halten" müsse. Als Frau Rezanek zu bedenken gab, dass sie ihr Kind vom Kindergarten abholen muss, sagte die Marktleiterin kurz und knapp: „Das interessiert mich nicht." – Wie ist die Situation rechtlich zu beurteilen?

Die Marktleiterin ordnet der Sache nach Überstunden an, da sich die Arbeitszeit der Frau Rezanek, wenn sie bis 15 Uhr weiterarbeitet, in der fraglichen Woche auf 27 Stunden erhöht. Ihr Vertrag sieht die Verpflichtung zur Leistung von Überstunden nicht vor. Wenn auch sonst – etwa in einer Betriebsvereinbarung oder in einem Tarifvertrag – keine entsprechende Verpflichtung geregelt ist, kann der Arbeitgeber von ihr auch grundsätzlich keine Überstunden verlangen. Allerdings soll eine Ausnahme in Notfällen oder in außergewöhnlichen Fällen gelten, so etwa, wenn Gefahren für den Betrieb z. B. durch Brand oder Hochwasser drohen. Hier geht es darum, dass die Filiale ohne die Überstunden für zwei Stunden geschlossen werden müsste. Es erscheint schon fraglich, ob das einen solch extremen Ausnahmefall begründet. Hinzu kommt: Auf eine Ausnahmesituation kann sich der Arbeitgeber dann nicht berufen, wenn sie vorhersehbar und durch geeignete Maßnahmen abgewendet hätte werden können. Das liegt hier durchaus nahe. Eine Filiale, die nur mit einer Kraft besetzt ist, ist für Probleme der geschilderten Art geradezu anfällig. Kurzfristige Krankmeldungen oder sonstige Ausfälle sind in der betrieblichen Praxis nicht ungewöhnlich. Eine Verpflichtung, Überstunden zu leisten, hat die Fa. Sacher bei Frau Rezanek nicht in den Vertrag aufgenommen. Sie hätte daher ausreichende organisatorische Vorkehrungen treffen müssen, dass auch kurzfristig eintretende personelle Engpässe ausgeglichen werden können. Wenn die Aushilfskraft erst nach 3 Stunden zur Verfügung steht, ist dies offensichtlich nicht geschehen.

Wenn man trotz dieser Bedenken eine Ausnahmesituation annehmen wollte, ist diese doch nicht so schwerwiegend, dass die Belange der Frau Rezanek in jedem Fall zurückstehen müssten. Es hat dann immer noch eine Interessenabwägung stattzufinden. Das Fehlen einer vertraglichen oder sonstigen rechtlichen Grundlage für eine Überstundenanordnung bedeutet zugleich einen besonderen Schutz der Freizeit und der privaten und familiären Gestaltung dieser Freizeit. Notwendigkeiten und Zwänge aus dieser Sphäre haben daher ein besonderes Gewicht. Müsste Frau Rezanek tatsächlich ihr Kind nach Arbeitsende abholen, wäre das ein solcher Grund, der Vorrang gegenüber den betrieblichen Interessen hätte.

Auch bei dieser Einschätzung bleibt die Situation der Frau Rezanek schwierig, da ihr wohl kaum klar sein wird, dass das Schweigen ihres Vertrages zur Frage der Überstunden bedeutet, dass sie keine Überstunden machen muss. Sie wird auch nicht überblicken, ob sich nicht aus einer Betriebsvereinbarung oder einem Tarifvertrag die Berechtigung zur Überstundenanordnung ergibt.

Wie stelle ich fest, ob eine Weisung meines Arbeitgebers billigem Ermessen entspricht?

Soweit der Umfang der Leistungs- und Verhaltenspflichten nicht präzise vereinbart ist, steht dem Arbeitgeber ein Spielraum zu. Er kann diesen Spielraum durch Weisungen ausfüllen, die vom Arbeitnehmer befolgt werden müssen. Das Weisungsrecht kann der Arbeitgeber nur nach billigem Ermessen ausüben (§ 106 GewO). Der Arbeitgeber verliert sein Weisungsrecht nicht dadurch, dass er es über längere Zeit nicht ausgeübt hat.

Die Frage, wann eine Arbeitgeberweisung nicht billigem Ermessen entspricht, ist zumeist schwierig zu beantworten. Sie erfordert regelmäßig einen juristischen Rat. Für Sie ist wichtig, dass Sie eine möglichst umfassende Abwägung aller gegenseitigen Belange, also sowohl die eigenen als auch die des Arbeitgebers, vornehmen. Betrachten Sie die Weisung des Arbeitgebers nur durch Ihre Brille, werden Sie die rechtliche Situation meist falsch beurteilen.

Überstunden bei vertraglicher Regelung. Wie wäre der Fall der Frau Rezanek zu beurteilen, wenn in ihrem Arbeitsvertrag vorgesehen ist, dass betrieblich notwendige Überstunden zu leisten sind, wöchentlich maximal 2 Stunden.

Anders als im Ausgangsfall ist hier die Fa. Sauber im Rahmen des wöchentlichen Budgets von 2 Stunden berechtigt, Überstunden anzuordnen. Das ihr damit eingeräumte Weisungsrecht kann sie aber nur im Rahmen billigen Ermessens ausüben. Die entscheidende Frage ist, ob die Fa. Sauber einen sachlichen Grund für die Anordnung der Überstunden hat. Das wird man nicht in Abrede stellen können. Grundlage für die Beurteilung sind die organisatorischen und personellen Gegebenheiten. Danach ist die Anordnung die Überstunden erforderlich, um den Betrieb in der Filiale für die Zeit vom 13 bis 15 Uhr aufrechtzuerhalten. Zwar muss der Arbeitgeber bei der Anordnung von Überstunden auch auf die Vereinbarkeit von Familie und Beruf achten. Zwingende betriebliche Gründe haben aber Vorrang gegenüber dieser Verpflichtung. Frau Rezanek weiß aufgrund der vertraglichen Regelung, dass sie unter Umständen Überstunden leisten muss, und kann sich daher darauf einstellen. Grundsätzlich muss die Anordnung von Überstunden eine angemessene Zeit vorher angekündigt werden. Das setzt aber voraus, dass die Situation eine solche frühzeitige Ankündigung zulässt, was hier gerade nicht der Fall ist. Es ist nicht auszuschließen, dass ein familienfreundliches Arbeitsgericht zu einem anderen Ergebnis kommt. Diese Hoffnung ist aber in der konkreten Situation für Frau Rezanek wenig hilfreich.

Änderung des Arbeitsortes. Herr Schneider wohnt mit seiner Familie in München und ist dort in der Niederlassung der Firma Mitterhoff, einer großen Bauunternehmung, tätig. Er hat schon seit Jahren unüberbrückbare Spannungen mit zwei älteren Kollegen. Alle Bemühungen der Personalabteilung um eine Aussöhnung blieben erfolglos. Er erhält einen Brief, dass er mit gleichem Aufgabengebiet von nun an in der Niederlassung Augsburg eingesetzt wird. Sein Arbeitsvertrag sieht zwar München als Arbeitsort vor, lässt aber ausdrücklich auch eine Versetzung in eine andere Niederlassung zu. – Ist die Versetzung wirksam?

Für Herrn Schneider bedeutet die tägliche Fahrt nach Augsburg zweifellos eine Belastung. Andererseits ist hat der Arbeitgeber ein berechtigtes Interesse, den Betriebsfrieden im Betrieb München wiederherzustellen. Lässt sich nicht klären, wer für die Spannungen verantwortlich ist und haben die Bemühungen, die Beteiligten zur Kooperation zu bewegen, keinen Erfolg, wird man dem Arbeitgeber nicht verwehren können, das Problem dadurch zu lösen, dass er einen der Streithähne versetzt. Allerdings muss er nach billigem Ermessen entscheiden, wen es trifft. Dabei werden das Alter sowie die persönlichen und familiären Verhältnisse den Ausschlag geben.

Welches Folgen kann eine unberechtigte Arbeitsverweigerung haben?

Je nach den Umständen kann im Falle einer unberechtigten Arbeitsverweigerung eine Abmahnung, eine ordentliche oder gar eine außerordentliche Kündigung drohen. Diese Folgen sind auch nicht ausgeschlossen, wenn Sie irrtümlich die Rechtswidrigkeit einer Weisung angenommen haben. Wenn Sie eine solche Entscheidung treffen, müssen Sie daher das Risiko bedenken.

Betrifft eine Weisung nicht die Arbeitsleistung (einschließlich der damit verbundenen Nebenpflichten) oder verstößt sie gegen ein gesetzliches Verbot oder führt sie dazu, dass dem Arbeitnehmer die Erbringung der Arbeitsleistung unzumutbar wird, muss der Arbeitnehmer sie nicht befolgen. Wie aber die Beispiele Huber und Rezanek zeigen, kann im konkreten Fall zweifelhaft sein, ob die genannten Voraussetzungen überhaupt gegeben sind. Auch bei solchen Fallgestaltungen kann daher eine Arbeitsverweigerung ein großes Risiko bedeuten.

Besonders riskant ist eine Arbeitsverweigerung dann, wenn es um die Frage geht, ob der Arbeitgeber das ihm grundsätzlich zustehende Weisungsrecht im Rahmen des billigen Ermessens ausgeübt hat. Nach einer Entscheidung des Bundesarbeitsgerichts soll bei Ausübung des Ermessens durch den Arbeitgeber in jedem Fall eine (vorläufige) Verbindlichkeit für den Arbeitnehmer eintreten, also auch dann, wenn die Ermessensausübung unbillig ist. Diese Ansicht erscheint zweifelhaft und es ist nicht sicher, ob die Rechtsprechung nicht wieder davon abrückt. Derzeit muss aber in den Fällen einer als unbillig empfundenen Ausübung des Weisungsrechts davon abgeraten werden, ohne vorherige rechtliche Klärung die Weisung nicht zu befolgen.

Welche Verhaltensregeln muss ich im Falle einer Arbeitsverweigerung beachten?

Da regelmäßig die Rechtslage nicht einfach zu durchschauen ist, insbesondere auch die Folgen einer Arbeitsverweigerung zu bedenken sind, ist das erste Gebot, sich wenn möglich rechtlich abzusichern. Dazu sollte, soweit die Maßnahme und die Situation es zulassen, ein rechtlicher Rat bei einem Rechtsanwalt oder einem rechtskundigen Gewerkschaftssekretär eingeholt werden.

Wichtig:

Lassen Sie sich nach Möglichkeit vorher rechtlich beraten wenn Sie beabsichtigen einer Weisung des Arbeitgebers nicht Folge zu leisten.

Es gibt allerdings Situationen, in denen eine schnelle Entscheidung getroffen werden muss, etwa wenn der Pförtner angewiesen wird, den Schnee wegzuräumen.

Ganz ausgeschlossen ist auch in einer solchen Situation die rechtliche Beratung nicht. Sie können versuchen, mit der Gewerkschaft oder einem Rechtsanwalt zu telefonieren. Wenn dies nicht möglich ist, bekommen die nachfolgenden Hinweise besondere Bedeutung.

Widerspricht der Arbeitgeber Ihrer Auffassung, dass eine bestimmte Tätigkeit nicht zu Ihren arbeitsvertraglichen Pflichten gehört, ist weiter die Rechtslage zweifelhaft und ist aus Ihrer Sicht die Verrichtung der angewiesenen Tätigkeit wenigstens vorübergehend nicht gänzlich ausgeschlossen, so sollten Sie die Weisung zunächst befolgen und eine gerichtliche Klärung herbeiführen.

Wichtig:

Ist das Recht zur Arbeitsverweigerung zweifelhaft, empfiehlt es sich, der Anweisung zunächst Folge zu leisten.

Der beim Arbeitsgericht zu stellende Antrag würde dann darauf abzielen, dass bestimmte Tätigkeiten nicht zu Ihrem vertraglichen Aufgabengebiet gehören. Wenn Sie diesen Weg gehen wollen, müssen Sie allerdings vorweg klarstellen, dass die Befolgung der Anweisung nichts daran ändert, dass Sie die Übertragung der betreffenden Tätigkeit für unzulässig halten.

Wichtig:

Leisten Sie einer Weisung des Arbeitgebers Folge, obwohl Sie diese für vertragswidrig oder unbillig halten, sollten Sie klarstellen, dass Sie dadurch Ihren Rechtsstandpunkt nicht aufgeben.

Hinweis auf Nichtaufgabe des Rechtsstandpunktes. „.. haben Sie mir mitgeteilt, dass ich trotz meiner mehrjährigen Pförtnertätigkeit nach wie vor für alle im Hausdienst anfallenden Tätigkeiten zur Verfügung stehen muss. Wie ich schon gegenüber dem Leiter des Hausdienstes deutlich gemacht habe, bin ich anderer Auffassung. Ich werde die Frage über meinen Rechtsanwalt beim Arbeitsgericht klären lassen. Die Befolgung entsprechender Anweisungen erfolgt daher ohne Aufgabe meines Rechtsstandpunktes."

Wie kann ich das Risiko einer Arbeitsverweigerung verringern?

Wollen Sie eine Anweisung des Arbeitgebers ungeachtet der bestehenden Risiken nicht befolgen, sollten Sie doch nach Möglichkeit versuchen, das Risiko zu verringern. Dazu sind unter Umständen die folgenden Hinweise hilfreich.

In der Regel werden Sie – jedenfalls aus Ihrer Sicht – gewichtige Gründe haben, warum Sie einer Anweisung nicht Folge leisten wollen. Es kommt immer wieder vor, dass diese Gründe erst im Zusammenhang mit einer Auseinandersetzung über die personellen Konsequenzen einer Arbeitsverweigerung vom Arbeitnehmer geltend gemacht werden. Dann sind sie manchmal nicht mehr nachweisbar oder nicht glaubwürdig. Richtig und wichtig ist es daher, diese Gründe sofort auf den Tisch zu legen. Abgesehen von der Möglichkeit, dass Sie vielleicht ein Einlenken des Arbeitgebers erreichen, verbessern Sie Ihre rechtliche Position bezüglich der Arbeitsverweigerung.

Wichtig:

Wenn Sie triftige persönliche Gründe für eine Arbeitsverweigerung haben, sollten Sie diese Gründe auch dem Arbeitgeber entgegenhalten.

Entschließen Sie sich zu einer Arbeitsverweigerung, dürfen Sie nicht über das Ziel hinausschießen.

Verlassen des Arbeitsplatzes (schikanöse Weisung). Der Fahrer Heinze wird vom Fuhrparkleiter den ganzen Vormittag mit dem Waschen von Firmenfahrzeugen beschäftigt. Er ist der Auffassung, dass er zwar „sein" Fahrzeug waschen müsse, nicht aber die Fahrzeuge seiner Kollegen, und empfindet das Vorgehen des Fuhrparkleiters als Schikane. Als er das dritte Fahrzeug waschen soll, gerät er mit dem Fuhrparkleiter aneinander und erklärt, es würde ihm jetzt reichen. Er packt seine Sachen und geht nach Hause, obwohl er weiß, dass nachmittags eine wichtige Fahrt ansteht.

Selbst wenn Herr Heinze mit seiner Ansicht Recht hätte, darf er nicht einfach nach Hause gehen und den wichtigen Nachmittagstermin sausen lassen. Solche nicht gerade seltenen Reaktionen beruhen auch darauf, dass man sich dem betrieblichen Druck entziehen will. Sie sind zwar manchmal verständlich, aber nicht zu empfehlen.

Wichtig:

Vermeiden Sie eine unverhältnismäßige Reaktion, wenn Sie einer Weisung des Arbeitgebers nicht Folge leisten wollen.

Aufsuchen des Betriebsrates. Richtig wäre folgendes Verhalten von Herrn Heinze gewesen. Er erklärt dem Fuhrparkleiter: „Ich gehe jetzt zum Betriebsrat und werde mich beschweren. Sollten Sie mich für eine Fahrt benötigen, bin ich dort zu erreichen. Selbstverständlich stehe ich für die geplante Fahrt am Nachmittag zur Verfügung."

In Fällen der Arbeitsverweigerung aktualisiert sich oft eine ohnehin schon vorhandene Spannung. Solche Emotionen sind schlechte Ratgeber und versperren den Blick auf mögliche Auswege. Bei nüchterner Betrachtungsweise könnte der Vorgesetzte vielleicht auf eine naheliegende Alternative hingewiesen werden, die entweder, wenn sie vom Vorgesetzten aufgegriffen wird, den Konflikt entschärft oder das Risiko einer unberechtigten Arbeitsverweigerung erheblich vermindert.

Pragmatischer Gegenvorschlag. Frau Ludwig ist Buchhalterin bei der Firma Japan-Autovertriebs GmbH. Für sie gilt die gleitende Arbeitszeit mit einem Ende der sog. Kernzeit um 16.00 Uhr. Frau Ludwig will wegen einer Verabredung an einem Tag pünktlich um 16.00 Uhr gehen. Der Leiter der Buchhaltung besteht darauf, dass der Monatsabschluss noch fertig gestellt wird, da der Geschäftsführer ihn am nächsten Tag um 11 Uhr auf dem Tisch haben will. Frau Ludwig erklärt die Bereitschaft, am nächsten Tag früher zu kommen und dann den Monatsabschluss fertig zu stellen. Der Leiter der Buchhaltung beharrt auf seiner Weisung. Frau Ludwig geht nach Hause. – Hat sie unberechtigt die Arbeit verweigert?

Da die Kernzeit schon vorüber ist, kann Frau Ludwig grundsätzlich frei entscheiden, ob sie noch weiterarbeitet oder ihre Arbeit beendet. Das ist gerade der Sinn der Gleitzeit. Das Weisungsrecht des Arbeitgebers ist in der Gleitphase weitgehend eingeschränkt. Hier wird der Vorwurf der Arbeitsverweigerung nicht erhoben werden können, wenn der Leiter der Buchhaltung ohne wirklich triftige Gründe darauf besteht, dass die Arbeit noch am gleichen Tag erledigt wird.

Wichtig:

Weisen Sie, wenn es möglich ist, den Vorgesetzten auf etwaige Alternativen hin, bevor Sie die Arbeit verweigern.

Welche Bedeutung hat das Mitbestimmungsrecht des Betriebsrats bei Weisungen des Arbeitgebers?

Bestimmt der Arbeitgeber, dass Sie einen anderen Arbeitsbereich übernehmen müssen, so handelt es sich dabei um eine Versetzung, die dem Mitbestimmungsrecht des Betriebsrates unterliegt. Das Mitbestimmungsrecht des Betriebsrates besteht auch dann, wenn die Übertragung des neuen Arbeitsbereichs nicht durch Weisung des Arbeitgebers, sondern durch Änderungskündigung oder durch Änderungsvereinbarung, also mit Zustimmung des Arbeitnehmers, erfolgt (vgl. zu dieser Unterscheidung 4. Kapitel, Abschnitt 3., S. 69, 79, 82–84). Überträgt allerdings der Arbeitgeber dem Arbeitnehmer ein neues Aufgabengebiet im Wege des Weisungsrechts, ist das Mitbestimmungsrecht des Betriebsrates für den Arbeitnehmer von besonderer Bedeutung. Das Mitbestimmungsrecht bedeutet, dass der Betriebsrat aus den im Gesetz im Einzelnen aufgeführten Gründen einer Versetzung die Zustimmung verweigern kann. Tut er dies, muss der Arbeitgeber, will er die Versetzung gleichwohl durchführen, das Gericht anrufen. Die Einzelheiten der Ausübung des Mitbestimmungsrechtes müssen Sie nicht wissen. Wichtig ist für Sie nur, dass der Betriebsrat einen ganz wesentlichen Einfluss darauf hat, ob der Arbeitgeber die Versetzung durchführen kann, und dass die Zuweisung des neuen Aufgabenbereichs ohne vorausgegangene Zustimmung des Betriebsrates oder ohne die Einhaltung eines bestimmten Verfahrens in Eilfällen unwirksam ist. Das bedeutet auch, dass Sie dann die Weisung des Arbeitgebers nicht befolgen müssen. Da aber auch der Umfang des Mitbestimmungsrechts durchaus streitig sein kann, ist die Beachtung der oben beschriebenen Verhaltensregeln auch in diesem Fall nicht entbehrlich.

Auch bei Überstunden besteht ein Mitbestimmungsrecht des Betriebsrates. Die Anordnung von Überstunden ist nicht wirksam, wenn der Arbeitgeber das Mitbestimmungsrecht des Betriebsrates nicht beachtet hat. Aber auch hier ist nicht immer klar, ob das Mitbestimmungsrecht besteht (z. B. Notfälle). Möglicherweise wurde es auch schon durch eine vorweggenommene allgemeine Zustimmung des Betriebsrates zu Überstunden ausgeübt. Vorsicht ist also auch hier angebracht.

Wichtig:

Sie sollten in jedem Fall, bei der Zuweisung eines neuen Arbeitsbereiches oder bei einer Anordnung von Überstunden Kontakt mit dem Betriebsrat aufzunehmen.

Nur so können Sie Einfluss darauf gewinnen, dass der Betriebsrat auch Ihre Interessen berücksichtigt. Allerdings müssen Sie sich klar darüber sein, dass der Betriebsrat nicht nur Ihren Interessen verpflichtet ist, sondern auch den Interessen anderer Arbeitnehmer und der gesamten Belegschaft.

Was kann ich tun, wenn ich von Vorgesetzten oder Kollegen gemobbt werde?

Sich anbahnendes Mobbing. Frau Obereder, 55 Jahre alt und 20 Jahre in der Firma, wird in eine andere Abteilung versetzt. Sie hat den Eindruck, dass der neue Vorgesetzte sie nicht mag. Er spricht kaum mit ihr und wenn, hat er immer etwas an ihrer Arbeit – nach ihrer Auffassung Nebensächlichkeiten – auszusetzen und ist dabei sehr sarkastisch. Wenn es einmal eine etwas interessante Aufgabe zu erledigen gibt, wird diese anderen zugewiesen. Die zwei wesentlich jüngeren Kolleginnen, die mit ihr zusammen im Büro sitzen, tuscheln oft über sie. – Was kann Frau Obereder tun?

Hier ist etwas im Gange, was möglichst mit innerbetrieblichen Mitteln schon im Keim erstickt werden sollte. Sieht man einmal von dem Versuch ab, die Aussprache mit dem Vorgesetzten und den Kolleginnen zu suchen, könnte sich Frau Obereder beschweren. Dabei muss sie keinen Dienstweg einhalten. Sie kann dies unmittelbar bei dem Personalverantwortlichen tun. Auch eine Beschwerde beim Betriebsrat kommt in Betracht.

Manifestes Mobbing, Abhilfe. Der Zustand in der neuen Abteilung wird für Frau Obereder immer schlimmer. Der Vorgesetzte kommentiert auch kleinste Fehler mit Bemerkungen wie: „Das lernt man doch schon in der Volksschule" oder „Von Ihnen kann man ja nichts Anderes erwarten", teilweise lastet er ihr vorschnell Fehler an, die andere begangen haben, und auch das Verhalten der Kolleginnen wird immer unkollegialer. Frau Obereder beginnt an Schlaflosigkeit zu leiden, bekommt Migräne und Depressionen. Nach längerer Arbeitsunfähigkeit hat sich ihr Zustand wieder gebessert. Der Arzt sieht sich nicht imstande, sie weiter arbeitsunfähig zu schreiben. Frau Obereder hat aber Angst, an ihren Arbeitsplatz zurückzukehren. Sie befürchtet, dass sie weiter gemobbt wird. Andererseits möchte sie im Hinblick auf die altersbedingt schlechten Chancen auf dem Arbeitsmarkt ihr Arbeitsverhältnis nicht aufgeben.
Sie geht zu einem Rechtsanwalt und bittet um einen Rat, was sie machen kann. – Was wird er ihr raten?

Es handelt sich zweifellos um Mobbing. Das Geschehen erschöpft sich nicht in einzelnen abgrenzbaren Konflikten, sondern ist durch dauerhafte Verhaltensweisen des Vorgesetzten und der Kolleginnen gekennzeichnet, die sich gegen Frau Obereder richten und von dieser als demütigend und sozial abwertend empfunden werden müssen. In Betracht kommt eine Zurückbehaltung der Arbeitsleistung, solange der Zustand durch den Arbeitgeber nicht beseitigt worden ist. Der Rechtsanwalt wird aber Frau Obereder darauf hinweisen, dass sie im Falle der Ausübung eines Zurückbehaltungsrechts ein erhebliches Risiko eingeht: Der Arbeitgeber könnte mit einer Kündigung wegen Arbeitsverweigerung reagieren und dann ist ihre Situation – auch wenn die Kündigung sich letztendlich als unbegründet erweisen sollte – alles andere als komfortabel. (In jedem Fall müsste eine Aufforderung an den Arbeitgeber vorausgehen, die Mobbinghandlungen abzustellen. Ohne eine solche „Abmahnung" wäre das Risiko geradezu „tödlich".) Um dieses Risiko zu vermeiden, könnte erwogen werden, das Bestehen eines Zurückbehaltungsrechts gerichtlich feststellen zu lassen. Aber das ist nicht einfach und braucht insbesondere Zeit. Zu bedenken ist schließlich, dass gerichtliche Schritte die Situation meist verhärten. Keinesfalls will der Arbeitgeber vor Gericht einräumen, dass in seinem Betrieb gemobbt wird. Erste Wahl ist daher der – sicher mühsame – Versuch, den Arbeitgeber außergerichtlich von dem Bestehen einer Mobbingsituation und der Notwendigkeit einer Abhilfe zu überzeugen.

Klage auf Schmerzensgeld. Frau Obereder sieht keine Perspektive in ihrem Arbeitsverhältnis, sie beabsichtigt zu kündigen und fragt ihren Rechtsanwalt, ob sie nicht wenigstens Schmerzensgeld von ihrem Arbeitgeber wegen Mobbing verlangen kann.

Die Antwort wird wohl so ausfallen: Das ist sicher möglich, aber alles andere als einfach. Ein Anspruch auf Schmerzensgeld gegen den Arbeitgeber setzt voraus, dass Frau Obereder in ihrem Persönlichkeitsrecht verletzt ist. Der Hinweis auf ein subjektiv als Mobbing empfundenes Verhalten reicht nicht aus. Auch ein Handeln des Arbeitgebers im Rahmen seiner berechtigten Interessen kann den Arbeitnehmer schwer belasten. Hätte der Vorgesetzte es dabei bewenden lassen, Frau Obereder wegen Fehler bei ihrer Arbeit immer wieder sachlich zu rügen, wäre eine rechtliche Bewertung als Persönlichkeitsverletzung nicht möglich, auch dann nicht, wenn durch die Rügen ihre Psyche schwer angeschlagen wäre. Das Persönlichkeitsrecht umfasst allerdings auch den Schutz gegen herabsetzende und entwürdigende Äußerungen und Verhaltensweisen. Diese können nicht mit einem Hinweis auf die Aufgaben eines Vorgesetzten gerechtfertigt werden. Solchen war Frau Obereder erkennbar durch den Vorgesetzten ausgesetzt.

Angenommen, der Arbeitgeber hatte von den Vorgängen keine Kenntnis: Muss er sich das Verhalten des Vorgesetzten zurechnen lassen? Das ist hier zu bejahen. Mit den Weisungs- und Kontrollrechten, die ein Vorgesetzter hat, korrespondiert auch seine vertragliche Aufgabe, die Schutzpflichten des Arbeitgebers umzusetzen. Hier hat der Vorgesetzte sich gerade bei Ausübung seiner Aufgabe, die Arbeitsleistung der Frau Obereder zu bewerten, zu herabsetzenden Äußerungen hinreißen lassen. Hätte sich der Vorgesetzte korrekt verhalten und wäre das Mobbing nur von den Kolleginnen ausgegangen, könnte eine Verletzung der Schutzpflicht gegenüber Frau Obereder durch den Arbeitgeber nur angenommen werden, wenn dieser trotz konkreter Kenntnis von diesen Vorgängen untätig geblieben wäre.

Das Bundesarbeitsgericht hat Grundsätze aufgestellt, die den Nachweis einer Persönlichkeitsverletzung durch Mobbing nicht gerade erleichtern. Gegen ein Mobbing spricht es nach Ansicht des Bundesarbeitsgerichts, wenn der Arbeitnehmer von verschiedenen Vorgesetzten, die nicht zusammenwirken und die zeitlich aufeinanderfolgen, kritisiert und schlecht beurteilt wird. Das Gleiche gilt, wenn zwischen den einzelnen vom Arbeitnehmer als Teil eines Mobbings empfundenen Handlungen lange zeitliche Zwischenräume liegen. Verhaltensweisen, die der Arbeitnehmer selbst provoziert hat, sind nicht „in die Prüfung eines Mobbingverhaltens einzubeziehen". Und ganz entscheidend: Der Arbeitnehmer trägt die Beweislast für die Mobbinghandlungen. Wenn nicht ein ihr wohlwollender Kollege die Vorgänge beobachtet hat, wird es Frau Obereder schwerfallen, den Beweis für das Mobbing zu erbringen. Keineswegs reicht es aus, wenn der Arzt die Krankheitssymptome als „mobbingtypisch" bewertet. Der Arzt kann aus eigener Kenntnis nichts darüber sagen, was im Betrieb wirklich passiert ist.

Gibt es ein Zurückbehaltungsrecht bei Gefahrstoffen oder sonstigen gesundheitlichen Belastungen am Arbeitsplatz?

Der Arbeitgeber ist verpflichtet, die Arbeitsplätze möglichst frei von gesundheitsschädlichen Chemikalien und sonstigen Gefahrstoffen (z. B. Asbest) zu halten. Einem Arbeitnehmer, der in gefahrstoffbelasteten Räumen arbeiten muss, kann ein Zurückbehaltungsrecht zustehen. Aber auch bei Gesundheitsgefahren, die nicht mit Gefahrstoffen zusammenhängen, steht dem Arbeitnehmer ein Recht zur Zurückbehaltung seiner Arbeitsleistung zu, wenn der Arbeitgeber seine Fürsorgepflicht, die auch die Pflicht umfasst, den Arbeitsplatz möglichst frei von gesundheitsschädlichen Einwirkungen zu halten, verletzt.

Die Schwierigkeit besteht in der Frage, ob eine bestimmte Schadstoffkonzentration gesundheitsschädlich ist. Hier wird es regelmäßig darauf ankommen, ob anerkannte Grenzwerte überschritten worden sind. Kein Zurückbehaltungsrecht besteht dann, wenn sich die Schadstoffbelastung im Rahmen der üblichen Umweltbelastung hält. Die Einhaltung der maßgeblichen Grenzwerte („maximale Arbeitsplatzkonzentration") wird der betroffene Arbeitnehmer zumeist nicht selbst überprüfen können. Wichtig ist deshalb, bei entsprechendem Anlass beim Betriebsrat vorstellig werden, damit dieser dann die notwendigen Messungen erzwingen kann.

Was muss ich beachten, wenn ich meine Arbeitsleistung wegen eines gesundheitswidrigen Zustandes an meinem Arbeitsplatz zurückbehalten will?

Ein Zurückbehaltungsrecht steht Ihnen nur zu, wenn der Arbeitgeber gegen Arbeitsschutzbestimmungen verstößt und Ihnen dadurch die Erbringung der Arbeitsleistung unzumutbar wird.

In Arbeitsräumen muss beispielsweise während der Arbeitszeit eine unter Berücksichtigung der Arbeitsverfahren und der körperlichen Beanspruchung der Arbeitnehmer gesundheitlich zuträgliche Raumtemperatur vorhanden sein. Ist dies nicht der Fall, stellt sich die Frage, ob und unter welchen Voraussetzungen die Arbeitnehmer ihre Arbeit einstellen können.

Verlassen des Arbeitsplatzes (niedrige Raumtemperatur. Maria Lenz ist Sekretärin des Lagerleiters bei der Firma Elektro-Bauer. Ihr Büro befindet sich – ebenso wie das des Lagerleiters – unmittelbar neben dem Lager. An einem sehr kalten Januartag fällt die Heizung im Lager aus. Auch das Büro der Frau Lenz ist betroffen. Die Lufttemperatur dort sinkt auf 15 Grad.– Kann Frau Lenz, die ohnehin erkältet ist, sagen: Ich gehe jetzt nach Hause, bitte ruft mich an, wenn die Heizung wieder funktioniert?

Diese Reaktion ist nicht empfehlenswert. Zwar unterschreitet eine Lufttemperatur von 15 Grad die gesetzlichen Mindestwerte deutlich. Die in Ergänzung zur Arbeitsstättenverordnung erlassenen Technische Regeln (ASR) sehen je nach Schwere der Arbeit bei sitzender Tätigkeit eine Lufttemperatur von 19 bzw. 20 Grad vor. Damit ist aber die Frage, ob Frau Lenz ein Recht zusteht, die Arbeitsleistung zurückzubehalten, noch nicht beantwortet. Vielmehr kommt es darauf an, ob ihr die Arbeitsleistung unzumutbar geworden ist. Ist noch am selben Tag mit einer kurzfristigen Behebung des Problems zu rechnen, wird man Frau Lenz zumuten könne, noch etwas am Arbeitsplatz auszuharren. Selbst wenn hier wegen der Erkältung die Grenze für ein solches Zuwarten bald erreicht ist, bleibt doch die Frage, ob sie nicht in einem anderen Raum des Betriebes mit ausreichender Raumtemperatur aufhalten kann. Bevor Frau Lenz einfach nach Hause geht, hätte sie klären müssen, ob der Arbeitgeber nicht Abhilfe- und Ausgleichsmaßnahmen beabsichtigt. So könnte der Arbeitgeber Heizstrahler aufstellen. Er könnte aber auch Frau Lenz mit Tätigkeiten betrauen, die sie außerhalb des Lagers ausführen kann.

Das Beispiel zeigt, dass der gesetzwidrige Zustand allein die Arbeitszurückbehaltung nicht rechtfertigt, vielmehr muss dem Arbeitnehmer unter Abwägung aller Umstände auch die Arbeitsleistung unzumutbar sein. „Spontane" Reaktionen sind auch in solchen Situationen riskant. Es ist immer ratsam, eine Aufforderung an den Arbeitgeber vorauszuschicken, den gesundheitswidrigen Zustand zu beseitigen und die Zurückbehaltung der Arbeit für den Fall anzudrohen, dass dies nicht geschieht. Hierfür ein Beispiel:

Hinweis auf beabsichtigte Arbeitszurückhaltung.
„An
Herrn G., Abteilungsleiter.
Ich habe Sie schon gestern mehrfach darauf angesprochen, dass an meinem Arbeitsplatz wegen des Ausfalls der Heizung eisige Temperaturen herrschen. Auch heute ist es nicht anders. Wie Sie wissen, bin ich eben gerade von einer Grippe genesen und muss daher einen Rückschlag fürchten. Sollte sich bis 10.00 Uhr der Zustand nicht ändern, müsste ich die Arbeit einstellen."

Wichtig:

Wollen Sie die Arbeitsleistung zurückhalten, müssen Sie den Arbeitgeber vorwarnen.

Welche Aufgabe kommt dem Betriebsrat beim betrieblichen Gesundheitsschutz zu?

Die Sorge um den Gesundheitsschutz ist eine seiner wichtigsten Aufgaben. Setzt der Betriebsrat durch, dass die Arbeitnehmer wegen der unzureichenden Temperatur am Arbeitsplatz nach Hause gehen können, so bleibt den einzelnen Arbeitnehmern die riskante Entscheidung, ob sie die Arbeit verweigern sollen, erspart.

Wichtig:

Sind die Arbeitsbedingungen nicht erträglich, so ist der Betriebsrat die erste Adresse.

Welche für mich wichtigen gesetzlichen Bestimmungen über den Gesundheitsschutz am Arbeitsplatz gibt es?

Insbesondere die Arbeitsstättenverordnung enthält Vorschriften, die dem Schutz der Gesundheit bei der Arbeit dienen. Zu beachten ist, dass diese nur sehr bedingt als Grundlage für Zurückbehaltung der Arbeitsleistung geeignet sind. Die Vorgaben sind teilweise sehr wenig konkret und zumeist im Hinblick auf das betrieblich Machbare eingeschränkt. Ein Verstoß wird selten auf der Hand liegen.

Nachfolgend werden einige dieser Bestimmungen wiedergegeben. Die Auswahl beschränkt sich auf allgemeine Vorschriften, die den Arbeitsplatz selbst und die nähere Arbeitsumgebung betreffen. Wegen ihrer praktischen Bedeutung sind auch die besonderen Bestimmungen für Bildschirmarbeitsplätze wiedergegeben.

Auszug aus der Arbeitsstättenverordnung – ArbStättV – (Stand: Januar 2017)

Aus Anhang Anforderungen und Maßnahmen für Arbeitsstätten

3. Arbeitsbedingungen

3.1 Bewegungsfläche

(1) Die freie unverstellte Fläche am Arbeitsplatz muss so bemessen sein, dass sich die Beschäftigten bei ihrer Tätigkeit ungehindert bewegen können.

(2) Ist dies nicht möglich, muss den Beschäftigten in der Nähe des Arbeitsplatzes eine andere ausreichend große Bewegungsfläche zur Verfügung stehen.

3.2 Anordnung der Arbeitsplätze
Arbeitsplätze sind in der Arbeitsstätte so anzuordnen, dass Beschäftigte
a) sie sicher erreichen und verlassen können,
b) sich bei Gefahr schnell in Sicherheit bringen können,
c) durch benachbarte Arbeitsplätze, Transporte oder Einwirkungen von außerhalb nicht gefährdet werden.

3.3 Ausstattung
Jedem Beschäftigten muss mindestens eine Kleiderablage zur Verfügung stehen, sofern Umkleideräume nach § 6 Abs. 2 Satz 3 nicht vorhanden sind.

3.4 Beleuchtung und Sichtverbindung
(1) Die Arbeitsstätten müssen möglichst ausreichend Tageslicht erhalten und mit Einrichtungen für eine der Sicherheit und dem Gesundheitsschutz der Beschäftigten angemessenen künstlichen Beleuchtung ausgestattet sein.
(2) Die Beleuchtungsanlagen sind so auszuwählen und anzuordnen, dass sich dadurch keine Unfall- oder Gesundheitsgefahren ergeben können.
(3) Arbeitsstätten, in denen die Beschäftigten bei Ausfall der Allgemeinbeleuchtung Unfallgefahren ausgesetzt sind, müssen eine ausreichende Sicherheitsbeleuchtung haben.

3.5 Raumtemperatur
(1) In Arbeits–, Pausen–, Bereitschafts–, Sanitär–, Kantinen- und Erste-Hilfe-Räumen, in denen aus betriebstechnischer Sicht keine spezifischen Anforderungen an die Raumtemperatur gestellt werden, muss während der Arbeitszeit unter Berücksichtigung der Arbeitsverfahren, der körperlichen Beanspruchung der Beschäftigten und des spezifischen Nutzungszwecks des Raumes eine gesundheitlich zuträgliche Raumtemperatur bestehen.
(2) Fenster, Oberlichter und Glaswände müssen je nach Art der Arbeit und der Arbeitsstätte eine Abschirmung der Arbeitsstätten gegen übermäßige Sonneneinstrahlung ermöglichen.

3.6 Lüftung
(1) In umschlossenen Arbeitsräumen muss unter Berücksichtigung der Arbeitsverfahren, der körperlichen Beanspruchung und der Anzahl der Beschäftigten sowie der sonstigen anwesenden Personen ausreichend gesundheitlich zuträgliche Atemluft vorhanden sein.
(2) Ist für das Betreiben von Arbeitsstätten eine raumlufttechnische Anlage erforderlich, muss diese jederzeit funktionsfähig sein. Eine Störung muss durch eine selbsttätige Warneinrichtung angezeigt werden. Es müssen Vorkehrungen getroffen sein, durch die die Beschäftigten im Fall einer Störung gegen Gesundheitsgefahren geschützt sind.

(3) Werden Klimaanlagen oder mechanische Belüftungseinrichtungen verwendet, ist sicherzustellen, dass die Beschäftigten keinem störenden Luftzug ausgesetzt sind.
(4) Ablagerungen und Verunreinigungen in raumlufttechnischen Anlagen, die zu einer unmittelbaren Gesundheitsgefährdung durch die Raumluft führen können, müssen umgehend beseitigt werden.
3.7 Lärm
In Arbeitsstätten ist der Schalldruckpegel so niedrig zu halten, wie es nach der Art des Betriebes möglich ist. Der Beurteilungspegel am Arbeitsplatz in Arbeitsräumen darf auch unter Berücksichtigung der von außen einwirkenden Geräusche höchstens 85 dB (A) betragen; soweit dieser Beurteilungspegel nach der betrieblich möglichen Lärmminderung zumutbarer Weise nicht einzuhalten ist, darf er bis zu 5 dB (A) überschritten werden.
6. Maßnahmen zur Gestaltung von Bildschirmarbeitsplätzen
6.1 Allgemeine Anforderungen an Bildschirmarbeitsplätze
(1) Bildschirmarbeitsplätze sind so einzurichten und zu betreiben, dass die Sicherheit und der Schutz der Gesundheit der Beschäftigten gewährleistet sind. Die Grundsätze der Ergonomie sind auf die Bildschirmarbeitsplätze und die erforderlichen Arbeitsmittel sowie die für die Informationsverarbeitung durch die Beschäftigten erforderlichen Bildschirmgeräte entsprechend anzuwenden.
(2) Der Arbeitgeber hat dafür zu sorgen, dass die Tätigkeiten der Beschäftigten an Bildschirmgeräten insbesondere durch andere Tätigkeiten oder regelmäßige Erholungszeiten unterbrochen werden.
(3) Für die Beschäftigten ist ausreichend Raum für wechselnde Arbeitshaltungen und -bewegungen vorzusehen.
(4) Die Bildschirmgeräte sind so aufzustellen und zu betreiben, dass die Oberflächen frei von störenden Reflexionen und Blendungen sind.
(5) Die Arbeitstische oder Arbeitsflächen müssen eine reflexionsarme Oberfläche haben und so aufgestellt werden, dass die Oberflächen bei der Arbeit frei von störenden Reflexionen und Blendungen sind.
(6) Die Arbeitsflächen sind entsprechend der Arbeitsaufgabe so zu bemessen, dass alle Eingabemittel auf der Arbeitsfläche variabel angeordnet werden können und eine flexible Anordnung des Bildschirms, des Schriftguts und der sonstigen Arbeitsmittel möglich ist. Die Arbeitsfläche vor der Tastatur muss ein Auflegen der Handballen ermöglichen.
(7) Auf Wunsch der Beschäftigten hat der Arbeitgeber eine Fußstütze und einen Manuskripthalter zur Verfügung zu stellen, wenn eine ergonomisch günstige Arbeitshaltung auf andere Art und Weise nicht erreicht werden kann.
(8) Die Beleuchtung muss der Art der Arbeitsaufgabe entsprechen und an das Sehvermögen der Beschäftigten angepasst sein; ein angemessener Kontrast zwi-

schen Bildschirm und Arbeitsumgebung ist zu gewährleisten. Durch die Gestaltung des Bildschirmarbeitsplatzes sowie der Auslegung und der Anordnung der Beleuchtung sind störende Blendungen, Reflexionen oder Spiegelungen auf dem Bildschirm und den sonstigen Arbeitsmitteln zu vermeiden.

(9) Werden an einem Arbeitsplatz mehrere Bildschirmgeräte oder Bildschirme betrieben, müssen diese ergonomisch angeordnet sein. Die Eingabegeräte müssen sich eindeutig dem jeweiligen Bildschirmgerät zuordnen lassen.

(10) Die Arbeitsmittel dürfen nicht zu einer erhöhten, gesundheitlich unzuträglichen Wärmebelastung am Arbeitsplatz führen.

6.2 Allgemeine Anforderungen an Bildschirme und Bildschirmgeräte

(1) Die Text- und Grafikdarstellungen auf dem Bildschirm müssen entsprechend der Arbeitsaufgabe und dem Sehabstand scharf und deutlich sowie ausreichend groß sein. Der Zeichen- und der Zeilenabstand müssen angemessen sein. Die Zeichengröße und der Zeilenabstand müssen auf dem Bildschirm individuell eingestellt werden können.

(2) Das auf dem Bildschirm dargestellte Bild muss flimmerfrei sein. Das Bild darf keine Verzerrungen aufweisen.

(3) Die Helligkeit der Bildschirmanzeige und der Kontrast der Text- und Grafikdarstellungen auf dem Bildschirm müssen von den Beschäftigten einfach eingestellt werden können. Sie müssen den Verhältnissen der Arbeitsumgebung individuell angepasst werden können.

(4) Die Bildschirmgröße und -form müssen der Arbeitsaufgabe angemessen sein.

(5) Die von den Bildschirmgeräten ausgehende elektromagnetische Strahlung muss so niedrig gehalten werden, dass die Sicherheit und die Gesundheit der Beschäftigten nicht gefährdet werden.

6.3 Anforderungen an Bildschirmgeräte und Arbeitsmittel für die ortsgebundene Verwendung an Arbeitsplätzen

(1) Bildschirme müssen frei und leicht dreh- und neigbar sein sowie über reflexionsarme Oberflächen verfügen. Bildschirme, die über reflektierende Oberflächen verfügen, dürfen nur dann betrieben werden, wenn dies aus zwingenden aufgabenbezogenen Gründen erforderlich ist.

(2) Tastaturen müssen die folgenden Eigenschaften aufweisen:

1. sie müssen vom Bildschirm getrennte Einheiten sein,
2. sie müssen neigbar sein,
3. die Oberflächen müssen reflexionsarm sein,
4. die Form und der Anschlag der Tasten müssen den Arbeitsaufgaben angemessen sein und eine ergonomische Bedienung ermöglichen,
5.die Beschriftung der Tasten muss sich vom Untergrund deutlich abheben und bei normaler Arbeitshaltung gut lesbar sein.

(3) Alternative Eingabemittel (z. B. Eingabe über den Bildschirm, Spracheingabe, Scanner) dürfen nur eingesetzt werden, wenn dadurch die Arbeitsaufgaben leichter ausgeführt werden können und keine zusätzlichen Belastungen für die Beschäftigten entstehen.

6.4 Anforderungen an tragbare Bildschirmgeräte für die ortsveränderliche Verwendung an Arbeitsplätzen

(1) Größe, Form und Gewicht tragbarer Bildschirmgeräte müssen der Arbeitsaufgabe entsprechend angemessen sein.

(2) Tragbare Bildschirmgeräte müssen

1. über Bildschirme mit reflexionsarmen Oberflächen verfügen und
2. so betrieben werden, dass der Bildschirm frei von störenden Reflexionen und Blendungen ist.

(3) Tragbare Bildschirmgeräte ohne Trennung zwischen Bildschirm und externem Eingabemittel (insbesondere Geräte ohne Tastatur) dürfen nur an Arbeitsplätzen betrieben werden, an denen die Geräte nur kurzzeitig verwendet werden oder an denen die Arbeitsaufgaben mit keinen anderen Bildschirmgeräten ausgeführt werden können.

(4) Tragbare Bildschirmgeräte mit alternativen Eingabemitteln sind den Arbeitsaufgaben angemessen und mit dem Ziel einer optimalen Entlastung der Beschäftigten zu betreiben.

(5) Werden tragbare Bildschirmgeräte ortsgebunden an Arbeitsplätzen verwendet, gelten zusätzlich die Anforderungen nach Nummer 6.1.

6.5 Anforderungen an die Benutzerfreundlichkeit von Bildschirmarbeitsplätzen

(1) Beim Betreiben der Bildschirmarbeitsplätze hat der Arbeitgeber dafür zu sorgen, dass der Arbeitsplatz den Arbeitsaufgaben angemessen gestaltet ist. Er hat insbesondere geeignete Softwaresysteme bereitzustellen.

(2) Die Bildschirmgeräte und die Software müssen entsprechend den Kenntnissen und Erfahrungen der Beschäftigten im Hinblick auf die jeweilige Arbeitsaufgabe angepasst werden können.

(3) Das Softwaresystem muss den Beschäftigten Angaben über die jeweiligen Dialogabläufe machen.

(4) Die Bildschirmgeräte und die Software müssen es den Beschäftigten ermöglichen, die Dialogabläufe zu beeinflussen. Sie müssen eventuelle Fehler bei der Handhabung beschreiben und eine Fehlerbeseitigung mit begrenztem Arbeitsaufwand erlauben.

(5) Eine Kontrolle der Arbeit hinsichtlich der qualitativen oder quantitativen Ergebnisse darf ohne Wissen der Beschäftigten nicht durchgeführt werden.

13. Kapitel

Schadensersatzpflichten des Arbeitnehmers

1. Die allgemeine Schadenshaftung

Schwerwiegende Fehler in der Buchhaltung. Helga Bartelt denkt nur ungern an ihren letzten Arbeitsplatz. Nicht nur die Tatsache, dass ihr „verhaltensbedingt" gekündigt wurde, macht ihr zu schaffen. Auch die Weigerung ihres früheren Arbeitgebers, das letzte Gehalt auszuzahlen, bedrückt sie. Frau Bartelt war als Buchhalterin eingestellt worden, nachdem sie hatte nachweisen können, dass sie einen Anfänger- und einen Fortgeschrittenen-Kurs in Buchhaltung mit Erfolg abgeschlossen hatte. Einige Wochen vor ihrer Kündigung stellte sich heraus, dass ihr bei der Buchführung schwerwiegende Fehler unterlaufen waren. So hatte sie bei einzelnen Konten „Soll" und „Haben" durchgängig vertauscht. Außerdem hatte sie es unterlassen, Saldenvorträge von Bestandskonten aus dem Vorjahr in die neuen Konten des laufenden Jahres einzubuchen. Infolge der Fehlbuchungen musste die Firma die Buchhaltung für eineinhalb Jahre durch eine Fremdfirma komplett neu erstellen lassen, was 25.500 Euro kostete.
Als Frau Bartelt ihr letztes Gehalt verlangt, weist sie ihr Arbeitgeber auf den hohen Schaden hin, der ihm durch die Buchungsfehler von Frau Bartelt entstanden sind. Frau Bartelt klagt das Gehalt bei Gericht ein. Das Gericht holt ein Sachverständigen-Gutachten ein. Der Sachverständige kommt nach Überprüfung zu dem Ergebnis, dass Frau Bartelt in elementarer Weise gegen die Regeln der ordentlichen Buchführung – er nennt diese Fehler „strukturelle" Fehler – verstoßen habe, ohne dass es sich um Flüchtigkeitsfehler gehandelt habe, die jedem bei der Arbeit einmal unterliefen. – Wie wird das Gericht entschieden haben?

Zunächst wird es den pfändungsfreien Betrag des Gehalts Frau Bartelt zusprechen, da dem Arbeitgeber eine Aufrechnung mit eigenen Gegenforderungen nur für den Teil des Gehalts gestattet ist, der den sogenannten **pfändungsfreien Betrag** übersteigt. Das Existenzminimum soll hierdurch gesichert werden. (Einzelheiten zum Pfändungsschutz finden Sie im VIII. Kapitel)

Im Hinblick auf den über den pfändungsfreien Betrag hinausgehenden Gehaltsanteil gilt Folgendes: Im Allgemeinen haftet der Arbeitnehmer – wie jeder Vertragspartner im sonstigen Geschäftsleben auch – für jeden Schaden, den er dem anderen Vertragspartner (Arbeitgeber) durch schuldhafte, dh vorsätzliche oder fahrlässige Verletzung seiner (arbeits-)vertraglichen Pflichten zufügt. Trifft den Arbeitgeber ein Mitverschulden, so ist das selbstverständlich zu berücksichtigen und führt zu einer Verringerung des Ersatzanspruchs des Arbeitgebers.

Der Umfang der dem Arbeitnehmer obliegenden Pflichten wird durch Auslegung des Arbeitsvertrags festgestellt. Im Fall von Frau Bartelt wird das Gericht zu dem Schluss kommen, dass Frau Bartelt bei ihren Buchungen die Regeln der Buchführung zu beachten hatte.

Wichtig:

Bei der Durchführung der Arbeit muss der Arbeitnehmer die für die Berufsgruppe üblichen Fertigkeiten und Kenntnisse einsetzen und erteilte Weisungen beachten. Ein Handwerker hat also zB fach- und sachgerecht zu arbeiten. Zu den Pflichten eines Kraftfahrers gehört die unbedingte Einhaltung der Straßenverkehrsvorschriften.

Frau Bartelt hat hier erkennbar die üblichen Fertigkeiten nicht eingesetzt, so dass sie nach den allgemeinen Regeln des Schadensersatzrechts eigentlich den ganzen Schaden bezahlten müsste. – Ein hartes Ergebnis?

2. Mildere Haftung im Arbeitsverhältnis?

Gibt es Haftungserleichterungen für Arbeitnehmer?

Die Rechtsprechung lässt den Arbeitnehmer in solchen Fällen nicht völlig im Regen stehen, wie Sie es an folgendem Fall sehen können:

Fahrlässiger Fahrfehler in einem Taxi. Peter Angerer arbeitet als Taxifahrer für Hans Großhauser. An einem sonnigen Frühjahrsnachmittag verursacht er infolge eines fahrlässigen Fahrfehlers einen Unfall, bei dem am Taxi von Herrn Großhauser ein Schaden im Wert von 2.500 Euro entsteht. Herr Großhauser klagt von dem zahlungsunwilligen Herrn Angerer 2.500 Euro ein. Herr Angerer weigert sich. Er ist der Ansicht, der Schaden gehöre zum Unternehmerrisiko von Herrn Großhauser. – Wie wird das Gericht entscheiden?

Herrn Angerer kommen gewisse Haftungserleichterungen zugute, da der Schaden bei Ausführung einer Arbeit entstanden ist, die durch den (Taxi-)Betrieb des Arbeitgebers veranlasst war und die aufgrund eines Arbeitsverhältnisses geleistet wurde.

Diese Haftungserleichterungen sehen so aus, dass der Arbeitnehmer bei leichtester (= geringer) Fahrlässigkeit nicht haftet. Verursacht er den Schaden grob fahrlässig, so haftet er regelmäßig voll. Ist mittlere Fahrlässigkeit im Spiel, so wird der Schaden zwischen Arbeitgeber und Arbeitnehmer unter Berücksichtigung verschiedener Umstände aufgeteilt. Zu diesen Umständen gehören u. a.:

- die Dauer der Betriebszugehörigkeit,
- das bisherige arbeitsvertragliche Verhalten des Arbeitnehmers,
- die Höhe des Arbeitsentgelts,
- gefahrenerhöhende Momente sowie
- die Möglichkeit des Arbeitgebers, das Schadensrisiko durch eine Versicherung abzudecken.

Das muss dann aber im Einzelfall keineswegs bedeuten, dass immer im Verhältnis 50 zu 50 aufgeteilt wird. Das Gericht kann – je nach Bewertung der Einzelumstände – auch jede andere Aufteilung wählen. Hat es der Arbeitgeber z. B. versäumt, sich durch eine Vollkaskoversicherung gegen den eingetretenen Schaden abzusichern, so kann die Aufteilung auch so aussehen, dass lediglich die übliche Selbstbeteiligungsquote einer solchen Versicherung vom Arbeitnehmer gefordert werden kann.

Hat Herr Großhauser es also unterlassen, das Fahrzeug Vollkasko zu versichern, so spricht einiges dafür, dass das Gericht der Klage des Herrn Großhauser lediglich in Höhe der üblichen Selbstbeteiligung stattgeben wird. Für die Abgrenzung von leichter, mittlerer und grober Fahrlässigkeit gelten im Übrigen die gleichen Faustregeln, wie sie bereits im elften Kapitel beschrieben wurden. Welche Art von Fahrlässigkeit Herrn Angerer in unserem Beispiel vorzuwerfen war, ist nicht näher ausgeführt. Eine Beurteilung ist im Übrigen auch nur möglich, wenn man die Begleitumstände sehr genau kennt.

Ausnahmsweise kommt eine Schadensaufteilung zwischen Arbeitnehmer und Arbeitgeber auch bei grober Fahrlässigkeit in Betracht, nämlich dann, wenn der Lohn in einem deutlichen Missverhältnis zum Schadensrisiko der jeweiligen Tätigkeit steht.

Welche Rolle spielt der Begriff der „gefahrgeneigten Arbeit" in diesem Zusammenhang?

Dieser Begriff hat ausgedient: Nach der bis einschließlich 1993 herrschenden Rechtsprechung, also nach dem bis dahin geltenden Richterrecht, gab es die eben beschriebenen Haftungserleichterungen nur bei bestimmten Schäden, nämlich solchen Schäden, die bei einer „gefahrgeneigten" Arbeit entstanden waren. Von gefahrgeneigter Arbeit sprach man, wenn die Eigenart der vom Arbeitnehmer zu leistenden Arbeit es mit großer Wahrscheinlichkeit mit sich bringt, dass auch dem sorgfältigen Arbeitnehmer gelegentlich Fehler unterlaufen. Fehler, die – für sich allein betrachtet – zwar jedesmal vermeidbar wären, mit denen aber angesichts der menschlichen Unzulänglichkeit erfahrungsgemäß zu rechnen ist. Nach dieser alten Rechtsprechung hätte Frau Bartelt in jedem Fall voll gehaftet, da die Buchhaltung nicht als eine derartige Tätigkeit angesehen wurde.

Das Bundesarbeitsgericht hat diese Rechtsprechung geändert und das Erfordernis, dass der Schaden bei einer gefahrgeneigten Arbeit entstanden sein muss, aufgegeben. Nunmehr sind die Haftungserleichterungen immer dann anzuwenden, wenn der Schaden bei Ausführung einer Arbeit entstanden ist, die durch den Betrieb veranlasst ist und die aufgrund eines Arbeitsverhältnisses geleistet wurde.

Wichtig

ist also, dass sich der Schadensfall im Rahmen eines Arbeitsverhältnisses abgespielt hat – ein sog. freier Mitarbeiter kommt also nicht in den Genuss dieser Erleichterungen – und dass die Tätigkeit, bei der es dann passiert ist, betrieblich veranlasst war.

Nochmals zurück zu unserem Fall mit Frau Bartelt: Frau Bartelt wird, da der Schaden bei einer betrieblich veranlassten Tätigkeit entstanden ist, in den Genuss von Haftungserleichterungen kommen und nicht den vollen Schaden tragen müssen. Zwar wird das Gericht im Hinblick auf die nicht nur leichte Fahrlässigkeit eine teilweise Schadensersatzpflicht bejahen. Zugunsten von Frau Bartelt fällt bei der Bemessung der Schadensersatzpflicht aber ins Gewicht, dass ihr Einkommen in einem deutlichen Missverhältnis zum Schadensrisiko stand, was möglicherweise dazu führen wird, dass das Gericht die Schadensersatzpflicht von Frau Bartelt begrenzen wird.

Gelten die beschriebenen Haftungserleichterungen auch dann, wenn ich in Ausübung einer Arbeit dritten Personen einen Schaden zufüge?

Hat der Arbeitnehmer im Rahmen seines Arbeitsverhältnisses einen Dritten, zB einen Kunden oder Passanten, geschädigt, so haftet er diesem gegenüber ohne irgendwelche Haftungserleichterungen nach den allgemeinen Regeln des Schadensersatzrechts. Gegenüber diesen dritten Personen gelten also die genannten Haftungserleichterungen nicht. Dennoch wird der Arbeitnehmer nach den von der Rechtsprechung entwickelten Grundsätzen auch in diesen Fällen wirtschaftlich entlastet, wie Sie an folgendem **Fall** sehen können:

Beschädigung einer fremden Hauswand. Reinhold Felke ist Baggerführer bei der Bauunternehmung Tiefbau GmbH in Fulda. Während seiner bisher zehnjährigen Beschäftigungsdauer zeigte er sich als zuverlässige Kraft. Die Tiefbau GmbH betraut Herrn Felke damit, die im Rahmen eines Kabelverlegungsauftrags erforderlichen Gräben auszuheben. An einem diesigen und regnerischen Tag legt Herr Felke kurz vor Arbeitsschluss beim Rangieren des Baggers statt des Vorwärtsgangs den Rückwärtsgang ein. Auf der durch feuchten Lehm verschmierten engen und steilen Altstadtstraße rutscht der Bagger deshalb einige Meter weg und schlägt gegen eine Hauswand. Am Bagger entsteht geringer, an der Hauswand nicht unerheblicher Schaden. Der Hausbesitzer verlangt von Herrn Felke die zur Beseitigung des Schadens erforderlichen 2.400 Euro. Muss Herr Felke zahlen?

Herr Felke ist zwar gegenüber dem Hausbesitzer in voller Höhe zur Zahlung verpflichtet. Er kann jedoch von der Tiefbau GmbH verlangen, den Teil des Schadens zu begleichen, den sie hätte übernehmen müssen, wenn es sich um einen Schaden der Tiefbau GmbH gehandelt hätte. Nehmen wir also an, das Gericht sieht im Verhalten von Herrn Felke einen Fall leichtester Fahrlässigkeit, so müsste die Tiefbau GmbH Herrn Felke in voller Höhe von den Ansprüchen des Hausbesitzers „freistellen". „Freistellen" heißt, dass die Firma Tiefbau GmbH anstelle von Herrn Felke den Betrag von EUR 2.400,– an den Hausbesitzer zahlen müsste. Hat Herr Felke den Betrag vorab voll an den Hausbesitzer bezahlt, kann er den Betrag im Rückgriff von der Tiefbau GmbH ersetzt verlangen.

Mittlere Fahrlässigkeit. (Abwandlung) Herr Felke verursacht den gleichen Schaden durch ein Verhalten, das als mittlere Fahrlässigkeit einzustufen ist. Das Gericht hält eine Schadensaufteilung im Verhältnis 40% (Herr Felke) zu 60% (Tiefbau GmbH) für angemessen. Wie ist hier die Zahlung an den Hausbesitzer abzuwickeln?

Herr Felke muss endgültig und direkt 40% von 2.400 Euro, also 960 Euro an den Hausbesitzer bezahlen. Vom Restbetrag von 1.440 Euro muss die Tiefbau GmbH ihn freistellen, dh diesen Betrag für Herrn Felke an den Hausbesitzer zahlen. Hat Herr Felke bereits in voller

Höhe an den Hausbesitzer gezahlt, kann er den Betrag von 1.440 Euro von der Tiefbau GmbH zurückverlangen.

Kommen die Haftungserleichterungen bei jeder Arbeit bzw. Tätigkeit im Rahmen eines Arbeitsverhältnisses zum Zuge?

Hierzu eine Geschichte, die sich in ähnlicher Form – allerdings mit weitaus höherer Schadenssumme – tatsächlich ereignet hat.

Leichte Fahrlässigkeit. Mathias Dohme ist Gymnasiast und steht kurz vor dem Abitur. Um seine Abiturreise finanzieren zu können, hat er mit der Firma Germancar GmbH – Filiale Bremen – einen „Rahmenvertrag" geschlossen, demzufolge er von Fall zu Fall für einen Stundenlohn von 7,00 Euro im Rahmen eines Arbeitsverhältnisses Pkws zu anderen Filialen in der Bundesrepublik Deutschland überführt. Im Rahmenvertrag heißt es u. a.: „Der Aushilfsarbeitnehmer ist verpflichtet, die vorgeschriebene Fahrtroute einzuhalten." An einem sonnigen Sommernachmittag erhält Mathias Dohme von der Firma Germancar den Auftrag, einen Pkw von Bremen nach Berlin zu überführen. Mit den Fahrzeugpapieren erhält er einen Zettel: „Fahrtroute: Autobahn Bremen – Hannover – Berlin".
Bevor Mathias Dohme aufbricht, telefoniert er mit seiner Freundin Astrid, die spontan ihr Interesse bekundet mitzufahren. Die beiden beschließen, mit dem zu überführenden Fahrzeug noch einen kleinen Ausflug an die Ostsee zu machen, um dann gegen Abend, „wenn die Straßen leer sind", nach Berlin aufzubrechen. Auf dem Parkplatz eines Restaurants in Travemünde passiert es: Beim Einrangieren in eine enge Lücke gibt es einen Kratzer am Wagen. Schaden: 800 Euro. Die Firma Germancar GmbH verlangt von Mathias Dohme 800 Euro. Herr Dohme will nicht zahlen: Ihn treffe allenfalls leichteste Fahrlässigkeit, da er erst seit einem halben Jahr den Führerschein besitze und das große Fahrzeug der T-Klasse für ihn völlig ungewohnt sei. – Muss er zahlen?

Er muss. Die Haftungserleichterungen gelten nämlich dann nicht, wenn der Arbeitnehmer mit einem Wagen seines Arbeitgebers eine Schwarzfahrt unternimmt oder auf einer Dienstfahrt Umwege für private Zwecke macht. In diesen Fällen wird der Schaden nämlich nicht in Ausführung einer betrieblichen Tätigkeit verursacht. Nur dann, wenn der Schaden **im Rahmen einer betrieblichen Tätigkeit** herbeigeführt wurde, hält die Rechtsprechung eine Haftungsmilderung zugunsten des Arbeitnehmers für gerechtfertigt. Keinen Anlass für eine Haftungserleichterung sieht die Rechtsprechung andererseits, wenn die zum Schaden führende Handlung oder Tätigkeit wie in unserem Fall ein reines „Privatvergnügen" des Arbeitnehmers war.

Wichtig:

Darauf, ob etwa ein deutliches Missverhältnis zwischen Vergütungshöhe und Schadensrisiko bestand, kommt es in diesen Fällen nicht an.

Zum Problem der Haftungserleichterungen im Arbeitsverhältnis noch eine abschließende Bemerkung: Bei den in diesem Kapitel beschriebenen Grundsätzen handelt es sich größtenteils nicht um Regeln, die in Gesetzen zu finden sind. Vielmehr ergeben sie sich aus der Rechtsprechung, dem sogenannten Richterrecht. (Einzelheiten zum Richterrecht finden Sie im zweiten Kapitel.)

3. Wenn etwas in der Kasse oder im Lagerbestand fehlt

Fehlbetrag in der Kasse des Beschäftigten. Heike Lorenzen ist Verkäuferin bei der Fa. Modern Style GmbH, einem Konfektionshandelsunternehmen, in einer Schwabinger Boutique beschäftigt. Frau Lorenzen hat als Alleinkraft die Kinderabteilung zu betreuen. Diese ist in einem Ladengeschäft gegenüber dem Hauptgeschäft untergebracht. In der einstündigen Mittagspause wird Frau Lorenzen jeweils von einer Kollegin aus dem Hauptgeschäft abgelöst. Etwa vier Monate nach Arbeitsaufnahme wird eine Inventur durchgeführt. Dabei wird ein Fehlbestand von 892,24 Euro festgestellt. Die Modern Style GmbH verlangt diesen Betrag von Frau Lorenzen. – Muss Frau Lorenzen zahlen?

Unter welchen Voraussetzungen muss ich als Arbeitnehmer Fehlbeträge ersetzen, die in meinem Arbeitsbereich entstanden sind?

Frau Lorenzen muss nur dann zahlen, wenn es der Modern Style GmbH gelingt, zu erklären und ggf. zu beweisen, dass Frau Lorenzen ein **Verschulden** an dem Fehlbetrag trifft, wobei auch in diesem Fall die beschriebenen Haftungserleichterungen für Arbeitnehmer zum Zug kommen.

Für ein **Manko** – so nennt man den Unterschied zwischen „Soll" und „Ist" im Warenbestand und/oder in der Kasse – haftet der Arbeitnehmer, wenn nichts anderes vereinbart ist, nur bei Verschulden, also zB nicht für Schwund durch Witterungseinflüsse oder nicht vermeidbare Diebstähle, die von Kunden oder Kollegen begangen werden.

Hatte der Arbeitnehmer alleinigen Zugang zu Kasse und/oder Warenbestand, so kann dies als Anzeichen für eine Pflichtwidrigkeit, also ein Verschulden des Arbeitnehmers gewertet werden. Ist der Fehlbestand im Verhältnis zum Gesamtumsatz allerdings gering, spricht dies nur für leichte Fahrlässigkeit und führt nicht zur Haftung. Im Fall von Frau Lorenzen kann von einem alleinigen Zugang zur Kasse und den Waren nicht die Rede sein, weil Frau Lorenzen jeden Mittag im Laden durch eine Kollegin vertreten wurde und damit keine Kontrolle über das Geschehen im Laden hatte.

Eindeutige Zuordnung der Verfehlung. (Abwandlung) Frau Lorenzen macht in der Mittagspause den Laden zu, so dass sie die einzige ist, die zu Kasse und Waren Zugang hat. Ladendiebstähle sind praktisch ausgeschlossen, da die Ware elektronisch gesichert ist. Frau Lorenzen will den Fehlbetrag nicht ersetzen. Sie bestreitet den von der Firma Modern Style behaupteten Fehlbetrag. Die Firma Modern Style beruft sich hinsichtlich des Anfangsbestandes auf die Lieferlisten der bei Arbeitsaufnahme von Frau Lorenzen neu eingerichteten Kinderabteilung. Die zweite Inventur war von Frau Lorenzen selbst durchgeführt worden. – Ist Frau Lorenzen schadensersatzpflichtig?

Der Arbeitgeber wird sich schwer tun, seinen behaupteten Anspruch durchzusetzen. Er muss nämlich beweisen, dass der ermittelte Fehlbetrag nicht nur ein Fehlbetrag „auf dem Papier“ ist, sondern zugleich auch ein tatsächlicher (effektiver) Fehlbetrag ist, dass also wirklich etwas fehlt.

Das bedeutet, es muss klar sein bzw. ggf. bewiesen werden, wie viele Teile zu welchem Verkaufswert bei der ersten Inventur vorhanden waren, wie viele Teile zu welchem Verkaufswert bei der zweiten Inventur vorhanden waren und wie viele Teile zu welchem Verkaufswert bei der zweiten Inventur hätten vorhanden sein müssen (sog. Soll-Ist-Vergleich). Es reicht also nicht, wenn die Firma Modern Style GmbH den Umfang der Warenbestände zum Zeitpunkt der Arbeitsaufnahme von Frau Lorenzen etwa lediglich anhand von durch Frau Lorenzen nicht gegengezeichneten Lieferpapieren rekonstruiert. Anders sieht es aus, wenn Frau Lorenzen bei beiden Inventuren sowie der Fortschreibung der Bestandslisten selbst beteiligt war und das Ergebnis der Inventuren gegengezeichnet hat.

Was versteht man unter einer Mankovereinbarung?

Um sich Erleichterungen bei der Beweisführung zu verschaffen, nehmen Arbeitgeber, insbesondere im Einzelhandel, sog. Mankovereinbarung in den Arbeitsvertrag auf. Diese sieht normalerweise vor, dass der Arbeitnehmer auch ohne Nachweis eines Verschuldens für auftretende Fehlbeträge haften soll. Das hört sich für den Arbeitnehmer nicht gut an, werden Sie sagen.

Sind Mankovereinbarungen zulässig?

Eine Mankovereinbarung ist problemlos zulässig, wenn sie als zusätzliche Vergütung, dh Prämie dafür gezahlt wird, dass im Arbeitsbereich des Arbeitnehmers kein Fehlbestand auftritt. Wird hingegen die Zusage einer Fehlgeldentschädigung mit einer Haftungsverschärfung für den Arbeitnehmer verbunden, dann bestehen hierfür – zumindest für den Regelfall, dass die Vertragsbedingungen durch den Arbeitgeber vorformuliert werden – enge Grenzen. Solche Haftungsverschärfungen sind nur wirksam, wenn das Abwälzen des Haftungsrisikos auf den Arbeitnehmer den betrieblichen Verhältnissen angemessen ist und wenn dem erhöhten Risiko für den Arbeitnehmer ein angemessener wirtschaftlicher Ausgleich gegenübersteht. Dieser angemessene wirtschaftliche Ausgleich, der im Allgemeinen als „**Mankogeld**" oder „**Fehlgeldentschädigung**" bezeichnet wird, muss so bemessen sein, dass der Arbeitnehmer aus ihr notfalls ein auftretendes Manko voll abdecken kann. Das bedeutet, dass die Fehlgeldentschädigung die absolute Obergrenze der vertraglichen (verschuldensunabhängigen) Mankohaftung darstellt. Die Mankovereinbarung bedeutet also im Ergebnis allein die Chance für den Arbeitnehmer, durch erfolgreiche Verwaltung eines Kassen- oder Warenbestandes eine zusätzliche Vergütung zu erzielen.

Weitere Voraussetzung für die Zulässigkeit einer Mankovereinbarung ist, dass der Arbeitnehmer die alleinige Verfügungsgewalt und den alleinigen Zugang zu den ihm anvertrauten Geld- oder Warenbeständen hat. **Beispiel** einer Mankoabrede: „Der Arbeitnehmer haftet mit den übrigen Mitarbeitern der gleichen Filiale für alle Fehlbeträge in der Geschäftskasse oder am Warenbestand gesamtschuldnerisch, solange der Schuldige nicht zweifelsfrei feststeht."

Eine solche Mankoabrede ist unwirksam.

Zunächst eine Erläuterung des Begriffs „gesamtschuldnerische Haftung". Er besagt, dass der Arbeitgeber von jedem der in Frage kommenden Mitarbeiter den vollen und nicht etwa nur den anteiligen Schadensbetrag verlangen kann, solange eine Zahlung noch nicht erfolgt ist.

Die Mankoabrede ist aus folgender Überlegung heraus unwirksam: Die Mitarbeiter einer Verkaufsstelle haben über ihr gegenseitiges Verhalten im Allgemeinen keine nennenswerte Kontrollmöglichkeit, sollen der Vereinbarung nach aber trotzdem haften. Eine solche weitgehende, vom Verschulden unabhängige Haftung des Arbeitnehmers kann kaum mit betrieblichen Erfordernissen gerechtfertigt werden. Diese Vereinbarung verlagert vielmehr das unternehmerische Risiko in unzumutbarer Weise auf den Arbeitnehmer. Eine solche Mankovereinbarung wäre also selbst dann nichtig, wenn dem Arbeitnehmer im Zusammenhang mit dieser Vereinbarung ein Mankogeld versprochen wird.

4. Vertragsstrafen

Was ist eine Vertragsstrafe?

Will ein Arbeitgeber von seinem Arbeitnehmer wegen einer Pflichtverletzung des Arbeitnehmers Schadensersatz einklagen, so kommt der Arbeitgeber oft schon deswegen in Schwierigkeiten, weil es vielfach nur schwer möglich ist anzugeben, wo der Schaden genau entstanden ist und wie hoch er ist.

Auftragsverluste durch Absage vor Arbeitsantritt. Sie haben am 1. März einen Arbeitsvertrag geschlossen. Vorgesehener Arbeitsantritt: 1. April. Sie schicken am 14. März dem Arbeitgeber eine E-Mail mit der Mitteilung, dass Sie aus persönlichen Gründen die Stelle doch nicht nehmen wollen. Die Firma muss erneut inserieren, was zunächst ohne Erfolg bleibt. Erst zum 15. Mai findet man eine Ersatzkraft. Die Zeit zwischen dem 1. April und dem 15. Mai wird durch personelle Umschichtung überbrückt, was aber letztlich auf Kosten der Pflege der Kundenkontakte des Unternehmens geht und mit Wahrscheinlichkeit dazu führt, dass Aufträge verlorengehen.

Hier wird es dem Unternehmen schwer fallen, zu erklären und zu beweisen, worin genau der Schaden liegt, den Sie verursacht haben, und wie hoch dieser sein soll. Man kennt ja u. U. die Aufträge gar nicht, die man hereinbekommen hätte, wenn die Mannschaft in der vorgesehenen Stärke bei der Arbeit gewesen wäre.

Um eine solche Situation zu vermeiden und gleichzeitig indirekt durch finanziellen Druck die Einhaltung von wichtigen vertraglichen Vereinbarungen zu sichern, werden häufig Vertragsstrafen vereinbart. Beispiel einer Vertragsstrafenregelung eines Arbeitnehmerüberlassungs-Unternehmens: „Tritt der Arbeitnehmer das Arbeitsverhältnis schuldhaft nicht zu dem vereinbarten Zeitpunkt an, oder bleibt der Arbeitnehmer vertragswidrig der Arbeit fern oder beendet er das Arbeitsverhältnis ohne Einhaltung der vertraglichen Kündigungsfrist, so ist er zur Zahlung einer Vertragsstrafe verpflichtet. Als Vertragsstrafe bei Nichtantritt gelten 300 Euro als vereinbart. Als Vertragsstrafe bei vertragswidriger Beendigung des Arbeitsverhältnisses gilt für jeden nicht eingehaltenen Kündigungstag eine Tagesbruttovergütung als vereinbart. Als Vertragsstrafe bei vertragswidrigem Fernbleiben von der Arbeit gilt ein Tagesbruttoverdienst als vereinbart."

Welchen vertraglichen Pflichten kann eine Vertragsstrafenregelung zugeordnet werden?

Das vorstehende Beispiel veranschaulicht die Hauptanwendungsfälle für Vertragsstrafen, nämlich

- den Nichtantritt der Arbeit einerseits und
- die (schuldhafte) Arbeitsniederlegung (und vorzeitige Kündigung) andererseits.

Ein weiterer wichtiger Anwendungsfall ist

- die Vereinbarung einer Vertragsstrafe zur Sicherung der Einhaltung eines Verbots einer Konkurrenztätigkeit während oder im Anschluss an das Arbeitsverhältnis.

Vertragsstrafen können sich aber auch auf andere Pflichten aus dem Arbeitsverhältnis beziehen.

Wichtig:

Mitunter sehen auch Tarifverträge Vertragsstrafenregelungen vor.

Ist jede vertragliche Vertragsstrafenregelung für mich bindend?

Sind Sie zu Ihrer Berufsausbildung beschäftigt, so sind Vertragsstrafen gemäß § 12 Absatz 2 Berufsbildungsgesetz von vornherein unwirksam.

Darüber hinaus unterliegen Vertragsstrafenregelungen in vom Arbeitgeber vorformulierten Arbeitsverträgen einer bestimmten Kontrolle nach den §§ 305 des Bürgerlichen Gesetzbuches (Recht der allgemeinen Geschäftsbedingungen). Danach wird geprüft, ob die entsprechende Klausel Inhalt des Vertrages geworden ist, ob sie klar und bestimmt formuliert ist und ob sie angemessen ist. Dabei gilt insbesondere Folgendes:

- So genannte überraschende Klauseln werden nicht Bestandteil des Arbeitsvertrags. Das gilt etwa für eine Strafabrede, die unter dem Punkt „Verschiedenes" ohne drucktechnische Hervorhebung versteckt ist oder die sich ohne besonderen Hinweis unter einer falschen oder missverständlichen Überschrift befindet.
- Der Inhalt der Vertragsstrafenregelung muss verständlich und bestimmt formuliert sein, dh die Vertragsverletzung, die zur Zahlungspflicht führen soll, muss vorhersehbar sein. Unwirksam sind beispielsweise Klauseln, die pauschal für „Vertragsverletzungen" vereinbart werden. Das gilt etwa für eine Klausel, nach der ein Anspruch auf die Zahlung einer Vertragsstrafe bei einem „schuldhaft vertragswidrigen Verhalten des Arbeitnehmer, das den Arbeitgeber zur fristlosen Kündigung des Arbeitsverhältnisses veranlasst" besteht. Eine solche Formulierung lässt nicht erkennen, welche konkrete Pflichtverletzung gemeint ist. Die Bestimmtheit kann in einem solchen Fall allerdings u. U. durch eine beispielhafte Nennung von Pflichtverstößen herbeigeführt werden.
- Die Unangemessenheit einer Vertragsstrafenregelung kann sich u. a. aus ihrer Höhe ergeben. I.d.R. ist eine Vertragstrafenregelung unangemessen, die den Arbeitnehmer für den Fall der vertragswidrigen Lösung des Arbeitsvertrages zur Zahlung einer Strafe in Höhe eines Betrages verpflichtet, der höher ist als das Arbeitsentgelt, welches der Arbeitgeber dem Arbeitnehmer für die Zeit bis zur ordnungsgemäßen Beendigung des Arbeitsverhältnisses schulden würde.
- Bei einer vorformulierten Vertragsstrafenregelung darf nicht auf das Verschuldenserfordernis verzichtet werden. D. h. die Verwirkung einer Strafe setzt Verschulden voraus.
- Die **fristgerechte Kündigung des Arbeitnehmers** darf nicht mit einer Vertragsstrafe sanktioniert werden. Jedoch kann das Recht zur ordentlichen Kündigung für die Zeit bis zum Dienstantritt ausgeschlossen werden, so dass für den Fall des Nichtantritts des Arbeitsverhältnisses eine Vertragsstrafe wirksam vereinbart werden kann, wenn die ordentliche Kündigung für beide Vertragsparteien ausgeschlossen ist. Das Recht zur außerordentlichen

Kündigung nach § 626 des Bürgerlichen Gesetzbuches darf in keinem Fall durch eine Vertragsstrafe beeinträchtigt werden.

Welche Maßstäbe gelten bei Vertragsstrafenregelungen, die nicht den Fall der Nichteinhaltung von Kündigungsfristen oder des Nichtantritts der Arbeit bei Vertragsbeginn betreffen?

Neben den genannten Fallgruppen gibt es andere Bereiche, in denen Vertragsstrafenvereinbarungen nach wie vor zulässig bleiben („Bestrafung" von Verstößen gegen ein Wettbewerbsverbot, gegen die Geheimhaltungsverpflichtung und von anderen Vertragspflichtverletzungen). Diese Regelungen werden mit gleichen Maßstäben gemessen wie auch andere vertragliche Regelungen, dh sie dürfen insbesondere nicht gegen zwingende Gesetze verstoßen. Verstoßen sie gegen zwingende Gesetze, so sind sie unwirksam und nicht verbindlich. Das ist u. a. der Fall, wenn die Vertragsstrafenregelung zu einem Verhalten verpflichten oder eine Leistung sichern soll, die **vom Gesetz verboten** ist.

Arbeit über die Höchstarbeitszeit hinaus. Der Arbeitnehmer wird im Arbeitsvertrag verpflichtet, Arbeit auch über die nach dem Arbeitszeitgesetz zulässige Höchstarbeitszeit hinaus zu leisten. Zur Sicherung dieser Verpflichtung wird eine Vertragsstrafe vereinbart.

Eine solche Vereinbarung ist nichtig, da die Bestimmungen des Arbeitszeitgesetzes über einzuhaltende Höchstarbeitszeiten zwingend sind, eine darüber hinausgehende Arbeitsleistung also verboten ist.

Schließlich können Vertragsstrafenabreden – wie bereits oben ausgeführt – unwirksam sein, weil bzw. wenn sie **zu unbestimmt** gehalten sind. Beispiel einer solchen Vereinbarung: „Für den Fall, dass der Arbeitnehmer seine Verpflichtungen gegenüber dem Arbeitgeber nicht oder nicht genügend erfüllt, ist ungeachtet des tatsächlich entstandenen Schadens eine einmalige Ausgleichszahlung in Höhe von 500 Euro vereinbart."

Wie Sie sehen, kann eine Vertragsstrafe auch unter anderen Begriffen (hier: „Ausgleichszahlung") auftauchen. Wesentlich ist, dass eine Zahlungsverpflichtung unabhängig von der Entstehung bzw. dem

Nachweis eines Schadens lediglich bei Vorliegen einer Vertragsverletzung entstehen soll.

Zurück zur Unbestimmtheit der Vereinbarung. Die – der Praxis entnommene – beispielhaft wiedergegebene Regelung lässt nicht erkennen, welche vertraglichen Pflichten in besonderer Weise gesichert werden sollen. Eine solche Vertragsstrafenvereinbarung mit „Gießkannenwirkung“ für nicht näher bezeichnete bedeutende und unbedeutende Vertragsverstöße ist unwirksam. Das in § 307 Abs. 1 Satz 2 des Bürgerlichen Gesetzbuches enthaltene **Transparenzgebot** gebietet, dass sowohl die vereinbarte Strafe wie auch der Tatbestand, der sie auslösen soll, klar und deutlich bezeichnet sein müssen, damit sich der andere Teil – in unserem Fall also der Arbeitnehmer – in seinem Verhalten darauf einstellen kann. § 307 Absatz 1des Bürgerlichen Gesetzbuches bestimmt nämlich:

„unangemessene Benachteiligung“. „Bestimmungen in Allgemeinen Geschäftsbedingungen sind unwirksam, wenn sie den Vertragspartner des Verwenders entgegen den Geboten von Treu und Glauben unangemessen benachteiligen. Eine unangemessene Benachteiligung kann sich auch daraus ergeben, dass die Bestimmung nicht klar und verständlich ist.“

Was ist, wenn die vereinbarte Vertragsstrafe empfindlich hoch ist?

Haben Sie Ihrem Arbeitgeber im Arbeitsvertrag die Möglichkeit gegeben, eine „saftige“ Vertragsstrafe zu verhängen, so wurde die Vereinbarung vor Einführung des Schuldrechtsmodernisierungsgesetzes im allgemeinen noch nicht deswegen als unwirksam angesehen, weil die vorgesehene Vertragsstrafe unverhältnismäßig hoch war. Die Interessen des von der Vertragsstrafe betroffenen Arbeitnehmers wurden allerdings dadurch berücksichtigt, dass das Gericht die Vertragsstrafe auf einen angemessenen Betrag herabsetzen konnte.

Nunmehr, dh seit Einführung des Schuldrechtsmodernisierungsgesetzes in das Bürgerliche Gesetzbuch muss – wie vorstehend bereits für die vertragswidrige vorzeitige Lösung vom Vertrag dargestellt – zumindest bei vom Arbeitgeber vorformulierten Verträgen zunächst festgestellt werden, ob die Vereinbarung der Vertragsstrafe im Hinblick auf die festgesetzte Höhe überhaupt wirksam ist. Der zuvor wörtlich zitierte § 307 Absatz 1 Satz 1 BGB verbietet nämlich eine „unangemessene Benachteiligung" des Vertragspartners des Verwenders der Allgemeinen Geschäftsbedingungen.

Das kann dazu führen, dass eine Vertragsstrafenvereinbarung bereits von vornherein wegen unangemessener Höhe als unwirksam angesehen wird, ohne dass sich noch die Frage der Herabsetzung stellt. Aber auch wenn die Vertragsstrafenregelung im Einzelfall nicht als insgesamt unwirksam angesehen wird, muss das Gericht die Angemessenheit der Höhe überprüfen und kann unter Berücksichtigung aller Umstände eine Herabsetzung vornehmen.

14. Kapitel

Die Abmahnung

Im Arbeitsrecht gilt der Grundsatz der Verhältnismäßigkeit. Dieser verbietet es, „mit Kanonen auf Spatzen zu schießen".

Bevor ein Arbeitgeber zu dem denkbar schärfsten arbeitsrechtlichen Mittel, der Kündigung, greift, muss er demnach zuvor den Arbeitnehmer erfolglos abgemahnt haben.

Kündigung ohne Vorwarnung. Herr Lang ist Sachbearbeiter bei der Firma Huber GmbH. Jahrelang hat er pünktlich und zuverlässig gearbeitet. In letzter Zeit jedoch ist er morgens häufig zu spät dran. Seinem Vorgesetzten ist es lästig, sich mit Herrn Lang, der immer eine Ausrede parat hat, deswegen in lange Diskussionen einzulassen. Als er Herrn Lang morgens um 9.30 Uhr zum dritten Mal innerhalb von zwei Wochen nicht antrifft, obwohl es um wichtige Angelegenheiten geht, regt er bei der Personalabteilung die Kündigung von Herrn Lang an. Herrn Lang wird gekündigt. Er klagt vor dem Arbeitsgericht gegen die Kündigung. Ist die Kündigung wirksam?

Das Arbeitsgericht erklärt die Kündigung für unwirksam, da ihr keine „Abmahnung" vorausgegangen ist!

1. Bedeutung der Abmahnung

Will ein Arbeitgeber ein bestimmtes Fehlverhalten eines Arbeitnehmers nicht hinnehmen – etwa wiederholte Unpünktlichkeit, langsames Arbeiten, Alkoholgenuss während der Arbeit trotz bestehenden Verbots, unfreundliches Verhalten gegenüber Kunden –, so darf er deswegen nicht gleich kündigen.

Vielmehr muss er zunächst den Mitarbeiter darauf hinweisen, mündlich oder auch schriftlich, dass er das genau zu bezeichnende Verhalten nicht billigt. Ein allgemein gehaltener Hinweis auf „Unpünktlichkeit" oder „Schlechtleistung" reicht dabei nicht aus.

Vielmehr muss der Arbeitgeber das Fehlverhalten genau kennzeichnen, also an welchen Tagen um welche Uhrzeit der Arbeitnehmer sich um wie viele Stunden oder Minuten verspätet hat oder welche Fehler der Sekretärin beim Schreiben von Briefen bei welcher Gelegenheit unterlaufen sind.

Muss in der Abmahnung die Kündigung angedroht werden?

Das allein reicht aber noch nicht aus. Der Arbeitgeber muss diese Beanstandung überdies mit dem Hinweis verbinden, dass im Wiederholungsfall das Arbeitsverhältnis in seinem Bestand gefährdet ist. Der Arbeitnehmer muss erkennen können, dass er bei neuerlichem Fehlverhalten uU mit einer Kündigung zu rechnen hat. Bestimmte kündigungsrechtliche Maßnahmen (ordentliche oder fristlose Kündigung) braucht der Arbeitgeber dabei nicht ausdrücklich anzudrohen. Bei Arbeitsleistungen, die nach Auffassung des Arbeitgebers unzulänglich waren, ist vor Ausspruch einer ordentlichen Kündigung schon deshalb regelmäßig eine vorherige vergebliche Abmahnung erforderlich, damit der Arbeitnehmer ausreichend Zeit und Gelegenheit hat, sich auf die Erwartungen des Arbeitgebers einzustellen und sein Verhalten zu ändern.

Gibt es Fälle, in denen der Arbeitgeber auch ohne vorherige Abmahnung kündigen darf?

Andererseits liegt es für jeden Arbeitnehmer von vornherein auf der Hand, dass er seinen Arbeitgeber nicht betrügen, bestehlen, bedrohen oder beleidigen darf. Darauf braucht ihn der Arbeitgeber nicht noch eigens hinzuweisen. Hier kann der Arbeitgeber dem Arbeitnehmer uU auch ohne vorherige Abmahnung kündigen.

2. Gegenmaßnahmen bei einer Abmahnung

Gegen eine Abmahnung kann sich der Arbeitnehmer mit einer Gegendarstellung wehren. Diese ist zu den Personalakten zu nehmen. Er kann auch auf Entfernung einer Abmahnung aus der Personalakte klagen, wenn die Abmahnung seiner Ansicht nach zu Unrecht ausgesprochen worden ist.

Abmahnungen und Schutz der Grundfreiheiten. Der Arbeitgeber beanstandet „häufiges Zuspätkommen" des Mitarbeiters – zu Unrecht, wenn dieser sich nur ein- oder zweimal verspätet hat.
Der Arbeitgeber rügt, dass der Angestellte seine Arbeitsunfähigkeitsbescheinigung für seine beiden Krankheitstage nicht eingereicht hat und dass er während der Arbeitsunfähigkeit spazieren gegangen ist – zu Unrecht, wenn der einschlägige Tarifvertrag erst für eine Krankheitsdauer von mehr als zwei Tagen einen entsprechenden Nachweis verlangt und wenn der Angestellte entsprechend der ärztlichen Anordnung während seiner Erkrankung nicht das Bett hüten musste.
Herr Frisch verteilt während der Mittagspause in der Kantine Einladungen der örtlichen Friedensinitiative „Friedenstaube". Sein Arbeitgeber, die Firma Zahnrad GmbH, mahnt ihn wegen unzulässiger politischer Betätigung ab. Diese Abmahnung ist zu Unrecht erfolgt. Das Grundrecht der freien Meinungsäußerung macht vor den Werkstoren nicht Halt. Das gilt jedoch nur, wenn der Arbeitnehmer hierdurch den Betriebsfrieden nicht stört. (Lesen Sie hierzu auch die Erläuterungen in Kapitel IV sowie Kapitel XII)
Ein Krankenhaus mahnt eine Krankenschwester ab, weil sie sich als einzige unter Berufung auf ihre sittliche Überzeugung wiederholt geweigert hat, an „sozial indizierten" Schwangerschaftsabbrüchen mitzuwir-

ken. Das Verhalten der Krankenschwester ist vom Grundrecht auf Gewissensfreiheit geschützt. Dieses hat auch der Arbeitgeber bei Ausübung seines Direktionsrechts zu beachten. Auch sie kann vor dem Arbeitsgericht die Entfernung der Abmahnung aus der Personalakte durchsetzen.

Empfiehlt es sich, gegen eine Abmahnung zu klagen?

Der Mitarbeiter kann gegen die Abmahnung vor dem Arbeitsgericht klagen. Ob er dies tut, ist eine Frage der Zweckmäßigkeit.

Besonders häufig werden die Arbeitnehmer diesen Weg sicherlich nicht wählen, da sie während des bestehenden Arbeitsverhältnisses ungern ihren Arbeitgeber vor Gericht zitieren werden, zumal den Arbeitnehmern aus dem Unterlassen der Klage nicht unbedingt Nachteile erwachsen.

Klage gegen die letzte Maßnahme. Den Fernmeldehandwerker Felix Sanft hatte sein Arbeitgeber in den vergangenen Jahren wegen angeblichen Zuspätkommens wiederholt abgemahnt.
Gegen diese Abmahnungen hat er nichts unternommen. Auch Lohnkürzungen wegen der behaupteten Verspätungen nahm er widerspruchslos hin. Erst als ihm der Arbeitgeber wegen behaupteter erneuter Verspätungen kündigte, wehrte er sich mit einer Klage vor dem Arbeitsgericht – mit Erfolg?

Ja. Der Arbeitgeber konnte die Verspätungen im Einzelnen nicht (mehr) beweisen. Der Mitarbeiter hatte sich gegen die Abmahnungen zuvor nicht gewehrt. Das brauchte er jedoch nicht zu tun.

Dies hat ihm nicht das Recht genommen, die abgemahnten Pflichtwidrigkeiten in dem Kündigungsrechtsstreit zu bestreiten.

So erklärte das Arbeitsgericht die Kündigung für unwirksam. Felix Sanft durfte an seinen Arbeitsplatz zurückkehren.

Wann wird eine Abmahnung wirkungslos?

Es kann für einen Arbeitnehmer sogar von Vorteil sein, wenn er gegen eine Abmahnung zunächst nichts unternimmt. Zum einen verliert eine länger zurückliegende Abmahnung mit wachsendem Zeitabstand immer mehr an Bedeutung und Gewicht. Eine Abmahnung etwa, die drei Jahre zurückliegt, kann der Arbeitgeber nicht mehr zur Begründung einer Kündigung heranziehen. Feste Fristen lassen sich indes nicht nennen.

Zum anderen dürfte es dem beweispflichtigen Arbeitgeber mit wachsendem Zeitabstand immer schwerer fallen, die der Abmahnung zugrunde liegenden Vorgänge und Tatsachenbehauptungen im Einzelnen zu beweisen. Mit einer Klage gegen eine Abmahnung geben Sie also dem Arbeitgeber die Möglichkeit, frühzeitig Beweise für das Ihnen vorgeworfene Fehlverhalten im Rahmen eines Gerichtsverfahrens zu sichern.

Kann ich beim Betriebsrat mit Unterstützung rechnen?

Sinnvoller als vor dem Arbeitsgericht auf Entfernung der Abmahnung aus der Personalakte zu klagen, kann es uU sein, sich an den Betriebsrat zu wenden. Dieser kann dann mit dem Arbeitgeber darüber verhandeln, wie nicht zu beweisende oder sonst zu Unrecht erfolgte Vorwürfe geklärt und gegebenenfalls aus der Welt geschafft werden können.

15. Kapitel

Die Beendigung des Arbeitsverhältnisses

Die vom Grundgesetz geschützte freie Entfaltung der Persönlichkeit ist in unserer Industriegesellschaft normalerweise an die Ausübung einer abhängigen Beschäftigung gebunden. Bei dem Schutz der Persönlichkeit, der die Arbeit und den Beruf mit einzubeziehen hat, geht es vor allem auch darum, den Bestand des eingegangenen Arbeitsverhältnisses in einem Mindestumfang zu sichern. Diese Bestrebungen finden ihren gesetzlichen Niederschlag vor allem in den Vorschriften über die Kündigungsfristen für Arbeiter und Angestellte, in dem allgemeinen Kündigungsschutzgesetz und in einer Reihe von Arbeitsplatzschutzgesetzen für bestimmte Personengruppen, wie werdende Mütter, Schwerbehinderte, Auszubildende, Wehrpflichtige und Zivildienstleistende. In diesen Zusammenhang gehören auch die Mitwirkungsrechte der Betriebs- und Personalräte bei Kündigungen.

Arbeitsverhältnisse sind in der Regel auf Dauer angelegt. Sie enden – sofern sie nicht von vornherein befristet abgeschlossen werden – nicht von sich aus, sondern nur, wenn ein besonderer Beendigungsgrund vorliegt.

Möglich ist das durch

- die einverständliche Aufhebung des Arbeitsvertrages und
- vor allem die Beendigung des Arbeitsverhältnisses durch die ordentliche fristgemäße und
- in Ausnahmefällen auch die außerordentliche fristlose Kündigung.

1. Kündigung

a) Erklärung der Kündigung

Die Kündigung des Arbeitsverhältnisses erfolgt durch eine einseitige schriftliche Willenserklärung des Arbeitgebers oder des Arbeitnehmers. Durch sie wird das Arbeitsverhältnis aufgelöst.

Was ist eine ordentliche Kündigung, und wann spricht man von einer außerordentlichen Kündigung?

Von einer **ordentlichen** oder **fristgemäßen Kündigung** spricht man, wenn das Arbeitsverhältnis unter Einhaltung der vereinbarten, der tarifvertraglich oder gesetzlich vorgeschriebenen Kündigungsfrist beendet werden soll.

Eine **außerordentliche Kündigung** liegt vor, wenn das Arbeitsverhältnis aus einem wichtigen Grund, meist fristlos, aufgelöst werden soll. Sie wird häufig einfach als fristlose Kündigung bezeichnet.

Muss ich die Kündigung annehmen?

Die Kündigungserklärung muss dem Empfänger zugehen, damit sie wirksam werden kann. Sie bedarf jedoch keiner Annahme.

Manchmal erklärt der Kündigungsempfänger, „er nehme die Kündigung an“ oder „er lehne sie ab“. Das ist für die Kündigung und ihre Wirkungen ohne Bedeutung. Sie muss lediglich dem Kündigungsempfänger zugehen, damit sie das Arbeitsverhältnis beenden kann.

Zerrissene Kündigungserklärung. Der Chef will Herrn Sturm das Kündigungsschreiben übergeben. Der erklärt, er nehme die Kündigung nicht an, zerreißt das Schreiben und wirft es dem Chef vor die Füße.

Diese Kündigung ist Herrn Sturm wirksam zugegangen und setzt die Kündigungsfrist in Lauf, da Herr Sturm die Möglichkeit hatte, vom Inhalt des Schreibens Kenntnis zu nehmen.

Wann ist eine Kündigung zugegangen?

Wenn eine Kündigungserklärung übergeben wird, ist sie mit der Übergabe des Schriftstücks zugegangen. Wird die Kündigung zugeschickt, so geht sie in dem Augenblick dem Empfänger zu, wo dieser „unter normalen Verhältnissen von ihr Kenntnis erlangen kann".

Zugang der Kündigung während der Urlaubszeit. Herr Leicht nimmt vom 15. Februar bis 22. Februar Urlaub. Er verbringt ihn zu Hause und will sich durch nichts stören lassen. Am 15.2. morgens wirft der Postbote ihm ein Kündigungsschreiben seines Arbeitgebers in den Briefkasten. Er leert den Briefkasten erst am 23.2. – Wann ist ihm die Kündigung zugegangen?

Die Kündigung ist ihm am 15.2. zugegangen.

Anders wäre es auch dann nicht, wenn er bis einschließlich 22.2. in die Berge gefahren und dem Arbeitgeber die urlaubsbedingte Abwesenheit mitgeteilt hätte. Auch in diesem Falle wäre ihm die Kündigung am 15.2. zugegangen.

Die Kündigung muss schriftlich erfolgen. Die Kündigungsgründe brauchen nicht angegeben zu werden.

Wird die Schriftform nicht beachtet, dh, hat der Aussteller die Kündigung nicht eigenhändig namentlich unterschrieben, so ist die Erklärung nichtig und ohne Wirkung.

Nach Ablauf der Probezeit eines Ausbildungsverhältnisses reicht die Schriftform allein nicht mehr aus. Jetzt müssen auch die Kündigungsgründe schriftlich angegeben werden.

Mündliche und schriftliche Erklärung. Fräulein Susanne Frisch befindet sich seit dem 1.4. im Ausbildungsverhältnis. Die Probezeit beträgt drei Monate. Am 28.6., zwei Tage vor Ablauf der Probezeit, kündigt der Lehrherr ihr mündlich fristlos. Am 1.7. wiederholt er die Kündigung schriftlich. – Sind die Kündigungserklärungen wirksam?

Beide Erklärungen sind unwirksam. Das Ausbildungsverhältnis besteht ungekündigt fort. Die zunächst mündlich erklärte Kündigung verstößt gegen das Gebot der Schriftform.

Am 1. Juli – nach Ablauf der Probezeit – war die Kündigung nur noch aus wichtigem Grund möglich; dessen Angabe fehlt jedoch im Kündigungsschreiben.

Kann eine Kündigung einseitig zurückgenommen werden?

Eine wirksam erklärte Kündigung kann nicht zurückgenommen werden.

Zurückgenommene Kündigungserklärung. Arbeitgeber Harten erklärt dem Arbeiter Schnell am 1. April die Kündigung zum 15. April. Am 13. April sagt er ihm, er nehme die Kündigung zurück. Schnell antwortet, er wolle jetzt nicht mehr bleiben. Er habe eine andere Stelle. – Muss Herr Schnell bei Herrn Harten weiterarbeiten?

Schnell braucht bei seinem bisherigen Arbeitgeber nicht weiterzuarbeiten. Das Arbeitsverhältnis endet am 15.4. mit Ablauf der Kündigungsfrist, da Herr Harten seine Kündigung nicht einseitig, dh ohne Zustimmung von Herrn Schnell, zurücknehmen konnte. Die Fortsetzung eines wirksam gekündigten Arbeitsverhältnisses bedarf einer neuen Vereinbarung. In der Erklärung der Rücknahme der Kündigung oder in der Weiterbeschäftigung über die Kündigungsfrist hinaus liegt das Angebot, das Arbeitsverhältnis so fortzusetzen, als sei es nicht gekündigt gewesen.

Weiterarbeiten trotz Kündigung. Arbeitgeber Harten erklärt die Kündigung am 1. April zum 15. April, nimmt sie aber nicht zurück. Am 16. April und an den darauf folgenden Tagen kommt Schnell trotzdem weiter zur Arbeit. Harten sieht es. Erst am 18. April schickt er Schnell unter Berufung auf die Kündigung vom 1. April ohne Einhaltung der Kündigungsfrist nach Hause. – Kann Schnell die Fortsetzung des Arbeitsverhältnisses verlangen?

Die am 1. April erklärte Kündigung hat keine Wirkung mehr. Das Arbeitsverhältnis gilt vielmehr als auf unbestimmte Zeit verlängert, weil Herr Schnell nach Ablauf der Kündigungsfrist die Arbeit fortgesetzt hat, Herr Harten davon wusste und auch nicht widersprochen hat. Arbeitgeber Harten muss erneut kündigen und die Kündigungsfrist einhalten.

Muss in der Kündigungserklärung das Wort „Kündigung" vorkommen?

In der Kündigungserklärung braucht das Wort „Kündigung" nicht vorzukommen. Die Erklärung muss aber eindeutig ergeben, dass das Arbeitsverhältnis zu einem bestimmten Zeitpunkt enden soll.

Was ist eine Änderungskündigung?

Denkbar ist, dass der Arbeitgeber das Arbeitsverhältnis kündigt und dem Arbeitnehmer gleichzeitig die Fortsetzung des Arbeitsverhältnisses zu anderen Bedingungen anbietet (Änderungskündigung).

Weiterbeschäftigung unter einem anderen Arbeitsvertrag. Frau Lang arbeitet bei der Reinigungsfirma Heinzelmänner bisher wöchentlich 40 Stunden. Anfang Mai teilt ihr die Firmenleitung mit: „Hiermit kündigen wir Ihr Arbeitsverhältnis zum 30.6. aus betrieblichen Gründen wegen Auftragsrückgangs. Wir sind jedoch bereit, Sie ab dem 1.7. zu 20 Stunden wöchentlich bei entsprechend herabgesetztem Lohn weiterzubeschäftigen."

Zur Änderungskündigung lesen Sie die ausführlichen Erläuterungen in Kapitel 4 insbesondere S. 79 ff.

Bevor der Arbeitgeber Ihnen kündigt, muss er den Betriebsrat bzw. Personalrat anhören, soweit eine solche Arbeitnehmervertretung besteht.

Welche Folgen hat es, wenn der Arbeitgeber den Betriebsrat vor Ausspruch der Kündigung nicht anhört?

Unterlässt der Arbeitgeber die Anhörung des Betriebsrats, so ist die Kündigung nichtig. Die unterbliebene Anhörung kann der Arbeitgeber nicht mehr nachholen.

Aushändigung an den Betriebsrat. Der Geschäftsführer der Firma Schnell GmbH übergibt dem seit einem Monat beschäftigten Arbeiter Mayer am Vormittag des 2. November ein Kündigungsschreiben, weil er vier Tage unentschuldigt gefehlt hat. Gleich anschließend händigt der Geschäftsführer dem Betriebsratsvorsitzenden eine Kopie des Kündigungsschreibens aus. Die fünf Mitglieder des Betriebsrats treten sofort zusammen. Sie stimmen der Kündigung zu. Der Vorsitzende teilt dies anschließend dem Geschäftsführer mit. – Ist die Kündigung wirksam?

Nach dem Gesetz muss der Arbeitgeber den Betriebsrat vor Ausspruch der Kündigung anhören. Das hat die Firma Schnell GmbH nicht getan. Die fehlende Anhörung kann nicht nachgeholt werden. Daran ändert auch die erklärte Zustimmung des Betriebsrats nichts. Die Kündigung ist nichtig. Das Arbeitsverhältnis besteht fort.

Die Anhörung des Betriebsrats muss umfassen:

- Angabe der Personalien des Arbeitnehmers,
- die Art der Kündigung,
- den Termin, zu dem das Arbeitsverhältnis enden soll, sowie die
- Gründe für die Kündigung. Die Gründe muss der Arbeitgeber so genau angeben, dass sich der Betriebsrat über die Umstände, die zur Kündigung führen, ein Bild machen kann.

Anhörung der Kündigung. Die Bau AG Stark teilt dem Betriebsrat mit: „Wir beabsichtigen, Fräulein Weiler wegen häufigen Zuspätkommens trotz vorangegangener Abmahnungen zu kündigen." – Ist die Anhörung wirksam?

Diese Angaben würden nicht ausreichen. Die dennoch ausgesprochene Kündigung wäre unwirksam.

Bei korrekter Anhörung müsste der Arbeitgeber dem Betriebsrat mitteilen, an welchen Kalendertagen Fräulein Weiler um wie viele Minuten zu spät gekommen ist, ob und wie sich dies betrieblich ausgewirkt hat und wann die Firma die Mitarbeiterin mit welchem Ergebnis abgemahnt hat. (Zur Abmahnung vgl. 14. Kapitel, S. 247 ff.)

Eine nur pauschale, schlagwort- oder stichwortartige Bezeichnung des Grundes genügt ebenso wenig wie die Mitteilung eines Werturteils wie zB „Schlechtleistung“ ohne Angabe der für die Bewertung maßgebenden Tatsachen.

Wie lange hat der Betriebsrat Zeit zur Stellungnahme?

Der Betriebsrat kann sich bei der ordentlichen Kündigung dazu innerhalb einer Woche, bei der außerordentlichen Kündigung innerhalb von drei Tagen schriftlich äußern, er braucht es jedoch nicht zu tun.

Er kann zustimmen oder Bedenken äußern. Vor allem aber kann er der beabsichtigten Kündigung auch widersprechen. Von dieser Möglichkeit machen die Betriebsräte erfahrungsgemäß eher zurückhaltend Gebrauch.

Was bringt dem Arbeitnehmer der Widerspruch des Betriebsrats für Vorteile?

Bedeutung hat der Widerspruch nur bei einem Arbeitsverhältnis, das dem Kündigungsschutz unterliegt. Bei ordnungsgemäßem Widerspruch des Betriebsrats kann der Arbeitnehmer, wenn ihm dennoch gekündigt wird, vom Arbeitgeber Weiterbeschäftigung bis zum rechtskräftigen Abschluss des Verfahrens verlangen. Hierauf wird später noch näher eingegangen werden (vgl. S. 281 ff.).

Hat der Betriebsrat der Kündigung widersprochen und der Arbeitgeber kündigt trotzdem, so ist er verpflichtet, dem Arbeitnehmer eine Abschrift der Stellungnahme des Betriebsrats zuzuleiten. Im Normalfall muss der Arbeitgeber dem Arbeitnehmer gegenüber die Kündigungsgründe nur angeben, wenn er außerordentlich kündigt, und auch dann nur, wenn der Arbeitnehmer dies verlangt.

b) Kündigungsfristen

Wann kann ein Arbeitsverhältnis ordentlich gekündigt werden?

„Ordentlich" muss ein Arbeitsverhältnis gekündigt werden, wenn der andere Teil mit einer Aufhebung im gegenseitigen Einvernehmen (Aufhebungsvertrag) nicht einverstanden ist.

Die ordentliche Kündigung ist in der Regel nur bei Arbeitsverhältnissen zulässig, die auf unbestimmte Zeit geschlossen sind. Befristete Arbeitsverhältnisse (Zeitverträge) können nur bei Vorliegen eines wichtigen Grundes außerordentlich gekündigt werden, wenn nicht ausnahmsweise vertraglich die Möglichkeit der ordentlichen Kündigung eindeutig vorgesehen ist.

Ende des Arbeitsverhältnisses ohne Kündigung. Im Anstellungsvertrag steht lediglich: „Das Arbeitsverhältnis wird mit Wirkung zum 1.5. für die Dauer eines Jahres befristet geschlossen." – Das Arbeitsverhältnis endet, ohne dass es einer Kündigung bedarf, zum 30.4. des folgenden Jahres.

Eine frühere Beendigung ist nur bei Vorliegen eines wichtigen Grundes durch außerordentliche Kündigung möglich.

Etwas anderes gilt, wenn der Anstellungsvertrag hingegen so lautet: „Der Arbeitsvertrag wird für die Dauer eines Jahres befristet geschlossen. Darüber hinaus kann er unter Einhaltung einer Kündigungsfrist von einem Monat zum Monatsende gekündigt werden."

In diesem Falle endet das Arbeitsverhältnis zwar mit Fristablauf von selbst. Eine vorzeitige Beendigung durch ordentliche Kündigung wäre aber daneben möglich.

Wann ist das Recht zur ordentlichen Kündigung ausgeschlossen?

Das Recht des Arbeitgebers zur ordentlichen Kündigung kann zugunsten des Arbeitnehmers durch Tarifvertrag ausgeschlossen sein – etwa nach einer bestimmten Beschäftigungszeit und bei einem bestimmten Lebensalter des Arbeitnehmers.

Unkündbarkeit im öffentlichen Dienst. Der Tarifvertrag für den öffentlichen Dienst bestimmt (in § 53 Abs. 3), dass Angestellte nach einer Beschäftigungszeit von 15 Jahren, frühestens jedoch nach Vollendung des 40. Lebensjahres, unkündbar sind.

Für den begünstigten Arbeitnehmer selbst bleibt das Recht zur ordentlichen Kündigung jedoch bestehen.

In bestimmten Fällen schließen besondere Schutzgesetze im Interesse besonders schutzbedürftiger Arbeitnehmer das Recht des Arbeitgebers zur ordentlichen Kündigung aus.

Das ist der Fall bei Auszubildenden nach Ablauf der Probezeit, Wehrpflichtigen und Zivildienstleistenden, Frauen während der Schwangerschaft und bis zum Ablauf von vier Monaten nach der Entbindung sowie während eines möglichen Erziehungsurlaubs. Betriebs- und Personalräte sind während ihrer Amtszeit und bis zu einem Jahr danach vor ordentlichen Kündigungen geschützt. (Siehe dazu 15. Kapitel Abschnitt 5.e).

Welche Kündigungsfristen muss der Arbeitgeber wie der Arbeitnehmer einhalten?

In der alten BRD betrug früher die gesetzliche Regelkündigungsfrist bei Angestellten sechs Wochen zum Ende eines Kalendervierteljahres, bei Arbeitern zwei Wochen. In der DDR betrug die Kündigungsfrist einheitlich für alle Arbeitsverhältnisse zwei Wochen.

Das Bundesverfassungsgericht hatte am 30.5.1990 die gesetzlichen Kündigungsfristen für die Arbeiter für verfassungswidrig erklärt, da diese die Arbeiter gegenüber den Angestellten ohne sachlichen Grund benachteiligen. Das Gericht hat seinerzeit dem Gesetzgeber aufgegeben, bis zum 30.6.1993 die Kündigungsfristen zum Zweck der Gleichbehandlung von Arbeitern und Angestellten neu zu regeln. Das hat der Gesetzgeber inzwischen getan. Dementsprechend beträgt die Grundkündigungsfrist jetzt einheitlich in ganz Deutschland für alle Arbeitsverhältnisse vier Wochen zum 15. oder zum Ende eines Kalendermonats. In Betrieben mit bis zu 20 Arbeitnehmern können Arbeitgeber und Arbeitnehmer hiervon abweichen und einzelvertraglich eine vierwöchige Kündigungsfrist ohne die Festlegung auf den vorher genannten Endtermin (15. bzw. Ende eines Kalendermonats) vereinbaren.

Wann muss der Arbeitgeber längere Kündigungsfristen einhalten?

Die verlängerten Kündigungsfristen für die Arbeitgeberkündigung betragen nach:

- 2-jähriger Betriebszugehörigkeit 1 Monat,
- 5-jähriger Betriebszugehörigkeit 2 Monate,
- 8-jähriger Betriebszugehörigkeit 3 Monate,
- 10-jähriger Betriebszugehörigkeit 4 Monate,
- 12-jähriger Betriebszugehörigkeit 5 Monate,
- 15-jähriger Betriebszugehörigkeit 6 Monate,
- 20-jähriger Betriebszugehörigkeit 7 Monate,

jeweils zum Monatsende.

Bei der Berechnung der Beschäftigungsdauer bleiben die Beschäftigungszeiten unberücksichtigt, die vor der Vollendung des 25. Lebensjahrs liegen.

Für den Fall, dass der Arbeitnehmer von sich aus kündigt, muss er die verlängerten Kündigungsfristen nur dann beachten, wenn er dies vorher im Arbeitsvertrag mit dem Arbeitgeber so vereinbart hatte. Normalerweise kann der Arbeitnehmer also mit vierwöchiger Frist zum 15. oder zum Ende eines Kalendermonats kündigen.

Wann gelten die bisherigen längeren Kündigungsfristen für Angestellte weiter?

Für sehr viele Angestellte sichern Tarifverträge die bisherigen gesetzlichen Kündigungsfristen ab. Daran ändert die gesetzliche Neuregelung nichts. Die Regelungen im Tarifvertrag bestehen weiter.

Entsprechendes gilt auch für die Fälle, wo Arbeitgeber und Angestellte längere Kündigungsfristen im Einzelarbeitsvertrag vereinbart haben.

Auch für die Zukunft bleiben die Tarifpartner in der Gestaltung der Kündigungsfristen frei.

Können die Kündigungsfristen auch kürzer als die gesetzlichen sein?

Die Kündigungsfristen können tarifvertraglich auch abgekürzt werden, und auch im Einzelarbeitsvertrag können nichttarifgebundene Arbeitgeber und Arbeitnehmer die kürzeren tariflichen Kündigungsfristen für sich übernehmen.

c) Kündigung während der Probezeit

Arbeitgeber und Arbeitnehmer können in der Regel eine Probezeit höchstens für bis zu sechs Monaten vereinbaren.

Ein Probearbeitsverhältnis ist ein vollwertiges Arbeitsverhältnis. Alle arbeitsrechtlichen Gesetze, Tarifverträge und Betriebsvereinbarungen sind anzuwenden. Auch in der Probezeit muss der Arbeitgeber den Betriebsrat bzw. Personalrat vor Ausspruch der Kündigung hören.

Welche Kündigungsfristen gelten in der Probezeit?

In der Regel vereinbaren Arbeitgeber und Arbeitnehmer ein unbefristetes Arbeitsverhältnis mit vorgeschalteter Probezeit.

Festlegung der Probezeit. Herr Peter Proband wird zum 1. Januar als Angestellter eingestellt. Im Vertragstext steht: „Die ersten sechs Monate gelten als Probezeit."

Dieses Arbeitsverhältnis können beide Seiten während der Probezeit, längstens für die Dauer von sechs Monaten, mit einer Frist von zwei Wochen kündigen.

Nach Ablauf der Probezeit geht das Arbeitsverhältnis, wenn es vorher nicht gekündigt wurde, automatisch in ein normales Dauerarbeitsverhältnis über.

Kann ein befristetes Probearbeitsverhältnis gekündigt werden?

Gelegentlich vereinbaren Arbeitgeber und Arbeitnehmer auch ein selbständig befristetes Probearbeitsverhältnis.

Ende des Probearbeitsverhältnisses. Der Arbeitsvertrag lautet so: „Herr Peter Prüfling wird zum 1. Januar als Angestellter für die Dauer von sechs Monaten in ein Probearbeitsverhältnis eingestellt. Dieses endet zum 30. Juni, ohne dass es einer Kündigung bedarf."

Dieses Arbeitsverhältnis endet also von selbst mit Ablauf der vereinbarten Frist.

Während der Dauer des befristeten Probearbeitsverhältnisses ist eine ordentliche Kündigung, wie auch sonst bei befristeten Arbeitsverhältnissen, ausgeschlossen.

Eine ordentliche Kündigung wäre hier nur möglich, wenn dies eindeutig vertraglich vereinbart wäre. Solche Vereinbarungen sind möglich. Sie werden aber nur selten getroffen.

Ob nach Ablauf der befristeten Probezeit ein Dauerarbeitsverhältnis entsteht, hängt davon ab, ob der Arbeitgeber mit dem Arbeitnehmer einen entsprechenden Vertrag schließt. Das kann auch stillschweigend geschehen, etwa dadurch, dass der Arbeitgeber den Arbeitnehmer wissentlich über den vereinbarten Beendigungszeitpunkt hinaus – etwa den 30. Juni – arbeiten lässt. Am 1. Juli entsteht dann ein unbefristetes Dauerarbeitsverhältnis. Um dieses zu beenden, müsste der Arbeitgeber oder der Arbeitnehmer kündigen.

2. Allgemeiner Kündigungsschutz

Was versteht man unter allgemeinem Kündigungsschutz?

Lediglich fristgerechte Kündigung. Die Firma Lang GmbH, die 20 Mitarbeiter beschäftigt, kündigt Herrn Dauer unter Einhaltung der Kündigungsfrist. Er hatte drei Jahre dem Betrieb angehört. Er meint, allein die Einhaltung der Kündigungsfrist reiche nicht aus, um die Kündigung wirksam werden zu lassen. Er habe sich nichts zuschulden kommen lassen und er habe gute Arbeit geleistet. – Er klagt vor dem Arbeitsgericht gegen die Kündigung – zu Recht?

Herr Dauer kann sich auf den allgemeinen gesetzlichen Kündigungsschutz berufen. Danach ist eine fristgemäß erklärte Kündigung nur wirksam, wenn sie sozial gerechtfertigt ist, also ein Grund für sie vorliegt. Das ist hier nicht der Fall. Somit ist die Kündigung unwirksam. Er verlangt zu Recht die Fortsetzung des Arbeitsverhältnisses.

Die ordentliche Kündigung schützt die Partner des Arbeitsvertrages nicht vor einer Beendigung, sie schiebt lediglich den Beendigungszeitpunkt hinaus.

Arbeitsverhältnisse sind für die Arbeitnehmer jedoch regelmäßig deren einzige wirtschaftliche Existenzgrundlage. Deshalb hat der Gesetzgeber das Recht des Arbeitgebers zur ordentlichen Kündigung beschränkt. Eine solche Kündigung ist nur zulässig, wenn sachliche Gründe vorliegen (allgemeiner Kündigungsschutz).

Zugunsten besonders schutzbedürftiger Arbeitnehmer wie werdender Mütter oder Schwerbehinderter hat der Gesetzgeber das Recht des Arbeitgebers zu kündigen noch weiter eingeengt oder sogar ganz ausgeschlossen (Besonderer Kündigungsschutz).

Der allgemeine Kündigungsschutz umfasst die weitaus meisten Arbeitsverhältnisse. Danach bedarf die ordentliche Kündigung des Arbeitsverhältnisses durch den Arbeitgeber eines rechtfertigenden Grundes.

Wann gilt für mich der allgemeine Kündigungsschutz?

Damit das Kündigungsschutzgesetz, das diesen Schutz regelt, anwendbar ist, müssen folgende Umstände vorliegen:

- Eine ordentliche Kündigung des Arbeitgebers. Der allgemeine Kündigungsschutz gilt nicht für sonstige Beendigungsgründe, wie den Fristablauf bei einem Zeitvertrag oder die vertragliche Aufhebung des Arbeitsverhältnisses im gegenseitigen Einvernehmen.
- Der Kündigungsempfänger muss Arbeitnehmer sein. Geschäftsführer einer GmbH, Vorstandsmitglieder einer AG oder vertretungsberechtigte Gesellschafter einer Personengesellschaft sind keine Arbeitnehmer. Sie genießen keinen Kündigungsschutz. Für

leitende Angestellte gilt dagegen der allgemeine Kündigungsschutz mit der Einschränkung, dass der Arbeitgeber ohne Begründung die Auflösung des Arbeitsverhältnisses gegen Zahlung einer Abfindung verlangen kann, wenn die Kündigung unwirksam ist.

- Das Arbeitsverhältnis des betroffenen Arbeitnehmers muss vor Zugang der Kündigung in demselben Betrieb oder Unternehmen länger als sechs Monate rechtlich bestanden haben. Den rechtlichen Bestand unterbrechen nicht etwa ein etwaiger Wechsel des Inhabers des Betriebes, Krankheit oder Urlaub des Arbeitnehmers.
- Der allgemeine Kündigungsschutz gilt nur für Betriebe, in denen außer den zu Ihrer Berufsausbildung Beschäftigten regelmäßig mehr als fünf Arbeitnehmer beschäftigt werden; Teilzeitbeschäftigte werden dabei nur anteilig mitberücksichtigt.
- Nach der seit dem 1. Januar 2004 geltenden den allgemeinen Kündigungsschutz einschränkenden Neuregelung erwerben Arbeitnehmer, die seit diesem Zeitpunkt neu in den Betrieb eingestellt wurden, den allgemeinen Kündigungsschutz nur noch dann, wenn in dem Betrieb vor ihrem Eintritt regelmäßig mehr als zehn Arbeitnehmer beschäftigt waren.

Dauer der Anstellung und Umfang des Unternehmens. Keinen Kündigungsschutz erwirbt eine zum 1.3.2014 eingestellte Friseurin in einem Friseurgeschäft mit insgesamt zehn Arbeitnehmern und zwei Auszubildenden oder eine Sekretärin in einem Industriebetrieb mit 100 Arbeitnehmern, wenn sie erst seit fünf Monaten dort angestellt ist.

Wann ist eine Kündigung unwirksam?

Soweit der Kündigungsschutz gilt, ist eine Kündigung unwirksam, „wenn sie sozial ungerechtfertigt ist“ (§ 1 Abs. 1 des Kündigungsschutzgesetzes).

Sozial ungerechtfertigt ist eine Kündigung immer dann, wenn sie nicht bedingt ist

- durch Gründe, die in der Person oder
- in dem Verhalten des Arbeitnehmers liegen, oder

- durch dringende betriebliche Erfordernisse, die einer Weiterbeschäftigung in diesem Betrieb entgegenstehen.

Der Arbeitgeber muss in dem Verfahren vor dem Arbeitsgericht die Tatsachen vortragen und beweisen, welche die Kündigung rechtfertigen.

a) Kündigung wegen Krankheit

Wann kann mir der Arbeitgeber wegen Krankheit kündigen?

Eine Kündigung aus Gründen, die in der Person des Arbeitnehmers liegen (personenbedingte Kündigung), kommt vor allem bei mangelnder körperlicher oder geistiger Eignung in Betracht. Hierzu rechnen auch häufige Kurzerkrankungen oder eine langdauernde Erkrankung. Deswegen kündigen darf der Arbeitgeber jedoch nur dann, wenn auch in Zukunft mit weiteren Ausfällen zu rechnen ist und diese zu erheblichen betrieblichen Schwierigkeiten führen.

Alkoholabhängigkeit und AIDS-Infektion. Der langjährig beschäftigte und dem Alkohol zuneigende Schlepperfahrer Grün fiel gelegentlich wegen seines Hangs zum Alkohol aus. Außerdem unterlief ihm eine Reihe von Fehlern. So verteilte er einmal den Kalk, den er auf den Feldern ausstreuen sollte, überwiegend auf der Dorfstraße und fuhr dabei eine historisch wertvolle Pumpe um. Nach diesem Vorfall kam er zur Einsicht. Er nahm eine erfolgversprechende Entziehungskur auf sich. Die dennoch einige Zeit später ausgesprochene Kündigung, gegen die er sich wandte, erklärte das Arbeitsgericht für unwirksam. Es wertete die Alkoholabhängigkeit als Krankheit. Und da die Zukunftsprognose und die Heilungsaussichten für Grün günstig waren, bestand kein ausreichender Grund, das Beschäftigungsverhältnis zu beenden.
Oder: Als der langjährig in der Versandabteilung beschäftigte Angestellte Eifrig seinem Arbeitgeber mitteilte, dass er eine AIDS-Infektion habe, kündigte der Arbeitgeber. – Eifrig erhob arbeitsgerichtlich Klage.

Er hatte Erfolg. Das Arbeitsgericht erklärte die Kündigung für unwirksam. Die AIDS-Infektion allein beeinträchtigt nämlich nicht die Leistungsfähigkeit des Angestellten. Eine Ansteckungsgefahr für die Arbeitskollegen besteht im Rahmen normaler arbeitsbezogener

Kontakte ebenfalls nicht. Anders bei einer akuten AIDS-Erkrankung: Diese ist in Ihrem Verlauf meist so schwer, dass die Eignung für die vorgesehene Tätigkeit erheblich eingeschränkt oder ganz aufgehoben ist. Der Arbeitgeber könnte sich von einem solchen Mitarbeiter durch eine ordentliche Kündigung trennen.

Rechtfertigen häufige Fehlzeiten in der Vergangenheit immer eine Kündigung?

Legt der Arbeitgeber im Verfahren vor dem Arbeitsgericht dar, dass der Arbeitnehmer in der letzten Zeit – etwa in den letzten drei Jahren – häufige oder langdauernde krankheitsbedingte Fehlzeiten aufzuweisen hat, so ist es Sache des Arbeitnehmers, ggf. vorzutragen, dass und warum sich das in Zukunft ändern wird. Sofern der Arzt den Arbeitnehmer über seine gesundheitliche Verfassung nicht ausreichend aufgeklärt hat, reicht es aus, wenn der Arbeitnehmer den ihn behandelnden Arzt von der ärztlichen Schweigepflicht entbindet und ihn als Zeugen für eine günstige Zukunftsprognose benennt. Bei einem älteren langjährig Beschäftigten muss der Arbeitgeber längere Fehlzeiten hinnehmen als bei einem jüngeren Arbeitnehmer, der dem Betrieb erst kurze Zeit angehört.

Bei der Abwägung der Interessen des Arbeitnehmers am Erhalt des Arbeitsplatzes und des Arbeitgebers an einer Kündigung, muss auch die Stellung des Arbeitnehmers berücksichtigt werden. Einem Arbeitnehmer in einer Schlüsselposition kann der Arbeitgeber eher kündigen, als wenn ein leicht ersetzbarer oder gar entbehrlicher Mitarbeiter wegen Krankheit ausfällt.

Erkrankung für fünf Monate. Die seit sieben Jahren beschäftigte Frau Franziska Gut hat schon lange nicht mehr genug zu tun. Sie fühlt sich nicht ausgelastet und langweilt sich an ihrem Arbeitsplatz. Schließlich erkrankt sie für fünf Monate. Daraufhin kündigt ihr der Arbeitgeber. Ist die Kündigung wirksam?

Der krankheitsbedingte Arbeitsausfall von Frau Gut hatte hier den Betriebsablauf sicher nicht gestört. Die Kündigung war demnach nicht berechtigt, sie hat das Arbeitsverhältnis nicht beendet.

Darf mir der Arbeitgeber kündigen, wenn er mich zu anderen Bedingungen weiterbeschäftigen kann?

Bevor der Arbeitgeber kündigt, muss er prüfen, ob er den Arbeitnehmer nicht zu geänderten Bedingungen weiterbeschäftigen kann. Nur wenn dies nicht möglich ist oder der Arbeitnehmer ein entsprechendes Angebot, zu geänderten Bedingungen weiterzuarbeiten, abgelehnt hat, darf der Arbeitgeber das Arbeitsverhältnis durch eine Kündigung beenden.

Ausfall als Kraftfahrer. Ein bisher als Kraftfahrer beschäftigter Arbeitnehmer kann wegen zunehmender Seh- und Reaktionsschwäche seine Aufgaben nicht mehr wahrnehmen. Allerdings könnte er als Pförtner, Hausmeister, Lagerverwalter oder in der Werkstatt zu geänderten Arbeitsbedingungen weiterbeschäftigt werden. Eine Beendigungskündigung kommt hier erst in Betracht, wenn der Arbeitgeber ihm diese anderen Möglichkeiten zuvor erfolglos angeboten hat.

b) Verhaltensbedingte Kündigung

Welche Gründe berechtigen den Arbeitgeber zur verhaltensbedingten Kündigung?

Wegen schuldhafter Pflichtverletzungen darf der Arbeitgeber dem Arbeitnehmer nur kündigen, wenn diese erheblich sind. Zudem muss er den Arbeitnehmer vorher vergeblich abgemahnt haben. Er muss dem Arbeitnehmer gegenüber deutlich machen, welches Verhalten er beanstandet, und – das ist entscheidend – ihm Gelegenheit geben, sein Verhalten zu ändern. Dabei muss er auch klarlegen, dass der Arbeitnehmer mit einer Kündigung rechnen muss, wenn er sein Verhalten nicht ändert. (Zur Abmahnung siehe im einzelnen Kapitel XIV)

Vertragsverletzungen. Vertragsverletzungen, die der Arbeitgeber nicht hinzunehmen braucht, sind beispielsweise: – wiederholte Unpünktlichkeit, – mangelhafte Arbeitsleistungen, – unbefugter Urlaubsantritt, – eigenmächtige Freizeitnahme, – verbotener Alkoholgenuss während der Arbeit, – wiederholte Verletzung der Pflicht, dem Arbeitgeber die Arbeitsunfähigkeit mitzuteilen, oder Arbeitsverweigerung.

All dies sind Vertragsverletzungen, die den Arbeitgeber zur Kündigung berechtigen können. Zuvor muss er den Arbeitnehmer wegen des entsprechenden Fehlverhaltens allerdings erfolglos abgemahnt haben.

Muss der Arbeitgeber vor Ausspruch einer verhaltensbedingten Kündigung immer abmahnen?

Nein, nicht in jedem Fall. Keiner Abmahnung bedarf es in folgenden Fällen:

Spesenbetrug ist im Allgemeinen ein Grund zur verhaltensbedingten fristgerechten – auch zur außerordentlichen fristlosen – Kündigung, ebenso Diebstahl zum Nachteil des Arbeitgebers, ohne dass es einer vorausgegangenen Abmahnung bedarf.

Jeder Arbeitnehmer weiß nämlich von vornherein, dass ein solches Verhalten für keinen Arbeitgeber tragbar ist und in der Regel die Grundlage für eine vertrauensvolle Zusammenarbeit zerstört.

Welchen im Kündigungsrecht wesentlichen Grundsatz muss der Arbeitgeber auch bei Ausspruch einer verhaltensbedingten Kündigung beachten?

Der Grundsatz der Verhältnismäßigkeit, demzufolge eine Kündigung stets nur als letztes Mittel in Betracht kommt, gilt auch für die verhaltensbedingte Kündigung.

Fehden zwischen Arbeitnehmern. Der Türke Ali M. und der Grieche Nikolaos Z. sind Arbeitskollegen in einem großen Betrieb. Trotz verschiedener Abmahnungen befehden sie sich immer wieder. Sie stören damit den Arbeitsablauf und ihre Arbeitskollegen. Nach einem neuerlichen heftigen Streit kündigt der Arbeitgeber beiden. – Zu Recht?

Der Arbeitgeber hatte die Möglichkeit, die beiden „Streithähne“ durch Umsetzen auseinander zu bringen, nicht genutzt. Die ausgesprochenen Kündigungen waren deshalb unwirksam.

c) Betriebsbedingte Kündigung

Wann ist eine betriebsbedingte Kündigung möglich?

Von einer betriebsbedingten Kündigung wird gesprochen, wenn im Zeitpunkt der Kündigung dringende betriebliche Erfordernisse sowohl einer Weiterbeschäftigung am bisherigen Arbeitsplatz als auch einer anderweitigen Beschäftigung an einem freien Arbeitsplatz im selben oder auch in einem anderen Betrieb des Unternehmens entgegenstehen.

Bei der Auswahl des zu kündigenden Arbeitnehmers muss der Arbeitgeber die Dauer der Betriebszugehörigkeit, das Lebensalter, die Unterhaltspflichten und die Schwerbehinderung des Mitarbeiters ausreichend berücksichtigen.

Leistungsträger kann der Arbeitgeber von der Sozialauswahl ausnehmen, wenn dies im berechtigten betrieblichen Interesse liegt.

Ebenso kann er von den Gesichtspunkten der sozialen Auswahl „zur Sicherung einer ausgewogenen Personalstruktur“ abweichen – etwa die wenigen jüngeren Mitarbeiter von einer Kündigung verschonen und einem langjährig beschäftigten älteren Mitarbeiter kündigen, wenn er fast ausnahmslos ältere Mitarbeiter beschäftigt.

Im Rechtsstreit um die Wirksamkeit einer betriebsbedingten Kündigung kann das Gericht die wirtschaftlichen, technischen oder organisatorischen Maßnahmen, die der Arbeitgeber etwa zur Anpassung des Betriebes an Umsatz oder Gewinnrückgang trifft, nicht auf ihre wirtschaftliche Zweckmäßigkeit hin überprüfen.

Kündigung aufgrund einer Unternehmensauflösung. Emma Fest war viele Jahre als Reinigungskraft beschäftigt. Ihr Arbeitgeber entschloss sich aus Kostengründen, den Reinigungsdienst mit fünf Arbeitnehmern zum 30.9. aufzulösen. Der Arbeitgeber kündigte ihr. Hatte ihre Klage gegen die Kündigung Erfolg?

Das Gericht hatte die Maßnahme lediglich daraufhin zu überprüfen, ob der Arbeitgeber soziale Auswahlgesichtspunkte ausreichend berücksichtigt hatte. Da der Arbeitgeber hier allen Arbeiterinnen gleichzeitig gekündigt hatte, konnte ein Fehler bei der sozialen Auswahl nicht vorliegen.

Die Kündigung war wirksam. Die Klage wurde abgewiesen. Das Gericht hat hingegen in vollem Umfang nachzuprüfen, ob tatsächlich Gründe vorliegen, die der Weiterbeschäftigung oder anderweitigen Beschäftigung entgegenstehen.

Beschäftigungsalternativen und Rationalisierungsmaßnahmen. Würde Emma Fest, deren Arbeitsplatz wegen Auflösung des betrieblichen Reinigungsdienstes entfallen ist, darlegen, dass der Arbeitsplatz einer Pförtnerin zu besetzen ist und sie diese Aufgabe übernehmen könnte und würde, so wäre die dennoch ausgesprochene Kündigung unwirksam.
(Oder) Die Firma Schnell KG würde dem 45 Jahre alten und zehn Jahre als technischer Zeichner beschäftigten Karl Dauer „wegen 15% Umsatzrückgangs und der deshalb erforderlichen Rationalisierungsmaßnahmen" kündigen. Die Kündigung wäre nicht wirksam.

Zwar liegt es im Ermessen des Unternehmers, ob er den Umsatzrückgang zum Anlass von Rationalisierungsmaßnahmen nehmen will. Der Arbeitgeber muss jedoch im Einzelnen darlegen, zu welchen Rationalisierungsmaßnahmen er sich entschlossen hat und inwieweit diese das Bedürfnis an der Weiterbeschäftigung zumindest eines Arbeitnehmers entfallen lassen.

Es reicht nicht aus, wenn der Arbeitgeber nur pauschal eine Verringerung des Personalbestandes für erforderlich erklärt.

Er muss deutlich machen, dass die beschlossenen Rationalisierungsmaßnahmen zu einem Überhang an mindestens einem Arbeitsplatz (in unserem Beispiel: als technischer Zeichner) führen.

Kann die fehlende Berücksichtigung sozialer Gesichtspunkte die betriebsbedingte Kündigung unwirksam machen?

Liegen dringende betriebliche Erfordernisse für eine Kündigung vor, so kann sie dennoch sozial ungerechtfertigt und damit unwirksam sein. Dies ist dann der Fall, wenn der Arbeitgeber bei der Auswahl des Arbeitnehmers, dem er die Kündigung erklärt hat, soziale Gesichtspunkte nicht ausreichend berücksichtigt hat.

Verdiente und junge Mitarbeiterinnen. Arbeitgeber Lang entlässt wegen Umsatzrückgangs die 50 Jahre alte und seit zehn Jahren als Warenkontrolliererin beschäftigte Frau Edeltraud Bleibtreu. Die vor einem Jahr eingestellte, 20 Jahre alte Sieglinde Frischholz beschäftigt er hingegen weiter. – Frau Bleibtreu klagt gegen die Kündigung. Mit Recht?

Ja. Das Arbeitsgericht erklärt die Kündigung für unwirksam, da der Arbeitgeber bei der Auswahl des zu kündigenden Arbeitnehmers die Gesichtspunkte der sozialen Auswahl, nämlich hier die Dauer der Betriebszugehörigkeit und das Lebensalter nicht beachtet hatte.

Darf der Arbeitgeber mir kündigen, wenn er mich zu anderen Bedingungen weiterbeschäftigen kann?

Wegen des Grundsatzes der Verhältnismäßigkeit gilt insbesondere auch für die betriebsbedingte Kündigung der Vorrang der Änderungs- vor der Beendigungskündigung. Das bedeutet, dass der Arbeitgeber die Pflicht hat, vor jeder Beendigungskündigung dem Arbeitnehmer eine beiden Parteien zumutbare Weiterbeschäftigung auf einem freien Arbeitsplatz, auch zu geänderten Bedingungen, anzubieten.

Weiterbeschäftigung einer Reinigungskraft als Küchenhilfe. Der Arbeitgeber entschließt sich, den betrieblichen Reinigungsdienst aufzulösen. Bevor er der langjährig beschäftigten Emma Fest kündigt, muss er ihr erfolglos den freigewordenen Teilzeitarbeitsplatz als Küchenhilfe in der betriebseigenen Kantine angeboten haben.

d) Der Widerspruch des Betriebsrats

Vor Ausspruch der Kündigung muss der Arbeitgeber den Betriebsrat – im Bereich der öffentlichen Verwaltungen den Personalrat – von seiner Kündigungsabsicht unterrichten und ihm die Kündigungsgründe mitteilen. Unterlässt der Arbeitgeber es, den Betriebsrat vor Ausspruch der Kündigung anzuhören, so ist die dennoch ausgesprochene Kündigung schon allein aus diesem Grunde unwirksam.

Auch dann, wenn der Betriebsrat der dann ausgesprochenen Kündigung vorher zugestimmt, ja sogar, wenn er sie selbst betrieben hat, muss immer noch geprüft werden, ob die Kündigung auch sozial gerechtfertigt ist.

Wie kann der Widerspruch des Betriebsrats die Stellung des Arbeitnehmers stärken?

Der Betriebs- oder Personalrat kann der beabsichtigten ordentlichen Kündigung innerhalb der Frist von einer Woche schriftlich widersprechen.

Der Betriebsrat kann widersprechen, wenn

- der Arbeitgeber bei der Auswahl des zu kündigenden Arbeitnehmers soziale Gesichtspunkte nicht oder nicht ausreichend berücksichtigt hat,
- die Kündigung gegen eine möglicherweise bestehende, zwischen Arbeitgeber und Betriebsrat vereinbarte Auswahlrichtlinie verstößt,
- der zu kündigende Arbeitnehmer an einem anderen Arbeitsplatz weiterbeschäftigt werden kann,
- die Weiterbeschäftigung des Arbeitnehmers nach zumutbaren Umschulungs- oder Fortbildungsmaßnahmen möglich ist oder
- eine Weiterbeschäftigung des Arbeitnehmers unter geänderten Vertragsbedingungen möglich ist und der Arbeitnehmer hiermit sein Einverständnis erklärt hat.

Der Widerspruch des Betriebsrats gegen eine vom Arbeitgeber geplante ordentliche Kündigung hindert den Arbeitgeber nicht daran, die Kündigung dennoch auszusprechen.

Jedoch begünstigt der Widerspruch den Arbeitnehmer, sofern er vor dem Arbeitsgericht gegen die Kündigung Klage erhebt, aus folgendem Grund:

Auf Verlangen des Arbeitnehmers muss der Arbeitgeber den gekündigten Arbeitnehmer bis zum endgültigen Abschluss des Kündigungsschutzverfahrens zu unveränderten Arbeitsbedingungen weiterbeschäftigen.

Voraussetzung hierfür ist ein frist- und ordnungsgemäßer Widerspruch. Ein Widerspruch ist nicht bereits dann ordnungsgemäß, wenn der Betriebsrat bloß das Gesetz zitiert. Vielmehr muss er einen bestimmten Sachverhalt zur Begründung des Widerspruchs anführen.

Erklärungen durch den Betriebsrat. Der Betriebsrat widerspricht der beabsichtigten Kündigung von Frau Edeltraud Bleibtreu, weil beim Wegfall von Arbeitsplätzen in ihrer Abteilung sie als die älteste und am längsten beschäftigte Arbeitnehmerin nicht als Erste entlassen werden darf. Bei der Auswahl der zu kündigenden Arbeitnehmerin wurden soziale Gesichtspunkte nicht ausreichend beachtet.
(Oder) Der Betriebsrat widerspricht der Kündigung von Frau Emma Fest wirksam so: „Zwar trifft es zu, dass ihr Arbeitsplatz als Reinigungskraft wegen Vergabe des Reinigungsdienstes an eine Fremdfirma entfällt. Frau Emma Fest könnte jedoch in Teilzeit auf dem frei gewordenen Arbeitsplatz als Küchenhilfe in der Kantine beschäftigt werden. Damit wäre sie, wie sie auch dem Betriebsrat erklärt hat, einverstanden."

Der durch einen ordnungsgemäßen Widerspruch des Betriebsrats ausgelöste Weiterbeschäftigungsanspruch beseitigt den Schwebe- und Wartezustand, der normalerweise bei Kündigungsschutzklagen für den Arbeitnehmer auftritt: Mit Ablauf der Kündigungsfrist scheidet der Arbeitnehmer aus dem Betrieb auch dann aus, wenn er Klage erhoben hat. Eine Rückkehr muss dem Arbeitnehmer erst dann ermöglicht werden, wenn das Arbeitsgericht die Kündigung für unwirksam erklärt und den Arbeitgeber zur Weiterbeschäftigung verurteilt hat. Bis dahin vergehen meist viele Monate.

Bei Widerspruch des Betriebsrats gibt es diesen Warte- und Schwebezustand nicht. Der Arbeitnehmer kann Weiterbeschäftigung an seinem bisherigen Arbeitsplatz verlangen, bis das Arbeitsgericht „rechtskräftig" die Klage abgewiesen hat, wenn also das Verfahren nicht nur vor dem Arbeits–,sondern auch vor dem Landesarbeitsgericht (ggf. auch vor dem Bundesarbeitsgericht in Kassel) endgültig verloren wurde.

Bezahlung und Beschäftigung für die zurückliegende Zeit. Trotz Widerspruchs des Betriebsrats kündigt der Arbeitgeber Frau Edeltraud Bleibtreu am 30.4. zum 31.8. Am 20.5. erhebt sie gegen die Kündigung Klage vor dem Arbeitsgericht. Am 20.12. weist das Arbeitsgericht die Klage ab. Es hält die Kündigung für begründet. Frau Bleibtreu legt gegen das Urteil Berufung beim Landesarbeitsgericht ein. – Der Arbeitgeber musste sie wegen des Widerspruchs des Betriebsrats bisher weiterbeschäftigen – auch nach Erlass des klageabweisenden Urteils des Arbeitsgerichts. – Frau Bleibtreu obsiegt endgültig erst ein Jahr später vor dem Landesarbeitsgericht: Dank des Widerspruchs des Betriebsrats konnte sie nicht nur ihre Bezahlung, sondern auch ihre Beschäftigung für die ganze zurückliegende Zeit verlangen und durchsetzen.

Dies wäre ihr aufgrund des Widerspruchs des Betriebsrats hier übrigens auch dann möglich gewesen, wenn sie die Klage gegen die Kündigung vor dem Landesarbeitsgericht verloren hätte.

Gesetz und Rechtsprechung stellen allerdings sehr hohe Anforderungen an die Ordnungsgemäßheit eines Widerspruchs. Wenn der Betriebsrat diesen nicht ordnungsgemäß begründet, löst er die Weiterbeschäftigungspflicht des Arbeitgebers nicht aus.

Wichtig kann in diesem Zusammenhang sein, dass der Betriebsrat vor Abgabe seiner Stellungnahme auch den betroffenen Arbeitnehmer anhört. Dann kennt er dessen Vorstellungen und Wünsche. Er weiß, welche besonderen sozialen Gesichtspunkte eine Rolle spielen können, und auch, ob der zur Kündigung vorgesehene Arbeitskollege uU zu einer Weiterarbeit an einem anderen Arbeitsplatz, ggf. auch zu anderen Vertragsbedingungen, bereit wäre.

Erfährt der Mitarbeiter von der Kündigungsabsicht des Arbeitgebers, kann es nützlich sein, wenn er von sich aus den Betriebsrat anspricht, ohne dessen Aufforderung zu einem Gespräch abzuwarten. In dem Gespräch kann er dem Betriebsrat sein Interesse am Erhalt des Arbeitsplatzes bekunden und ihn über seine persönliche Lage unterrichten.

Ein ordnungsgemäß eingelegter Widerspruch des Betriebsrats kann im Übrigen die Stellung des von einer Kündigung bedrohten Arbeitnehmers auch unabhängig vom Weiterbeschäftigungsanspruch erheblich stärken.

So hat sich in der Praxis gezeigt, dass bei einem Widerspruch des Betriebsrats die Arbeitgeber in vielen Fällen ihre ursprüngliche Kündigungsabsicht fallen lassen.

Allerdings widersprechen die Betriebsräte nur selten der Kündigungsabsicht des Arbeitgebers.

3. Kündigungsschutzverfahren vor dem Arbeitsgericht

Kündigung aus nicht gerechtfertigten Gründen. Andreas Klingelhöfer ist Buchhalter bei den Keramikwerken. Am 16. Februar erhält er eine ordentliche Kündigung zum 31. März. Die Kündigung ist aus seiner Sicht wegen der im Kündigungsschreiben angegebenen Gründe nicht gerechtfertigt. Herr Klingelhöfer möchte daher gegen die Kündigung vorgehen. – Welche Maßnahmen kann er ergreifen und welche Fristen sind dabei zu beachten?

Als ersten Schritt sieht das Kündigungsschutzgesetz den Einspruch beim Betriebsrat vor. § 3 Kündigungsschutzgesetz: „Hält der Arbeitnehmer eine Kündigung für sozial ungerechtfertigt, so kann er binnen einer Woche nach der Kündigung Einspruch beim Betriebsrat einlegen. Erachtet der Betriebsrat den Einspruch als begründet, so hat er zu versuchen, eine Verständigung mit dem Arbeitgeber herbeizuführen. Er hat seine Stellungnahme zu dem Einspruch dem Arbeitnehmer, und dem Arbeitgeber auf Verlangen schriftlich mitzuteilen."

Was bewirkt der Einspruch beim Betriebsrat?

Zunächst: Dieser Einspruch ist zu unterscheiden vom Widerspruch. Den Widerspruch legt der Betriebsrat ein. Er ist an den Arbeitgeber gerichtet und erfolgt vor Ausspruch der Kündigung, wenn der Arbeitgeber den Betriebsrat von seiner Kündigungsabsicht unterrichtet hat. Der Einspruch nach § 3 Kündigungsschutzgesetz erfolgt demgegenüber nach Ausspruch der Kündigung und wird vom Arbeitnehmer an den Betriebsrat gerichtet. Der Einspruch des bereits gekündigten Arbeitnehmers beim Betriebsrat ändert an der Kündigung und deren Wirkungen nichts. Der Betriebsrat soll jedoch, wenn er den Einspruch als begründet erachtet, zwischen dem Arbeitgeber und dem Arbeitnehmer vermitteln.

Welche Frist muss der Arbeitnehmer für die Kündigungsschutzklage einhalten?

Der Arbeitnehmer braucht jedoch nicht erst Einspruch gegen die Kündigung beim Betriebsrat einzulegen. Er kann unmittelbar nach Erhalt der Kündigung Klage gegen diese beim Arbeitsgericht einreichen. Unabhängig davon, ob er beim Betriebsrat Einspruch gegen die Kündigung eingelegt hat oder nicht, muss der Arbeitnehmer in jedem Fall spätestens innerhalb von drei Wochen nach Erhalt der Kündigung die Klage beim Arbeitsgericht eingereicht haben.

Versäumt er diese Frist, so wird die Kündigung wirksam.

Eingang der Klage circa einen Monat nach der Erklärung. Dem Angestellten Lang ist am 30. März ein Kündigungsschreiben seiner Firma zugegangen. In diesem kündigt sie ihm zum 30. Juni. Am 20. April gibt er die Kündigungsschutzklage zur Post. Sie geht am Dienstag, dem 26. April beim Arbeitsgericht ein. – Hat die Klage Erfolgsaussicht?

Nein. Die Dreiwochenfrist begann am 30.3. und lief folglich am 20.4. ab. Die am 26.4. bei Gericht eingegangene Klage ist verspätet. Die Kündigung gilt somit als von Anfang an rechtswirksam. Das Arbeitsgericht wird die Klage abweisen.

Gibt es Ausnahmen von der Dreiwochenfrist für die Kündigungsschutzklage?

In besonderen seltenen Ausnahmefällen kann das Gericht die Klage auf Antrag auch noch nachträglich zulassen.

Fristen im Urlaubs- und Krankheitsfall. Das Kündigungsschreiben wird während des vierwöchigen Urlaubs im Ausland zu Urlaubsbeginn in den Briefkasten geworfen.

(Oder) Wegen eines Autounfalls am Tage nach Erhalt der Kündigung und einer dabei erlittenen Gehirnerschütterung war der Arbeitnehmer drei Wochen lang gehindert, eine Klage gegen die Kündigung zu erheben oder durch einen Rechtsanwalt erheben zu lassen. In diesen Fällen könnte er noch innerhalb von zwei Wochen nach „Behebung des Hindernisses" – also etwa der Rückkehr aus dem Urlaub oder der Entlassung aus dem Krankenhaus – einen schriftlichen Antrag beim Arbeitsgericht auf nachträgliche Zulassung der Klage stellen.

Versäumt ein Arbeitnehmer die Dreiwochenfrist zur Erhebung der Klage, weil er diese Frist nicht kennt, so hilft ihm dies nicht.

Schweben Verhandlungen zwischen Arbeitnehmer und Arbeitgeber oder zwischen Betriebsrat und Arbeitgeber über eine mögliche Rücknahme der Kündigung oder eine Abfindung, so sollte der Arbeitnehmer trotzdem vorsorglich die Kündigungsschutzklage einreichen, wenn er seine Rechte wahren will.

Welchen Inhalt muss die Kündigungsschutzklage haben?

An die Form der Klage gegen die Kündigung stellen die Gerichte keine strengen Anforderungen. Es genügt, wenn der Arbeitnehmer deutlich macht, dass er die Kündigung bekämpft. Für den Fall einer Änderungskündigung gibt das Gesetz dem Arbeitnehmer die Möglichkeit, dass er die Änderungskündigung unter dem Vorbehalt annimmt, dass die Änderung der Vertragsbedingungen sozial gerechtfertigt ist. Diesen Vorbehalt muss der Arbeitnehmer dem Arbeitgeber innerhalb der Kündigungsfrist, spätestens jedoch innerhalb von drei Wochen nach Zugang der Kündigung, erklären.

Klagt der Arbeitnehmer gegen die Änderungskündigung und verliert er dann seinen Kündigungsschutzprozess, so behält er, wenn auch zu geänderten Bedingungen, seinen Arbeitsplatz.

Gewinnt er, dann besteht das Arbeitsverhältnis zu den alten Bedingungen fort. Wichtig ist auch hier, dass der Arbeitnehmer die Klage spätestens innerhalb von drei Wochen nach Erhalt der Kündigung beim Arbeitsgericht eingereicht hat. Zur Abgrenzung zwischen Maßnahmen im Rahmen des Weisungsrechts und einer Änderungskündigung sowie zu anderen Fragen in diesem Zusammenhang lesen Sie auch Kapitel V, Abschnitt 5.

a) Muster für eine Klage gegen eine Kündigung

An das
München, 26. Januar 2017
Arbeitsgericht München
Winzererstrasse 104
80797 München

In Sachen

der Angestellten Freya Frank
Kuckucksweg 21
80809 München

– Klägerin –

gegen
die Firma Althaus GmbH,
vertreten durch den Geschäftsführer Franz Althaus
Wurzelstraße 1
80539 München

– Beklagte –

wegen einer Kündigung
erhebe ich Klage.

Ich beantrage, wie folgt zu entscheiden:

1. Es wird festgestellt, dass das Arbeitsverhältnis durch die von der Beklagten mit Schreiben vom 20. Januar 2017 zum 31.5.2017 erklärte Kündigung nicht aufgelöst wird.
2. Die Beklagte wird verurteilt, die Klägerin zu den bisherigen Bedingungen über den Ablauf der Kündigungsfrist hinaus weiter zu beschäftigen.

Begründung:
Die Klägerin wurde am 8.5.1962 geboren. Sie ist seit dem 1.5.2007 bei der Beklagten als Sekretärin gegen ein Monatsgehalt von zuletzt 3000 EUR brutto beschäftigt.
Die Beklagte beschäftigt – die zu ihrer Berufsausbildung Beschäftigten nicht mitgerechnet – regelmäßig mehr als zehn Arbeitnehmer, deren regelmäßige Arbeitszeit wöchentlich zehn oder monatlich 45 Stunden übersteigt.
Die von der Beklagten ausgesprochene Kündigung ist nichtig, weil die Beklagte den Betriebsrat vor Ausspruch der Kündigung nicht angehört hat. Die Kündigung

ist außerdem sozial nicht gerechtfertigt. Der behauptete Kündigungsgrund – Wegfall des Arbeitsplatzes – liegt nämlich nicht vor.
Da die Kündigung unwirksam ist, verlangt die Klägerin auch Weiterbeschäftigung über die Kündigungsfrist hinaus.

Freya Frank

b) Die Weiterbeschäftigung während des Kündigungsschutzverfahrens

Kündigungsschutzprozesse dauern häufig viele Monate. Zuweilen dauert es sogar Jahre, bis sie ihren endgültigen gerichtlichen Abschluss vor dem Landes- oder in besonderen Fällen vor dem Bundesarbeitsgericht finden.

Wann kann ich meine Weiterbeschäftigung verlangen?

In dieser Zeit ist es ungewiss, ob das Arbeitsverhältnis fortbesteht oder nicht. Ein Recht auf tatsächliche Beschäftigung über den Ablauf der Kündigungsfrist haben Sie dann, wenn der Betriebsrat der beabsichtigten Kündigung vor deren Ausspruch ordnungsgemäß widersprochen und Sie nach dem Kündigungsschutzgesetz Klage gegen die Kündigung vor dem Arbeitsgericht erhoben und vom Arbeitgeber Weiterbeschäftigung verlangt haben. (Hierauf wurde in diesem Kapitel schon näher eingegangen.)

Gibt es keinen Betriebsrat oder hat dieser der Kündigung nicht ordnungsgemäß widersprochen, so kann der gekündigte Arbeitnehmer einen Anspruch auf vertragsgemäße Beschäftigung bis zum Abschluss des Kündigungsschutzverfahrens normalerweise erst geltend machen, sobald das Arbeitsgericht die Kündigung für unwirksam erklärt hat.

Diesen Anspruch kann der Arbeitnehmer mit der Klage gegen die Kündigung verbinden.

Durchsetzung der Weiterbeschäftigung. Frau A. Huber wurde am 30.4. zum 31.5. gekündigt. Sie erhebt am 20.5. Klage gegen die Kündigung. Gleichzeitig verlangt sie vor dem Arbeitsgericht Weiterbeschäftigung.
Am 1.10. obsiegt sie vor dem Arbeitsgericht. Es erklärt die Kündigung für unwirksam und verurteilt den Arbeitgeber zur Weiterbeschäftigung. Erst jetzt kann sie ihre Weiterbeschäftigung durchsetzen.

Wann soll ich den Weiterbeschäftigungsantrag stellen?

Diesen Antrag gleichzeitig mit der Klage gegen die Kündigung gerichtlich geltend zu machen, empfiehlt sich immer dann, wenn der gekündigte Arbeitnehmer vor allem am Erhalt seines bisherigen Arbeitsplatzes interessiert ist.

Andernfalls stellt das Gericht lediglich die Unwirksamkeit der Kündigung fest. Lässt der Arbeitgeber, nachdem der Arbeitnehmer seinen Kündigungsschutzprozess gewonnen hat, ihn trotzdem nicht in den Betrieb, so muss der Arbeitnehmer in einem neuen Prozess seinen Anspruch auf tatsächliche Beschäftigung einklagen.

Eigenständige Klage auf Weiterbeschäftigung. Hätte im vorigen Beispiel Frau A. Huber, der zum 31.5. gekündigt war, lediglich die Klage gegen die Kündigung gerichtet, so wäre demgemäß im Urteil vom 1.10. auch nur die Kündigung für unwirksam erklärt worden. Frau A. Huber müsste nun, um ihre tatsächliche Rückkehr an den Arbeitsplatz zu erreichen, eine neue, eigenständige Klage auf Beschäftigung einreichen. Wieder würden wertvolle Monate bis zu einer Entscheidung verstreichen.

Wann habe ich bei unwirksamer Kündigung einen Lohnanspruch?

Der Arbeitnehmer hat, wenn das Gericht die Kündigung für unwirksam erklärt hat, in der Regel auch einen Anspruch auf Nachzahlung des Lohnes für die Zeit zwischen dem Ende der Kündigungsfrist und dem Wiedereintritt in den Betrieb. Eines gesonderten „Angebots der Arbeitskraft“ durch den gekündigten Arbeitnehmer bedarf es hier nicht.

Viermonatiger Verdienstausfall. Der Arbeitgeber kündigt Frau Huber am 12.5. zum 31.5. Er bezahlt ihr den Lohn nur bis zum 31.5. Sie reicht am 1.6. ihre Klage gegen die Kündigung ein. Am 1.10. erklärt das Arbeitsgericht die Kündigung für unwirksam. – Kann Frau Huber Lohn für Juni bis September verlangen?

Frau Huber kann jetzt zugleich auch den Lohn für die zurückliegenden Monate Juni bis September verlangen, da es nicht an ihr lag, dass sie nicht beschäftigt wurde.

Wann muss ich meine Arbeitskraft gesondert anbieten?

Nur dann, wenn der Arbeitnehmer bei Ablauf der Kündigungsfrist arbeitsunfähig war, muss der arbeitswillige Arbeitnehmer dem Arbeitgeber mitteilen, wann er wieder arbeitsfähig ist, und ihn um Zuweisung von Arbeit bitten.

Krankheitsfall nach der Kündigung. Wäre Frau Huber – vor oder nach Erhalt der Kündigung – bis zum 15.6. erkrankt gewesen und hätte sie am 1.6. ihre Klage gegen die Kündigung eingereicht, so müsste sie dem Arbeitgeber mitteilen, dass sie ab dem 16.6. wieder arbeitsfähig und zur Arbeitsleistung bereit ist.

Was muss ich mir auf meinen Lohnnachzahlungsanspruch anrechnen lassen?

Auf den Lohnnachzahlungsanspruch muss sich der Arbeitnehmer einen zwischenzeitlichen Verdienst anrechnen lassen oder auch das, was zu erwerben er „böswillig unterlassen“ hat.

Hat er sich beim Arbeitsamt ergebnislos arbeitslos gemeldet, so hat er alles ihm Zumutbare getan.

Den möglichen Lohnnachzahlungsanspruch kann der Arbeitnehmer zusammen mit der Klage gegen die Kündigung geltend machen.

c) Abfindung für den Verlust des Arbeitsplatzes

Das Kündigungsschutzgesetz ist ein Gesetz, das den Bestand des zu Unrecht gekündigten Arbeitsverhältnisses aufrechterhalten und sichern will. Es ist kein Abfindungsgesetz.

Entsprechend der Begründung im Gesetzentwurf will es „dem Arbeitnehmer den Arbeitsplatz in den Grenzen des sozial und wirtschaftlich Vertretbaren sichern“. Das Gesetz geht davon aus, dass im Falle einer unberechtigten Kündigung das Arbeitsverhältnis und die Beziehungen zwischen Arbeitgeber und Arbeitnehmer unverändert fortbestehen.

Wann kann ich eine Abfindung gerichtlich durchsetzen?

Nur in Ausnahmefällen soll das Arbeitsgericht das Arbeitsverhältnis auf Antrag gegen Zahlung einer Abfindung auflösen können. Dabei werden an den Auflösungsantrag des Arbeitnehmers strengere Anforderungen als an den entsprechenden Antrag des Arbeitgebers gestellt. Der Arbeitnehmer kann die Auflösung nicht schon dann verlangen, wenn die Kündigung unwirksam ist. Hinzu kommen muss, dass ihm die Fortsetzung des Arbeitsverhältnisses nicht mehr zuzumuten ist.

Abfindung statt differenzierter Weiterbeschäftigung. Der Arbeitgeber hat die Kündigung darauf gestützt, dass der Arbeitsplatz wegen Auftragsrückgangs entfallen sei. Im Verfahren vor Gericht stellt sich heraus, dass dies zwar zutrifft, der Arbeitgeber den Arbeitnehmer jedoch in einer anderen Abteilung in vergleichbarer Tätigkeit weiterbeschäftigen könnte. Der Arbeitnehmer stellt in der mündlichen Verhandlung vor dem Arbeitsgericht den Antrag, das Arbeitsverhältnis gegen Zahlung einer Abfindung aufzulösen. – Wie wird das Gericht entscheiden?

Das Gericht wird feststellen, dass die Kündigung rechtsunwirksam ist.

Dem Arbeitnehmer wäre jedoch die Fortsetzung des Arbeitsverhältnisses zuzumuten. Den Antrag auf Auflösung des Arbeitsverhältnisses und Verurteilung des Arbeitgebers zur Zahlung einer Abfindung wird es deshalb abweisen.

Hätte der Arbeitgeber die fristgerechte Kündigung ohne nähere Nachprüfung auf den vor anderen erhobenen Vorwurf des Spesenbetrugs gestützt und ließen sich die Vorwürfe nicht halten, so wäre die Kündigung unwirksam.

Wegen des leichtfertig vor anderen erhobenen Vorwurfs wäre dem Arbeitnehmer die Fortsetzung des Arbeitsverhältnisses jedoch nicht zuzumuten. In diesem Falle würde das Gericht auf Antrag des Arbeitnehmers das Arbeitsverhältnis auflösen und den Arbeitgeber zur Zahlung einer Abfindung verurteilen.

Der Arbeitgeber kann die Auflösung des Arbeitsverhältnisses, das er zu Unrecht gekündigt hat, leichter, nämlich schon dann verlangen, wenn „Gründe vorliegen, die eine den Betriebszwecken dienliche weitere Zusammenarbeit zwischen Arbeitgeber und Arbeitnehmer nicht erwarten lassen". Diesen Antrag auf Auflösung des Arbeitsverhältnisses kann der Arbeitgeber jedoch nur stellen, wenn er zu Unrecht ordentlich gekündigt hat. Handelt es sich um einen leitenden Angestellten, etwa einen Betriebsleiter, mit der Befugnis, Arbeitnehmer einzustellen, so braucht der Arbeitgeber den Auflösungsantrag nach dem Gesetz nicht zu begründen. Bei einer unwirksamen außerordentlichen Kündigung steht das Recht auf gerichtlich ausgesprochene Auflösung nur dem Arbeitnehmer zu.

In welcher Höhe kann ich eine Abfindung erwarten?

Die Abfindung, die das Gericht zugleich mit der Auflösung des Arbeitsverhältnisses festsetzt, ist eine Entschädigung für den Verlust des Arbeitsplatzes. Bei der Bemessung der Höhe der Abfindung haben die Richter alle Umstände des Einzelfalles zu berücksichtigen – insbesondere Lebensalter, Dauer der Betriebszugehörigkeit, Unterhaltspflichten, die Chancen, eine neue Stelle zu finden, wirtschaftliche Lage des Arbeitnehmers.

Nach einer sehr groben Faustregel wird zuweilen pro Beschäftigungsjahr ein halber Bruttomonatslohn angesetzt. Die Abfindung kann bis zu zwölf, bei älteren, länger beschäftigten Arbeitnehmern auch bis zu 18 Monatsverdiensten betragen.

Gibt es Abzüge von der Abfindung?

Die Abfindung wegen einer vom Arbeitgeber veranlassten Beendigung des Arbeitsverhältnisses ist seit der zum 1.1.2006 geltenden gesetzlichen Neuregelung voll steuerpflichtig. Von der Abfindung muss jedoch nach wie vor kein Beitrag zur Sozialversicherung abgeführt werden.

Welche Aussichten hat ein Verfahren vor dem Arbeitsgericht?

Nach dem Gesetz müssten die meisten Arbeitsverhältnisse, wenn die Kündigung unwirksam war, fortgesetzt werden.

Die Praxis sieht jedoch anders aus. Die Arbeitnehmer erheben gegen ungefähr 15% aller ausgesprochenen Kündigungen eine Klage vor dem Arbeitsgericht.

Von diesen Verfahren, bei denen Arbeitnehmer vor dem Arbeitsgericht klagen, enden nur etwa 11% mit einem Urteil. In der weit überwiegenden Zahl aller Verfahren, etwa 65%, einigen sich Arbeitgeber und Arbeitnehmer vor Gericht durch einen Vergleich. Ganz überwiegend wird dabei die Beendigung des Arbeitsverhältnisses bei Zahlung einer Abfindung vereinbart. Nur gelegentlich wird das Arbeitsverhältnis nach Ausspruch der Kündigung einvernehmlich wieder fortgesetzt. In rund 20% aller Fälle nehmen die Arbeitnehmer die Klage zurück. In weniger als 2% aller Verfahren erreichen Arbeitnehmer auf streitigem gerichtlichem Weg die Rückkehr an den Arbeitsplatz.

Wann kann ich bei einer betriebsbedingten Kündigung außergerichtlich eine Abfindung verlangen?

Bei einer betriebsbedingten Kündigung kann der Arbeitnehmer zwischen einer Kündigungsschutzklage oder einer Abfindung von einem halben Monatsgehalt pro Beschäftigungsjahr wählen. Dies setzt voraus, dass der Arbeitgeber die Kündigung im Kündigungsschreiben auf betriebsbedingte Gründe stützt und den Arbeitnehmer darauf hinweist, dass er einen Anspruch auf Abfindung geltend machen kann, wenn er die dreiwöchige Klagefrist verstreichen lässt.

Die Höhe der Abfindung beträgt 0,5 Monatsverdienste für jedes Jahr des Bestehens des Arbeitsverhältnisses ausgehend von regelmäßigem Bruttoverdienst. Ein Zeitraum von mehr als sechs Monaten ist dabei auf ein volles Jahr aufzurunden.

4. Die außerordentliche fristlose Kündigung

Wann ist eine fristlose Kündigung möglich?

Eine fristlose Kündigung ist nur ausnahmsweise zulässig, wenn ein wichtiger Grund vorliegt. Arbeitsverhältnisse sind in der Regel auf eine gewisse Dauer angelegt. Die tägliche Zusammenarbeit zwischen Arbeitgeber und Arbeitnehmern setzt ein Mindestmaß an Vertrauen und Verständigung voraus. Kann diese Zusammenarbeit einer Seite aus einem Grunde nicht mehr zugemutet werden, so kommt als letztes und schärfstes Mittel, wenn eine ordentliche Kündigung ausgeschlossen ist oder nicht mehr zumutbar erscheint, die außerordentliche Kündigung ohne Einhaltung einer Kündigungsfrist in Frage.

Das Gesetz formuliert dies so (§ 626 Bürgerliches Gesetzbuch): „Das Dienstverhältnis kann von jedem Vertragsteil aus wichtigem Grund ohne Einhaltung einer Kündigungsfrist gekündigt werden, wenn Tatsachen vorliegen, aufgrund derer dem Kündigenden unter Berücksichtigung aller Umstände des Einzelfalles und unter Abwägung der Interessen beider Vertragsteile die Fortsetzung des Arbeitsverhältnisses bis zum Ablauf der Kündigungsfrist oder bis zu der vereinbarten Beendigung des Dienstverhältnisses nicht zugemutet werden kann."

Die außerordentliche Kündigung wird in der Regel als fristlose Kündigung mit sofortiger Wirkung ausgesprochen. Doch bewilligen nicht selten Arbeitgeber auch im Falle der außerordentlichen Kündigung den Arbeitnehmern eine „soziale Auslauffrist".

Die soziale Auslauffrist. Die seit elf Jahren in der Schallplattenabteilung der Kaufhaus AG beschäftigte und 53 Jahre alte Verkäuferin s. Leicht wird am 13. November dabei erwischt, wie sie aus dem Warenlager einen braunen Stoffbären im Wert von 15 EUR heimlich mitnimmt, ohne ihn zu bezahlen. – Bei Einhaltung der Frist für eine ordentliche

Kündigung wäre hier eine Kündigung zum 31.3. möglich. Der Arbeitgeber kündigt ihr aus wichtigem Grund außerordentlich mit Schreiben vom 25.11. und unter Gewährung einer sozialen Auslauffrist zum 31. Januar.

Wer muss nachweisen, dass ein wichtiger Grund vorliegt?

Eine außerordentliche Kündigung aus wichtigem Grund kann sowohl der Arbeitnehmer wie der Arbeitgeber aussprechen.

Dass ein wichtiger Grund vorliegt, muss jeweils derjenige beweisen, der die Kündigung erklärt. Der Grund muss im Zeitpunkt des Ausspruchs der Kündigung vorgelegen haben. Nach dem Ausspruch der Kündigung entstandene Gründe können nur zur Begründung einer neuen Kündigung angeführt werden.

Tätlichkeit als wichtiger Grund. Arbeitgeber Streng übergibt dem Bauarbeiter Hitze wegen angeblicher wiederholter beharrlicher Arbeitsverweigerung die fristlose Kündigung. Der zerreißt die Kündigungserklärung, wirft sie dem Arbeitgeber vor die Füße, nennt ihn einen üblen Ausbeuter und beschimpft ihn mit einer Reihe anderer beleidigender Ausdrücke. Außerdem bedroht er ihn tätlich. Hitze klagt beim Arbeitsgericht gegen die Kündigung. Streng kann die Arbeitsverweigerung des Hitze vor Gericht nicht beweisen, begründet aber die bereits ausgesprochene Kündigung mit dem nachfolgenden beleidigenden Verhalten des Hitze. – Hat die Klage des Hitze Erfolg?

Da Streng die Arbeitsverweigerung nicht beweisen kann, erklärt das Gericht die Kündigung für unwirksam. Mit dem nach Ausspruch der Kündigung liegenden beleidigenden Verhalten lässt sich die Kündigung nicht begründen.

Dieses könnte Streng nur zum Anlass nehmen, dem Hitze deswegen erneut zu kündigen.

Der Kündigungsempfänger kann verlangen, dass derjenige, der kündigt, ihm die Kündigungsgründe ohne schuldhaftes Zögern schriftlich mitteilt.

Die Wirksamkeit der Kündigung hängt jedoch von der Angabe des Kündigungsgrundes nicht ab – außer bei einem Berufsausbildungsverhältnis; bei diesem muss der Kündigungsgrund bei Ausspruch der Kündigung schriftlich mitgeteilt werden.

Wann muss die fristlose Kündigung spätestens erklärt werden?

Die fristlose Kündigung kann nur innerhalb von zwei Wochen erklärt werden.

Die Frist beginnt mit dem Zeitpunkt, in dem der zur Kündigung Berechtigte von den für die Kündigung maßgeblichen Tatsachen sichere Kenntnis erlangt.

Zugang nach über zwei Wochen. Am 13. November wird die langjährig beschäftigte Verkäuferin Leicht beim Diebstahl eines Stoffbären erwischt. Mit Schreiben von 25. November erklärt die Kaufhaus AG die außerordentliche Kündigung. Wenn Frau Leicht das Schreiben zB erst am 29. November – und damit nach Ablauf der Zweiwochenfrist – zugeht, ist die Kündigung als außerordentliche Kündigung unwirksam. Das Arbeitsverhältnis bestünde weiter, zumindest bis zum 31.3., dem nächsten zulässigen Kündigungstermin für eine ordentliche fristgerechte Kündigung.

Muss einer fristlosen Kündigung stets eine Abmahnung vorausgehen?

Nach dem Grundsatz der Verhältnismäßigkeit, wonach insbesondere eine außerordentliche Kündigung stets nur als letztes Mittel in Frage kommt, ist vor Ausspruch einer Kündigung aus wichtigem Grund in der Regel eine Abmahnung erforderlich.

Hiervon kann dann abgesehen werden, wenn der Arbeitnehmer einen besonders schwerwiegenden Vertrauensbruch begangen hat.

Schwerwiegender Vertrauensbruch. Der Versicherungsangestellte Raffke hat von Versicherungsnehmern verlangt, dass diese sich für „kulante Schadensabwicklungen" erkenntlich zeigen durch das „Geschenk" eines Teppichs, eines Bildes oder eines Fernsehgerätes.

Die von der Versicherungs AG Confidentia, die davon am 2.5. erfahren hat, am 15.5. erklärte außerordentliche Kündigung wäre auch ohne vorausgegangene Abmahnung wirksam, weil Raffke einen schwerwiegenden Vertrauensbruch begangen hat. Der macht es dem Arbeitgeber unzumutbar, ihn auch nur kurzfristig weiter zu beschäftigen.

Welche Gründe berechtigen zur fristlosen Kündigung?

Als Gründe, die für eine außerordentliche Kündigung durch den Arbeitgeber in Betracht kommen, hat die Rechtsprechung der Arbeitsgerichte insbesondere folgende Verhaltensweisen angesehen:

- Vortäuschen einer Krankheit.
- Erschleichen einer Arbeitsunfähigkeitsbescheinigung. Jedoch kann daraus, dass der Arbeitnehmer sich in der Vergangenheit häufig von seinem Hausarzt hat krankschreiben lassen, nicht geschlossen werden, dass er eine Krankheit vortäuscht, auch nicht daraus, dass er während seiner Arbeitsunfähigkeit spazieren geht oder an einer Wallfahrt teilnimmt.
- Für das Vortäuschen einer Krankheit, das zur außerordentlichen Kündigung berechtigen könnte, würde folgendes Verhalten sprechen: Als der Arbeitgeber dem Angestellten Stark statt der beantragten drei Wochen nur zwei Wochen Urlaub bewilligt, übergibt der, bevor er in Urlaub fährt, einem Arbeitskollegen seinen Vogel für drei Wochen in Pflege und legt für die letzte, die dritte, Woche eine Arbeitsunfähigkeitsbescheinigung vor.
- Nimmt ein Arbeitnehmer längere Zeit nach Beendigung seiner ärztlichen Krankschreibung die Arbeit nicht auf, so kann hierin ein wichtiger Grund zur fristlosen Kündigung liegen.
- Macht der Arbeitnehmer seinem Arbeitgeber Konkurrenz, verrät er Geschäftsgeheimnisse oder nimmt er Schmiergelder an, so kommt eine fristlose Kündigung in Betracht, ebenso bei Spesenbetrug, tätlicher Auseinandersetzung im Betrieb, Beleidigung des Arbeitgebers.
- Sachliche Kritik an betrieblichen Verhältnissen berechtigt nicht zur außerordentlichen Kündigung, auch nicht die Mitgliedschaft in einer Gewerkschaft oder politischen Partei. Die politische Meinungsäußerung, auch im Betrieb, ist im Normalfall vom Grundrecht auf Meinungsäußerung gedeckt. Etwas anderes gilt jedoch, wenn diese in beleidigender Form erfolgt und der Mitarbeiter wiederholt und trotz vorangegangener Abmahnung durch politische Agitation sich oder andere von der Arbeit abhält.

- Straftaten außerhalb des Arbeitsverhältnisses können eine außerordentliche Kündigung nur dann begründen, wenn sie sich konkret auf das Arbeitsverhältnis auswirken, zB Diebstähle in anderen Kaufhäusern, die zum selben Unternehmen gehören.

Das in den vorgenannten Beispielen dargestellte Verhalten berechtigt den Arbeitgeber jedoch nicht immer und in jedem Fall zur fristlosen Kündigung.

Es kommt jeweils auf die Umstände und Besonderheiten des einzelnen Falles an. Dabei hat eine Abwägung des Interesses des Arbeitgebers an der sofortigen Beendigung des Arbeitsverhältnisses mit dem Interesse des Arbeitnehmers an dessen Fortbestand stattzufinden.

Handgreiflichkeiten. Die enge Freundschaft zwischen der seit sieben Jahren in einer Klinik angestellten Ärztin Dr. Maria Heiß und dem dortigen Verwaltungsleiter K. Frost geht plötzlich in die Brüche. Der Verwaltungsleiter zieht aus der gemeinsamen Wohnung aus. Vergeblich bemüht Dr. Maria Heiß sich um eine Aussprache mit ihm über ihre Beziehung. Nachdem er sich dieser außerhalb der Klinik entzieht, sucht sie ihn in seinem Büro auf. Er lehnt ein Gespräch ab und fordert sie auf, sofort sein Büro zu verlassen. Sie weigert sich. Es kommt zu einer handgreiflichen Auseinandersetzung. K. Frost trägt im Gesicht einen leichten Kratzer davon. Er kündigt Dr. Maria Heiß fristlos. – Zu Recht?

In der Regel stellt eine Tätlichkeit gegen einen Vorgesetzten einen wichtigen Grund für eine fristlose Kündigung dar.

Die hier ausgesprochene Kündigung hatte jedoch die aus dem privaten Bereich herrührende Besonderheit der Auseinandersetzung nicht berücksichtigt und nicht beachtet, dass der Angriff der Angestellten sich nicht gegen K. Frost als Vorgesetzten gerichtet, sondern dem bisherigen Freund und Lebensgefährten gegolten hatte.

Die Klinik hat allerdings ein Recht, dass private Streitigkeiten nicht im Betrieb ausgetragen werden.

Angemessen und ausreichend wäre hier eine Abmahnung durch den Geschäftsführer des Krankenhauses als gemeinsamem Vorgesetzten gewesen. Hätte Dr. Maria Heiß den Verwaltungsleiter dennoch weiterhin im Dienst „verfolgt“, so hätte dies eine Kündigung rechtfertigen können. Die fristlose Kündigung war demnach voreilig ausgesprochen und somit unwirksam.

Was ein Arbeitnehmer gegen eine außerordentliche Kündigung tun kann, hängt davon ab, ob das Kündigungsschutzgesetz für sein Arbeitsverhältnis gilt, das heißt, ob er in einem Betrieb mit mehr als 10 Arbeitnehmern mindestens sechs Monate beschäftigt war.

Wie ist die Rechtslage bei Arbeitnehmern, für die das Kündigungsschutzgesetz nicht anzuwenden ist?

Arbeitnehmer, für die das Kündigungsschutzgesetz nicht gilt, können jederzeit unter Einhaltung der Kündigungsfrist entlassen werden.

Auch diese Kündigung darf nicht willkürlich sein – etwa der Arbeitgeber kündigt, weil die kaufmännische Angestellte unter Berufung auf ihren Arbeitsvertrag sich weigert, die Büroräume zu putzen oder weil seine Angestellte sich die Haare grün gefärbt hat.

Kündigt der Arbeitgeber fristlos, ohne dass er einen wichtigen Grund hatte, so kann die Kündigung in eine fristgemäße umgedeutet werden, wenn – wie meistens – anzunehmen ist, dass der Arbeitgeber das Arbeitsverhältnis auf jeden Fall beenden wollte. Arbeitnehmer, die nicht unter das Kündigungsschutzgesetz fallen, können normalerweise lediglich Zahlung des Lohnes bis zum Ablauf der Kündigungsfrist verlangen. Auch sie wie alle Arbeitnehmer, die sich gegen eine Kündigung wenden, müssen gegen die Kündigung als solche innerhalb von drei Wochen klagen.

Fristlose Kündigung am ersten Arbeitstag. Späth hat seit dem 2.5. eine neue Arbeitsstelle. Gleich am ersten Tag verspätet er sich um eine Stunde. Er hat verschlafen. Daraufhin kündigt ihm die Firma Blitz GmbH sofort fristlos. Gegen seinen Widerspruch schickt der Geschäftsführer ihn nach Hause. Späth klagt am 2.6. den Lohn für zwei Wochen in Höhe von 1000 EUR ein. – Kann Späth die Zahlung der 1000 EUR verlangen?

Das Kündigungsschutzgesetz ist nicht anzuwenden, da Späth noch keine sechs Monate im Arbeitsverhältnis stand.

Die einmalige Verspätung hat den Arbeitgeber nicht berechtigt, deswegen gleich fristlos zu kündigen.

Die Kündigung wird jedoch als fristlose Entlassung wirksam, da Späth die gesetzliche Klagefrist von drei Wochen überschritten hatte. Das Arbeitsverhältnis hat zum 2.5. geendet. Er kann keinen Lohn für die Zeit bis zum Ablauf der Kündigungsfrist verlangen.

Wie ist die Rechtslage, wenn für den Arbeitnehmer das Kündigungsschutzgesetz gilt?

Auch Arbeitnehmer, die unter das Kündigungsschutzgesetz fallen, können die Unwirksamkeit einer fristlosen Kündigung nur durch Klage beim Arbeitsgericht innerhalb von drei Wochen nach Zugang der Kündigung geltend machen.

Hält der Arbeitnehmer die Klagefrist nicht ein, so wird die Kündigung von Anfang an wirksam.

Beschäftigung seit einem Jahr. Die Firma Blitz GmbH beschäftigt elf Arbeitnehmer.
Der seit einem Jahr bei ihr beschäftigte Arbeiter Langer legt seine Arbeitsunfähigkeitsbescheinigung erst nach vier Tagen krankheitsbedingter Abwesenheit vor. Daraufhin kündigt ihm die Blitz GmbH am 1.6. fristlos. Am 1.7. reicht er eine Klage gegen die Kündigung ein und verlangt den Lohn für Juni in Höhe von 2500 EUR brutto. – Hat seine Klage Erfolg?

Die verspätete Vorlage der Arbeitsunfähigkeitsbescheinigung gab dem Arbeitgeber nicht das Recht, deswegen gleich fristlos zu kündigen.

Herrn Langer hätte innerhalb von drei Wochen gegen die Kündigung vorgehen müssen. Da er die Klagefrist versäumt hat, wird die fristlose Kündigung als von Anfang an wirksam behandelt. Sie hat somit das Arbeitsverhältnis zum 1.6. beendet und damit auch keinen Lohnanspruch für Herrn Langer mehr entstehen lassen. Das Arbeitsgericht weist seine Klage ab.

Klagt der Arbeitnehmer rechtzeitig gegen eine fristlose Kündigung, so kann er, wenn ihm die Fortsetzung des Arbeitsverhältnisses nicht mehr zuzumuten ist, auch den Antrag stellen, das Arbeitsverhältnis aufzulösen und den Arbeitgeber zur Zahlung einer Abfindung zu verurteilen.

Weiterbeschäftigung oder Abfindung. Hätte in unserem Beispiel der seit einem Jahr beschäftigte Herr Langer gegen die fristlose Kündigung rechtzeitig, zB am 22.6., geklagt, so könnte er die Unwirksamkeit der Kündigung geltend machen und Lohnzahlung sowie Weiterbeschäftigung verlangen.
Wäre ihm jedoch die Fortsetzung des Arbeitsverhältnisses nicht zuzumuten, etwa weil der Arbeitgeber ihn im Verlauf des Verfahrens vor dem Arbeitsgericht als „asozialen Taugenichts" und „notorischen Drückeberger" bezeichnet hätte, der in seinem Betrieb nie mehr glücklich werden würde, so könnte er stattdessen die Auflösung des Arbeitsverhältnisses zum 1.6. und Zahlung einer angemessenen Abfindung für den Verlust des Arbeitsplatzes gegenüber dem Arbeitgeber gerichtlich durchsetzen.

Können auch Arbeitnehmer fristlos kündigen?

Auch Arbeitnehmer können in besonderen Fällen zur außerordentlichen Kündigung aus wichtigem Grund berechtigt sein, wenn ihnen nicht zuzumuten ist, das Arbeitsverhältnis ordentlich zu kündigen und bis zum Ablauf der ordentlichen Kündigungsfrist fortzusetzen. Die Möglichkeit für den Arbeitnehmer, eine andere, bessere Stelle zu finden, zählt hierzu nicht, auch nicht der bisherige geringe Verdienst.

Hingegen kann der Arbeitnehmer das Arbeitsverhältnis außerordentlich kündigen, wenn der Arbeitgeber mit einem erheblichen Teil des Lohnes für eine längere Zeit im Rückstand ist und der Arbeitnehmer ihn vor Ausspruch der Kündigung vergeblich zur Zahlung aufgefordert hatte oder wenn der Arbeitgeber jeden Monat den Lohn erheblich verspätet zahlt.

Verdächtigt der Arbeitgeber leichtfertig und vor Dritten den Arbeitnehmer etwa eines Diebstahls, einer Unterschlagung oder eines Betrugs, so berechtigt dies den Arbeitnehmer auch ohne vorherige Abmahnung zur fristlosen Kündigung.

5. Der besondere Kündigungsschutz

Werdende Mütter und Arbeitnehmer während der Elternzeit, schwerbehinderte Menschen, Auszubildende, Wehr- und Zivildienstleistende sowie Betriebs- und Personalräte sind besonders schutzbedürftig.

Für sie reicht der allgemeine Kündigungsschutz nicht aus. Zu ihren Gunsten besteht deshalb zusätzlich ein jeweils besonders ausgestalteter gesetzlicher Kündigungsschutz.

a) Der Kündigungsschutz für werdende Mütter und Arbeitnehmer während der Elternzeit

Gilt das Kündigungsverbot während des Mutterschutzes ausnahmslos für alle Kündigungen?

Während der Schwangerschaft und bis zum Ablauf von vier Monaten nach der Entbindung darf einer Frau nicht gekündigt werden.

Dieses Kündigungsverbot gilt ohne Einschränkungen.

Es bezieht sich auf ordentliche fristgemäße und auf außerordentliche Kündigungen aus wichtigem Grund.

Unzulässig sind auch Kündigungen während der Schutzfristen, die erst nach deren Ablauf wirksam werden. Schutzfristen sind die Zeiten vor und nach der Entbindung, in denen die Mutter bzw. werdende Mutter nicht beschäftigt werden darf (sechs Wochen vor und acht Wochen nach der Entbindung.)

Was ist, wenn dem Arbeitgeber die Schwangerschaft zur Zeit der Kündigung nicht bekannt war?

Das Verbot der Kündigung gilt aber nur, wenn dem Arbeitgeber die Schwangerschaft oder Entbindung bekannt war oder ihm innerhalb von zwei Wochen nach Zugang der Kündigung mitgeteilt wird.

Wusste die Frau nichts von ihrer Schwangerschaft, so reicht es aus, wenn sie nach Kenntniserlangung dem Arbeitgeber ohne schuldhaftes Zögern ihre Schwangerschaft mitteilt.

Mitteilung der Schwangerschaft nach der Kündigungserklärung. Brigitte Klar ist seit 1.7. als Schreibkraft beschäftigt. Am 15.11. hat der Arbeitgeber ihr zum 31.12. gekündigt. Am 5.12. erfährt sie von ihrem Arzt verbindlich, dass sie seit dem 10.11. schwanger ist. Es reicht aus, dass sie dies ihrem Arbeitgeber zB am 8.12. mitgeteilt hat. Die Kündigung ist unwirksam.

Die Arbeitnehmerin selbst darf jederzeit kündigen.

Sie kann auch durch einen Aufhebungsvertrag mit dem Arbeitgeber das Arbeitsverhältnis beenden.

Bei befristeten Arbeitsverhältnissen schützt der besondere Kündigungsschutz nicht vor einer Beendigung des Arbeitsverhältnisses.

Schwangerschaft in einem befristeten Arbeitsverhältnis. Ein Arbeitgeber stellt eine Frau für die Zeit vom 1.1. bis zum 30.9. befristet ein. Am 20.9. erklärt sie, dass sie seit einem Monat schwanger ist. Da das Arbeitsverhältnis am 30.9. ohne Kündigung endet, kommt ein Kündigungsschutz nicht in Frage.

Der besondere Kündigungsschutz für Frauen nach dem Mutterschutzgesetz verhindert nicht in allen Fällen eine Kündigung: Die zuständige Arbeitsbehörde kann die Kündigung gegenüber einer unter Mutterschutz stehenden Frau in ganz besonderen Fällen für zulässig erklären.

Zuständig für eine solche Erklärung sind in Baden-Württemberg, Bayern, Bremen, Niedersachsen und Schleswig-Holstein die Gewerbeaufsichtsämter, in Nordrhein-Westfalen und Hessen die Regierungspräsidenten, in Rheinland-Pfalz das Landesgewerbeamt und im Saarland der Minister für Umwelt, Raumordnung und Bauwesen.

Die Ausnahmegenehmigung muss bereits vor Ausspruch der Kündigung vorliegen. Sie kann nicht rückwirkend erteilt werden.

Diese Zustimmung zur Kündigung kommt nur in Betracht, wenn ganz besondere Umstände dies rechtfertigen. Z. B. bei einer unmittelbar bevorstehenden Betriebsschließung, bei Diebstählen der

Schwangeren oder Unterschlagungen oder tätlichen Bedrohungen des Arbeitgebers.

Jegliche ohne Zustimmung der zuständigen Behörde erklärte Kündigung ist unwirksam.

Der Arbeitgeber, der verbotswidrig kündigt, bleibt zur Weiterbeschäftigung und Gehaltszahlung verpflichtet.

Gilt das Kündigungsverbot auch zugunsten der sich in Elternzeit befindenden Väter?

Ein entsprechendes Kündigungsverbot gilt auch gegenüber allen Arbeitnehmern, die sich in Elternzeit befinden, Müttern wie Vätern.

Während die Arbeitnehmerin oder der Arbeitnehmer das Arbeitsverhältnis zum Ende der Elternzeit kündigen können, darf der Arbeitgeber während der Elternzeit des Arbeitnehmers eine Kündigung nicht aussprechen.

b) Kündigungsschutz der schwerbehinderten Menschen

Ab wann und für wen gilt der Kündigungsschutz für schwerbehinderte Menschen?

Schwerbehinderte Menschen und ihnen Gleichgestellte genießen einen besonderen Kündigungsschutz, wenn das Arbeitsverhältnis im Zeitpunkt des Zugangs der Kündigung länger als sechs Monate bestanden hat. Schwerbehinderte Menschen sind alle Personen, die körperlich, geistig oder seelisch um wenigstens 50% behindert sind. Auf Antrag des Behinderten stellen die Vorsorgeämter den Grad der Behinderung fest.

Das Arbeitsamt kann auf Antrag den schwerbehinderten Menschen solchen Personen gleichstellen, die infolge ihrer Behinderung nicht nur vorübergehend um weniger als 50%, aber wenigstens um 30% behindert sind. Auf Antrag stellt das Versorgungsamt für Angehörige beider Personengruppen entsprechende Ausweise aus.

Dieser Schutz gilt auch dann, wenn der Arbeitgeber die Schwerbehinderteneigenschaft nicht kannte. Jedoch muss der schwerbehinderte Mensch in diesem Falle seine Schwerbehinderteneigenschaft gegenüber dem Arbeitgeber innerhalb einer angemessenen Frist (normalerweise weniger als ein Monat) nach Erhalt der Kündigung geltend machen. Häufig haben schwerbehinderte Menschen im Zeitpunkt der Kündigung zwar einen Antrag auf Feststellung der Schwerbehinderteneigenschaft gestellt. Der Feststellungsbescheid des Versorgungsamts kommt dann einige Zeit später. Für diesen Fall gilt Folgendes: Schwerbehinderte Menschen müssen im Zeitpunkt der Kündigung beim Versorgungsamt zumindest einen Antrag auf Feststellung der Schwerbehinderteneigenschaft, Gleichgestellte beim Arbeitsamt einen Antrag auf Gleichstellung gestellt haben, um den besonderen Kündigungsschutz in Anspruch nehmen zu können.

Wie wirkt sich der besondere Kündigungsschutz für schwerbehinderte Menschen aus?

Der besondere Kündigungsschutz für schwerbehinderte Menschen besteht darin, dass die Kündigung eines schwerbehinderten Menschen nur dann wirksam ist, wenn eine bestimmte Verwaltungsbehörde, nämlich das Integrationsamt, vorher zugestimmt hat.

Bedarf jede Kündigung eines schwerbehinderten Menschen der vorherigen Zustimmung des Integrationsamtes?

Unter den genannten Voraussetzungen bedarf jede Kündigung – die ordentliche wie die fristlose – der vorherigen Zustimmung des Integrationsamtes. Eine ohne die erforderliche Zustimmung ausgesprochene Kündigung ist unwirksam.

Erteilt diese Stelle die Zustimmung und spricht der Arbeitgeber danach die Kündigung aus, so kann der Arbeitnehmer dennoch gegen diese Kündigung auch noch durch Klage beim Arbeitsgericht vorgehen und sie auf das Vorliegen eines wichtigen Grundes bzw. auf ihre soziale Rechtfertigung hin überprüfen lassen. Das Arbeitsgericht ist an den Zustimmungsbescheid der Verwaltungsbehörde und die darin enthaltene Begründung nicht gebunden.

c) Kündigungsschutz der Auszubildenden

Wie kann das Ausbildungsverhältnis während der Probezeit gekündigt werden?

Zu Beginn eines Ausbildungsverhältnisses liegt immer eine Probezeit. Deren Dauer können die Partner des Ausbildungsvertrages zwischen ein bis drei Monaten festlegen.

Während der Probezeit können beide Seiten das Ausbildungsverhältnis jederzeit ohne Kündigungsfrist kündigen. Die Kündigung muss schriftlich erklärt werden.

Nach Ablauf der Probezeit kann das Ausbildungsverhältnis vor seinem regulären Ende nur noch ausnahmsweise beendet werden.

Das Ausbildungsverhältnis endet normalerweise mit dem Ablauf der Ausbildungszeit. Besteht der Auszubildende vorher die Abschlussprüfung, so endet das Ausbildungsverhältnis damit. Besteht der Auszubildende die Prüfung nicht, so verlängert sich das Ausbildungsverhältnis bis zur nächsten Wiederholungsprüfung, höchstens jedoch um ein Jahr – immer aber nur, wenn der Auszubildende selbst dies so verlangt.

Im Übrigen, nach Ablauf der Probezeit, kann der Auszubildende nur kündigen, wenn er die Ausbildung aufgeben will, und zwar muss er dann eine Kündigungsfrist von vier Wochen einhalten. Eine ordentliche Kündigung durch den Ausbilder ist nach Ablauf der Probezeit ausgeschlossen.

Wann ist eine fristlose Kündigung aus wichtigem Grund möglich?

Eine fristlose Kündigung aus wichtigem Grund durch den Auszubildenden wie durch den Ausbilder ist nur in besonderen Ausnahmefällen zulässig. Hierbei muss die Eigenart als Ausbildungsverhältnis berücksichtigt werden.

Bei Pflichtverletzungen wie Unpünktlichkeit oder unentschuldigtem Fehlen, schlechten Leistungen oder leichten Unredlichkeiten kann der Ausbilder dem Auszubildenden fristlos erst dann kündigen, wenn trotz aller Ermahnungen und Abmahnungen keine Besserung eintritt oder wenn bei ungenügenden Leistungen trotz aller Hinweise das Erreichen des Ausbildungsziels völlig ausgeschlossen erscheint. Insbesondere berechtigen schlechte Leistungen und Faulheit in der Berufsschule den Ausbilder nicht zur außerordentlichen Kündigung. Die Anforderungen an den wichtigen Grund sind umso strenger, je weiter die Ausbildungszeit bereits fortgeschritten ist. Kurz vor ihrem Ende ist eine Kündigung in der Regel ausgeschlossen.

Wie muss die außerordentliche Kündigung erklärt werden?

Die außerordentliche Kündigung muss unter Angabe der konkreten Gründe schriftlich ausgesprochen werden, und zwar spätestens innerhalb von zwei Wochen, nachdem der zur Kündigung Berechtigte von den maßgeblichen Tatsachen erfahren hat.

„Fehlendes Interesse" als Kündigungsgrund. Der Ausbilder kündigt am 20.12. fristlos und gibt als Kündigungsgrund „ungenügende Arbeitsleistung und fehlendes Interesse" an.
Die Kündigung ist, weil zu allgemein gehalten, unwirksam. Der Vorwurf, der Auszubildende habe vom 1. bis 15. Dezember unentschuldigt gefehlt, konnte vor Gericht nicht berücksichtigt werden, weil der Arbeitgeber diesen Grund im Kündigungsschreiben nicht erwähnt hatte.

Die Kündigung gegenüber einem minderjährigen Auszubildenden muss der Ausbilder gegenüber den Eltern oder sonstigen gesetzlichen Vertretern erklären.

Welche Bedeutung haben die Schlichtungsausschüsse?

Zur Beilegung von Streitigkeiten zwischen dem ausbildenden Arbeitgeber und dem Auszubildenden können im Bereich des Handwerks die Handwerksinnungen, in den übrigen Bereichen die Industrie- und Handelskammern sowie die sonst nach dem Berufsbildungsgesetz zuständigen Stellen mit Arbeitgebern und Arbeitnehmern gleichmäßig besetzte Schlichtungsausschüsse bilden.

Bestehen solche Ausschüsse, so müssen diese bei Streitigkeiten zunächst angerufen werden.

Erst wenn der Streit dort nicht beigelegt wird, können sich die Arbeitsgerichte auf eine entsprechende Klage hin mit der Angelegenheit – also etwa der Klage des Auszubildenden gegen die fristlose Kündigung – befassen.

d) Kündigungsschutz der Wehr- und Zivildienstleistenden

Kann der Arbeitgeber das Arbeitsverhältnis während oder wegen des Dienstes kündigen?

Wird ein Arbeitnehmer zum Grundwehrdienst, zu einer Wehrübung oder zur Ableistung des zivilen Ersatzdienstes einberufen, so endet das Arbeitsverhältnis nicht, es ruht nur.

Während dieser Zeit kann der Arbeitgeber das Arbeitsverhältnis nicht kündigen. So regelt dies das Gesetz über den Schutz des Arbeitsplatzes bei Einberufung zum Wehrdienst bzw. das Zivildienstgesetz. Überdies darf der Arbeitgeber weder vor noch nach diesen Zeiten aus Anlass der Ableistung des Wehr- oder des Zivildienstes kündigen.

Ableisten des Wehrdienstes. Alexander Frisch teilt seinem Arbeitgeber mit, dass er entsprechend dem Einberufungsbescheid demnächst seinen Wehrdienst antreten muss. Einen Tag später händigt sein Chef ihm die betriebsbedingte Kündigung aus. Alexander Frisch reicht gegen die Kündigung folgende Klage ein: „Ich beantrage festzustellen, dass das Arbeitsverhältnis durch die Kündigung vom 1.10. nicht aufgelöst wird. Gründe: Ich bin 21 Jahre alt und wurde zum 1.5. von der Beklagten eingestellt. Am 30.9. habe ich dem Arbeitgeber mitgeteilt, dass ich entsprechend dem mir am 20.9. zugestellten Einberufungsbescheid Anfang November meinen Wehrdienst antreten muss. Einen Tag später, am 1.10., hat der Beklagte gekündigt. Diese Kündigung ist nach dem Arbeitsplatzschutzgesetz unwirksam."

Alexander Frisch hat vor dem Arbeitsgericht Erfolg. Denn von der Zustellung des Einberufungsbescheides an darf der Arbeitgeber das Arbeitsverhältnis nicht kündigen.

e) Kündigungsschutz der Betriebs- und Personalräte

Weshalb darf der Arbeitgeber Betriebsräten nicht ordentlich kündigen?

Betriebs- und Personalräte sowie Wahlvorstände und Wahlbewerber sollen ohne Furcht vor einer Entlassung ihr Amt ausüben bzw. sich um die Wahl bemühen können.

Deshalb darf Betriebsräten, Personalräten, Jugendvertretern, Wahlbewerbern und den Mitgliedern des Wahlvorstandes nicht gekündigt werden. Eine Ausnahme gilt nur für den Fall der Stilllegung des Betriebes oder einer Betriebsabteilung, wenn die Beschäftigung in einer anderen Abteilung nicht möglich ist.

Das Kündigungsverbot gilt nach Beendigung der Amtszeit noch ein Jahr weiter, bei Wahlbewerbern sowie Mitgliedern des Wahlvorstandes jedoch nur sechs Monate nach Beendigung ihrer Funktionen. Eine dennoch erfolgende Kündigung wäre unwirksam.

Wann ist eine Kündigung eines Betriebsratsmitglieds aus wichtigem Grund möglich?

Eine außerordentliche Kündigung aus wichtigem Grund bleibt jedoch zulässig. Dazu muss aber die vorherige Zustimmung des Betriebs- bzw. Personalrats vorliegen oder, wenn diese die Zustimmung versagen, durch eine Entscheidung des Arbeitsgerichts ersetzt sein.

Dabei kann immer nur die Verletzung arbeitsvertraglicher Pflichten, niemals aber ein Verstoß gegen die Amtspflichten als Betriebs- oder Personalratsmitglied einen wichtigen Grund für eine Kündigung abgeben.

Aus der Tätigkeit als Betriebsrat sollen dem Arbeitnehmer nämlich keine Nachteile erwachsen.

Was ist, wenn ein Betriebsratsmitglied eine Amtspflicht verletzt?

Für Verstöße gegen die Amtspflichten kommt allein der Ausschluss aus dem Betriebsrat in Betracht. Ihn kann allein das Arbeitsgericht bei „grober Verletzung“ der Pflichten aus dem Betriebsratsamt aussprechen.

Weiterleitung von Geheimnissen an die Belegschaft. Arbeitgeber Rasch wirft dem Betriebsratsmitglied Frank vor, er habe auf der letzten Betriebsversammlung Geschäftsgeheimnisse über geplante Betriebsänderungen und erwogene Personalumstrukturierungen ausgeplaudert, die er nur aufgrund der dem Betriebsrat gegebenen vertraulichen Informationen kennen könne. Dadurch habe er erhebliche Unruhe in Teile der Belegschaft getragen, die – überwiegend grundlos – um ihre Arbeitsplätze fürchteten. Der Betriebsrat lehnt die vom Arbeitgeber beantragte Zustimmung zur außerordentlichen Kündigung ab. – Zu Recht?

Das Arbeitsgericht, das der Arbeitgeber daraufhin anruft, lehnt es ab, die Zustimmung zur beabsichtigten Kündigung anstelle des Betriebsrats zu erteilen. Das Verhalten Franks hat nichts mit seinen Pflichten als Arbeitnehmer zu tun. Es kann deshalb nie Grund für eine Kündigung sein, sondern lediglich Anlass für den Arbeitgeber (oder auch den Betriebsrat), Franks Ausschluss aus dem Betriebsrat beim Arbeitsgericht zu beantragen.

6. Beendigung des Arbeitsverhältnisses bei Befristung

Müssen Zeitverträge gekündigt werden oder enden sie von selbst?

Arbeitsverhältnisse sind normalerweise auf Dauer angelegt. Arbeitsverträge werden deshalb üblicherweise auf unbestimmte Zeit abgeschlossen.

Um überhaupt einen Arbeitsplatz zu finden, haben sich in den letzten Jahren jedoch Arbeitssuchende in wachsender Zahl dazu bereit gefunden, einen Arbeitsvertrag einzugehen, der von vornherein befristet ist. Mit dem Ablauf der vorgesehenen Zeit endet das Arbeitsverhältnis von selbst. Der Arbeitnehmer scheidet aus dem Betrieb aus. Einer Kündigung bedarf es in diesem Fall nicht.

Die Befristung bringt regelmäßig erhebliche Nachteile für den Arbeitnehmer mit sich: Der Zeitvertrag nimmt dem Arbeitnehmer jeglichen Kündigungsschutz. Auch die bei Kündigungen erforderliche Anhörung des Betriebsrats entfällt.

Für die Befristung muss deshalb ein sachlicher Grund vorliegen, damit der gesetzliche Kündigungsschutz nicht leichthin umgangen werden kann. Fehlt es an einem sachlichen Grund, ist die Befristung unwirksam und das Arbeitsverhältnis wie ein unbefristetes zu behandeln.

Welche Gründe rechtfertigen die Befristung von Arbeitsverträgen?

Als sachliche Gründe für eine Befristung gelten insbesondere:

- Arbeitsverträge zur Probe, wobei die Probezeit sechs Monate in der Regel nicht überschreiten darf;
- Arbeitsverträge zur Vertretung eines wegen Krankheit, Erziehungsurlaubs, Wehr- oder Zivildienstes verhinderten Arbeitnehmers;
- Arbeitsverträge im Saisongewerbe oder mit Künstlern und Musikern oder wegen eines aus sonstigen Gründen nur vorübergehend auftretenden Bedarfs, wenn etwa Kellnerinnen für die Dauer eines zwei Wochen währenden Volksfestes eingestellt oder Verkäuferinnen zusätzlich für die Zeit des Sommer- oder Winterschlussverkaufs beschäftigt werden;
- Befristungen auf besonderen Wunsch des Arbeitnehmers, zB weil er sich ein Jahr lang Geld verdienen will, um anschließend eine Weltreise mit unbestimmter Dauer zu unternehmen.

Was ist ein Kettenarbeitsvertrag?

Von einem Kettenarbeitsvertrag spricht man, wenn mindestens zwei befristete Verträge aufeinander folgen. Solche Befristungen sind nur dann wirksam, wenn für die jeweilige Befristung ein sachlicher Grund vorgelegen hat, und zwar für die Befristung als solche sowie für deren Dauer.

Fehlt ein solcher sachlicher Grund für die Befristung, so ist die Befristungsabrede nichtig. Es liegt dann ein normaler Arbeitsvertrag mit unbestimmter Dauer vor. Zu dessen Beendigung bedarf es einer Kündigung.

Befristete Beschäftigung auf einem Dauerarbeitsplatz. Der bisherige Pförtner des Kreiskrankenhauses ist zum 31.12.2014 in den Ruhestand gegangen. Die Stelle musste neu besetzt werden. Entgegen seiner Bitte erhielt Franz Huber zum 1.1.2015 nur einen auf zwei Jahre bis zum 31.12.2016 befristeten Vertrag. Als er am 1.1.2017 wieder zur Arbeit kommt, schickt der Verwaltungsleiter ihn unter Hinweis auf die Befristung nach Hause. – Kann F. Huber Weiterbeschäftigung verlangen?

Für die Befristungsabrede hatte kein sachlicher Grund vorgelegen, da ein Dauerarbeitsplatz zu besetzen war. Die Befristung war somit unwirksam.

Das Arbeitsverhältnis bestand demnach über den 31.12.2016 hinaus fort.

Franz Huber kann Weiterbeschäftigung verlangen. Das Kreiskrankenhaus könnte den fortbestehenden Vertrag nur durch eine Kündigung für die Zukunft beenden. Franz Huber muss innerhalb von drei Wochen nach dem behaupteten Fristende, dem 31.12.2016, Klage beim Arbeitsgericht auf Feststellung erheben, dass das Arbeitsverhältnis aufgrund der Befristung nicht beendet ist.

Für welche Zeitverträge gilt das Teilzeit- und Befristungsgesetz?

Aufgrund des Teilzeit- und Befristungsgesetzes können auch ohne sachlichen Grund bis zu vier befristete Verträge bis zur Dauer von insgesamt zwei Jahren abgeschlossen werden.

Mit Arbeitnehmern, die mindestens 52 Jahre alt sind, kann der Arbeitgeber bis zur Gesamtdauer von 5 Jahren und ohne dass ein sachlicher Grund vorzuliegen braucht, einen Zeitvertrag abschließen, wenn der Arbeitnehmer vor Beginn des befristeten Arbeitsverhältnisses beschäftigungslos gewesen ist.

Gehen für Arbeitnehmer günstigere Tarifverträge dem Teilzeit- und Befristungsgesetz vor?

Dem Teilzeit- und Befristungsgesetz gehen übrigens Tarifverträge, die den Abschluss von Zeitverträgen nur eingeschränkt zulassen, vor.

So beschränken verschiedene Manteltarifverträge der Metallindustrie die Möglichkeit, Zeitverträge abzuschließen, auf besondere Ausnahmefälle und auf die Dauer von drei bzw. sechs Monaten.

Welche Rechte kann der Arbeitnehmer geltend machen, wenn die Befristung unwirksam ist?

Wenn der Arbeitgeber den Arbeitnehmer nach Ablauf der unwirksamen Befristung nicht weiterbeschäftigt, kann der Arbeitnehmer Weiterbeschäftigung und Weiterzahlung des Lohnes verlangen. Beharrt der Arbeitgeber auf seinem Standpunkt, der befristete Vertrag sei aus- und abgelaufen, so muss innerhalb von drei Wochen nach Ablauf des Zeitvertrages der Arbeitnehmer vor dem Arbeitsgericht auf Feststellung klagen, dass ein unbefristetes Arbeitsverhältnis besteht. Ferner kann er auch auf Weiterbeschäftigung und Zahlung des jeweils fälligen Lohnes klagen.

Weiterbeschäftigung nach drei befristeten Arbeitsverträgen. Die Firma Nadler schließt allgemein mit den Textilarbeiterinnen befristete Verträge ab. So hat auch Frau Kluge Anfang 2016 ihren dritten befristeten Vertrag für ein drittes Jahr abgeschlossen. Anfang 2017 verlangt sie vergeblich Weiterbeschäftigung. – Was kann sie tun?

Sie geht noch bis spätestens 21. Januar 2017 zum Arbeitsgericht und erhebt Klage mit folgenden Anträgen:

- Es wird festgestellt, dass das Arbeitsverhältnis über den 31.12. 2016 hinaus fortbesteht.
- Die Beklagte wird verurteilt, die Klägerin über den 31.12.2016 hinaus weiter zu beschäftigen.

Mit diesen Anträgen wird Frau Kluge Erfolg haben, wenn die Firma Nadler nicht darlegen kann, dass ein sachlicher Grund für die Befristung vorlag. Nachdem die Firma Nadler generell befristete Verträge abschließt, ist kaum damit zu rechnen, dass sie entsprechende Gründe im Gerichtsverfahren vorbringen kann.

7. Beendigung des Arbeitsverhältnisses durch Aufhebungsvertrag

Kann ein Aufhebungsvertrag auch mündlich geschlossen werden?

Arbeitgeber und Arbeitnehmer können das Arbeitsverhältnis jederzeit auch einvernehmlich durch Vertrag aufheben und beenden. Das geschieht in der Praxis sehr häufig.

Nicht selten wird eine vom Arbeitgeber veranlasste Beendigung auf Wunsch des Mitarbeiters in die Form eines Aufhebungsvertrages gekleidet, damit er sich bei möglichen Bewerbungen als „ungekündigt" bezeichnen kann. Einen solchen Vertrag können die Beteiligten nur schriftlich wirksam schließen. Für solche Verträge entfallen die Vorschriften des Kündigungsschutzgesetzes und das Mitwirkungsrecht des Betriebsrats.

Auch besonders geschützte Arbeitnehmer wie Schwangere, Schwerbehinderte, Betriebs- und Personalratsmitglieder können einen solchen Vertrag schließen, ohne dass dazu eine besondere behördliche Genehmigung oder die Mitwirkung des Betriebsrats erforderlich ist. Voraussetzung ist jedoch, dass der betroffene Mitarbeiter sich unmissverständlich mit der Beendigung des Arbeitsverhältnisses einverstanden erklärt hat.

Kann ein Aufhebungsvertrag rückgängig gemacht werden?

Vor übereilten Aufhebungsverträgen muss jedoch gewarnt werden: Sie sind – anders als etwa ein Abzahlungskauf – unwiderruflich.

Wenn der Arbeitgeber den Mitarbeiter mit dem Vorschlag, den Vertrag kurzfristig einvernehmlich zu beenden, überrascht, sollte er sich, wenn er sich nicht ganz sicher ist, für seine Entscheidung Bedenkzeit ausbitten. Er sollte sich zuvor – etwa durch Rückfrage beim Arbeitsamt – vergewissern, dass er nicht etwa ohne Not seinen Anspruch auf Arbeitslosengeld vorübergehend aufgibt. Bedenken Sie, dass sowohl eine einvernehmliche Auflösung des Arbeitsverhältnisses (Aufhebungsvertrag) wie auch eine Arbeitnehmerkündigung zur Folge haben können, dass Sie Ansprüche auf Arbeitslosengeld verlieren. Unter Umständen sollte man die Sache überschlafen und in Ruhe mit einer Person seines Vertrauens besprechen. Es kann auch sinnvoll sein, dass der Arbeitnehmer zu dem Gespräch mit dem Arbeitgeber eine weitere Person, etwa ein Mitglied des Betriebsrats, hinzuzieht.

Wenn der Arbeitgeber ein wirklich angemessenes Angebot machen will, wird er in der Regel keinen Grund sehen, diesen Vorschlag des Arbeitnehmers abzulehnen.

16. Kapitel

Zeugnis und Arbeitspapiere, Ausgleichsquittung

1. Das Zeugnis

Nach § 109 Abs. 1 GewO hat der Arbeiternehmer bei Beendigung eines Arbeitsverhältnisses Anspruch auf ein schriftliches Zeugnis. Das Zeugnis muss mindestens Angaben zu Art und Dauer der Tätigkeit (einfaches Zeugnis) enthalten. Der Arbeitnehmer kann verlangen, dass sich die Angaben darüber hinaus auf Leistung und Verhalten im Arbeitsverhältnis (qualifiziertes Zeugnis) erstrecken.

Was muss ein „einfaches", was ein „qualifiziertes" Zeugnis enthalten?

Ein einfaches Zeugnis enthält die Dauer der Beschäftigung und eine Beschreibung der ausgeübten Tätigkeit. Beispiel für ein einfaches Zeugnis:

> **Einfaches Zeugnis.** Frau Helene Markmann war in der Zeit vom 1. April 2012 bis 30. September 2016 bei uns als Buchhalterin in der Debitorenbuchhaltung beschäftigt.

Das einfache Zeugnis darf keine Bewertung von Leistung und Führung enthalten, auch nicht „verpackt“ in die Tätigkeitsbeschreibung.

Ein qualifiziertes Zeugnis enthält zunächst wie das einfache Zeugnis eine Tätigkeitsbeschreibung. Darüber ist eine Beurteilung von Führung und Leistung erforderlich.

Im Zeugnis der Frau Markmann könnte es dann **beispielsweise** weiter heißen:

Qualifiziertes Zeugnis. Sie erledigte alle ihr übertragenen Aufgaben zu unserer vollsten Zufriedenheit.
Bei ihren Kolleginnen und Kollegen war sie wegen ihrer Hilfsbereitschaft und wegen ihres freundlichen Wesens sehr geschätzt. Ihr Verhalten gegenüber den Vorgesetzten war stets einwandfrei.

Welchen Inhalt muss ein vollständiges „qualifiziertes" Zeugnis haben?

- Vor- und Zuname des Arbeitnehmers, Geburtsdatum, Geburtsort, Daten des Beginns und des Endes des Arbeitsverhältnisses, Berufsbezeichnung oder Bezeichnung der betrieblichen Funktion. Diese Angaben sind meist in einem Einleitungssatz zusammengefasst, der den Arbeitnehmer „vorstellt".
- Genaue und vollständige Tätigkeitsbeschreibung einschließlich der beruflichen Veränderung und Entwicklung im Betrieb.
- Eine Bewertung der Leistung und der Führung des Arbeitnehmers, wobei unter letzterer das Sozialverhalten des Arbeitnehmers im Betrieb zu verstehen ist.
- Einen Schlusssatz, der einen Hinweis auf die Form des Ausscheidens und – soweit für den Arbeitnehmer positiv – den Grund des Ausscheidens enthält.

Notwendige Elemente eines Zeugnisses.

„Zeugnis

Frau Helene Markmann, geboren am 24. Juni 1962 in Kassel, war vom 1. April 2012 bis 30. September 2016 bei uns als Buchhalterin in der Debitorenbuchhaltung beschäftigt.
Sie erledigte alle ihr übertragenen Aufgaben zu unserer vollsten Zufriedenheit.
Bei ihren Kolleginnen und Kollegen war sie wegen ihrer Hilfsbereitschaft und ihres freundlichen Wesens geschätzt. Ihr Verhalten gegenüber Vorgesetzten war stets einwandfrei.
Frau Markmann verlässt uns auf eigenen Wunsch."

Kann ein Arbeitnehmer verlangen, dass das Zeugnis einen Schlusssatz enthält, der den Dank des Arbeitgebers für die (gute) Zusammenarbeit oder Arbeitsleistung zum Ausdruck bringt?

Solche Formulierungen sind in Zeugnissen durchaus üblich. Die Arbeitnehmer empfinden das Fehlen oft als eine Abwertung des Zeugnisses. Das Bundesarbeitsgericht hat gleichwohl einen entsprechenden Anspruch abgelehnt. Es handele sich um Aussagen über persönliche Empfindungen des Arbeitgebers, die nicht zum notwendigen Inhalt eines Arbeitszeugnisses gehörten. Daraus folgt auch, dass der Arbeitnehmer keinen Anspruch auf Ergänzung oder Umformulierung der Schlussformel hat. Ist der Arbeitnehmer mit einer vom Arbeitgeber in das Zeugnis aufgenommenen Schlussformel nicht einverstanden, hat er Anspruch auf die Erteilung eines Zeugnisses ohne Schlussformel.

Auf welche Formalien muss ich bei einem Zeugnis achten?

- Das Zeugnis muss auf dem Briefbogen des Unternehmens geschrieben sein. Die Erteilung des Zeugnisses in elektronischer Form ist ausgeschlossen (§ 109 Abs. 3 GewO).
- Das Zeugnis muss sauber und fehlerfrei geschrieben sein.
- Im Zeugnis müssen Ausstellungsort und -datum angegeben sein.
- Das Zeugnis muss die Unterschrift des Arbeitgebers oder einer hierfür vom Arbeitgeber beauftragten Person tragen.

Wann kann ich die Ausstellung eines Zeugnisses verlangen?

Es ist zwischen einem Endzeugnis und einem Zwischenzeugnis zu unterscheiden.

Ein Endzeugnis muss der Arbeitgeber auf Verlangen des Arbeitnehmers bei Beendigung des Arbeitsverhältnisses ausstellen. Dabei kommt es auf die tatsächliche Beendigung an.

Spricht der Arbeitgeber eine Kündigung aus und beschäftigt er den Arbeitnehmer deshalb nach Ablauf der Kündigungsfrist nicht weiter, kann der Arbeitnehmer ein Endzeugnis auch dann verlangen, wenn er gegen die Kündigung Kündigungsschutzklage erhoben hat.

Stellt sich später die Unwirksamkeit der Kündigung heraus, muss der Arbeitnehmer das Zeugnis zurückgeben. Wurde im Verfahren durch das Gericht oder durch einen Vergleich ein späterer Beendigungszeitpunkt festgelegt, erhält der Arbeitnehmer gegen Rückgabe des erteilten Endzeugnisses ein auf das neue Beendigungsdatum berichtigtes Endzeugnis.

In einem ungekündigten Arbeitsverhältnis hat der Arbeitnehmer nur bei einem berechtigten Interesse Anspruch auf ein Zeugnis (Zwischenzeugnis).

Als berechtigtes Interesse werden drei Fälle anerkannt:

- Der Arbeitnehmer will sich bewerben.
- Der Arbeitnehmer benötigt das Zwischenzeugnis für die Teilnahme an einer Fortbildungsmaßnahme.
- Dem Arbeitnehmer wird eine gänzlich andere Arbeitsaufgabe übertragen, oder die für die Beurteilung zuständige Person wechselt.

Kann sich mein Arbeitgeber mit einer globalen Beschreibung meiner Tätigkeit im Zeugnis begnügen?

Die Tätigkeitsbeschreibung muss vollständig, genau und so ausführlich sein, dass sich ein unbeteiligter, aber fachkundiger „Dritter", insbesondere ein zukünftiger Arbeitgeber, ein zutreffendes klares Bild von der Gesamttätigkeit des Arbeitnehmers machen kann.

Unzureichende Tätigkeitsbeschreibung. Herr Bernhard Heinemann war in der Zeit vom 1.9.2013 bis 15.9.2016 bei der Firma E. Raubach im Lager beschäftigt. Die Firma E. Raubach vertreibt wissenschaftliche Messgeräte. Herr Heinemann war im Lager allein und erledigte dort völlig selbständig alle anfallenden Arbeiten. Er gab die Bestellungen auf und war für den Versand der Ware zuständig. Nach seinem Ausscheiden erhielt er folgendes Zeugnis:

„Zeugnis

Herr Bernhard Heinemann, geboren am 10.6.1981, trat am 1.9.2013 als Lagerarbeiter in unsere Firma ein. Aufgrund seiner Ausbildung als Chemie-Facharbeiter war ihm der Umgang mit Messgeräten nicht fremd. In kurzer Zeit hat er sich eingearbeitet und auch die Reparatur von Pipetten und die Überprüfung von Photometern durchgeführt. Mit seinen Leistungen waren wir sehr zufrieden. Das Arbeitsverhältnis endete mit dem 15.9.2016.

Freiburg, den 20.9.2016

gez. Raubach"

Ist die Tätigkeit des Herrn Heinemann in diesem Zeugnis richtig beschrieben?

Nein. Mit der Bezeichnung Lagerarbeiter wird beim Leser der Eindruck erweckt, Herr Heinemann habe nur die manuellen Tätigkeiten im Lager ausgeübt.

In Wirklichkeit hat Herr Heinemann aber das Lager geführt. Dies hätte im Zeugnis zum Ausdruck gebracht werden müssen. Da die Darstellung der selbständigen Tätigkeit des Herrn Heinemann im Lager fehlt, könnte man meinen, die Reparatur der Pipetten und die Überprüfung von Photometern sei das eigentlich Erwähnenswerte an der Lagertätigkeit des Herrn Heinemann. Damit wird der Leser in die Irre geführt.

Hat ein Arbeitnehmer im Laufe seines Arbeitsverhältnisses mehrere unterschiedliche Tätigkeiten ausgeübt, müssen diese – und nicht nur die zuletzt ausgeübte Tätigkeit – erwähnt werden.

Verschiedene Tätigkeiten während eines Arbeitsverhältnisses. „Frau Ursula Riedmeier, geboren am 12. September 1987, trat bei uns am 2. August 2010 als Sekretärin ein.
Sie war zunächst in der Kraftfahrt-Abteilung unserer Generaldirektion tätig. Sie übte dort alle anfallenden Sekretariatsaufgaben aus wie:

- Schreibarbeiten (deutsch und englisch),
- Telefondienst/Besucherempfang,
- Ablage,
- Erstellung von Reisekostenabrechnungen.

Zur Erweiterung ihrer Kenntnisse ließ sich Frau Riedmeier im Rahmen einer innerbetrieblichen Stellenausschreibung am 1. Juni 2011 in die Abteilung Vertrieb-Industrie versetzen, wo sie zusätzlich mit folgenden Aufgaben betraut wurde.

- Kundenberatung
- Bearbeitung von Reklamationen"

Gibt es gesetzliche Vorgaben für die Formulierung eines Zeugnisses?

- § 109 Abs. 2 GewO besagt, dass das Zeugnis klar und verständlich formuliert sein muss und es keine Merkmale oder Formulierungen enthalten darf, die den Zweck haben, eine andere als aus der äußeren Form oder aus dem Wortlaut ersichtliche Aussage über den Arbeitnehmer zu treffen. Ein Smiley in der Unterschrift mit heruntergezogenen Mundwinkeln muss der Arbeitnehmer nicht hinnehmen. Es entwertet positive oder neutrale Aussagen im Text und verstärkt negative Aussagen.
- Selbstverständlich sind damit auch echte Codes, also Wörter, Satzstellungen und Hinweiszeichen, deren Bedeutung für die Bewertung von Leistung und Sozialverhalten des Arbeitnehmers sich nur dem erschließen, der eingeweiht ist, verboten.

Gibt es Zeugnisformulierungen, die allgemein als Benotung innerhalb einer Notenskala angesehen werden?

Bei bestimmten Formulierungen besteht im Arbeitsleben weitgehend Übereinstimmung, dass sie einer Note innerhalb einer Notenskala zugeordnet werden können. Nachfolgend ein Beispiel mit einer Einteilung von 1 (beste Note) bis 6 (schlechteste Note). Es kann natürlich auch eine andere Notenskala verwendet werden, entscheidend ist nur die gleiche Wertungsreihenfolge.

Bewertung von Zeugnisformulierungen:

Frau/Herr... (Name des Arbeitnehmers) hat	
• die ihr/ihm übertragenen Aufgaben stets zu unserer vollsten Zufriedenheit erledigt	1
• die ihr/ihm übertragenen Aufgaben zu unserer vollsten Zufriedenheit erledigt	1–2
• die ihr/ihm übertragenen Aufgaben stets zu unserer vollen Zufriedenheit erledigt	2
• die ihr/ihm übertragenen Aufgaben zu unserer vollen Zufriedenheit erledigt	3
• die ihr/ihm übertragenen Aufgaben stets zu unserer Zufriedenheit erledigt	3–4
• die ihr/ihm übertragenen Aufgaben zu unserer Zufriedenheit erledigt	4
• sich stets bemüht, die übertragenen Aufgaben zu unserer Zufriedenheit zu erledigen	5
• sich bemüht, die übertragenen Aufgaben zu unserer Zufriedenheit zu erledigen	6

Es gibt aber auch andere Formulierungen mit ähnlicher Aussagekraft. Sie können hier nicht im Einzelnen behandelt werden.

Ist mein Arbeitgeber gezwungen, sich bei der Beurteilung meiner Leistung im Zeugnis an gebräuchliche Formulierungen zu halten?

Der Wortlaut eines Zeugnisses ist Sache des Arbeitgebers. Er muss jedoch beachten, dass mit bestimmten Formulierungen in einem Zeugnis abweichend vom sonstigen Sprachgebrauch negative Bewertungen verbunden sind. Dies gilt insbesondere für Formulierungen, die dem Arbeitnehmer bescheinigen, dass er sich bemüht hat. Nicht nur bei den oben wiedergegebenen Standardbeurteilungen, auch sonst (hat sich bemüht, einen guten Kontakt zu den Kunden herzustellen; hat sich bemüht, die Termine einzuhalten usw.) wird damit im Zeugnis ein schlechtes Leistungsergebnis zum Ausdruck gebracht.

Bedient sich der Arbeitgeber im Zeugnis bei der Gesamtbewertung der Leistung des Arbeitnehmers nicht einer der oben wiedergegebenen oder in der Literatur oder Rechtsprechung als gleichwertig anerkannten Standardformulierungen, muss er besonders sorgfältig darauf achten, dass die tatsächliche Einschätzung des Arbeitnehmers auch unzweideutig zum Ausdruck kommt. Bei sehr guten Leistungen stellt die deutsche Sprache ausreichend Attribute zur Verfügung, um diese Beurteilung auch klar und eindeutig zum Ausdruck zu bringen.

Untypische, aber eindeutig positive Bewertungen. „Herr Knef hat seine Aufgabe als Einkaufsleiter hervorragend erfüllt."
(Oder) „Herr Knef hat durch seine Arbeit unsere allerhöchste Wertschätzung erlangt."

Damit wird für jedermann verständlich eine „Spitzenbewertung" zum Ausdruck gebracht. Abgesehen von solchen eindeutigen Aussagen besteht bei der Verwendung untypischer Formulierungen die Gefahr, dass der Leser sich ein falsches Bild von der Wertschätzung des Arbeitnehmers macht. Es ist daher zu empfehlen, eine unüblich formulierte Gesamtbewertung durch eine detaillierte Bewertung einzelner für die Arbeitserledigung wesentlicher Eigenschaften des Arbeitnehmers zu ergänzen.

Unklare Gesamtbeurteilung.

„Zeugnis

Frau Helma Neder, geb. am 23. Dezember 1964, war in der Zeit vom 1. Januar 2004 bis 30. Juni 2016 als Verkaufsstellenleiterin in unserer Lebensmittelfiliale im Hansa-Einkaufszentrum beschäftigt.
Ihre Aufgabe bestand in der Führung der Filiale einschließlich des Warenlagers.
Dazu gehörte die ansprechende und übersichtliche Anordnung des Warenangebots, die Warendisposition und die Waren- und Kassenabrechnung. Frau Neder war für die Führung und den Einsatz von vier Mitarbeitern zuständig.
Frau Neder hat die ihr übertragenen Aufgaben sehr gut bewältigt. Aufgrund ihrer beachtlichen organisatorischen Fähigkeiten, ihrer überdurchschnittlichen Fachkenntnisse und ihrer Durchsetzungsfähigkeit gegenüber den Mitarbeitern erzielte sie hervorragende Verkaufserfolge.

Ihr Verhalten gegenüber Vorgesetzten und Mitarbeitern war korrekt. Frau Neder verlässt uns auf eigenen Wunsch. Wir wünschen ihr für ihre berufliche Zukunft alles Gute."

Ohne die aussagefähige Detailbeschreibung könnte sich ein Leser nicht sicher sein, dass die Leistung der Frau Neder wirklich „sehr gut" war. Was heißt „bewältigt"? Steckt darin nicht das Element des Bemühens? Durch die weiteren Formulierungen wird klar, dass Frau Neder mit großem Erfolg gearbeitet hat. Ebenso deutlich wird aber, dass es dabei nicht ohne Schwierigkeiten mit dem unterstellten Personal abgegangen ist (Hervorhebung der Durchsetzungsfähigkeit gegenüber den unterstellten Mitarbeitern und neutrale Aussage über das Sozialverhalten).

Was bedeutet der Grundsatz, dass ein Zeugnis wahr und wohlwollend sein muss?

War die Arbeitsleistung eines Arbeitnehmers mit schwerwiegenden Mängeln behaftet, so muss dies auch im Zeugnis zum Ausdruck kommen.

Unwahres Zeugnis. Frau Evi Henslein war in einem Einkaufsmarkt der Firma Super-Spar als Kassiererin beschäftigt. Durch eine Testkäuferin wurde Frau Henslein überführt, dass sie gezielt an Kunden zu wenig Geld herausgab und, wenn sich die Gelegenheit ergab, diese Beträge in die eigene Tasche steckte. Nach einer fristlosen Kündigung und einem Arbeitsgerichtsverfahren, das durch Vergleich endete, verlangt Frau Henslein ein Zeugnis, in dem ihr bestätigt wird, dass sie ihre Tätigkeit als Kassiererin „einwandfrei" ausgeübt hat. – Darf die Firma Super-Spar ein solches Zeugnis ausstellen?

Nein. Auch wenn das Zeugnis der Frau Henslein nicht den bei einer Kassiererin im Zeugnis üblichen Hinweis auf Ehrlichkeit oder Zuverlässigkeit enthält, könnte ein Leser des Zeugnisses annehmen, die Ehrlichkeit sei in der Bewertung „einwandfrei" eingeschlossen. Damit würde er sich von der Arbeit der Frau Henslein als Kassiererin ein falsches Bild machen. Die Würdigung der Leistung und des Verhaltens des Arbeitnehmers muss zwar die eines verständigen und wohlwollenden Arbeitgebers sein. Dies bedeutet aber nicht, dass ungünstige Umstände, Eigenschaften und Verhaltensweisen nicht im Zeugnis ihren Niederschlag finden dürften. Im Gegenteil: Vorrang hat der Grundsatz, dass das Zeugnis dem Leser ein wahrheitsgetreues Bild von der Leistung des Arbeitnehmers vermitteln muss.

Zum Grundsatz der Zeugniswahrheit gehört aber andrerseits auch, dass einzelne Vorfälle, die für sich betrachtet nicht unerheblich, aber für die Leistung und Führung des Arbeitnehmers während der gesamten Zeit seiner Beschäftigung nicht charakteristisch sind, nicht in dic Beurteilung einfließen dürfen.

Fehlen einer Aussauge über das Sozialverhalten. Herr Norbert Langer ist 52 Jahre alt und seit fast 15 Jahren als Sachbearbeiter in der Schadensabteilung der Neu-Ulmer Versicherung AG beschäftigt. Sein Verhalten war immer untadelig. Nachdem ihm ein wesentlich jüngerer Abteilungsleiter vor die Nase gesetzt wird, kommt es zu Spannungen. Schließlich erhält Herr Langer eine Abmahnung wegen unzureichender Leistung. Als ihm diese von seinem Vorgesetzten überreicht wird, beschimpft Herr Langer ihn als „Menschenschinder". Nach einer durch einen Vergleich beendeten arbeitsgerichtlichen Auseinandersetzung erhält Herr Langer ein Zeugnis, in dem jede Aussage zum Verhalten gegenüber Kollegen und Vorgesetzten fehlt. Herr Langer verlangt, dass sein Arbeitgeber folgenden Satz in das Zeugnis aufnimmt: „Herr Langer war bei seinen Kolleginnen und Kollegen wegen seiner freundlichen und hilfsbereiten Art sehr geschätzt. Sein Verhalten gegenüber Vorgesetzten war einwandfrei." – Zu Recht?

Ja. Wenn eine Aussage zum Sozialverhalten des Herrn Langer unterbleibt, wird einem Leser signalisiert, dass dieses nur schlecht gewesen sein kann. Dies ist aber trotz der einmaligen Entgleisung des Herrn Langer gegenüber seinem Vorgesetzten nicht korrekt. Betrachtet man die gesamte Zeit des Arbeitsverhältnisses, gibt nur eine positive Beurteilung ein richtiges Bild des Verhaltens gegenüber Mitarbeitern und Vorgesetzten.

Aus dem gleichen Grund darf der Arbeitgeber auch negative Tatsachen, die für das gesamte Arbeitsverhältnis nicht repräsentativ sind, nicht ins Zeugnis schreiben.

Erwähnung von einzelnen negativen Vorkommnissen. Herr Joseph Lux war bei der Firma Wander, einem kleinen Spielzeughersteller, vom 1. November 2008 bis 30. September 2015 als Werkzeugmacher beschäftigt. Überstunden waren an der Tagesordnung. Im letzten Vierteljahr vor dem Ausscheiden lehnte Herr Lux es in drei Fällen ab, am Samstag zu arbeiten. Nach seinem Ausscheiden erhielt Herr Lux ein Zeugnis, das ihm eine stets zufrieden stellende Leistung bescheinigt. Daran anschließend enthält das Zeugnis folgenden Satz: „In immerhin drei Fällen konnten wir Herrn Lux trotz wichtiger Terminarbeiten leider nicht von der Notwendigkeit der Überstundenleistung überzeugen." – Muss Herr Lux diesen Satz hinnehmen?

Nein. Obwohl die Firma Wander sich darauf berufen kann, dass sie damit doch nur Tatsachen angeführt hat, muss sie den Satz aus dem Zeugnis streichen. Die Erwähnung dieser Vorfälle bewirkt beim Leser ein vernichtendes Urteil über die Einsatzbereitschaft des Herrn Lux. Der Leser weiß weder etwas von der bei der Firma Wander ansonsten geforderten Arbeitsleistung noch etwas von den Umständen, die Herrn Lux möglicherweise bewogen haben, an drei Samstagen nicht zu arbeiten. Die Firma Wander wird sich daher darauf beschränken müssen, die Einsatzbereitschaft in der in Zeugnissen üblichen und allgemeinen Weise zu charakterisieren, also sie entweder nicht zu erwähnen oder mehr oder weniger stark hervorzuheben. Es kann durchaus sein, dass bei verständiger Würdigung der während der gesamten Dauer des Arbeitsverhältnisses erbrachten Arbeitsleistung die Einsatzbereitschaft des Herrn Lux trotz der dreimaligen Nichtleistung von Samstagsarbeit hervorgehoben werden muss.

Auch wenn sie wahr sind, darf der Arbeitgeber Tatsachen und Beurteilungen nur insoweit in ein Zeugnis aufnehmen, als ein künftiger Arbeitgeber hieran ein berechtigtes und verständliches Interesse haben kann. Nicht in ein Zeugnis gehören daher persönliche Eigenschaften und private Vorgänge, soweit sie nicht das betriebliche Verhalten wesentlich beeinflussen.

Erwähnung persönlicher Eigenheiten:

„Zeugnis

Fräulein Schmeil war vom 1. Januar bis 31. Dezember 2015 in meiner Praxis als Zahnarzthelferin beschäftigt.
Fräulein Schmeils Leistungen bei der Assistenz am Stuhl waren stets tadellos. Für die Lehrlingsausbildung sowie für Abrechnungsarbeiten war sie nicht zu gewinnen. Fräulein Schmeil zeigte sich bei ihrer Arbeit von chronisch guter Laune und gewann mit den Patienten schnell guten Kontakt. Hierbei kamen ihr das freundliche Wesen und der Hang zu modischer Bekleidung zugute.
Fräulein Schmeil verlässt meine Praxis auf eigenen Wunsch, um mit ihrem Freund nach Hamburg umzuziehen.

Vaterhausen, den 3.2.2016

Dr. Hans Grein
Zahnarzt"

Dieses Zeugnis verdient eher die Bezeichnung „Charakterbild". Wir erfahren, dass Fräulein Schmeil „chronisch guter Laune" war, dass sie mit Patienten Kontakte knüpfte und dass sie modische Bekleidung bevorzugte. Diese Beobachtungen mögen für einen Mann, der Fräulein Schmeil gerne persönlich kennen lernen will, interessant sein. In einem Zeugnis haben sie nichts zu suchen. Herr Dr. Grein bringt damit Fräulein Schmeil in die Situation, durch Vorlage des Zeugnisses bei einer Bewerbung Dinge offenbaren zu müssen, die den neuen Arbeitgeber nichts angehen. Das Gleiche gilt auch für den Hinweis im Schlusssatz, dass Fräulein Schmeil „mit ihrem Freund" nach Hamburg umzieht.

Anders als in den meisten Zeugnissen hat Herr Dr. Grein die Aufgabenerledigung durch Fräulein Schmeil (zweiter Absatz) im Klartext beschrieben: Ihre Assistenz am Stuhl war tadellos, sonst hat sie nichts gemacht. Selbst wenn diese Aussage richtig ist, stellt sich die Frage, ob dies Herr Dr. Grein nicht etwas weniger krass zum Ausdruck hätte bringen können. Der Grundsatz, dass ein wohlwollendes Zeugnis ausgestellt werden muss, bedeutet auch, dass eine „milde" Ausdrucksweise zu wählen ist, wenn dies ohne Minderung des

Wahrheitsgehalts möglich ist. Das wird aber bei diesem Sachverhalt nicht ganz einfach sein. Das Beispiel zeigt deutlich das Spannungsverhältnis zwischen Wahrheit und Wohlwollen, das unter Umständen bei der Erstellung eines Zeugnisses auftreten kann.

Müssen in einem Zeugnis besondere Eigenschaften und Fähigkeiten hervorgehoben werden?

Werden in einem Zeugnis Eigenschaften oder Fähigkeiten nicht erwähnt, die für die Aufgabenerledigung wesentlich sind, wird damit dem Leser bedeutet, dass diese Eigenschaften und Fähigkeiten nicht vorhanden sind.

Ein bekanntes Beispiel ist das Fehlen eines Hinweises auf die Ehrlichkeit oder Vertrauenswürdigkeit einer Kassiererin. Das bedeutet, ohne es direkt auszudrücken, dass ihre Arbeit an der Kasse nicht korrekt war.

Aber auch sonst kann ein Zeugnis durch das Fehlen wesentlicher Eigenschaften entwertet sein.

Kurz ist nicht immer gut:

„Zeugnis

Herr Walter Mewitz, geb. am 23. 9. 1976, trat am 1. Juli 1998 in unser Unternehmen ein.
Bis 30.6.2011 war er als Arbeitsvorbereiter und Fertigungstechniker eingesetzt. Ab dem 1.7.2011 wurde er in die neu zu besetzende Stelle eines Einkaufsleiters berufen.
Alle ihm obliegenden Aufgaben erledigte Herr Mewitz stets zu unserer vollen Zufriedenheit.
Gegenüber den Mitarbeiterinnen und Mitarbeitern, aber auch gegenüber Vorgesetzten verhielt er sich jederzeit zuvorkommend und korrekt.
Das Arbeitsverhältnis endete im beiderseitigen Einvernehmen zum 31.3.2017."

Das Zeugnis enthält eigentlich eine gute „Gesamtnote". Gleichwohl wird ein Leser fragen: Warum hat sich der Arbeitgeber bei der Beschreibung der Fähigkeiten des Herrn Mewitz nach einer solch langen Betriebszugehörigkeit nicht mehr Mühe gemacht? Aussagen über Fachkenntnisse, Einsatzbereitschaft, Kundenkontakt und Erfolg der Tätigkeit fehlen, obwohl ihre Erwähnung im Zeugnis für einen Einkaufsleiter sicherlich erwartet werden kann. Auch wenn es das Zeugnis nicht direkt sagt, irgendetwas hat mit dem Arbeitsverhältnis nicht gestimmt. Dieser Eindruck wird durch das Ausscheiden im „gegenseitigen Einvernehmen" verstärkt.

Gibt es Formulierungen im Zeugnis, die zwar positiv erscheinen, in Wahrheit aber eine negative Aussage enthalten?

Wie schon erwähnt, sind echte Codes verboten. Teilweise im Bemühen, das Zeugnis wohlwollend zu formulieren, teilweise aber auch zur Vermeidung unangenehmer Zeugnisprozesse werden negative Bewertungen in Zeugnissen möglichst in scheinbar neutrale oder gar freundlich klingende Formulierungen „verpackt". Soweit diese von einem erfahrenen (oder auch nur skeptischen) Zeugnisleser ohne Schwierigkeiten in ihrer Bedeutung verstanden werden, können sie verwendet werden. Hierzu gehört insbesondere die Hervorhebung oder Betonung bestimmter Eigenschaften und Fähigkeiten. Geschickt eingesetzt, kann damit zum Ausdruck gebracht werden, dass der Arbeitnehmer sich unangebracht hervorgetan hat oder andere wichtigere Eigenschaften oder Fähigkeiten nicht aufweist.

Verwendung zweifelhafter Formulierungen:
„Zeugnis

Herr Dr. med. Hans-Jörg Köster, geboren am 18. August 1977 in Berlin, trat am 1. Januar 2008 in die Firma Süd-Pharma GmbH als Referatsleiter Virologie ein.

Ihm waren folgende Aufgaben übertragen:

...

...

Die genannten Aufgabengebiete hat Herr Dr. Köster voll beherrscht. Er baute persönlich gute Kontakte zu führenden Virologen und anderen Wissenschaftlern auf. Herr Dr. Köster zeichnete sich durch ein bis ins Detail gehendes wissenschaftliches Interesse aus. Besonders erwähnt werden soll, dass sich Herr Dr. Köster vor allem anderen von seinem ärztlichen Ethos leiten ließ.

Herr Dr. Köster wurde von seinen Mitarbeitern aufgrund seines Grundverständnisses geschätzt. Im Rahmen seines durch Kollegialität geprägten Führungsstils hatte er stets volles Verständnis für die persönlichen und privaten Probleme.
Herr Dr. Köster hat seinen Arbeitsvertrag zum 30. September 2015 fristgemäß gekündigt.

Für seinen weiteren Berufsweg wünschen wir Herrn Dr. Köster alles Gute.

Iserlohn, den 30. September 2015

Fa. Süd-Pharma GmbH
ppa. Kellner"

Hier hat sich der Arbeitgeber schon bei der Gesamtbeurteilung ungewöhnlich ausgedrückt. Welche Bewertung sich hinter der Aussage, Herr Dr. Köster habe seine Aufgabengebiete „voll beherrscht", steht, ist zumindest unklar. Anders aber als in dem Beispiel der Frau Neder wird die Leistung nicht durch unbestreitbar positive Aussagen über einzelne Eigenschaften ins rechte Licht gerückt, sondern durch eine Fülle von höchst zweifelhaften Formulierungen weiter entwertet.

Die Formulierung, Herr Dr. Köster habe „persönlich" gute Kontakte zu Virologen etc. hergestellt, legt den Schluss nahe, dass er diese Verbindungen nur zu seinem Vorteil, nicht aber zum Nutzen der Firma Süd-Pharma GmbH geknüpft hat.

Die Hervorhebung des ärztlichen Ethos als Handlungsmaxime lässt vermuten, dass Herr Dr. Köster die ökonomischen Interessen des Unternehmens in seine Überlegungen nicht einbezog.

Da Herr Dr. Köster nur wegen seines „Grundverständnisses" von den Mitarbeitern geschätzt wurde, war sein aktives Sozialverhalten im Betrieb unterentwickelt.

Sein Führungsstil sei von Kollegialität „geprägt" gewesen: Da jeder Hinweis auf Durchsetzungsvermögen fehlt, kann damit nur Schwäche gemeint sein.

Der Arbeitgeber bescheinigt Herrn Dr. Köster außerdem „volles Verständnis für die persönlichen und privaten Probleme" der Mitarbeiter. Für das Verhalten im zwischenmenschlichen Bereich ist dies sicher ein Lob, für das Führungsverhalten eines betrieblichen Vorgesetzten aber eine vernichtende Kritik. Zumindest wird damit dem Leser bedeutet, dass Herr Dr. Köster die persönlichen und privaten Belange der Mitarbeiter bei seinen Entscheidungen stärker berücksichtigt hat als die betrieblichen Notwendigkeiten.

Hervorhebungen sind nicht immer positiv:

„Zeugnis

Frau Elvira Reinecke, geb. am 21. April 1980 in Hamburg, trat am 5. September 2012 bei uns als Sekretärin ein.

Zu ihren Aufgaben gehörten alle anfallenden Sekretariatsaufgaben wie:

...

...

Frau Reinecke erledigte die ihr übertragenen Aufgaben zu unserer vollen Zufriedenheit. Ihre Einsatzbereitschaft war lobenswert und zeigte sich ganz besonders dann, wenn sie anspruchsvolle und vielschichtige Tätigkeiten wahrzunehmen hatte.

Hanau, den 22.3.2016
ppa. Heinze"

Hier wird innerhalb einer insgesamt positiven Beurteilung eine besondere Eigenschaft hervorgehoben, die möglicherweise Frau Reinecke schmeichelt, die aber manchen Personalchef davon abhalten wird, Frau Reinecke einzustellen. Aus der Erwähnung der „Steigerung“ der Einsatzbereitschaft bei anspruchsvollen und vielschichtigen Tätigkeiten im Zeugnis muss geschlossen werden, dass die einfacheren Tätigkeiten, die ja ganz wesentlich zum Tätigkeitsbild einer Sekretärin gehören, nicht die gleiche Gegenliebe bei Frau Reinecke fanden.

Was kann ich tun, wenn mir der Arbeitgeber die Ausstellung eines Zeugnisses verweigert oder mir ein unrichtiges bzw. unvollständiges Zeugnis erteilt?

Ein qualifiziertes Zeugnis muss Ihnen der Arbeitgeber nur ausstellen, wenn Sie es verlangen. Haben Sie allerdings ein qualifiziertes

Zeugnis vergeblich verlangt, können Sie Ihren Anspruch auf ein Zeugnis beim Arbeitsgericht einklagen.

Auch die Berichtigung oder Ergänzung des Zeugnisses kann in einem Verfahren vor dem Arbeitsgericht durchgesetzt werden. In dem gestellten Antrag müssen Sie genau angeben, welche Passagen des Zeugnisses Sie geändert haben wollen und welche Formulierungen an die Stelle der vom Arbeitgeber gewählten treten sollen. Lässt sich eine „punktuelle" Änderung wegen des Gesamtzusammenhangs nicht durchführen, muss Ihr Antrag ein vollständig neu formuliertes Zeugnis enthalten.

Wichtig:

Wenn Sie eine Änderung des Zeugnisses wollen, müssen Sie dies auch alsbald Ihrem Arbeitgeber mitteilen. Der Anspruch auf die Berichtigung eines Zeugnisses kann nämlich nicht mehr durchgesetzt werden, wenn Sie den Arbeitgeber längere Zeit in dem Glauben gelassen haben, es würde mit dem ausgestellten Zeugnis sein Bewenden haben. Haben Sie sechs Monate lang geschwiegen, geht normalerweise nichts mehr.

Kann ich vom Arbeitgeber den Schaden ersetzt verlangen, der mir dadurch entstanden ist, dass das Zeugnis unrichtig war oder verspätet ausgestellt worden ist?

Zeugnisse sind eine wichtige Bewerbungsunterlage. Eine Bewerbung kann scheitern, weil ein Zeugnis nicht vorgelegt werden kann. Ebenso kann eine Bewerbung wegen der schlechten Beurteilung im Zeugnis scheitern. Falls Sie dadurch einen Schaden erleiden, muss Ihnen dieser von Ihrem Arbeitgeber ersetzt werden. Aber: Das gilt natürlich nur, wenn das fehlende oder unrichtige Zeugnis die Ursache für den Misserfolg war. Dabei ist es nicht so, dass das Gericht aufgrund der Lebenserfahrung diesen Zusammenhang annimmt; vielmehr müssen Sie beweisen, dass die Bewerbung an der Nichtvorlage des Zeugnisses oder der unrichtigen Beurteilung gescheitert ist.

2. Die Arbeitsbescheinigung

Wozu benötige ich eine Arbeitsbescheinigung?

Die Arbeitsbescheinigung muss zur Entscheidung über Ihren Antrag auf Arbeitslosengeld beim der Agentur für Arbeit vorliegen. Verzögerungen bei der Vorlage der Arbeitsbescheinigung führen daher auch zu einer verzögerten Auszahlung des Arbeitslosengeldes.

Wann muss mir mein Arbeitgeber eine Arbeitsbescheinigung ausstellen?

Die Arbeitsbescheinigung ist „bei Beendigung" eines Beschäftigungsverhältnisses vom Arbeitgeber zu erstellen und dem Arbeitnehmer auszuhändigen. Dies bedeutet, dass immer dann, wenn ein Arbeitnehmer nicht mehr beschäftigt und nicht mehr bezahlt wird, vom Arbeitgeber eine Arbeitsbescheinigung ausgestellt werden muss. Ob die Beendigung des Arbeitsverhältnisses rechtswirksam erfolgt ist, ist dagegen ohne Belang. Ein Arbeitgeber kann auch nicht unter Hinweis auf einen noch nicht abgeschlossenen Kündigungsschutzprozess die Ausstellung der Arbeitsbescheinigung verweigern.

Welche Angaben muss der Arbeitgeber in der Arbeitsbescheinigung machen, und welche Bedeutung haben diese Angaben für mich?

In der Arbeitsbescheinigung muss der Arbeitgeber Art und Dauer der Beschäftigung und die Höhe des Verdienstes angeben.

Diese Umstände sind für die Bezugsdauer des Arbeitslosengeldes und die Höhe des Arbeitslosengeldes maßgeblich. Sie müssen sie daher in jedem Fall überprüfen.

Der Arbeitgeber muss weiter angeben, wie das Arbeitsverhältnis beendet wurde (Kündigung des Arbeitgebers, Kündigung des Arbeitnehmers, Auflösungsvertrag, Befristung), und im Fall einer Arbeitgeberkündigung, ob ein vertragswidriges Verhalten des Arbeitnehmers die Kündigung veranlasst hat.

Diese Angaben sollen es der Agentur für Arbeit ermöglichen zu prüfen, ob eine Sperrfrist zu verhängen ist. Eine Sperrfrist bedeutet, dass Sie für zwölf Wochen nach der Beendigung des Arbeitsverhältnisses kein Arbeitslosengeld erhalten. Die Bezugsdauer des anschließend zu zahlenden Arbeitslosengeldes ist ebenfalls kürzer als sie ohne die Sperrfrist gewesen wäre, und zwar um mindestens ein Viertel.

a) Exkurs zur Sperrfrist

Das Arbeitsamt verhängt eine Sperrfrist, wenn der Arbeitslose durch ein arbeitsvertragswidriges Verhalten Anlass für eine Beendigung des Arbeitsverhältnisses gegeben oder das Arbeitsverhältnis selbst gelöst hat, ohne dafür einen wichtigen Grund zu haben. Er muss dadurch vorsätzlich oder grob fahrlässig seine Arbeitslosigkeit herbeigeführt haben.

Sperrfrist bei ordentlicher Kündigung des Arbeitgebers. Wolfgang Feldmann hat trotz einer berechtigten Abmahnung wegen unentschuldigten Fernbleibens von der Arbeit erneut „blaugemacht" und wird deshalb ordentlich und fristgemäß gekündigt. – Muss er mit einer Sperrfrist rechnen?

Der Arbeitgeber hat zwar nicht außerordentlich und fristlos gekündigt. Gleichwohl sind die Voraussetzungen einer Sperrfrist gegeben, da Herr Feldmann die Kündigung verschuldet hat.

Sperrfrist bei Eigenkündigung des Arbeitnehmers. Frau Heim kündigt selbst, da ihr der Arbeitgeber trotz wiederholter Aufforderungen schon für drei Monate keinen Lohn bezahlt hat. Wird das Arbeitsamt eine Sperrfrist verhängen?

Angesichts der bestehenden Massenarbeitslosigkeit handelt normalerweise ein Arbeitnehmer zumindest grob fahrlässig, wenn er ohne die sichere Aussicht auf einen neuen Arbeitsplatz seinen bisherigen aufgibt. Eine andere Beurteilung ist aber angebracht, wenn der Arbeitnehmer einen wichtigen Grund für die Beendigung des Arbeitsverhältnisses hat. Dies ist bei Frau Heim der Fall. Da der Arbeitgeber den Lohn nicht zahlt, ist ihr die Fortsetzung des Arbeitsverhältnisses nicht zumutbar. Die Agentur für Arbeit kann keine Sperrfrist verhängen.

Sperrfrist bei schlichter Hinnahme der Kündigung und Abfindung. Herrn Köster wird aus betriebsbedingten Gründen fristgerecht gekündigt. Im Kündigungsschreiben heißt es unter Bezugnahme auf einen Sozialplan: „Für Ihre langjährige Betriebszugehörigkeit zahlen wir Ihnen eine Abfindung von 60.000 Euro, die am Tag des Ausscheidens fällig ist." Die Kündigung wird wirksam, da Herr Köster keine Kündigungsschutzklage erhebt. – Sperrfrist?

Nein. Herr Köster hat in keiner Weise zur Beendigung des Arbeitsverhältnisses aktiv beigetragen. Er hat nur die Kündigung hingenommen. Das aber rechtfertigt keine Sperrfrist. Anders kann es allerdings sein, wenn die Kündigung offensichtlich unwirksam ist, etwa, wenn ein besonderer gesetzlicher oder tariflicher Kündigungsschutz nicht beachtet worden ist. Dann soll eine Sperrfrist gerechtfertigt sein, wenn der Arbeitnehmer die Kündigung im Hinblick auf eine zugesagte finanzielle Vergünstigung hinnimmt.

Sperrfrist bei Auflösungsvertrag mit Abfindung. Herrn Köster wird in der Personalabteilung eröffnet, dass aufgrund einer Rationalisierungsmaßnahme sein Arbeitsplatz wegfalle. Man sei allerdings bereit, ihm eine Abfindung in einer bestimmten Höhe zu zahlen. Herr Köster unterschreibt daraufhin einen Auflösungsvertrag. – Wird die Agentur für Arbeit eine Sperrfrist verhängen?

Das ist der eigentlich kritische Fall. Der Arbeitslose hat durch seine Zustimmung zum Aufhebungsvertrag das Arbeitsverhältnis gelöst. Die drohende betriebsbedingte Kündigung käme allerdings als wichtiger Grund in Betracht. Bei Abfindungen, die sich im Rahmen des § 1 a Abs. 2 KSchG (vgl. hierzu 15. Kapitel, Abschnitt 3, S. 286) halten oder geringfügig darüber liegen, ist in der Regel von einem wichtigen Grund auszugehen. Liegt die Abfindungssumme deutlich über den Grenzen dieser Bestimmung, wird dies von der Agentur für Arbeit als Anhaltspunkt dafür gewertet, dass die Kündigung nicht wirklich gedroht hat, und der Arbeitgeber die Abfindung zahlen musste, um den Arbeitnehmer loszuwerden. Auch wenn eine

Kündigung tatsächlich im Raum stand, fehlt es an einem wichtigen Grund, wenn das Arbeitsverhältnis im Aufhebungsvertrag vorzeitig, also zu einem früheren Zeitpunkt als dies durch die Kündigung rechtlich möglich gewesen wäre, beendet wird. Ebenfalls fehlt es an einem wichtigen Grund, wenn die Kündigung offensichtlich unwirksam gewesen wäre.

b) Exkurs: Ruhen des Arbeitslosengeldes bei Abfindungszahlung

In der Arbeitsbescheinigung muss der Arbeitgeber auch angeben, ob der Arbeitnehmer aus Anlass der Beendigung des Arbeitsverhältnisses eine Abfindung oder sonstige finanzielle Leistung erhält. Die Agentur für Arbeit benötigt diese Angabe, um prüfen zu können, wie lange das Arbeitslosengeld aufgrund der Abfindung ruht. Der wesentliche Punkt ist, dass ein Ruhen des Arbeitslosengeldes im Hinblick auf die Abfindung dann nicht eintritt, wenn bei einer Kündigung die geltende Kündigungsfrist eingehalten worden ist und bei einem Aufhebungsvertrag das Arbeitsverhältnis nicht früher beendet worden ist, als dies durch eine zum Zeitpunkt des Abschlusses des Aufhebungsvertrages ausgesprochene fristgerechte Kündigung geschehen hätte können.

Ruhenszeit bei Einhaltung der Kündigungsfrist. Nach einer vom Arbeitgeber ausgesprochenen fristgerechten Kündigung zum 30.6. eines Jahres soll im Kündigungsschutzprozess ein Vergleich geschlossen werden, der eine Beendigung des Arbeitsverhältnisses aufgrund der Kündigung zum Zeitpunkt des Auslaufens der Kündigungsfrist vorsieht und den Arbeitgeber verpflichtet, eine Abfindung von 5.000 Euro zu zahlen.

Da die Kündigungsfrist eingehalten ist, ruht das Arbeitslosengeld wegen der Abfindung nicht.

Konsequenterweise kann daher auch bei einer vorfristigen Beendigung des Arbeitsverhältnisses das Arbeitslosengeld nicht länger ruhen als bis zu dem Zeitpunkt, zu dem das Arbeitsverhältnis bei Ausspruch einer fristgerechten Kündigung geendet hätte.

Ruhenszeit bei vorfristiger Beendigung des Arbeitsverhältnisses. Wie im obigen Fall, nur, dass im gerichtlichen Vergleich die Beendigung aufgrund der Kündigung auf den 31.5. vorverlegt wird.

Die Kündigungsfrist ist nicht eingehalten. Das Arbeitslosengeld ruht längstens bis 30.6. des Jahres.

Dieses „längstens" muss betont werden, da die Dauer des Ruhens auch von der Höhe der Abfindung abhängt. Das Ruhen soll verhindern, dass der Arbeitslose Arbeitslosengeld für eine Zeit erhält, für die er Arbeitsentgelt bezogen hat. Dabei wird angenommen, dass die Abfindung einen Anteil Arbeitsentgelt enthält und einen Anteil Entschädigung für den Verlust des Arbeitsplatzes. Dementsprechend kann das Arbeitslosengeld nicht länger ruhen als der Entgeltanteil der Abfindung für eine Fortzahlung der Vergütung über den Beendigungstermin des Arbeitsverhältnisses hinaus reichen würde. Der Entgeltanteil ist gesetzlich festgelegt und beträgt maximal 60%, abhängig vom Alter und von der Betriebszugehörigkeit ist er niedriger, unterschreitet aber nicht 25%. Die Einzelheiten ergeben sich aus der nachfolgenden Tabelle:

Betriebszugehörigkeit	Lebensalter am Ende des Arbeitsverhältnisses					
in Jahren	bis 40	ab 40	ab 45	ab 50	ab 55	ab 60
weniger als 5	60%	55%	50%	45%	40%	35%
5 und mehr	55%	50%	45%	40%	35%	30%
10 und mehr	50%	45%	40%	35%	30%	25%
15 und mehr	45%	40%	35%	30%	25%	25%
20 und mehr	40%	35%	30%	25%	25%	25%
25 und mehr	35%	30%	25%	25%	25%	25%
30 und mehr	30%	25%	25%	25%	25%	
35 und mehr	25%	25%	25%	25%		

War der Arbeitnehmer im letzten Beispiel 20 Jahre beschäftigt und 52 Jahre alt (Entgeltanteil 25% von 5.000 = 1.250, –) und verdiente er monatlich 3.500 Euro, ruht sein Arbeitslosengeld nicht bis zum Ablauf der hypothetischen Kündigungsfrist (30.06.), sondern nur bis etwa zum 11.6., da die Fortzahlung der Vergütung im Umfang des Entgeltanteils nur bis dahin gereicht hätte (1.250: 3.500 × 30 = 11,7 Tage).

Was kann ich tun, wenn mein Arbeitgeber seiner Pflicht zur unverzüglichen Ausstellung und Aushändigung der Arbeitsbescheinigung nicht nachkommt?

Die Ausstellung der Arbeitsbescheinigung ist in erster Linie eine Verpflichtung des Arbeitgebers gegenüber der Agentur für Arbeit. Diese muss daher den Arbeitgeber zur Erfüllung seiner Verpflichtung anhalten. Ein Arbeitgeber, der vorsätzlich oder fahrlässig eine Arbeitsbescheinigung nicht, nicht richtig, nicht vollständig oder nicht rechtzeitig ausstellt, begeht eine Ordnungswidrigkeit, die mit einer Geldbuße bis zu 2.000 Euro geahndet werden kann. Es ist sicher ein wirksames Mittel, wenn die Agentur für Arbeit unter Androhung eines Ordnungsgeldes den Arbeitgeber zur Ausstellung der Arbeitsbescheinigung auffordert. In der Praxis geschieht dies allerdings selten.

Die Erstellung der Arbeitsbescheinigung und die Aushändigung an den Arbeitnehmer sind Nebenpflichten des Arbeitgebers aus dem Arbeitsverhältnis. Sie können daher auch mit einer arbeitsgerichtlichen Klage durchgesetzt werden. Bei Eilbedürftigkeit besteht die Möglichkeit, eine einstweilige Verfügung auf Ausstellung und Herausgabe der Arbeitsbescheinigung zu beantragen.

Was kann ich tun, wenn die Arbeitsbescheinigung unrichtig ausgefüllt ist?

Der Arbeitnehmer hat gegen den Arbeitgeber keinen Anspruch auf Berichtigung einer unrichtigen Arbeitsbescheinigung. Kommt es aufgrund der unrichtig ausgestellten Arbeitsbescheinigung zu einem für den Arbeitnehmer nachteiligen Bescheid der Agentur für Arbeit, kann er Anfechtungsklage gegen diesen Bescheid beim Sozialgericht erheben.

Dieses Ergebnis ist unbefriedigend. Deshalb werden trotz dieser Rechtslage immer wieder Klagen auf Berichtigung einer Arbeitsbescheinigung auch bei den Arbeitsgerichten erhoben. Die Hoffnung der Betroffenen ist nicht ganz unberechtigt, dass eine Berichtigung der Arbeitsbescheinigung im Rahmen eines arbeitsgerichtlichen Vergleichs erreicht werden kann. Auch ohne Klage ist es empfehlenswert, streitige Fragen aus einer Arbeitsbescheinigung nach Möglichkeit in einem arbeitsgerichtlichen Vergleich zu klären und damit eine Auseinandersetzung mit dem Arbeitsamt überflüssig zu machen.

3. Elektronische Lohnsteuerabzugsmerkmale und Lohnsteuerbescheinigung

Wie kommt der Arbeitgeber zu den für den Lohnsteuerabzug maßgeblichen Daten?

Im Laufe des Jahres 2013 wurde die Lohnsteuerkarte durch ein papierloses elektronisches Verfahren mit dem Namen Elektronische Lohnsteuerabzugsmerkmale (ELStAM) ersetzt. Wie die Lohnsteuerkarte erhält der Arbeitgeber dadurch die für die Besteuerung des Arbeitnehmers wesentlichen Merkmale und die für den Steuerabzug notwendigen Informationen. Bei Beginn des Arbeitsverhältnisses teilt der Arbeitnehmer dem Arbeitgeber seine Steueridentifikationsnummer, die er vom Bundeszentralamt für Steuern (BZSt) schriftlich erhalten hat, sowie das Geburtsdatum mit. Des Weiteren, ob es sich um das Haupt- oder ein Nebenarbeitsverhältnis handelt. Mit diesen Angaben kann der Arbeitgeber die Lohnabzugsmerkmale beim BZSt durch Datenfernübertragung abrufen und in das Lohnkonto übernehmen.

An wen müssen Sie sich wenden, wenn sich Ihre Identitätsdaten ändern?

Namen und Vornamen, Tag und Ort der Geburt, Geschlecht, Wohnungsadresse, Tag des Ein- und evtl. Auszugs sind bei den Meldebehörden gespeichert. Sie werden zwar auch an die BZSt übermittelt, können von dieser aber nicht geändert werden. Ein Änderungsantrag muss daher bei den Meldebehörden gestellt werden. Alle Änderungen in den Melderegistern, die zu den Daten erfolgen, die das BZSt in seiner Datenbank speichern darf, werden dorthin elektronisch übermittelt. Damit wird die Aktualität der Datenbank des BZSt sichergestellt.

An wen müssen Sie sich wenden, wenn sich Ihre Lohnsteuerabzugsmerkmale ändern?

Für die Lohnsteuerabzugsmerkmale (Freibeträge, Kirchenaustritt, Steuerklassen) sind die Finanzämter zuständig. Nur dort können Sie daher eine Änderung dieser Merkmale erreichen.

Wie kann ich mich über die Lohnsteuerabzugsmerkmale bei der BZSt informieren?

Jeder Arbeitnehmer kann seine persönlichen ELStAM auch im ElsterOnline-Portal abfragen. Voraussetzung hierfür ist eine kostenlose Registrierung mit Identifikationsnummer.

Welche Bedeutung hat die Lohnsteuerbescheinigung im Arbeitsverhältnis?

Dem Arbeitnehmer ist ein nach amtlich vorgeschriebenem Muster gefertigter Ausdruck der elektronischen Lohnsteuerbescheinigung, die der Arbeitgeber nach § 41 b EStG an das Finanzamt übermitteln muss, mit Angabe der Identifikationsnummer auszuhändigen oder elektronisch bereitzustellen. Es sind die abgerufenen elektronischen Lohnsteuerabzugsmerkmale zu bescheinigen. Dazu gehören die Angaben über die Dauer der Beschäftigung im abgelaufenen Kalenderjahr, über das bezogene Arbeitsentgelt und über die einbehaltene Lohn- und Kirchensteuer. Der Ausdruck der elektronischen Lohnsteuerbescheinigung dient der Information und Überprüfungsmöglichkeit des Arbeitnehmers. Der Einkommensteuererklärung muss sie nicht mehr beigefügt werden, da das Finanzamt durch die direkte Übermittlung die maßgeblichen Daten zur Verfügung hat.

Was kann ich machen, wenn mir mein Arbeitgeber die Lohnsteuerbescheinigung nicht, nicht vollständig oder unrichtig erteilt?

Erteilt der Arbeitgeber die Lohnsteuerbescheinigung nicht, können Sie beim Finanzamt anregen, dass der Arbeitgeber zur Erteilung der Lohnsteuerbescheinigung angehalten wird.

Sie können auch bei den Arbeitsgerichten auf Erteilung der Lohnsteuerbescheinigung klagen. Fehlt in der Lohnsteuerbescheinigung eine der notwendigen Angaben, also etwa die einbehaltene Lohn- und Kirchensteuer, so können Sie ebenfalls arbeitsgerichtliche Klage mit dem Ziel erheben, dass die Lohnsteuerbescheinigung vollständig ausgefüllt wird.

Geht dagegen der Streit nur um die Richtigkeit der Angaben, sind die Arbeitsgerichte nicht zuständig. In diesem Fall können Sie sich nur an das Finanzamt wenden.

4. Die Urlaubsbescheinigung

Wann muss mir der Arbeitgeber eine Urlaubsbescheinigung ausstellen?

Der Anspruch auf eine Urlaubsbescheinigung besteht bei Beendigung des Arbeitsverhältnisses.

Welchen Inhalt hat die Urlaubsbescheinigung?

Der Arbeitgeber muss Ihnen bescheinigen, wie viele Urlaubstage er Ihnen in Freizeit gewährt und wie viele Urlaubstage er finanziell abgegolten hat.

Wozu nützt mir die Urlaubsbescheinigung?

Nach dem Bundesurlaubsgesetz besteht ein Urlaubsanspruch nicht, soweit dem Arbeitnehmer schon von einem früheren Arbeitgeber Urlaub gewährt worden ist. Der neue Arbeitgeber könnte daher einem Urlaubsbegehren eines Arbeitnehmers einfach entgegenhalten, dass dieser seinen Urlaub schon bei dem früheren Arbeitgeber erhalten hat. Die Urlaubsbescheinigung hilft, einen solchen Streit zu vermeiden.

Was kann ich tun, wenn der Arbeitgeber die Urlaubsbescheinigung nicht oder nicht richtig ausstellt?

Sie können auf Ausstellung und Aushändigung der Urlaubsbescheinigung, aber auch auf Berichtigung vor dem Arbeitsgericht klagen.

5. Ausgleichsquittung

Was ist unter einer Ausgleichsquittung zu verstehen?

Ist das Arbeitsverhältnis beendet, legt der Arbeitgeber dem Arbeitnehmer nicht selten eine so genannte Ausgleichsquittung zur Unterschrift vor. Diese enthält nicht nur, wie Sie vielleicht aufgrund der Bezeichnung annehmen, eine Bestätigung, Arbeitspapiere erhalten zu haben, sondern auch eine mehr oder weniger eindeutige Erklärung, dass Ansprüche aus dem Arbeitsverhältnis nicht mehr bestehen. Wenn Sie eine solche Ausgleichsquittung unterschreiben, kann es sein, dass Sie damit Ansprüche aus dem Arbeitsverhältnis aufgeben. Oft wird eine Ausgleichsquittung unterschrieben, ohne den Text überhaupt zu lesen; man vertraut darauf, dass lediglich der Empfang der Arbeitspapiere quittiert wird. Die Erfahrung zeigt aber auch, dass auch Arbeitnehmer, die die Ausgleichsquittung vor der Unterschrift durchgelesen haben, sich der Tragweite Ihrer Erklärung nicht bewusst waren. Besonders tückisch sind Ausgleichsquittungen, in denen der ausgeschiedene Arbeitnehmer bestätigt, keinerlei Ansprüche aus dem Arbeitsverhältnis und dessen Beendigung mehr zu haben. Damit können Sie sich unter Umständen sogar des Rechts begeben haben, gegen eine vom Arbeitgeber ausgesprochene Kündigung Kündigungsschutzklage zu erheben.

Worauf muss ich achten, wenn ich eine Ausgleichsquittung unterschreibe?

Lesen Sie den Text sorgfältig. Unterschreiben Sie nur, dass Sie die Arbeitspapiere erhalten haben. Sie sind nicht verpflichtet, als Gegenleistung für die Arbeitspapiere auf irgendwelche Ansprüche gegen Ihren Arbeitgeber zu verzichten.

Wie ist meine Rechtsstellung, wenn ich eine Ausgleichsquittung unterschrieben habe?

Die Antwort auf diese Frage ist wichtig, wenn Ihnen Ansprüche zustanden, die Sie möglicherweise durch die Ausgleichsquittung verloren haben.

Auch wenn die vom Arbeitgeber vorgegebene Formulierung darauf hindeutet, liegt nicht immer eine Erklärung vor, mit der der Arbeitnehmer seine Ansprüche aufgibt. Entscheidend ist nämlich, dass nach den Gesamtumständen der Arbeitgeber die Unterschriftsleistung unter die Ausgleichsquittung auch in diesem Sinne verstehen durfte. Dies ist dann nicht der Fall, wenn die Textstelle, in der der „Anspruchsverzicht" zum Ausdruck kommen soll, in der Ausgleichsquittung nicht deutlich gegenüber dem übrigen Text abgesetzt oder drucktechnisch hervorgehoben ist. Auch bei besonders verklausulierten Formulierungen bringt die Unterschrift des Arbeitnehmers unter die Ausgleichsquittung nicht zum Ausdruck, dass er auf Ansprüche verzichtet. Ebenso ist es, wenn ein ausländischer Arbeitnehmer eine Ausgleichsquittung unterschreibt, die nicht in seiner Heimatsprache abgefasst ist.

Welche Ansprüche von einer Ausgleichsquittung betroffen sind, kann nur durch sorgfältige Auslegung ermittelt werden. Dabei spielen sowohl die gewählte Formulierung als auch die Umstände, unter denen die Ausgleichsquittung unterschrieben worden ist, eine Rolle.

Es gibt Ansprüche, auf die auch ein Arbeitnehmer nicht verzichten kann. Diese können daher auch nicht durch eine Ausgleichsquittung erlöschen. Hierzu gehören insbesondere Ansprüche aus Tarifverträgen, aber auch der Anspruch auf den gesetzlichen Urlaub.

Ausgleichsquittungen können unter Umständen wegen Irrtums, Täuschung und Drohung angefochten werden. Dafür müssen die gesetzlichen Voraussetzungen, die hier nicht im Einzelnen erörtert werden können, gegeben sein. In vielen Fällen glauben Arbeitnehmer, dass die von ihnen unterschriebene Ausgleichsquittung nicht gelten könne, da sie in irgendeiner Weise getäuscht, übervorteilt oder unter Druck gesetzt worden sind. Meist stellt sich heraus, dass wirklich fassbare Tatsachen, die eine Anfechtung rechtfertigen, nicht bestehen. Auch müssen die Voraussetzungen einer Anfechtung vom Arbeitnehmer bewiesen werden. Nur in den seltensten Fällen werden Beweismittel, also insbesondere Zeugen, für den Anfechtungssachverhalt zur Verfügung stehen.

Wichtig:

Haben Sie eine Ausgleichsquittung unterschrieben und wollen gleichwohl Ansprüche gegen Ihren Arbeitgeber geltend machen, benötigen Sie regelmäßig rechtlichen Rat und rechtliche Unterstützung. Verlieren Sie keine Zeit, sich an einen Rechtsanwalt oder fachkundigen Gewerkschaftssekretär zu wenden, da ansonsten möglicherweise Fristen verstrichen sind, die bei der Geltendmachung von Mängeln der Ausgleichsquittung zu beachten sind.

17. Kapitel

Die Durchsetzung von Ansprüchen

1. Anspruchswahrendes Verhalten

Sicher ist es ein guter Rat, die Klärung und Entscheidung eines Konflikts mit dem Arbeitgeber nicht auf die lange Bank zu schieben. Je schneller Sie reagieren, umso weniger besteht die Gefahr, dass Sie Fristen versäumen. Die Folgen einer Fristversäumung treffen Sie auch dann, wenn Sie die Frist nicht kennen.

Welche Fristen muss ich beachten, wenn ich ein mir zustehendes Recht nicht verlieren will?

Der Gang zum Gericht kann sich als zwecklos erweisen, wenn das behauptete Recht zwar unzweifelhaft bestand, aber die für seine Geltendmachung vorgesehenen Fristen verstrichen sind.

Verspätete Klage gegen Kündigung. Gerda Meder ist seit vier Jahren bei der Firma Deimler Vertrieb (achtzig Beschäftigte) als Buchhalterin angestellt. Mehrmals gab es Meinungsverschiedenheiten mit der Geschäftsführerin über die Richtigkeit von Buchungen. Schließlich kündigt die Firma Deimler Vertrieb das Arbeitsverhältnis schriftlich. Nach Erhalt des Kündigungsschreibens lässt sich Frau Meder bei der Geschäftsführerin einen Termin geben und versucht, die Missverständnisse, die zur Kündigung geführt haben, aufzuklären. Sie hat den Eindruck, dass das Gespräch gut verlaufen ist, und erwartet, dass die Kündigung zurückgenommen wird. Als nach zwei Wochen diese Erwartung nicht eingetreten ist, bespricht sie sich mit ihrem Freund, einem Studenten der Rechtswissenschaft, der ihr rät, nicht gleich zu klagen, sondern es noch einmal „gütlich" zu versuchen. Sie schreibt daher an die Geschäftsführerin und bittet, die „Entscheidung noch einmal zu überprüfen". Erst als nach weiteren zwei Wochen keine Reaktion erfolgt ist, geht sie zu einem Rechtsanwalt und bittet ihn, die Kündigung gerichtlich anzugreifen. – Kann die Kündigungsschutzklage noch rechtzeitig erhoben werden?

Nein: Bei Kündigungen muss innerhalb von drei Wochen nach Zugang der Kündigung Kündigungsschutzklage erhoben werden. Ein Brief, mit dem Sie innerhalb dieser Frist beim Arbeitgeber gegen die Kündigung protestieren, wahrt die Frist nicht.

Fristen bei Gehaltsklage. Frau Pertl ist Verkäuferin und Kassiererin im Regen-Einkaufszentrum in der Nähe von Regensburg. In ihrem Arbeitsvertrag heißt es unter der Überschrift Vergütung: „erfolgt nach Tarif". Die Schlussbestimmung des Arbeitsvertrages sieht vor, dass „im Übrigen die Tarifverträge für die Arbeitnehmer im bayerischen Einzelhandel anwendbar" sind. Als sie am 30.9.2016 eine Kündigung erhält, ist sie genau drei Jahre dort beschäftigt. Gegen die fristgemäß zum 31.12.2016 ausgesprochene Kündigung erhebt sie Kündigungsschutzklage. Im Januar 2017 findet der Gütetermin vor dem Arbeitsgericht statt. Er ist ergebnislos, da das Regen-Einkaufszentrum nicht bereit ist, eine Abfindung zu zahlen. Um Druck auszuüben, will Frau Pertl jetzt zusätzlich die Gehaltsdifferenzen wegen einer untertariflichen Bezahlung in der dreimonatigen Probezeit, die sie damals nach jeder Abrechnung sofort schriftlich anmahnte, dann aber auf sich beruhen ließ, einklagen. – Wird die Klage Erfolg haben?

Nein: Die Probezeit war vom 1.10.2013 bis 31.12.2013. Für wiederkehrende Ansprüche aus dem Arbeitsverhältnis, also insbesondere für alle Ansprüche auf Arbeitsentgelt, gilt eine Verjährungsfrist von drei Jahren. Sie beginnt zu Ende des Jahres, in dem die Ansprüche entstanden sind, zu laufen.

Die Ansprüche wegen untertariflicher Bezahlung stammen aus dem Jahr 2013 und sind damit am 31.12.2016 verjährt. Die Klage im darauffolgenden Januar 2017 wäre zu spät gewesen. Frau Pertl nützt auch nichts, dass sie die Ansprüche gleich schriftlich geltend gemacht hat.

Wichtig:

Nur eine Klage – nicht etwa ein Schreiben, mit dem Sie den Arbeitgeber zur Zahlung auffordern – „unterbricht" die Verjährungsfrist.

In vielen Fällen sind aber wesentlich kürzere Fristen einzuhalten. Dies ist immer dann der Fall, wenn ein Tarifvertrag gilt, der eine Verfallfrist (auch Ausschlussfrist genannt) enthält. Anders als bei der Verjährung ist zur Wahrung dieser Fristen nicht generell die Klage erforderlich. Die Form der Geltendmachung richtet sich nach den einschlägigen tariflichen Bestimmungen.

Einhaltung tariflicher Fristen. Frau Pertl hat die Kündigung akzeptiert. Sie hat Ansprüche wegen untertariflicher Bezahlung aus dem Jahr 2016, also dem letzten Jahr des Arbeitsverhältnisses, die sie aber erstmals Anfang April 2017 mit einem Schreiben geltend gemacht hat. – Wird die Klage Erfolg haben?

Nein. Die Ansprüche der Frau Pertl sind zwar nicht verjährt, aber wegen der in ihrem Arbeitsvertrag vereinbarten Manteltarifvertrag für den Einzelhandel in Bayern verfallen. Sie hätten innerhalb von drei Monaten nach Beendigung des Arbeitsverhältnisses geltend gemacht werden müssen.

Verfallfristen sind in Tarifverträgen nach Dauer und Form sehr unterschiedlich ausgestaltet. Nachfolgend wird § 23 des Manteltarifvertrages für den Einzelhandel in Bayern und zwei weitere Beispiele aus anderen Tarifverträgen wiedergegeben.

Tarifliche Verfallfristen (Stand Dezember 2016)

Manteltarifvertrag für die Arbeitnehmerinnen und Arbeitnehmer im Einzelhandel in Bayern

(derzeit nicht allgemeinverbindlich)

§ 23 Verfallsklausel

(1) Der/die Beschäftigte ist zur sofortigen Nachprüfung des ausbezahlten Geldbetrages bzw. seiner/ihrer Entgeltabrechnung verpflichtet. Differenzen sind unverzüglich zu melden.

(2) Ansprüche auf Bezahlung von Mehrarbeit, Nachtarbeit, Sonntags- und Feiertagsarbeit sowie Spätöffnungsarbeit erlöschen mit dem Ablauf von drei Monaten nach ihrer Entstehung, wenn sich nicht innerhalb dieser Frist geltend gemacht werden. Der Urlaubsanspruch erlischt drei Monate nach Ablauf des Kalenderjahres bzw. Beendigung des Arbeitsverhältnisses, in dem das Recht auf Urlaub erworben ist, es sei denn, dass der Anspruch rechtzeitig, aber erfolglos dem Arbeitgeber oder seinem Stellvertreter gegenüber geltend gemacht wurde.
Alle übrigen aus dem Tarifvertrag und dem Arbeitsverhältnis entstandenen gegenseitigen Ansprüche sind spätestens innerhalb von drei Monaten nach Beendigung des Arbeitsverhältnisses geltend zu machen, ausgenommen hiervon sind Ansprüche aus § 9 Ziffer 5 (fehlerhafte Eingruppierung).
Vorstehende Fristen gelten als Ausschlussfristen.

(3) Die in Ziffer 2 genannten Ausschlussfristen gelten nicht für Ansprüche eines Arbeitgebers oder eines/einer Beschäftigten gegen einen Beschäftigten/eine Beschäftigte oder Arbeitgeber, die auf eine unerlaubte Handlung gestützt werden. Für diese Ansprüche gelten die gesetzlichen Vorschriften.

Bundesrahmentarifvertrag für das Baugewerbe (gewerbliche Arbeitnehmer)

(derzeit allgemeinverbindlich)

§ 14 Ausschlussfristen

(1) Alle beiderseitigen Ansprüche aus dem Arbeitsverhältnis und solche, die mit dem Arbeitsverhältnis in Verbindung stehen, verfallen, wenn sie nicht innerhalb von zwei Monaten nach der Fälligkeit gegenüber der anderen Vertragspartei schriftlich erhoben werden; besteht bei Ausscheiden des Arbeitnehmers ein Arbeitszeitguthaben, beträgt die Frist für dieses Arbeitszeitguthaben jedoch sechs Monate.

(2) Lehnt die Gegenpartei den Anspruch ab oder erklärt sie sich nicht innerhalb von zwei Wochen nach der Geltendmachung des Anspruchs, so verfällt die-

ser, wenn er nicht innerhalb von zwei Monaten nach der Ablehnung oder dem Fristablauf gerichtlich geltend gemacht wird. Dies gilt nicht für Zahlungsansprüche des Arbeitnehmers, die während eines Kündigungsschutzprozesses fällig werden und von seinem Ausgang abhängen. Für diese Ansprüche beginnt die Verfallfrist von zwei Monaten nach rechtskräftiger Beendigung des Kündigungsschutzverfahrens.

Tarifvertrag für den öffentlichen Dienst (TVÖD)
(nicht allgemeinverbindlich, aber generell in den Arbeitsverträgen des öffentlichen Dienstes vereinbart)

§ 37 Ausschlussfrist

(1) Ansprüche aus dem Arbeitsverhältnis verfallen, wenn sie nicht innerhalb einer Ausschlussfrist von sechs Monaten nach Fälligkeit vom der/dem Beschäftigten oder vom Arbeitgeber schriftlich geltend gemacht werden. Für denselben Sachverhalt reicht die einmalige Geltendmachung des Anspruchs auch für später fällig werdende Leistungen aus.
(2) Abs. 1 gilt nicht für Ansprüche aus einem Sozialplan.

Wichtig:

Sieht ein Tarifvertrag nicht ausdrücklich vor, dass die Ansprüche schriftlich oder durch Klage geltend gemacht werden müssen, genügt auch eine mündliche Geltendmachung. Aber schon aus Beweisgründen ist zur Schriftform zu raten.

Zur Geltendmachung gehört auch, dass Sie dem Arbeitgeber mitteilen, um welchen Anspruch es sich handelt (Weihnachtsgeld, Provision etc.) und wie hoch der geforderte Betrag ist. Ist eine gerichtliche Geltendmachung im Tarifvertrag nicht vorgesehen, würden zur Geltendmachung folgende Zeilen genügen:

Forderungsschreiben zur Fristwahrung:

„An die
Firma Industrieanlagen Huber

Sehr geehrte Damen und Herren,

für die Monate Oktober, November und Dezember dieses Jahres haben Sie mir die Leistungszulage in Höhe von monatlich 100 Euro nicht mehr bezahlt. Ich fordere hiermit die Nachzahlung dieser Beträge.

Hochachtungsvoll

Unterschrift"

Wie kann ich mich über die tariflichen Verfallfristen informieren?

Während die tariflich vorgesehenen Leistungen relativ bekannt sind, ist dies bei den tariflichen Verfallfristen nicht der Fall. Sie werden vielleicht sagen, dass Sie nicht Gewerkschaftsmitglied sind und daher nicht unter einen Tarifvertrag fallen können. So einfach ist die Sache nicht. Möglicherweise enthält Ihr Arbeitsvertrag eine Bestimmung, die die Anwendung eines bestimmten Tarifvertrages vorsieht. Steht in diesem Tarifvertrag eine Verfallfrist, so gilt diese auch dann für Sie, wenn Sie nicht Gewerkschaftsmitglied sind. Oder Sie arbeiten in einer Branche, für die ein allgemeinverbindlicher Tarifvertrag mit einer Verfallklausel gilt. Auch dann kommt es nicht darauf an, ob Sie Gewerkschaftsmitglied sind (auch nicht darauf, ob Ihr Arbeitgeber Mitglied im Arbeitgeberverband ist – siehe hierzu auch 2. Kapitel, Abschnitt 3, S. 25, 26).

Wie erfahren Sie nun, welcher Tarifvertrag gilt und ob er eine solche tückische Verfallfrist enthält? Wenn Sie Gewerkschaftsmitglied sind, wird Ihnen Ihre Gewerkschaft die einschlägigen Tarifverträge aushändigen. Sind Sie nicht Gewerkschaftsmitglied, können Sie oder Ihr Vertreter einen für allgemeinverbindlich erklärten Tarifvertrag von einer der Tarifvertragsparteien gegen Erstattung der Selbstkosten verlangen. Ansonsten ist darauf hinzuweisen, dass der Arbeitgeber gesetzlich verpflichtet ist, die im Betrieb geltenden Tarifverträge für jeden zugänglich im Betrieb auszulegen.

Wenn Schriftform vorgeschrieben ist: Genügt es, wenn ich eine E-Mail schicke?

Geltendmachung von Gehaltsansprüchen per E-Mail. Frau Braunfeld ist in der Verwaltung eines Bauunternehmens beschäftigt. Sie hat nach Rückkehr aus Ihrem Sommerurlaub die Rückstände aufgearbeitet und im September 20 Überstunden geleistet. Als sie in der Oktoberabrechnung die Vergütung dieser Überstunden nicht findet, schickt sie der Personalabteilung eine E-Mail mit einer Aufstellung der Überstunden und der Bitte um Bezahlung. Hat sie damit diesen Anspruch ausreichend im Sinne des allgemeinverbindlichen Bundesrahmentarifvertrages für das Baugewerbe geltend gemacht?

Das ist zu bejahen. Zwar fehlt bei einer E-Mail die für die Schriftform erforderliche eigenhändige Unterschrift. Das Bundesarbeitsgericht hat aber die Geltendmachung eines Anspruchs zur Wahrung einer tariflichen Ausschlussfrist nicht als ein Rechtsgeschäft im Sinne der gesetzlichen Schriftformdefinition angesehen, und daher die Textform als ausreichend angesehen. Wenn Sie diesen Weg wählen, sollten Sie die E-Mail allerdings sorgfältig verfassen, insbesondere mit der Grußformel und Ihrem vollständigen Namen abschließen.

Nicht nur bei der Erhebung der Kündigungsschutzklage oder bei der Geltendmachung von Ansprüchen zur Wahrung von Ausschlussfristen sind Formvorschriften von Bedeutung. Vielfach sehen arbeitsrechtliche Gesetze vor, dass die Ausübung eines Rechts der Schriftform bedarf oder schriftlich zu erfolgen hat.

Kündigung per E-Mail. Der Ingenieur Zarik will sich schon lange verändern, da er mit seinem Vorgesetzten nicht auskommt, und sich von ihm durch überzogene Vorgaben drangsaliert fühlt. Er hat sich schon bei mehreren Unternehmen beworben und erhält – überraschend – am 29.9.2016 eine Zusage für einen Arbeitsbeginn am 1.1.2017. In seinem Arbeitsvertrag ist eine beiderseitige Kündigungsfrist von 3 Monaten zum Quartalsende geregelt. Da es eilt und er wegen Krankheit zu Hause ist, schickt er der Personalabteilung eine E-Mail: „Hiermit kündige ich fristgemäß zum 31.12.2016". Als es am 3.10. zu einem Gespräch mit dem Vorgesetzten kommt, vertritt dieser den Standpunkt, dass die Kündigung zum 31.12.2016 nicht wirksam erfolgt sei. Anfang Januar falle erfahrungsgemäß sehr viel Arbeit an, da werde er dringend gebraucht. Er könne nicht vorzeitig gehen. Hat der Vorgesetzte mit seiner Auffassung Recht?

Für Herrn Zarik ist das ein unangenehmes Erwachen. Mit seiner E-Mail hat er keine wirksame Kündigung ausgesprochen. § 623 BGB besagt, dass die Beendigung des Arbeitsverhältnisses durch Kündigung und Auflösungsvertrag der Schriftform bedarf. Die Bestimmung stellt sogar ausdrücklich klar, dass die „elektronische Form" ausgeschlossen ist. Herr Zarik kann am 3.10. die dreimonatige Kündigungsfrist nicht mehr zum 31.12.2016 einhalten. Der nächste Termin für eine ordentliche Kündigung ist der 31.3.2017. Die Fragen, ob er gleichwohl die Arbeit bei dem neuen Arbeitgeber am 1.1.2017 aufnehmen kann, und welche Folgen es für ihn haben kann, wenn er dies gegen den Willen seines bisherigen Arbeitgebers tut, wird Herr Zarik mit einem Rechtsanwalt besprechen müssen.

Welche Form der Übermittlung eines Schreibens ist zu empfehlen?

Verspäteter Zugang eines Einschreibens. Der Ingenieur Dr. Nelis ist bei der Firma SMS, einem Unternehmen der Elektronikindustrie, beschäftigt. Ein Teilbereich des Unternehmens, zu dem seine Abteilung gehört, soll an die koreanische Firma Du-Xen verkauft werden. Am 30.8.2016 erhält er ein Schreiben der SMS, dass der Übergang des Teilbetriebs zum 1.1.2017 erfolgt, und dass ab diesem Zeitpunkt die Fa. Du-Xen sein Arbeitgeber mit allen Rechten und Pflichten aus dem bestehenden Arbeitsverhältnis ist. Das Schreiben enthält alle gesetzlich erforderlichen Angaben und schließt mit dem Hinweis, dass Herr Dr. Nelis dem Übergang seines Arbeitsverhältnisses auf die Fa. Du-Xen innerhalb eines Monats schriftlich widersprechen kann. Herr Dr. Nelis ist zunächst unschlüssig und schiebt seine Entscheidung auf. Am Samstag, den 24.08. verfasst er noch vor der Abreise in seinen dreiwöchigen Urlaub ein Widerspruchschreiben und gibt den Brief als Einschreiben Rückschein in der nächsten Postfiliale auf. Als der Postzusteller am 27.9. gegen 11 Uhr in der Poststelle des Arbeitgebers den Brief aushändigen will, ist an der Tür ist ein Schild angebracht: „Wegen Betriebsversammlung von 10 bis 14 Uhr geschlossen". Daraufhin wirft der Zusteller einen Benachrichtigungsschein in den Briefkasten der Firma. Der Brief wird am 1.10. von einer Büroangestellten in der Postfiliale abgeholt. Hat Herr Dr. Nelis dem Betriebsübergang wirksam widersprochen?

Das ist nicht und der Fall. Die im Gesetz vorgesehene Monatsfrist war am 30.9.2016 abgelaufen. Der Zugang ist aber erst am 1.10. mit der Abholung des Einschreibens durch die Büroangestellte erfolgt. Der Widerspruch war daher verspätet. Die Folge dieser Fristversäumung ist schwerwiegend: Obwohl Herr Dr. Nelis sich (wohlüberlegt) dagegen entschieden hat, geht das Arbeitsverhältnis auf die Fa. Du-Xen über.

Herr Dr. Nelis wollte mit der Übersendung als Einschreiben Rückschein sichergehen, dass er den Zugang des Briefes auch nachweisen kann. Er hat aber nicht bedacht, dass bei der Übersendung als *Einschreiben Rückschein* – ebenso wie bei der Übersendung als einfaches *Einschreiben* – der Zugang erst eintritt, wenn das Schreiben an den Empfänger oder einen Empfangsberechtigten ausgehändigt worden ist. Trifft der Zusteller niemand an, dem er den Brief aushändigen kann, wird der Brief bei einer Postfiliale zur Abholung (innerhalb von 7 Tagen) hinterlegt. Der Zugang ist nach der Rechtsprechung auch nicht damit eingetreten, dass der Zusteller einen Benachrichtigungsschein in den Postkasten einwirft, sondern erst mit der Abholung des Briefes in der Postfiliale. Ob der Empfänger die Sendung abholt, ist ungewiss. Eine Verpflichtung hierzu besteht nicht. Aber selbst wenn dies geschieht, ist mit der Hinterlegung eine erhebliche Verzögerung verbunden. In der Regel wird man bei einem größeren Unternehmen zwar davon ausgehen können, dass während der normalen Bürozeiten Personen anwesend sind, die berechtigt sind, ein Einschreiben entgegenzunehmen. Wie das Beispiel zeigt, ist das aber keineswegs sicher.

Wichtig:

Entgegen einer verbreiteten Auffassung ist die Übersendung durch Einschreiben oder Einschreiben Rückschein nicht empfehlenswert, wenn knappe Fristen einzuhalten sind.

Wäre es besser gewesen, Herr Dr. Nelis hätte das Schreiben als einfachen Brief versandt? Nimmt man an, dass die Postlaufzeit jedenfalls nicht länger als bei dem Einschreiben gewesen wäre, hätte der Zusteller den Brief am 27.9. den Brief in den Briefkasten der Firma eingelegt. Damit wäre der Zugang erfolgt und die Frist gewahrt gewesen. Es genügt nämlich, dass der Brief in den Verfügungsbereich des Empfängers in einer Weise gelangt, dass dieser unter normalen Umständen davon Kenntnis erlangen kann. Das ist bei einem Einwurf in den Briefkasten der Fall (vgl. hierzu den instruktiven Fall in 15. Kapitel, Abschnitt 1, S. 225). Andrerseits hätte Herr Dr. Nelis bei dieser Übersendungsform keinen Nachweis über den Zugang in Händen gehabt. Der Behauptung der Firma, ein Widerspruchsschreiben liege gar nicht vor, stünde er relativ hilflos gegenüber. Dass eine solche Einlassung nicht sehr wahrscheinlich ist, ändert an dem prinzipiellen Risiko nichts.

Mit Recht werden Sie fragen, ob es dann überhaupt eine Form der Briefversendung gibt, die sowohl das Verzögerungsrisiko minimiert als auch den Zugangsnachweis ermöglicht. In gewissem Umfang ist dies durch die Versendung als *Einschreiben Einwurf* gewährleistet. Der Brief gelangt damit regelmäßig innerhalb der normalen Postlaufzeit in den Briefkasten des Empfängers, wodurch – wie wir gesehen haben – der Zugang bewirkt wird. Beim Einschreiben Einwurf dokumentiert der Zusteller im elektronischen System der Post, dass die Sendung in den Briefkasten oder das Postfach des Empfängers eingeworfen wurde. Im Internet können Sie die Sendung verfolgen (www.deutschepost.de/briefstatus). Hierzu müssen Sie die Sendungsnummer und das Versanddatum eingeben, die sich auf dem Einlieferungsschein oder der Einschreibenmarke befinden. Wird im Rahmen der Sendungsverfolgung bestätigt, dass der Brief an einem bestimmten Tag zugestellt worden ist, so steht Ihnen damit ein geeigneter Zustellungsnachweis zur Verfügung.

Können Sie die Frist durch die Versendung mit der Post wegen der knappen noch zu Verfügung stehenden Zeit nicht mehr wahren, oder steht die Einhaltung der Frist auf der Kippe, müssen Sie prüfen, ob Sie nicht die Möglichkeit haben, den Brief durch einen (zuverlässigen) Boten überbringen zu lassen. Das ist eine sehr sichere

Übermittlungsform. Der Bote steht Ihnen als Zeuge für den (rechtzeitigen) Zugang zur Verfügung. Es wäre ein guter Weg für Herrn Dr. Nelis gewesen, vor seiner Abreise noch schnell bei einem Arbeitskollegen vorbei zu fahren, und ihn zu bitten, den Brief gegen Empfangsbestätigung in der Personalabteilung abzugeben. Eine telefonische Nachfrage bei dem Arbeitskollegen, ob er den Brief auch abgegeben hat, hätte die Sache perfekt gemacht. Die Zustellung durch Boten sollten Sie unabhängig von der Fristproblematik wählen, wenn Sie Anhaltspunkt dafür haben, dass der Empfänger sich mit allen Tricks dem Zugang entziehen will.

Eine Lücke bleibt aber bei allen Übermittlungsformen: Der Empfänger kann immer einwenden, dass er zwar ein an ihn adressiertes Couvert erhalten hat, dieses aber nicht das behauptete Erklärung enthielt (z. B.: „in dem Couvert war nur ein Blatt mit unserer Anschrift, das wir gleich weggeworfen haben“ oder: „die letzte Seite mit der Unterschrift war nicht vorhanden“). Eine solche Einlassung ist, wenn sie nicht zutrifft, kriminell und in der Regel nicht zu erwarten. Das Risiko, dass die Wahrheit herauskommt, ist für den Empfänger hoch. Bei einer gerichtlichen Auseinandersetzung würde die Person, die den Brief geöffnet hat, vernommen werden. In heiklen Fällen ist es gleichwohl die Bemühung wert, auch dieses Risiko auszuschließen. Allerdings brauchen Sie dann einen Zeugen. Er muss den Inhalt des Schreibens und Ihre Unterschrift darunter bestätigen können, weiter, dass gerade dieses Schreiben in den Brief eingelegt wurde, und schließlich, dass der Brief, der dieses Schreiben enthielt, zur Post gebracht wurde bzw. im Falle der Übermittlung durch Boten in den Briefkasten eingeworfen oder an den Empfänger übergeben wurde.

Bestehen noch weitere Gefahren eines Rechtsverlustes, wenn ich mich längere Zeit wegen eines mir zustehenden Anspruchs gegenüber dem Arbeitgeber nicht rühre?

Sie dürfen sich nicht so verhalten, dass der Arbeitgeber daraus schließen kann, Sie würden Ihre Rechte nicht wahrnehmen. Dies kann nämlich dazu führen, dass das Recht „verwirkt“ ist.

Langes Zuwarten mit der Geltendmachung eines Anspruchs. Frau Vogel ist als „betriebswirtschaftliche Assistentin" bei einer Firma Roter-Verlag in Mainz. Sie hat über zwei Jahre hinweg monatlich zwischen zehn und fünfzehn Überstunden geleistet. Ohne ausdrückliche Vereinbarung erhielt sie zusätzlich zu ihrem Monatslohn eine Pauschale von 100 Euro, und zwar unabhängig von der Anzahl der Überstunden. Nachdem sie selbst gekündigt hat, stellte sie fest, dass die Überstunden durch die Pauschale nicht ausreichend abgegolten sind, und will die Differenz für die letzten zwei Jahre einklagen. – Wird sie damit Erfolg haben?

Wohl nicht. Indem sie über eine so lange Zeit hinweg ohne Widerspruch die monatliche Pauschale angenommen hat und niemals eine korrekte Abrechnung ihrer Überstunden reklamiert hat, konnte der Roter-Verlag darauf vertrauen, dass er nicht mit weiteren Überstundenforderungen durch Frau Vogel konfrontiert werden würde.

Was muss ich beachten, um meinen Gehaltsanspruch nicht zu verlieren, wenn der Arbeitgeber mich gegen meinen Willen nicht beschäftigt?

Werden Sie vom Arbeitgeber gegen Ihren Willen nicht beschäftigt, was etwa bei einer einseitig vom Arbeitgeber angeordneten Freistellung von der Arbeit (Suspendierung) der Fall ist, muss der Arbeitgeber Ihnen nur dann Gehalt oder Lohn bezahlen, wenn er sich im „Verzug der Annahme der Dienste" befindet. Sie müssen also Ihre Dienste anbieten. Auch dies gehört zum anspruchswahrenden Verhalten, mit dem Sie nicht immer warten können, bis Sie von einem Rechtsanwalt oder Gewerkschaftssekretär entsprechend belehrt worden sind.

Tatsächliches Anbieten der Arbeitskraft. Der Maurer Hochleitner ist bei der Firma Hoch und Tief Regionalbau GmbH beschäftigt. An einem Freitag kommt es zwischen Herrn Hochleitner und seinem Meister, der ihn wegen einer fehlerhaften Arbeit gerügt hat, zu einem heftigen Wortwechsel, bei dem Hochleitner u. a. sagt: „Mit Ihnen kann man doch nicht sinnvoll zusammenarbeiten." Obwohl er noch eine Stunde zu arbeiten hätte, geht er nach Hause. Am Samstag erhält er ein Schreiben der Firma Hoch und Tief Regionalbau GmbH, dass seine Kündigung „ab sofort" angenommen wird. Bei seinem Anruf am darauffolgenden Montag im Büro eines Rechtsanwaltes, der ihm vom Betriebsrat empfohlen war, teilt ihm die Anwaltsgehilfin mit, dass er erst in einigen Tagen einen Besprechungstermin haben könne. Muss Herr Hochleitner vorsorglich etwas tun, damit ihm seine Lohnansprüche nicht verloren gehen?

Herr Hochleitner sollte der Firma Hoch und Tief Regionalbau GmbH seine Arbeitskraft anbieten. Er sollte, auch wenn zu erwarten ist, dass er wieder nach Hause geschickt wird, in der Arbeit erscheinen und sich dies möglichst schriftlich bestätigen lassen. Ein zusätzliches Schreiben, mit dem die Arbeitskraft angeboten wird, ist empfehlenswert:

Schreiben mit Anbieten der Arbeitskraft:

„An die Firma
Hoch und Tief Regionalbau GmbH

Sehr geehrter Herr Utz,

Ihr Schreiben, mit dem Sie meine angebliche Kündigung annehmen, habe ich erhalten. Von einer Kündigung meinerseits kann nicht die Rede sein. Ich habe nur meine Verärgerung über das Verhalten des Meisters zum Ausdruck gebracht. Nach wie vor bin ich bereit, meine arbeitsvertragliche Arbeitsleistung zu erbringen.

Hochachtungsvoll

Hochleitner"

Beruht Ihre Nichtbeschäftigung auf einer Kündigung des Arbeitgebers, müssen Sie Ihre Arbeitskraft nicht ausdrücklich noch einmal anbieten. Durch die Kündigung hat der Arbeitgeber ja zum Ausdruck gebracht, dass er nicht bereit ist, Sie weiterhin zu beschäftigen. Es ist daher seine Sache, Sie wieder vertragsgemäß einzusetzen.

Gibt es allerdings Umstände, die den Arbeitgeber daran zweifeln lassen könnten, ob Sie nach der Kündigung arbeitsbereit und arbeitsfähig sind, müssen Sie ausdrücklich das Bestehen der Arbeitsbereitschaft und Arbeitsfähigkeit klarstellen. Hier ist Vorsicht besser als der spätere Ärger mit den Problemen der Anspruchsdurchsetzung. Obwohl von der Rechtsprechung nicht mehr zwingend gefordert, ist eine solche Klarstellung auch empfehlenswert, wenn Sie über den Kündigungstermin hinaus arbeitsunfähig krankgeschrieben sind. Teilen Sie daher Ihrem Arbeitgeber sofort mit, wenn Sie wieder arbeitsfähig sind.

2. Die Beratung in arbeitsrechtlichen Angelegenheiten

Welche Bedeutung hat meine Gewerkschaftsmitgliedschaft, wenn ich mich arbeitsrechtlich beraten lassen möchte?

Sind Sie Gewerkschaftsmitglied, haben Sie Anspruch auf Rechtshilfe, die auch die Beratung und Auskunftserteilung in arbeitsrechtlichen Angelegenheiten umfasst. Die Gewerkschaften bzw. die Dachverbände der Gewerkschaften beschäftigen hierfür qualifizierte Gewerkschaftssekretäre (z. B. Rechtssekretäre der Rechtschutz GmbH des Deutschen Gewerkschaftsbundes).

Wie finde ich einen auf Arbeitsrecht spezialisierten Rechtsanwalt?

Sind Sie nicht Gewerkschaftsmitglied, ist der Gang zum Rechtsanwalt naheliegend. Wie komme ich nun an den richtigen Rechtsanwalt? Einige Rechtsanwälte beschäftigen sich schwerpunktmäßig mit Arbeitsrecht. Allerdings gibt es keine offizielle Stelle, die Ihnen Auskunft über Rechtsanwälte mit dieser Spezialisierung erteilt. Letztlich sind Sie auf eine Empfehlung angewiesen.

Abgesehen von Zufallsempfehlungen, die von Arbeitskollegen, Verwandten und Bekannten kommen, ist es einen Versuch wert, den Betriebsrat zu fragen, denn er muss eventuell selbst arbeitsgerichtliche Verfahren mit einem Rechtsanwalt durchführen und erhält auch häufig Rückmeldungen von Arbeitnehmern über die von diesen geführten Arbeitsgerichtsverfahren.

Wichtig:

Seit dem Jahre 1987 ist der Fachanwalt für Arbeitsrecht anerkannt. Da die Führung dieser Bezeichnung nur bei Nachweis entsprechender Kenntnisse durch die Rechtsanwaltskammern gestattet wird, dürften Sie im Zweifel mit einer arbeitsrechtlichen Beratung und Vertretung bei einem Fachanwalt für Arbeitsrecht gut aufgehoben sein.

Was kostet mich eine Beratung durch einen Rechtsanwalt?

Seit dem 1.7.2006 trifft den Rechtsanwalt bei einer Beratung die Pflicht, „auf eine Gebührenvereinbarung hinzuwirken". Das hat den Vorteil, dass Sie wissen, was Sie für die Beratung zahlen müssen. Ohne eine solche Vergütungsvereinbarung hat der Rechtsanwalt Anspruch auf eine „angemessene Vergütung". Eine solche angemessene Vergütung ist aber bei Verbrauchern auf 250,– Euro begrenzt ist. Ratsuchende Arbeitnehmer in einer arbeitsrechtlichen Angelegenheit werden in diesem Zusammenhang als Verbraucher angesehen.

Steht die Beratung in einem Zusammenhang mit einer sonstigen Tätigkeit des Rechtsanwaltes, also insbesondere einer außergerichtlichen oder gerichtlichen Vertretung, fällt die Beratungsgebühr nicht an; die Beratungstätigkeit ist dann mit den vom Rechtsanwalt durch die sonstige Tätigkeit verdienten Gebühren abgegolten.

Geht die Beratung nicht über ein erstes kurzes Gespräch hinaus (Erstberatung) und ist der Mandant Verbraucher, ist die Beratungsgebühr nach oben auf 190, – Euro begrenzt. Wenn Sie nur an einer ersten Einschätzung ihrer Rechtsposition interessiert sind und möglichst geringe Kosten haben wollen, sollten Sie den Beratungsauftrag ausdrücklich auf eine Erstberatung beschränken.

Darf mich die Geschäftsstelle des Arbeitsgerichts (Antragstelle) arbeitsrechtlich beraten?

Keine Rechtsberatung dürfen die Antragstellen der Arbeitsgerichte durchführen. Ihre Aufgabe besteht lediglich darin, Klagen und andere Anträge aufzunehmen. Die in den Antragstellen tätigen Rechtspfleger haben auch nicht die Qualifikation für eine umfassende arbeitsrechtliche Beratung. Soweit sie doch Hinweise zur Rechtslage geben, können Sie sich hierauf nur mit Einschränkungen verlassen. In den arbeitsgerichtlichen Antragstellen darf Ihnen auch kein Rechtsanwalt empfohlen werden.

Darf mich der Betriebsrat arbeitsrechtlich beraten?

Der Betriebsrat darf keine Rechtsberatung durchführen. Dies schließt aber nicht aus, dass er Ihnen für Ihren Fall wichtige Hinweise geben kann. Wenn Sie von einer Kündigung betroffen sind, können Sie von ihm erfahren, ob er vor der Kündigung ordnungsgemäß gehört worden ist. Aufgrund seiner Kenntnis der Betriebsinterna kann er Ihnen darüber Auskunft geben, ob die Kündigung etwa durch eine Versetzung auf einen freien Arbeitsplatz hätte abgewendet werden können oder ob sozial weniger schutzwürdige Arbeitnehmer weiterbeschäftigt werden. Fragen, die von entscheidender Bedeutung für den Ausgang eines Kündigungsschutzprozesses sein können.

3. Die Erreichbarkeit des Prozessziels

Kann ich mich gegen jede belastende Maßnahme des Arbeitgebers mit einer Klage wehren?

Nicht für alles, was einem gegen den Strich geht, ist der Weg zum Arbeitsgericht eröffnet.

Klage gegen einfache Beanstandung. Sie sind mehrmals zu spät zur Arbeit gekommen. Der Arbeitgeber schreibt Ihnen: „Bitte achten Sie in Zukunft auf die Einhaltung der Arbeitszeit." Sie sind der Auffassung, dass diese Beanstandung zu Unrecht erfolgt ist, weil Sie jeweils durch einen Verkehrsstau aufgehalten worden sind. – Können Sie gerichtlich feststellen lassen, dass diese Beanstandung zu Unrecht erfolgt ist?

Hierbei handelt es sich um einen einfachen Hinweis auf Ihre arbeitsvertraglichen Pflichten. Auch wenn dieser nicht gerechtfertigt war, besteht keine Möglichkeit, durch ein arbeitsgerichtliches Verfahren die Rücknahme zu erreichen. Sie können Ihre Einwendungen allerdings in Form einer Gegendarstellung vorbringen und zur Personalakte nehmen lassen. Auch eine Beschwerde beim Betriebsrat ist möglich.

Hätte sich allerdings der Arbeitgeber nicht mit einem Hinweis auf Ihre arbeitsvertraglichen Pflichten begnügt, sondern eine Kündigung für den Fall weiterer Verspätungen angedroht, wäre eine Überprüfung in einem arbeitsgerichtlichen Verfahren möglich gewesen.

Ist das Arbeitsgerichtsverfahren geeignet, mich von einem falschen oder ehrenrührigen Vorwurf meines Arbeitgebers reinzuwaschen?

Manchmal empfinden Arbeitnehmer Vorwürfe, die ihnen vom Arbeitgeber im Zusammenhang mit einer Kündigung gemacht werden, als ehrenrührig und erwarten, dass sie im Kündigungsschutzverfahren rehabilitiert werden.

Begrenzte Klärung von Sachverhalten im Kündigungsschutzprozess. Herr Makaran arbeitet seit zehn Jahren als Diplom-Chemiker in der Forschungsabteilung der Firma Tiemons in Ellwangen. Zu seinen Aufgaben gehörten die Untersuchung der Produktionstauglichkeit von Stoffen und die Erarbeitung von Vorschlägen für den Einsatz von Stoffen in der Produktion. Herr Makaran war niemals wegen seiner Arbeit abgemahnt worden, dennoch erhält er eine ordentliche Kündigung, die unter anderem damit begründet wird, dass eine von ihm erarbeitete Analyse unbrauchbar gewesen sei und die Qualität einer „Anfängerarbeit" gehabt habe. Obwohl er einen neuen Job in Aussicht hat, möchte Herr Makaran den Kündigungsschutzprozess auf jeden Fall durchziehen, um die Qualität seiner Arbeit zu beweisen. – Wird ihm dies gelingen?

Wohl nicht. Das Gericht wird der Frage, ob die Arbeit tatsächlich so schlecht war, nicht weiter nachgehen, sondern der Klage einfach stattgeben, weil die Firma Tiemons nur eine einmalige Schlechtleistung behauptet und daher auch keine Abmahnung wegen einer früheren Schlechtleistung vorliegt. Herr Makaran wird also den Prozess zwar gewinnen, aber sein Ziel, nämlich die Rehabilitation, nicht erreichen. Da er schon einen neuen Arbeitsplatz hat, wird ihm die Entscheidung des Arbeitsgerichts auch sonst nichts nützen.

Das Gericht muss zur Klärung der Rechtmäßigkeit einer Kündigung nicht immer den gesamten Sachverhalt aufklären. Es kann z. B. auch argumentieren: Selbst, wenn der Vorwurf zutrifft, ist die Kündigung rechtswidrig, weil der Vorwurf unter Abwägung aller Umstände nicht schwerwiegend genug ist oder, weil es an einer vorausgegangenen Abmahnung fehlt oder, weil der Betriebsrat nicht ordnungsgemäß gehört worden ist usw.

Kann ich durch ein arbeitsgerichtliches Verfahren gegen eine Kündigung eine Abfindung erreichen?

Die Vorstellung, dass das Arbeitsgericht dem gekündigten Arbeitnehmer im Kündigungsschutzverfahren eine Abfindung „zusprechen“ kann, ist weit verbreitet.

Anspruch auf Abfindung nach Kündigung. Frau Leicht ist seit zehn Jahren beim Mütter und Kinder Fürsorge-Verein in Nürnberg als Reinigungskraft beschäftigt. Wegen der Übertragung der Reinigungsarbeiten auf die Firma Schmutzfrei wird sie aus betriebsbedingten Gründen ordentlich gekündigt. Durch Vermittlung des Mütter- und Kinder – Fürsorge-Vereins erhält sie eine neue, allerdings deutlich schlechter bezahlte Stelle als Reinigungskraft bei der Stadt Nürnberg. Zur Zahlung einer Abfindung besteht keine Bereitschaft. Frau Leicht ist auf das Äußerste empört, auf diese Weise nach zehnjähriger Betriebszugehörigkeit „abgeschoben" zu werden. Sie geht zum Arbeitsgericht und will Klage auf Abfindung erheben. – Wird diese Klage Erfolgsaussichten haben?

Nein. Da der Mütter und Kinder Fürsorge-Verein offensichtlich von der in § 1 a KSchG seit 1. 1. 2004 vorgesehenen Möglichkeit, die betriebsbedingte Kündigung mit einem Abfindungsangebot zu verbinden (vgl. hierzu 15. Kapitel, Abschnitt 3, S. 286), keinen Gebrauch gemacht hat, steht Frau Leicht keine Abfindung zu.

Wichtig:

Nach deutschem Recht haben Sie – entgegen einer weit verbreiteten Meinung – im Falle einer Arbeitgeberkündigung auch bei einer noch so langen Betriebszugehörigkeit keinen (automatischen) Abfindungsanspruch.

Vielleicht wissen Sie von Arbeitskollegen, dass diese wegen einer Kündigung einen Arbeitsgerichtsprozess geführt und eine Abfindung erreicht haben. Das widerspricht aber unserer Aussage nicht. Fragen Sie nach, Sie werden sehen: Die Abfindung beruht auf einem Vergleich, nicht auf einem Urteil des Gerichts. Sie ist also das Ergebnis einer Einigung mit dem Arbeitgeber. Ausnahmsweise kann auch das Gericht, wenn ein sog. Auflösungsantrag (15. Kapitel, Abschnitt 3, S. 284 f.) gestellt wird, eine Abfindung zusprechen. Die Voraussetzungen sind aber hier trotz der Empörung der Frau Leicht nicht gegeben.

Kann mein Arbeitgeber während des Kündigungsschutzprozesses die Kündigung zurückziehen?

Durchsetzung einer Abfindung nach Rücknahme der Kündigung durch den Arbeitgeber. Manfred Lutter ist seit fünfzehn Jahren bei der Maschinenfabrik Heckel im Außendienst tätig. Durch einen neuen Vertriebsleiter wurden die Verkaufsgebiete geändert, im Falle des Herrn Lutter mit erheblichen negativen Auswirkungen auf die Provision. Herr Lutter hatte schon von sich aus überlegt, ob er das Arbeitsverhältnis nicht beenden solle. Der Arbeitgeber kam ihm jedoch zuvor und kündigte fristgerecht wegen angeblicher Schlechtleistung. Nachdem Herr Lutter Kündigungsschutzklage erhoben hatte, fand ein Gerichtstermin statt, bei dem der Richter deutlich zu erkennen gab, dass der Kündigungsgrund nicht ausreichend sei. Daraufhin erklärte die Firma Heckel, sie ziehe die Kündigung zurück. Herr Lutter will das nicht akzeptieren und verlangt eine Abfindung. – Hat er Erfolg?

Nein. Wenn Sie gegen die Kündigung prozessieren, kann der Arbeitgeber auch regelmäßig die Kündigung zurückziehen. Er macht damit nichts anderes, als dass er Ihr Klageziel anerkennt. Zwar können Sie im Kündigungsschutzverfahren zusätzlich einen Antrag stellen, dass das Arbeitsverhältnis gegen Zahlung einer Abfindung aufgelöst werden soll. Erfolg kann ein solcher Antrag aber nur haben, wenn die Fortsetzung des Arbeitsverhältnisses für Sie unzumutbar ist (vgl. hierzu 15. Kapitel, Abschnitt 3, S. 284).

Wenn Herr Lutter einen solchen Antrag noch nicht gestellt hat, könnte er ihn – was für zulässig angesehen wird – jetzt noch stellen, obwohl sein Arbeitgeber schon erklärt hat, er wolle die Kündigung zurückziehen. Da aber keine Anhaltspunkte für eine Unzumutbarkeit der Fortsetzung des Arbeitsverhältnisses ersichtlich sind, wird er damit nicht durchdringen. Er hat daher nur die Wahl, die Beschäftigung wieder aufzunehmen oder sich selbst aus dem Arbeitsverhältnis zu verabschieden; mit der Abfindung wird es nichts.

Um Missverständnissen vorzubeugen: Der Kündigungsschutzprozess bietet zumeist eine realistische Chance für die Vereinbarung einer Abfindung. Der Arbeitgeber wird jedenfalls dann ein Interesse an einer solchen Vereinbarung haben, wenn für ihn das Risiko besteht, Sie weiter beschäftigen zu müssen, und er diese Konsequenz in jedem Falle vermeiden will.

Kann ich durch ein Arbeitsgerichtsverfahren erreichen, dass ich nach Ablauf der Kündigungsfrist vom Arbeitgeber weiterbeschäftigt werden muss?

Richtet sich das Interesse des gekündigten Arbeitnehmers auf die Fortsetzung des Arbeitsverhältnisses, so ist es von großer Bedeutung, dass eine Unterbrechung seiner tatsächlichen Beschäftigung im Betrieb von vornherein vermieden wird.

Weiterbeschäftigung vor Urteil im Kündigungsschutzprozess. Herr Mateika ist Pharmareferent bei der Firma Süd-Pharm in Freiburg. Er erhält eine ordentliche Kündigung mit einer sechsmonatigen Kündigungsfrist. Vorwurf: Unzulässige Abgabe von Ärztemustern in Krankenhäusern. Herr Mateika bestreitet den Vorwurf entschieden. Nachdem er zunächst versucht hat, mit der Süd-Pharm zu einer Einigung zu kommen, erhebt er selbst bei der Geschäftsstelle des Arbeitsgerichts Klage mit dem Antrag, die Unwirksamkeit der Kündigung festzustellen. Auch den Gütetermin vor dem Arbeitsgericht nimmt er noch selbst wahr. Eine

Einigung kommt nicht zustande und das Gericht setzt den sog. Streittermin auf einen Zeitpunkt fest, der mehrere Monate nach dem Ablauf der Kündigungsfrist liegt. Als der Ablauf der Kündigungsfrist näher rückt, bittet Herr Mateika Rechtsanwalt Dr. Lux den Fall zu übernehmen. Als erstes müsse sichergestellt werden, dass er nicht nach Ablauf der Kündigungsfrist wieder beschäftigt wird. Er könne nicht warten bis das Gericht über die Kündigung entschieden habe. – Ist das Anliegen des Herrn Mateika zu realisieren?

Normalerweise nicht. Solange das Arbeitsgericht nicht zugunsten von Herrn Mateika entschieden hat, dass die Kündigung unwirksam ist bzw. das Arbeitsverhältnis nicht aufgelöst hat, ist die Kündigung zu beachten.

Aber selbst wenn ein solches Urteil vorliegt, kann damit noch nicht die Beschäftigung erzwungen werden.

Weiterbeschäftigung nach obsiegendem Urteil im Kündigungsschutzprozess. Herr Mateika hat mit seinem Rechtsanwalt Dr. Lux das Kündigungsschutzverfahren weitergeführt. Dr. Lux ändert den bei der Geschäftsstelle des Arbeitsgerichts von Herrn Mateika selbst gestellten Antrag, die Unwirksamkeit der Kündigung festzustellen, nicht mehr. Das Arbeitsgericht gibt der Klage statt. Die Firma Süd-Pharm legt gegen dieses Urteil Berufung beim zuständigen Landesarbeitsgericht ein. – Kann Herr Mateika aufgrund des Urteils des Arbeitsgerichts Weiterbeschäftigung verlangen?

Leider nicht. Diese Tatsache hängt mit dem Wesen des Kündigungsschutzverfahrens zusammen. Der Kündigungsschutzprozess bezweckt die Feststellung, dass das Arbeitsverhältnis durch die Kündigung nicht aufgelöst worden ist (einen solchen Antrag hat auch Herr Mateika beim Arbeitsgericht zu Protokoll gegeben); aus einem solchen Urteil kann nicht die Beschäftigung erzwungen werden, dazu wäre ein weiteres Urteil notwendig, das dem Arbeitgeber ausdrücklich die Beschäftigung befiehlt. Aber selbst wenn der Rechtsanwalt Dr. Lux einen solchen Antrag gestellt hätte, würde es je nach Schwierigkeit des Verfahrens mehrere Monate, ein halbes Jahr oder vielleicht sogar ein Jahr bis zu einem solchen Urteil dauern.

Besteht eine Chance, die Weiterbeschäftigung nach Ablauf der Kündigungsfrist durchzusetzen, wenn der Betriebsrat der Kündigung widersprochen hat?

Hat der Betriebsrat einer Kündigung fristgerecht und ordnungsgemäß widersprochen, ist der Arbeitgeber auf Antrag des Arbeitnehmers verpflichtet, den Arbeitnehmer bis zum rechtskräftigen Abschluss des Kündigungsschutzverfahrens weiter zu beschäftigen (vgl. hierzu 15. Kapitel, Abschnitt 3, S. 281). Sie müssen sich die Stellungnahme des Betriebsrats besorgen und Ihrem Prozessvertreter weitergeben, damit dieser – immer vorausgesetzt, der Widerspruch ist „ordnungsgemäß und fristgemäß" – sofort die Weiterbeschäftigung durchsetzen kann. Jetzt geht es auch schnell, da ja die Weiterbeschäftigung bis zum Ende des Kündigungsschutzprozesses gesichert werden muss. Der Weiterbeschäftigungsanspruch aufgrund des Widerspruchs des Betriebsrats kann im Wege der einstweiligen Verfügung, also in einem Eilverfahren, durchgesetzt werden. Er bietet damit eine echte Chance, eine nahtlose Weiterbeschäftigung zu erreichen.

4. Bewertung der Prozessaussichten

Wer kann mir helfen, die Rechtslage richtig einzuschätzen?

Ob Sie hoffen können, Ihr Ziel beim Arbeitsgericht zu erreichen, also „Recht" zu bekommen, hängt natürlich davon ab, wie die Rechtslage ist. Diese richtig zu beurteilen, ist Sache des Sie beratenden Rechtsanwalts oder Gewerkschaftssekretärs. Dabei können häufig keine sicheren Voraussagen gemacht werden, da die Gesetze für den Einzelfall nicht immer eindeutig sind und von den Gerichten eine Bewertung verlangen, die unterschiedlich ausfallen kann.

Welche Rolle spielt die Beweislage für den Prozessausgang?

„Recht haben" bedeutet nicht immer auch „Recht bekommen". Dies hängt damit zusammen, dass es nicht immer gelingt, das Recht (genauer: die Tatsachen, aus denen sich das Recht ergibt) auch zu beweisen. Wer was zu beweisen hat, richtet sich nach strengen Regeln.

Wenn nichts Anderes durch Gesetz festgelegt ist, muss derjenige, der einen Anspruch geltend macht, die „anspruchsbegründenden" Tatsachen, wenn sie bestritten werden, auch beweisen.

Mündliche Zusage und kein Zeuge. Frau Lerchenfelder ist als Apothekenhelferin in der Beta-Apotheke in München beschäftigt. Bei der Einstellung wurde ihr von ihrem Chef mündlich zugesagt, sie erhalte jeweils im Dezember eines Jahres eine Sonderzahlung in Höhe eines Monatsgehalts. Das Gespräch fand unter vier Augen statt. Als Frau Lerchenfelder Ende Dezember feststellt, dass eine Sonderzahlung nicht erfolgt ist, erinnert sie ihren Chef an seine Zusage. Dieser streitet aber ab, eine solche Zusage gegeben zu haben. – Frau Lerchenfelder möchte wissen, wie ihre Aussichten sind, die Sonderzahlung erfolgreich einzuklagen.

Frau Lerchenfelder kann keine Zeugen für die behauptete Zusage anbieten. Das Gericht kann zwar auf ihren Antrag hin als letztes Mittel zur Aufklärung des Sachverhalts auch ihren Chef vernehmen. Aber was wird er wohl sagen?

Wichtig:

Das beste Beweismittel für einen Anspruch aus dem Arbeitsverhältnis ist immer noch ein Schriftstück, dem die Zusage des Arbeitgebers zu entnehmen ist oder aus dem sich zumindest Umstände ergeben, die auf eine solche Zusage schließen lassen.

Hätte Frau Lerchenfelder einen schriftlichen Vertrag in Händen, in dem ihr die Sonderzahlung zugesagt worden ist, wäre es ihr ohne weiteres möglich, den Beweis durch Vorlage dieser Urkunde zu führen.

Für den Kündigungsschutzprozess ist gesetzlich festgelegt, dass der Arbeitgeber die Kündigungsgründe darlegen und beweisen muss.

Beweiswert einer Arbeitsunfähigkeitsbescheinigung. Herr Winkler ist Fernfahrer bei einer Spedition in Nürnberg. Er ist arbeitsunfähig krank und hat auch eine Arbeitsunfähigkeitsbescheinigung vorgelegt. Ein Kollege trifft ihn in der Stadt beim Einkaufen und teilt dies dem Arbeitgeber mit. Dieser spricht eine fristgerechte Kündigung aus und begründet sie im Prozess damit, dass Herr Winkler entgegen der Aussage in der vorgelegten Arbeitsunfähigkeitsbescheinigung nicht krank war, also unberechtigt der Arbeit ferngeblieben ist. – Wie sind die Chancen des Arbeitgebers, dass er mit seiner Begründung durchdringt?

Ganz entschieden schlecht. Er muss beweisen, dass Herr Winkler trotz der vorgelegten Arbeitsunfähigkeitsbescheinigung nicht arbeitsunfähig war. Dazu müsste er erst einmal Tatsachen vortragen, die es plausibel machen, dass Herr Winkler nicht krank war. Daran fehlt es hier schon: Nur eine sehr schwere oder besondere Krankheit hätte einem Einkaufsgang des Herrn Winkler entgegengestanden. Und selbst wenn: Es kann immer noch sein, dass Herr Winkler trotzdem krank war. Dem Arbeitgeber bleibt nur, den Arzt des Herrn Winkler vom Gericht befragen zu lassen. Aber was wird dieser wohl aussagen, nachdem er die Arbeitsunfähigkeitsbescheinigung ausgestellt hat?

Häufig wird der Arbeitgeber aber in Kündigungsschutzprozessen Zeugen anbieten können, die aufgrund ihrer arbeitsvertraglichen Stellung seine Interessen vertreten, möglicherweise sogar auf der Arbeitgeberseite an dem Konflikt, der zur Kündigung geführt hat, beteiligt waren.

Vorgesetzter als Zeuge. Herr Mikiadis ist technischer Leiter in einer kleinen Maschinenfabrik in einer hessischen Stadt. Als er vom Tod eines Familienmitglieds in Griechenland erfährt, bittet er den Betriebsleiter, ihm Urlaub für „eine oder zwei Wochen" zu gewähren, damit er in seinen der Firma bekannten Heimatort nach Griechenland zur Teilnahme an den Trauerfeierlichkeiten fahren könne. Der Betriebsleiter macht zwar Einwendungen wegen der anfallenden Arbeit, stimmt aber letztlich zu. Weitere Personen sind bei diesem Gespräch nicht anwesend. Als Herr Mikiadis nach zwei Wochen aus Griechenland zurückkommt, findet er in seinem Briefkasten eine Kündigung vor. Diese wird damit begründet, dass er unberechtigt der Arbeit ferngeblieben sei. Nach Ablauf des einwöchigen Urlaubs sei er trotz des großen Arbeitsanfalls nicht zur Arbeit erschienen, man habe auch nicht gewusst, wo er zu erreichen sei. – Wie ist die Beweislage für Herrn Mikiadis in einem Kündigungsschutzprozess zu beurteilen?

Zwar muss der Arbeitgeber beweisen, dass die Behauptung des Herrn Mikiadis über die Zustimmung des Betriebsleiters zu einem Urlaub, der auch zwei Wochen dauern konnte, nicht zutrifft. Aber er wird Betriebsleiter Weber als Zeugen benennen. Wie dieser aussagen wird, kann natürlich nicht vorausgesagt werden, doch wird man bei der Einschätzung der Prozesschancen wohl eher eine für Herrn Mikiadis negative Aussage unterstellen müssen.

Wichtig:

Die verbreitete Meinung, dass Vorgesetzte des Arbeitnehmers nicht als Zeugen für den Beweis einer Behauptung des Arbeitgebers in Betracht kommen, ist falsch. Erkennbare Abhängigkeit und Voreingenommenheit eines solchen Zeugen sind vom Gericht bei der Würdigung der Aussage zu berücksichtigen.

Ebenso wie die Beurteilung der Rechtslage ist auch die Einschätzung der Beweismöglichkeiten Sache Ihres Prozessvertreters. Sie sollten unbedingt darüber mit ihm reden. Sprechen Sie diese Fragen, falls er es nicht tut, von sich aus an. Sie müssen ja wissen, woran Sie sind. Nur so können Sie – auch unter Einbeziehung der zu erwartenden Kosten – eine begründete Entscheidung treffen, ob Sie den Prozess überhaupt führen.

5. Die Kosten eines arbeitsgerichtlichen Verfahrens

Wer muss die Kosten des Verfahrens vor dem Arbeitsgericht tragen?

Das Gericht entscheidet nicht nur über Ihr Begehren, sondern auch darüber, wer die Kosten des Verfahrens trägt.

Sie haben in einem Kündigungsschutzverfahren gewonnen. Das Urteil lautet:

Gewonnener Kündigungsschutzprozess. (1) Es wird festgestellt, dass das Arbeitsverhältnis durch die Kündigung nicht aufgelöst worden ist.
(2) Die Beklagte trägt die Kosten des Verfahrens.

In diesem Fall muss Ihr Arbeitgeber als „unterliegende Partei“ die Kosten des Verfahrens tragen.

Oder Sie haben den Prozess verloren. Das Urteil lautet dann:

Verlorener Kündigungsschutzprozess. (1) Die Klage wird abgewiesen.
(2) Der Kläger trägt die Kosten des Verfahrens.

Jetzt sind Sie die „unterliegende Partei“ und müssen daher die Kosten des Verfahrens tragen.

Was gehört zu den Kosten des Verfahrens?

Hierzu gehören zunächst die Gerichtskosten und die gerichtlichen Auslagen. Außerdem sind die der „obsiegenden Partei“ entstandenen Kosten zu erstatten. Davon gibt es eine für unseren Zusammenhang wichtige Ausnahme:

Im Verfahren vor dem Arbeitsgericht (erste Instanz) hat die Partei, die den Prozess gewinnt, keinen Anspruch gegen die andere Partei auf eine Entschädigung wegen Zeitversäumnis und auf Erstattung der Kosten für die Zuziehung eines Prozessbevollmächtigten.

Obwohl im ersten der beiden Urteile unseres Beispiels der Arbeitnehmer gewonnen hat und der Arbeitgeber die Kosten des Verfahrens tragen muss, erhält der Arbeitnehmer seine Rechtsanwaltskosten nicht erstattet und bekommt auch nichts für die durch den Prozess entstandene Zeitversäumnis. Der Kostenausspruch im arbeitsgerichtlichen Urteil hat daher im Wesentlichen nur Bedeutung für die Tragung der Gerichtskosten.

Umgekehrt kann der Arbeitnehmer im zweiten Urteil des Beispiels, obwohl er verloren hat, nicht vom Arbeitgeber für dessen Rechtsanwaltskosten in Anspruch genommen werden und muss diesem auch nicht die durch den Prozess entstandene Zeitversäumnis entschädigen.

Bei dem Verfahren vor dem Landesarbeitsgericht und vor dem Bundesarbeitsgericht gilt diese Einschränkung der Kostenerstattung nicht. Wer beim Landesarbeitsgericht oder beim Bundesarbeitsgericht verliert, muss seinem Prozessgegner die Rechtsanwaltsgebühren bezahlen und ihm auch die Zeitversäumnis entschädigen.

Welche Bedeutung hat der Streitwert des Verfahrens für die Kosten?

Sowohl die Gerichtskosten als auch die Rechtsanwaltsgebühren werden wesentlich vom so genannten Streitwert bestimmt. Der Streitwert ist der wirtschaftliche Wert, um den es im Verfahren geht.

Streitwert einer Lohnklage. Herr Meißner ist als Fliesenleger bei einer Ulmer Firma beschäftigt. Wegen einer angeblichen Schlechtleistung zieht ihm sein Arbeitgeber vom Lohn einen Betrag von 500 Euro ab. Meißner erhebt beim zuständigen Arbeitsgericht Klage mit dem Antrag, dass der Arbeitgeber zur Zahlung von 500 Euro verurteilt wird. – Wie hoch ist der Streitwert?

Streitwert ist in diesem Fall der Betrag von 500 Euro.

Nicht immer kann der Streitwert so einfach bestimmt werden. In Kündigungsschutzprozessen geht es nicht um eine bestimmte Summe Geld, sondern um den Fortbestand des Arbeitsverhältnisses. Dieser lässt sich nicht ohne weiteres in einem einsichtigen Geldbetrag ausdrücken. Der Gesetzgeber hat deshalb die Frage dahingehend geregelt, dass „höchstens der Betrag des für die Dauer eines Vierteljahres zu leistenden Arbeitsentgelts" maßgebend ist. In der Praxis der Arbeitsgerichte wird – außer bei sehr kurzen Arbeitsverhältnissen – in Kündigungsschutzverfahren das Quartalseinkommen des gekündigten Arbeitnehmers als Streitwert eingesetzt.

Streitwert einer Kündigungsschutzklage. Herr Weber war insgesamt drei Jahre als Kundenberater bei der D.-Bank beschäftigt und wurde dann gekündigt. Er hat monatlich 3.000 Euro brutto verdient. – Wie hoch ist der Streitwert, wenn er gegen die Kündigung klagt?

Sieht man einmal von jährlichen Einmalzahlungen wie zusätzliches Urlaubsgeld und 13. Monatseinkommen ab, die anteilig zu berücksichtigen wären, beträgt der Streitwert 9.000 Euro.

Was kostet mich ein Rechtsanwalt im gerichtlichen Verfahren?

Wie wir gesehen haben, müssen Sie im Verfahren vor dem Arbeitsgericht, also in erster Instanz, die Kosten des von Ihnen beauftragten Rechtsanwalt auch dann tragen, wenn Sie den Prozess gewinnen. Die Kenntnis der voraussichtlich anfallenden Rechtsanwaltsgebühren ist daher von großer Bedeutung für die Entscheidung, den Prozess zu führen. Der Umfang der Gebühren ist weitgehend gesetzlich geregelt.

Aber lassen sich diese Kosten des Rechtsanwalts voraussagen? Hängen sie nicht vom Arbeitsaufwand ab?

Die Bezahlung eines Rechtsanwalts für seine Tätigkeit im Prozess hängt nicht vom Umfang der geleisteten Arbeit ab. Vielmehr ist entscheidend, ob er (im Rahmen des Auftrags liegende) Tätigkeiten entfaltet, die gesetzlich definierte Gebührentatbestände erfüllen.

Es gibt eine Vielzahl von Gebührentatbeständen. Sie können hier nicht alle behandelt werden.

Im Verfahren vor dem Arbeitsgericht kann der Rechtsanwalt bis zu drei Gebühren verdienen:

- Die **Verfahrensgebühr**: Diese bekommt er, wenn er von Ihnen beauftragt worden ist, das Verfahren vor dem Arbeitsgericht durchzuführen und wenn er zu diesem Zweck tätig geworden ist.
- Eine **Terminsgebühr**: Um diese zu verdienen, muss er an einem Termin teilgenommen haben. Auf die Anzahl der Termine kommt es nicht an; auch wenn fünfmal verhandelt wird, erhält er nur eine Terminsgebühr.
- Die **Einigungsgebühr**: Diese erhält der Rechtsanwalt, wenn er an einer Einigung mitwirkt. Das ist z. B. ein gerichtlicher Vergleich, mit dem anstelle der Kündigung eine einvernehmliche Beendigung des Arbeitsverhältnisses tritt.
- Den Gebührentatbeständen sind Gebührensätze zugeordnet. Der Gebührensatz einer vollen Gebühr beträgt 1,0, sonstige Gebühren werden mit dem x-fachen der vollen Gebühr ausgedrückt.

- Die Verfahrensgebühr, die der Rechtsanwalt im Verfahren vor dem Arbeitsgericht verdient, beträgt das **1,3-fache** der vollen Gebühr,
- die Terminsgebühr das **1,2-fache**
- und eine etwaige Einigungsgebühr hat, wenn die Einigung im Rahmen eines Verfahrens zustande kommt, den Vergütungssatz von **1,0**, entspricht also der vollen Gebühr.

Die Verfahrensgebühr ermäßigt sich auf eine 0,8- Gebühr, wenn er Auftrag zur Prozessführung vorzeitig endet, also beispielsweise die Klage nicht erhoben worden ist, weil der Arbeitgeber die Kündigung zurückgenommen hat.

Die Gebühren steigen mit der Höhe des Streitwertes. Der Grund liegt darin, dass der Rechtsanwalt bei der Bearbeitung eines Falles mit einem höheren Streitwert eine größere Verantwortung hat und ein höheres Haftungsrisiko trägt.

Die Rechtsanwaltsgebühren können aus einer Tabelle abgelesen werden. Diese berücksichtigt auch die unterschiedlichen Vergütungssätze. Nachfolgend soll lediglich die Staffel der vollen Gebühren bei Gegenstandswerten bis 380.000 Euro wiedergegeben werden (Stand Januar 2017).

Auszug aus Gebührentabelle

Wert bis (Euro)	volle Gebühr (Euro)	Wert bis (Euro)	volle Gebühr (Euro)
500	45	40.000	1.013
1.000	80	45.000	1.088
1.500	115	50.000	1.163
2.000	150	65.000	1.248
3.000	201	80.000	1.333
4.000	252	95.000	1.418
5.000	303	110.000	1.503
6.000	354	125.000	1.588
7.000	405	140.000	1.673
8.000	456	155.000	1.758

Wert bis (Euro)	volle Gebühr (Euro)	Wert bis (Euro)	volle Gebühr (Euro)
9.000	507	170.000	1.843
10.000	558	185.000	1.928
13.000	604	200.000	2.013
16.000	650	230.000	2.133
19.000	696	260.000	2.253
22.000	742	290.000	2.373
25.000	788	320.000	2.493
30.000	863	350.000	2.613
35.000	938	380.000	2.733

Anhand der beiden Fälle Meißner und Weber soll Ihnen ein Eindruck von den Kosten der Durchführung des arbeitsgerichtlichen Verfahrens erster Instanz mit anwaltlicher Vertretung gegeben werden (Stand März 2014):

Beispiele für die Abrechnung des Rechtsanwaltes:

Abrechnung des Rechtsanwalts im Fall Meißner unter Zugrundelegung eines Streitwerts von 500 Euro:

	Euro
Verfahrensgebühr:	58,5 (45 · 1,3)
Terminsgebühr:	54,– (45 · 1,2)
Auslagenpauschale:	20
Mehrwertsteuer (19%):	25,65
Gesamt:	160,65

Abrechnung im Fall Weber unter Zugrundelegung eines Streitwerts von 9.000 Euro:

	Euro
Verfahrensgebühr:	659,1 (507,– · 1,3)
Terminsgebühr:	608,4 (507,– · 1,2)
Auslagenpauschale:	20,–
Mehrwertsteuer (19%):	244,62
Gesamt:	1.532,12

Wurden die Verfahren durch Vergleich beendet, kann der Rechtsanwalt eine Einigungsgebühr abrechnen. Die Abrechnung im Fall Weber stellt sich dann wie folgt dar:

	Euro
Verfahrensgebühr:	659,10
Terminsgebühr:	608,40
Einigungsgebühr:	507
Auslagenpauschale:	20,–
Mehrwertsteuer (16%):	340,95
Gesamt:	2.135,45

Die Kostenrechnungen des Rechtsanwalts können noch weitere Posten enthalten wie etwa Kopier- oder Fahrtkosten.

Was muss ich an Gerichtskosten zahlen, wenn ich den Prozess verliere?

Wenn Sie den Prozess vor dem Arbeitsgericht, also in erster Instanz verlieren, müssen Sie zwar nicht die Gebühren des Rechtsanwalts des Arbeitgebers, aber die Gerichtskosten bezahlen. Auch die Gerichtskosten sind streitwertabhängig gestaffelt. So betragen etwa die Gerichtsgebühren im Fall Meißner bei dem angenommenen Streitwert von 500, – Euro insgesamt 70, – Euro und im Fall Weber bei dem angenommenen Streitwert von 9.000, –Euro insgesamt 444, – Euro. Hinzu kommen noch die gerichtlichen Auslagen.

Wie sieht es mit den Gerichtskosten aus, wenn der Prozess durch einen Vergleich beendet wird?

Kommt es zu einem Vergleich im arbeitsgerichtlichen Verfahren, entfällt die Gerichtsgebühr (nicht aber die gerichtlichen Auslagen). Da die Einigungsgebühr, die Sie Ihrem Rechtsanwalt zahlen müssen, höher ist als die Gerichtsgebühr, erhöht der Vergleich Ihre Kosten.

Welches Kostenrisiko habe ich, wenn das Verfahren in die zweite Instanz geht?

Gerade bei den Kosten ist es wichtig, von vornherein schon an die zweite Instanz zu denken. Ist nämlich ein Fall rechtlich oder tatsächlich problematisch, so bleibt er dies auch in der zweiten Instanz. Selbst wenn Sie vor dem Arbeitsgericht gewonnen haben, ist dies keine Garantie, dass auch das Landesarbeitsgericht so entscheidet. Durch die Einlegung der Berufung durch Ihren Arbeitgeber haben Sie im Grunde wieder das volle Prozessrisiko und ein gegenüber der ersten Instanz erhöhtes Kostenrisiko. Die Bestimmung, dass unabhängig vom Prozessausgang jede Partei ihre Anwaltskosten selbst trägt, gilt dann nicht mehr.

Verlieren Sie in zweiter Instanz, zahlen Sie:

- Gerichtskosten beider Instanzen, also sowohl des Arbeitsgerichts als auch des Landesarbeitsgerichts;
- die Rechtsanwaltskosten der zweiten Instanz, und zwar nicht nur die eigenen, sondern auch die Kosten des Rechtsanwalts Ihres Arbeitgebers.

Auch sind die Gerichts- und Anwaltsgebühren in zweiter Instanz höher.

6. Übernahme der Kosten durch die Gewerkschaft, durch eine Rechtsschutzversicherung, Prozesskostenhilfe.

Welche Leistung erhalte ich von meiner Gewerkschaft, wenn ich ein arbeitsgerichtliches Verfahren durchführen muss?

Wenn Sie Mitglied einer Gewerkschaft sind, wird Ihnen nicht nur eine qualifizierte Prozessvertretung gestellt, auch die sonstigen Kosten des Verfahrens werden von der Gewerkschaft bezahlt. Allerdings sehen die Satzungen der im DGB zusammengeschlossenen Industriegewerkschaften Wartefristen (regelmäßig drei Monate) vor.

Wichtig:

Von Ihrer Gewerkschaft erhalten Sie nur dann Rechtschutz, wenn der den Prozess auslösende Konflikt nicht vor Ablauf der satzungsgemäßen Wartefrist entstanden ist. Werden Sie also nicht erst Gewerkschaftsmitglied, wenn „das Kind schon in den Brunnen gefallen" ist!

Kommt meine Rechtsschutzversicherung für die Kosten eines arbeitsgerichtlichen Verfahrens auf?

Die Kostensorge sind Sie auch dann los, wenn Sie eine Rechtsschutzversicherung haben, die einen Kostenschutz in arbeitsrechtlichen Angelegenheiten einschließt. Auch hier besteht regelmäßig eine dreimonatige Wartefrist. Bei zu häufiger Inanspruchnahme kann allerdings die Rechtsschutzversicherung den Versicherungsvertrag kündigen.

Was bedeutet Prozesskostenhilfe, und was nützt sie mir?

Die mit einem Gerichtsverfahren verbundenen Kosten, insbesondere die Kosten der Vertretung durch einen Rechtsanwalt, können dazu führen, dass eine Partei auch einen aussichtsreichen Prozess unterlässt. Dies ist dann der Fall, wenn die Kosten des Verfahrens die Partei finanziell überfordern. Die Prozesskostenhilfe (bis zum 31. Dezember 1980 „Armenrecht") soll auch der „armen Partei" die Prozessführung ermöglichen. Je nach den Einkommens- und Vermögensverhältnissen kann die Prozesskostenhilfe zu einem Erlass oder nur zu einer Kreditierung der Prozesskosten führen.

Kann ich mir bei der Gewährung der Prozesskostenhilfe den Rechtsanwalt, der mich vertreten soll, selbst aussuchen?

Die Prozesskostenhilfe bedeutet auch, dass Ihnen auf Ihren Antrag hin ein zur Prozessführung bereiter Rechtsanwalt beigeordnet wird. Diesen Rechtsanwalt können Sie selbst benennen.

Welche Voraussetzungen muss ich erfüllen, damit mir Prozesskostenhilfe gewährt wird?

Prozesskostenhilfe wird auf Antrag bewilligt, wenn

- die Partei aufgrund ihrer persönlichen und wirtschaftlichen Verhältnisse die Kosten der Prozessführung nicht, nur zum Teil oder nur in Raten aufbringen kann und
- die beabsichtigte Rechtsverfolgung oder Rechtsverteidigung hinreichend Aussicht auf Erfolg bietet und nicht mutwillig ist.

Wonach richtet sich, ob ich wirtschaftlich bedürftig im Sinn der Prozesskostenhilfe bin?

Der Schlüsselbegriff ist das „einzusetzende Einkommen". Es wird errechnet, indem von Ihrem Bruttoeinkommen Beträge abgezogen werden, die Sie für den Lebensunterhalt benötigen oder die vom Einkommen kraft Gesetzes entrichtet werden müssen.

In einem **ersten Schritt** wird eine Art Nettoeinkommen bestimmt. Dazu werden vom Bruttoeinkommen abgezogen:

- die hierauf entrichteten Steuern und die Pflichtbeiträge zur Sozialversicherung,
- sonstige Beiträge zu öffentlichen und privaten Versicherungen oder ähnlichen Einrichtungen, soweit diese Beträge gesetzlich vorgeschrieben sind, z. B. Beiträge zur Kfz-Haftpflichtversicherung,
- die mit der Erzielung des Einkommens verbundenen notwendigen Ausgaben, z. B. Fahrtkosten zur Arbeitsstelle.

In einem **zweiten Schritt** werden Freibeträge für Sie, Ihren Ehegatten, Kinder und sonstige unterhaltsberechtigte Personen abgezogen. Die Freibeträge ändern sich jedes Jahr entsprechend der Rentenentwicklung und werden vom Bundesministerium der Justiz im Bundesgesetzblatt bekannt gegeben. Derzeit (Stand 31.12.2016) gelten folgende Freibeträge.

- Einkommensfreibetrag für Sie als Rechtsuchenden: 468 Euro
- (zusätzlicher) Freibetrag, falls Sie erwerbstätig sind: 213 Euro

- Unterhaltsfreibetrag für Ehegatte/Ehegattin oder eingetragene/n Lebenspartnerin/Lebenspartner: 468 Euro
- Unterhaltsfreibetrag für Erwachsene im Haushalt: 374 Euro
- Unterhaltsfreibetrag für Jugendliche von Beginn des 15. bis zur Vollendung des 18. Lebensjahres: 353 Euro
- Unterhaltsfreibetrag für Kinder von Beginn des siebten bis zur Vollendung des 14. Lebensjahres: 309 Euro
- Unterhaltsfreibetrag für Kinder bis zur Vollendung des sechsten Lebensjahres: 272 Euro

Auf die Unterhaltsfreibeträge des Ehegatten und der sonstigen unterhaltsberechtigten Personen wird deren Einkommen angerechnet.

In einem **dritten Schritt** werden Ihre Kosten für Unterkunft (Miete und Mietnebenkosten) und Heizung abgezogen. Schließlich können auch Beträge für besondere Belastungen in einem angemessenen Umfange in Abzug gebracht werden, beispielsweise Mehrausgaben für körperbehinderte Familienmitglieder.

Bei welchem (einzusetzenden) Einkommen erhalte ich Prozesskostenhilfe?

Ist das einzusetzende Einkommen geringer als 20 Euro wird Prozesskostenhilfe ohne Raten gewährt. Bei einem einzusetzenden Einkommen ab 20 Euro wird Prozesskostenhilfe mit Raten gewährt. Bis zu einem einzusetzenden Einkommen von 600 Euro beträgt die monatliche Rate die Hälfte des einzusetzenden Einkommens. Bei einem höheren einzusetzenden Einkommen beträgt die Monatsrate 300 Euro zuzüglich des 600 Euro übersteigenden Anteils des einzusetzenden Einkommens. Beträgt beispielsweise das einzusetzende Einkommen 800 Euro ist die Rate 500 Euro.

Die Anzahl der Monatsraten ist auf achtundvierzig beschränkt, auch wenn die anfallenden Kosten höher sind. Keine Prozesskostenhilfe wird gewährt, wenn die Kosten der Prozessführung vier Monatsraten voraussichtlich nicht übersteigen.

Wichtig: Auch bei Ratenzahlung liegt der Vorteil der Prozesskostenhilfe nicht nur darin, dass Ihre Liquidität geschont wird. Die Gebühren des beigeordneten Rechtsanwalts sind niedriger als die einer anwaltlichen Vertretung ohne Prozesskostenhilfe.

Spielt es für die Gewährung von Prozesskostenhilfe auch eine Rolle, ob und wie viel Vermögen ich habe?

Auch wenn Ihnen nach der Tabelle Prozesskostenhilfe zu gewähren wäre, kann diese entfallen bzw. eingeschränkt sein, wenn Sie verfügbares Vermögen haben. Der Einsatz von Vermögen für die Prozesskosten wird Ihnen aber nur in begrenztem Umfange zugemutet. Die Einzelheiten können hier nicht behandelt werden.

Haben die Prozesschancen Einfluss auf die Entscheidung über die Prozesskostenhilfe?

Ist das Verfahren für Sie von vornherein aussichtslos, erhalten Sie auch dann keine Prozesskostenhilfe, wenn die wirtschaftlichen Voraussetzungen dafür gegeben sind.

Aussichtsloser Kündigungsschutzprozess. Angelika Hartl, ledig, unterhaltspflichtig für ein fünfjähriges Kind, ist seit 2010 in der Arztpraxis des Dr. Willig in Würzburg beschäftigt. Außer ihr sind dort nur noch eine weitere Arzthelferin, eine Auszubildende, eine Sekretärin und gelegentlich die Ehefrau des Arztes für Buchhaltungsarbeiten beschäftigt. Frau Hartl erhält eine Kündigung. Die Kündigungsfrist ist eingehalten. Frau Hartl will gegen die Kündigung Kündigungsschutzklage erheben. Sie stellt einen Prozesskostenhilfeantrag und gibt in der Erklärung über die persönlichen und wirtschaftlichen Verhältnisse (wahrheitsgemäß) an, dass sie ein Arbeitslosengeld von monatlich 600 Euro erhält und für ihre 80-qm-Wohnung eine Miete von 300 Euro zahlen muss. – Wird ihr Prozesskostenhilfe gewährt?

Nein. Zwar hat sie erkennbar kein einzusetzendes Einkommen (dem Arbeitslosengeld von 600, – Euro als einzigem Einkommen stehen Freibeträge für Frau Hartl selbst und ihr Kind von insgesamt 740, – Euro sowie die Miete von 300, – Euro gegenüber). Die Prozesskostenhilfe scheitert aber daran, dass das Verfahren aussichtslos ist. Voraussetzung für den gesetzlichen Kündigungsschutz ist, dass der Arbeitnehmer in einem Betrieb mit mehr als zehn (für Arbeitsverhältnisse, die vor dem 1. 1. 2004 begründet worden sind: mehr als fünf) Arbeitnehmern beschäftigt ist. Das ist hier nicht der Fall.

Das Gericht darf sich allerdings bei der Frage, ob das Verfahren hinreichend Aussicht auf Erfolg hat, nicht als Hellseher betätigen oder bei Zweifelsfragen einen negativen Ausgang vorwegnehmen. Vielmehr ist eine großzügige Betrachtung anzustellen.

Fraglicher Kündigungsschutz. Frau Hartl ist im Laufe des Jahres 2011 in eine große Gemeinschaftspraxis eingetreten, in der sieben Arzthelferinnen (Frau Hartl eingeschlossen) und drei Sekretärinnen – alle in einem Vollarbeitszeitverhältnis – beschäftigt sind. Die Ehefrau eines der Chefs, Frau Willig, ist in der Woche etwa fünfzehn Stunden anwesend und macht Buchhaltungsarbeiten. Nach Ablauf der sechsmonatigen Probezeit wird Frau Hartl fristgemäß gekündigt. Sie erhebt Kündigungsschutzklage und verweist für die Anwendung des Kündigungsschutzgesetzes darauf, dass zusammen mit Frau Willig elf Arbeitnehmer in der Gemeinschaftspraxis beschäftigt sind. Die Ärzte bestreiten dies und behaupten, Frau Willig sei freie Mitarbeiterin. – Wie ist jetzt die Frage nach der Prozesskostenhilfe zu beantworten?

Da nicht ganz ausgeschlossen ist, dass Frau Willig Arbeitnehmerin ist, und daher das Kündigungsschutzgesetz zur Anwendung kommt, wird ihr das Gericht trotz der gegenteiligen Behauptung des Arbeitgebers die Prozesskostenhilfe gewähren.

Was muss ich unternehmen, damit mir die Prozesskostenhilfe gewährt wird?

Prozesskostenhilfe wird nur auf Antrag bewilligt. Der Antrag muss rechtzeitig gestellt werden. Ist das Urteil schon ergangen oder ist das Verfahren durch einen Vergleich beendet, kann der Antrag nicht mehr gestellt werden.

Zur Darlegung der persönlichen und wirtschaftlichen Verhältnisse müssen Sie einen Vordruck verwenden. Dieser ist mit umfangreichen Erläuterungen verbunden, die Sie durchlesen sollten. Wichtig ist auch, die Belege zu Ihren Angaben beizufügen.

Kann eine schon bewilligte Prozesskostenhilfe später wieder aufgehoben oder die Ratenzahlung abgeändert werden?

Die Entscheidung über die zu leistenden Zahlungen kann bei einer wesentlichen Veränderung der maßgeblichen persönlichen und wirtschaftlichen Verhältnisse geändert werden. Bei einer wesentlichen Verbesserung der persönlichen und wirtschaftlichen Verhältnisse kann erstmals Ratenzahlung vorgesehen oder auch höhere Raten festgesetzt werden. Bei einer wesentlichen Verschlechterung kann umgekehrt die Ratenzahlung aufgehoben und niedrigere Raten festgesetzt werden. Eine völlige Aufhebung der Prozesskostenhilfe aufgrund einer wesentlichen Verbesserung der persönlichen und wirtschaftlichen Verhältnisse ist nicht möglich.

Wichtig:

Sie müssen daher damit rechnen, dass Sie auch nach Abschluss Ihres Prozesses vom Gericht (durch den Rechtspfleger) aufgefordert werden, erneut Ihre persönlichen und wirtschaftlichen Verhältnisse darzulegen. Es gibt immer wieder Fälle, in den die Betroffenen eine solche Aufforderung ignorieren. Das ist kein sinnvolles Verhalten, da bei verweigerter Mitwirkung die Prozesskostenhilfe aufgehoben werden kann.

Nach Ablauf von vier Jahren seit Abschluss des Verfahrens, für das die Prozesskostenhilfe gewährt worden ist, ist eine Abänderung des Prozesskostenhilfebeschlusses zu Ihren Ungunsten nicht mehr möglich.

7. Die Durchführung des Arbeitsgerichtsverfahrens

Kann und soll ich den Prozess selbst führen?

Vor dem Arbeitsgericht, also in der ersten Instanz, können Sie auch selbst auftreten.

Diese Möglichkeit werden Sie allerdings erst in Erwägung ziehen, wenn feststeht, dass die Kosten eines Rechtsanwalts nicht von Ihrer

Gewerkschaft, einer Rechtsschutzversicherung oder von der Staatskasse (Prozesskostenhilfe) übernommen werden. Aber auch dann bleibt die Frage, ob Sie nicht doch einen Rechtsanwalt mit der Prozessvertretung beauftragen. Dafür können wir keinen allgemein gültigen Rat geben. Die Kosten der Prozessvertretung müssen jedenfalls in einem vernünftigen Verhältnis zu dem zu erwartenden wirtschaftlichen Ergebnis des Prozesses stehen. In jedem Fall ist es empfehlenswert, sich zunächst von einem Rechtsanwalt über die Prozessaussichten beraten zu lassen. Er kann Sie vor einem unnötigen Prozess bewahren. Natürlich kostet auch eine solche Beratung Geld, der Betrag steht aber in keinem Verhältnis zu den Rechtsanwaltskosten des Verfahrens.

Was muss ich beachten, wenn ich die Klage bei der Geschäftsstelle des Arbeitsgerichts einreichen will?

Nicht nur, wenn Sie selbst den Prozess führen wollen, sondern auch, wenn eine Klageerhebung durch einen Gewerkschaftssekretär oder einen Rechtsanwalt nicht rechtzeitig möglich ist, können Sie in die Situation kommen, eine Klage selbst einreichen zu müssen. Sie können die Klage durch ein Schreiben an das Gericht erheben. Dies ist normalerweise nicht zu empfehlen. Gerade bei der Klageerhebung ist auf viele Formalitäten zu achten. Machen Sie bei der Klageerhebung Fehler, kann dies irreparable Folgen haben. Davon wird noch die Rede sein. Vorzuziehen ist daher die Einreichung der Klage bei der Geschäftsstelle des Arbeitsgerichts.

Erkundigen Sie sich telefonisch, wann die Antragstellen Sprechstunden haben, und gehen Sie zu den entsprechenden Zeiten dorthin. Wir haben schon darauf hingewiesen, dass die Geschäftsstellen der Arbeitsgerichte nicht zur Rechtsberatung befugt sind. Ihre Aufgabe besteht vielmehr darin, Ihre Klage aufzunehmen. Wenn Sie die Geschäftsstelle des Arbeitsgerichts aufsuchen, müssen Sie sich also im Klaren darüber sein, was Sie wollen.

Unvorbereiteter Besuch bei der Antragstelle des Arbeitsgerichts. Herr Kröh ist Arbeiter bei der Varia-Sanitäranlagen GmbH. Er ist der Auffassung, dass ihm seine Firma über einen Zeitraum von einem Jahr hinweg nicht den vollen Lohn ausbezahlt hat. Er nimmt alle Abrechnungen, die er noch findet, und verschiedene handschriftliche Belege über gezahlte Vorschüsse und legt diese dem Rechtspfleger beim Arbeitsgericht vor mit den Worten: „Prüfen Sie mal nach, ob ich alles bekommen habe, was mir zusteht." – Was wird ihm der Rechtspfleger antworten?

Wenn er nicht von der besonders gutmütigen Sorte ist, wird er Herrn Kröh auffordern, eine verständliche Forderungsberechnung zu erstellen und dann wiederzukommen.

Wenn Sie bei der Geschäftsstelle des Arbeitsgerichts eine Klage gegen Ihren Arbeitgeber erheben wollen, müssen Sie die genaue Bezeichnung Ihres Arbeitgebers und seine Adresse mitbringen. Bei Firmennamen von Gesellschaften ist dies manchmal gar nicht so einfach.

Genaue Bezeichnung des Prozessgegners. Sie sind bei einer Firma Hans Rosenmeier GmbH & Co. KG beschäftigt. Sie haben zwar einen schriftlichen Vertrag unterschrieben, wovon Ihnen allerdings keine Ausfertigung ausgehändigt worden ist. Bei der Geschäftsstelle des Arbeitsgerichts, wo Sie gegen eine Kündigung klagen wollen, geben Sie an, dass Sie „beim Rosenmeier" beschäftigt sind. Befragt nach dem genauen Firmennamen, sagen Sie, der Hans Rosenmeier hat mich eingestellt. Die Klage wird gegen Herrn Hans Rosenmeier gerichtet. – Ist damit die Klage korrekt erhoben?

Nein. Sie haben den Falschen verklagt. Herr Rosenmeier ist nicht identisch mit der Firma Hans Rosenmeier GmbH & Co. KG. Daran ändert nichts, dass Hans Rosenmeier Geschäftsführer dieser Firma ist. Auch die Firma Hans Rosenmeier GmbH wäre die falsche Beklagte gewesen. Sie werden meinen, das sei doch alles nicht so schlimm, da Sie ja im Prozess diesen Fehler korrigieren können. Vielleicht vertrauen Sie darauf, dass Ihnen das Gericht schon helfen wird.

Die falsche Bezeichnung des Arbeitgebers, den Sie verklagen wollen, kann verhängnisvolle Folgen haben. Es kann sein, dass Sie mit einer späteren Richtigstellung Fristen (Frist für die Erhebung der Kündigungsschutzklage, tarifliche Verfallfristen) nicht mehr einhalten können. Sie müssen daher bei der Erhebung der Klage auf diese Frage höchste Sorgfalt verwenden. Schauen Sie vor Ihrem Gang zur Geschäftsstelle des Arbeitsgerichts Ihre Unterlagen durch, ob sich hieraus die genaue Bezeichnung Ihres Arbeitgebers einschließlich der Vertretungsverhältnisse ergibt. Und nehmen Sie diese auch mit! Das Gleiche gilt selbstverständlich für die Vorbereitung eines der Klageerhebung dienenden Besprechungstermins bei einem Rechtsanwalt oder einem Gewerkschaftssekretär.

Was die Vertretung Ihres Arbeitgebers anbelangt, so kann auch diese Frage Schwierigkeiten bereiten. In unserem Beispiel wird die Firma Hans Rosenmeier GmbH & Co. KG durch die persönlich haftende Gesellschafterin Firma Hans Rosenmeier GmbH und diese wiederum durch Herrn Hans Rosenmeier als Geschäftsführer vertreten. Alles das muss in der Klage angegeben werden.

Bestehen Unsicherheiten bei der genauen Bezeichnung des Namens und der Vertretungsverhältnisse, können diese durch einen Anruf beim Handelsregister geklärt werden. Dies wird Ihnen zwar der Urkundsbeamte beim Arbeitsgericht, ebenso der mit der Klageerhebung beauftragte Rechtsanwalt oder Gewerkschaftssekretär abnehmen, sorgen Sie aber selbst dafür, dass möglichst auf einfachere Weise anhand Ihrer Unterlagen die genaue Bezeichnung Ihres Arbeitgebers festgestellt werden kann.

Wichtig:

Wenn Sie bei der bei der Geschäftsstelle des Arbeitsgerichts eine Klage erheben wollen, dürfen Sie nicht mit leeren Händen kommen. Sie müssen alle Unterlagen, die von Bedeutung sein können, mitbringen.

Dazu gehört immer ein bestehender schriftlicher Arbeitsvertrag einschließlich etwaiger Änderungen. Ebenso gehören dazu immer, auch wenn nicht Gehalt oder Lohn eingeklagt werden soll, Unterlagen, die über die Höhe Ihres Gehalts oder Lohns Auskunft geben, also normalerweise die letzten Lohn- oder Gehaltsabrechnungen. Eine Vorkorrespondenz, die Sie selbst in dieser Angelegenheit mit Ihrem Arbeitgeber geführt haben, müssen Sie ebenfalls mitbringen.

Ansonsten hängt das, was Sie mitbringen müssen, vom Einzelfall ab. Jedenfalls sollten Sie sich überlegen, was für die Geltendmachung Ihres Rechts notwendig ist. Sie ersparen sich damit, dass Sie nach Hause geschickt werden, um die notwendigen Unterlagen beizubringen.

Was bedeutet es, wenn ich „Klage erhoben" habe?

Mit der Klageerhebung haben Sie das arbeitsgerichtliche Verfahren in Gang gebracht. Das Gericht muss über Ihren Klageantrag nach Durchführung eines ganz genau vorgeschriebenen Verfahrens entscheiden. Beachten Sie: Die Geschäftsstelle des Arbeitsgerichts, bei der Sie die Klage zu Protokoll gegeben haben, hat mit diesem Verfahren nichts zu tun. Mit der Protokollierung der Klage ist die Aufgabe der Geschäftsstelle erledigt, und die Klage wird an das Gericht weitergeleitet, das über sie entscheiden muss. Manchmal ist nach dem Besuch der Rechtsantragstelle des Arbeitsgerichts zu hören, das Arbeitsgericht habe die Klage angenommen, also könne sie nicht unbegründet sein. Das ist eine verfrühte Hoffnung. Die Geschäftsstelle des Arbeitsgerichts prüft nicht, ob Ihnen das begehrte Recht zusteht!

Welche Bedeutung hat der in der Klage gestellte Antrag?

Das Arbeitsgericht sucht nicht unter Berücksichtigung des gesamten Sachverhalts nach der besten Lösung für Sie. Es entscheidet nur über den von Ihnen gestellten Antrag. Es kann Ihnen nicht mehr und auch nicht etwas Anderes zubilligen als das, was Sie beantragt haben.

Begrenzte Wirkung eines Urteils. Herr Schaude ist bei der Salomon-Autovermietung in Berlin beschäftigt. Er hat zwanzig Jahre lang ohne vertragliche Grundlage immer im November eine Betriebsleiterprämie in Höhe von 3.500 Euro erhalten. Die Firma teilt ihm mit, dass die Prämie zukünftig nicht mehr gezahlt werde. Herr Schaude erhebt Klage mit dem Antrag, dass ihm die Firma 3.500 Euro zahlen muss. – Kann das Gericht die Salomon-Autovermietung verurteilen, Herrn Schaude die Prämie auch in Zukunft zu zahlen?

Nein. Herr Schaude hat dies nicht beantragt. Nehmen wir an, Herr Schaude gewinnt den Prozess. Die Firma zahlt zwar die geforderten 3.500, – Euro, verweigert Herrn Schade aber auch in den folgenden Jahren die Prämie, dann muss Herr Schaude erneut klagen. Eine andere Frage ist, ob in die Klage die zukünftigen Prämienzahlungen einbezogen hätten werden können. Unter bestimmten – hier nicht weiter zu erörternden – Voraussetzungen kann auch auf „zukünftige Leistung" geklagt werden. Jedenfalls kann das Gericht nicht über den gestellten Antrag hinausgehen.

Worauf richtet sich der Klageantrag im Kündigungsschutzverfahren?

Der Antrag richtet sich auf die Feststellung durch das Gericht, dass die Kündigung unwirksam ist oder darauf, dass die Kündigung das Arbeitsverhältnis nicht auflöst. Nicht aber auf Zahlung einer Abfindung. Wie schon gesagt, besteht normalerweise ohnehin kein Anspruch auf eine Abfindung, so dass die Stellung eines entsprechenden Antrags nicht sinnvoll ist. Besteht aber ausnahmsweise ein solcher Anspruch, so muss auch im Antrag Zahlung einer Abfindung gefordert werden. Das Gericht kann nicht von sich aus den Antrag auf Feststellung der Unwirksamkeit der Kündigung in einen Antrag auf Zahlung einer Abfindung umwandeln.

Was geschieht im Gütetermin?

Ist die Klage eingereicht, findet im arbeitsgerichtlichen Verfahren zunächst ein Gütetermin statt. Dieser lässt zumeist nicht lange auf sich warten. Sie – oder wenn Sie vertreten werden, Ihr Prozessvertreter – erhalten hierzu eine Ladung. Auch wenn Sie vertreten werden, kann das Gericht ihr persönliches Erscheinen anordnen. Das Gericht will sich dann durch Ihre Anwesenheit ein unmittelbares Bild von der Angelegenheit machen und Sie auch in die Vergleichsgespräche einbeziehen. Wenn Sie aus irgendeinem Grunde dieser Anordnung nicht Folge leisten können, müssen Sie dies dem Gericht mitteilen und sich ausreichend entschuldigen. Sprechen Sie die Entschuldigung mit Ihrem Prozessvertreter ab!

Die Güteverhandlung dient – wie der Name schon sagt – den Bemühungen um eine gütliche Einigung. Weder werden Beweise erhoben, noch kann ein Urteil ergehen. Eine Ausnahme hiervon gilt nur dann, wenn eine Partei unentschuldigt nicht erscheint. Dann kann auf Antrag der erschienenen Partei das Gericht ein Urteil erlassen, ohne dass die Einwendungen des Gegners berücksichtigt werden (Versäumnisurteil).

Die Güteverhandlung kann – vielleicht für Sie überraschend – kurz sein, wenn eine Partei kategorisch erklärt, sie sei nicht zum Abschluss eines Vergleichs bereit. Dann ist die „gütliche Einigung" gescheitert.

Was bedeutet es, wenn ich einen Vergleich abschließe?

Juristen definieren den Vergleich als ein gegenseitiges Nachgeben. In arbeitsrechtlichen Angelegenheiten sind vielfältige Vergleiche vorstellbar.

Beispiele eines Vergleichs: Weihnachtsgeld, Arbeitszeit und Abfindung.

- Ursula König ist viele Jahre als Apothekenhelferin in der Marienapotheke in Unna beschäftigt. Ohne ausdrückliche Vereinbarung hat sie im letzten Jahr vor der Kündigung erstmals ein Weihnachtsgeld in Höhe eines Monatsgehalts erhalten. Im Jahr der Kündigung wollte der Apotheker das Weihnachtsgeld nicht mehr bezahlen, obwohl das Arbeitsverhältnis noch bis zum Jahresende bestand. König einigt sich mit ihrem Chef auf die Hälfte des zuletzt bezahlten Weihnachtsgeldes.
- Christine Kirchmeier ist als Sekretärin bei einer Firma Myka, einer Vertriebsfirma für technische Einrichtungen zur Behandlung von Gasen und Flüssigkeiten, mit einer Wochenstundenzahl von 40 Arbeitsstunden beschäftigt. Die Firma Myka kündigt das Arbeitsverhältnis aus „betrieblichen Gründen" unter Einhaltung der Kündigungsfrist. Zur Begründung führt sie an, die Schreibarbeiten für Beteiligungsgesellschaften, die Frau Kirchmeier bisher zu erledigen hatte, seien weggefallen. Frau Kirchmeier wendet ein, dass es sich dabei nur um einen ganz kleinen Teil ihrer Arbeit handle. Zu 90% arbeite sie für die Personalabteilung. In der Güteverhandlung vor dem Arbeitsgericht schlägt der Richter vor, dass das Arbeitsverhältnis fortgesetzt wird, Frau Kirchmeier aber nur noch 35 Stunden arbeitet.

- Hans Hellmer ist als Arbeiter seit zwanzig Jahren bei der Fleischwarenfabrik Brauhoff beschäftigt. Sein Monatslohn beträgt 2.000, – Euro. Wegen wiederholter krankheitsbedingter Fehlzeiten kündigt die Firma fristgerecht. Im Gütetermin einigen sich Herr Hellmer und die Firma Brauhoff auf folgendes: 1. Das Arbeitsverhältnis endet aufgrund betrieblicher Gründe zum vorgesehenen Zeitpunkt. 2. Herr Hellmer erhält eine Abfindung von 20.000, – Euro.

Vergleiche sind natürlich nicht nur im Rahmen eines arbeitsgerichtlichen Verfahrens (so genannte Prozessvergleiche) möglich, sie können vor und auch während des gerichtlichen Verfahrens ohne gerichtliche Protokollierung (außergerichtliche Vergleiche) abgeschlossen werden. Auch als gerichtliche Vergleiche sind sie keinesfalls auf die Güteverhandlung beschränkt, sondern können in jedem Gerichtstermin abgeschlossen werden. Die Güteverhandlung vor dem Arbeitsgericht ist allerdings schon aufgrund ihrer Zweckbestimmung ein bevorzugter „Ort" für den Abschluss eines Vergleichs.

Welche Gesichtspunkte können für den Abschluss eines Vergleichs sprechen?

Der Ausgang eines arbeitsgerichtlichen Verfahrens kann oft nicht sicher vorausgesagt werden. Auf die Gründe haben wir in diesem Kapitel (S. 360 ff.) schon hingewiesen. Dies bedeutet, dass Sie auch damit rechnen müssen, den Prozess zu verlieren.

Wichtig:

Ein Vergleich beendet das Verfahren ohne gerichtliche Entscheidung. Er beseitigt damit das Risiko des Prozessverlustes (natürlich nimmt er Ihnen auch die Chance, den Prozess zu gewinnen). Im Einzelfall müssen Sie zwischen dem Prozessrisiko und dem Ergebnis des Vergleichs abwägen.

In unserem Beispiel ist Frau König sicher nicht schlecht beraten, sich mit der Hälfte des zuletzt bezahlten Weihnachtsgeldes zufrieden zu geben. Sie hat keine schriftliche Zusage für eine Weihnachtsgratifikation. Ob sich der Apotheker mit der einmaligen Zahlung auch für die Zukunft gebunden hat, ist doch mehr als fraglich.

Mit der Beseitigung der Unsicherheit über den Prozessausgang hängt ein weiterer Vorteil des Vergleichs zusammen. Da der Vergleich das arbeitsgerichtliche Verfahren abschließt, können durch dieses Verfahren auch keine weiteren Kosten entstehen. Dies vermag Sie im Fall der Prozessvertretung durch einen Rechtsanwalt auf den ersten Blick vielleicht nicht zu überzeugen, da der Vergleich zu einer zusätzlichen Gebühr für den Rechtsanwalt führt. Aber bedenken Sie: Ohne Vergleich kommt es vielleicht zu einem Berufungsverfahren mit dem oben geschilderten erheblichen Kostenrisiko.

Der Vergleich ist manchmal die einzige Möglichkeit, ein interessengerechtes Ergebnis zu erreichen. Dies gilt besonders für den Kündigungsschutzprozess, wenn die Fortsetzung des Arbeitsverhältnisses von beiden Parteien, also auch vom Arbeitnehmer, nicht mehr gewünscht wird. Wie wir gesehen haben, kann eine Abfindungslösung mit einem Urteil normalerweise nicht erreicht werden.

Welchen Vorteil bietet der gerichtlich protokollierte Vergleich gegenüber einem Vergleich, der außerhalb des gerichtlichen Verfahrens geschlossen wird?

Der gerichtliche Vergleich kann wie ein Urteil mit den vorgesehenen Zwangsmitteln, etwa mit einer Pfändung von Gegenständen durch den Gerichtsvollzieher, durchgesetzt (vollstreckt) werden. Er hat damit die gleiche Wirkung wie ein rechtskräftiges (oder vorläufig vollstreckbares) Urteil. Aus einem außergerichtlichen Vergleich kann dagegen nicht vollstreckt werden.

Mündliche Einigung über Kündigungsabfindung. Hilde Meuser wird zum Personalchef gerufen. Dieser erklärt ihr, man werde ihr wohl kündigen müssen. Es bestehe allerdings Bereitschaft, noch zwei Monatsgehälter zu zahlen, wenn sie mit einer Beendigung des Arbeitsverhältnisses einverstanden sei. Frau Meuser unterzeichnet ein Papier mit diesem Inhalt. Nachdem sie ausgeschieden ist, wartet sie vergeblich auf die Abfindung. Sie hört, dass die Firma in wirtschaftliche Schwierigkeiten geraten ist. – Was kann sie tun, um ihren Anspruch durchzusetzen?

Sie muss ein arbeitsgerichtliches Verfahren einleiten, um ein Urteil zu erhalten, mit dem sie die Zahlung erzwingen kann.

Wie muss ich die Streitverhandlung vorbereiten?

Dem Urteil geht eine mündliche Verhandlung voraus, die im Gegensatz zur Güteverhandlung als Streitverhandlung bezeichnet wird. Im Streittermin findet sozusagen die Entscheidungsschlacht statt. Auf diesen Termin ist das ganze Verfahren ausgerichtet.

Möglicherweise schon in der Güteverhandlung wird das Gericht von den Parteien fordern, zu bestimmten Punkten Stellung zu nehmen oder allgemein den Anspruch zu begründen oder auf die Ausführungen des Gegners zu erwidern.

Wichtig:

Oft werden vom Gericht auch Fristen gesetzt. Diese müssen Sie unbedingt beachten. Bei entsprechender Belehrung über die Folgen einer Verspätung kann das Gericht spätere Ausführungen unberücksichtigt lassen.

Sie müssen alle Tatsachen dem Gericht unterbreiten, die notwendig sind, damit das Gericht Ihren Anspruch als begründet ansehen kann. Ein Laie kann oft nicht erkennen, was hierzu notwendig ist. Falls Sie nicht durch einen Rechtsanwalt oder Gewerkschaftssekretär vertreten sind, sollten Sie das Gericht schon im Gütetermin um entsprechende Hinweise bitten.

Beweisprobleme (Überstunden). Rosalinde Veigel ist nach langjähriger Beschäftigung bei der Feinwohn GmbH aufgrund eigener Kündigung wegen ständiger Überlastung ausgeschieden. Sie erhebt gegen die Feinwohn eine Klage auf 3.400 Euro und begründet sie damit, dass sie in den letzten drei Monaten vor dem Ausscheiden insgesamt 200 Überstunden gemacht hat. In der Güteverhandlung erklärt ihr der Richter, dass ihre Klage bisher nicht ausreichend begründet sei. Als Frau Veigel nachhakt und fragt, was denn noch fehle, gibt der Richter zu Protokoll: „Der Klägerin wird aufgegeben, unter Beweisantritt darzulegen, wann die behaupteten Überstunden gemacht worden sind und woraus sich ergibt, dass sie von der Feinwohn GmbH angeordnet oder genehmigt oder geduldet worden sind." – Was muss nun Frau Veigel alles im Prozess vortragen?

Wenn Frau Veigel eine Aufstellung ihrer Überstunden hat, wird es ihr leicht fallen, darzulegen, wann die Überstunden gemacht worden sind. Wenn nicht, muss sie den Anfall der Überstunden rekonstruieren. Vielleicht lassen sich die Überstunden bestimmten Ereignissen zuordnen. In jedem Fall dürften in diesem Teil der Auflage des Gerichts erhebliche Schwierigkeiten für Frau Veigel stecken.

Aber Frau Veigel soll auch Beweis anbieten für die Ableistung der Überstunden. Hat sie sich ihre Überstundenaufstellung von ihrem Vorgesetzten abzeichnen lassen, ist auch dieser Teil der Auflage nicht schwer zu erfüllen. Ist dies nicht der Fall, muss sie Arbeitskollegen oder, wenn nicht anders möglich, den Vorgesetzten als Zeugen benennen.

Oft werden Überstunden nicht ausdrücklich angeordnet oder genehmigt, sie ergeben sich einfach aus der anfallenden Arbeit. War es so, wird es für Frau Veigel noch einmal schwieriger. Sie muss dann überlegen, wie sie dem Gericht klar machen kann, dass ihr Vorgesetzter von den Überstunden gewusst hat und ihm auch bekannt war, dass die anfallende Arbeit nicht in der normalen Arbeitszeit erledigt werden konnte. Dabei müsste sie ganz konkrete Umstände benennen und wiederum Beweise hierfür anbieten.

Auch wenn der Arbeitgeber die Darlegungs- und Beweispflicht hat, wie etwa bei Kündigungen, treffen Sie bestimmte Erklärungspflichten.

Nichtäußerung zu behauptetem Kündigungsgrund. Der Arbeitgeber begründet eine Kündigung mit der zurückgegangenen Arbeit aufgrund der schlechten Auftragslage. Sie haben zu dieser Behauptung keine Information und wollen sich daher nicht dazu äußern. – Verhalten Sie sich richtig?

Nein. Sie müssen die Behauptung Ihres Arbeitgebers in Abrede stellen, juristisch ausgedrückt: „bestreiten“.

Schlichtes Bestreiten eines bekannten Kündigungssachverhalts. In einem Verfahren wegen einer außerordentlichen Kündigung begründet der Arbeitgeber diese damit, dass der Arbeitnehmer seinem Vorgesetzten, der ihm seine schlechte Leistung vorhielt, androhte, er wolle ihn bei nächster Gelegenheit zusammenschlagen. Der Arbeitgeber schildert hierzu den Vorfall in allen Einzelheiten. Der betroffene Arbeitnehmer begnügt sich im Prozess damit, die Behauptung des Arbeitgebers als „glatt erlogen" zu bezeichnen. – Reicht dies aus, damit das Gericht die Behauptung des Arbeitgebers als bestritten ansieht?

Nein. Das Gericht wird hierin kein ausreichendes Bestreiten sehen und den Vorwurf als richtig unterstellen. Der Arbeitnehmer muss im Einzelnen darstellen, wie das Gespräch mit dem Vorgesetzten aus seiner Sicht war.

8. Die Bedeutung des Urteils

Wie ist der Ablauf des Verfahrens bis zum Urteil?

Möglicherweise hält das Gericht, um zu einem Ergebnis zu kommen, die Durchführung einer Beweisaufnahme, insbesondere eine Zeugenvernehmung, für erforderlich. Nach Abschluss der Beweisaufnahme und nachdem die Parteien ihre Anträge gestellt haben, wird das Gericht eine Entscheidung verkünden: das Urteil.

Wann kann ich ein Urteil durchsetzen?

Die Durchsetzung eines Urteils hängt von seinem Inhalt ab. Das Urteil kann z. B. den Arbeitgeber zur Zahlung einer bestimmten Summe oder zur Beschäftigung verpflichten.

Urteilsverkündung und was dann? Karin Bien war als Krankenschwester in einem privaten Krankenhaus „Haus am Himmelberg" beschäftigt. Sie wurde wegen ständiger Auseinandersetzungen mit der Pflegedienstleitung ordentlich gekündigt. Im Kündigungsschutzprozess hat sie folgende Anträge gestellt:
(1) Es wird festgestellt, dass das Arbeitsverhältnis durch die Kündigung nicht aufgelöst worden ist.

(2) Die beklagte Partei wird verurteilt, die Klägerin als Krankenschwester weiter zu beschäftigen.
(3) Die beklagte Partei wird verurteilt, an die Klägerin 12.245, – Euro an rückständigen Gehältern zu bezahlen.

Am Ende der letzten mündlichen Verhandlung verkündet das Arbeitsgericht ein Urteil, mit dem es allen Anträgen der Frau Bien stattgibt. Frau Bien ist sehr erfreut und will von ihrem Prozessvertreter wissen, ob das Krankenhaus jetzt das Urteil befolgen muss.

Zunächst wird der Prozessvertreter Frau Bien erklären, dass auch Urteile nicht „automatisch" wirken, sondern durchgesetzt – in der Juristensprache: „vollstreckt" – werden müssen. Er wird ihr weiter erklären, dass die Durchsetzung nicht aufgrund der Urteilsverkündung erfolgen kann, sondern abgewartet werden muss, bis die Urteilsurkunde mit Begründung vorliegt.

Was hat es zu bedeuten, dass aus einem Urteil vollstreckt werden kann?

Die Vollstreckung bedeutet, dass Sie die gesetzlich vorgesehenen Zwangsmittel einsetzen können, damit der Schuldner – in unserem Zusammenhang der Arbeitgeber – das Urteil befolgt. Allerdings ist nicht jedes Urteil zur Zwangsvollstreckung geeignet, und je nach der Art des Gegenstandes sind auch die Zwangsmittel unterschiedlich.

Die im Fall der Frau Bien vom Gericht getroffene Feststellung, dass das Arbeitsverhältnis nicht aufgelöst worden ist, kann nicht vollstreckt werden. Sie bewirkt aber, dass der Arbeitgeber gegenüber Ansprüchen der Frau Bien für die Zeit nach Ablauf der Kündigungsfrist nicht einwenden kann, das Arbeitsverhältnis sei wirksam beendet worden.

Die Verurteilungen des Krankenhauses zur Zahlung und zur Weiterbeschäftigung können dagegen vollstreckt werden. Ist das private Krankenhaus nicht bereit, den Betrag von 12.245, – Euro zu zahlen, kann die Zwangsvollstreckung in das Vermögen des Krankenhauses (z. B. Sachpfändung durch den Gerichtsvollzieher, Forderungspfändung durch Pfändungs- und Überweisungsbeschluss) betrieben werden. Besteht keine Bereitschaft, Frau Bien weiter zu beschäftigen, erfolgt die Zwangsvollstreckung durch die Verhängung eines Zwangsgeldes gegen das Krankenhaus.

Kann die Vollstreckung auch dann durchgeführt werden, wenn der Arbeitgeber Berufung eingelegt hat?

Obwohl dann das Urteil noch nicht rechtskräftig ist, kann die Vollstreckung betrieben werden. Juristisch ausgedrückt, ist das Urteil „vorläufig vollstreckbar". Wenn allerdings Frau Bien den Betrag von 12.245, – Euro aufgrund eines nicht rechtskräftigen Urteils erhält, muss sie sich bewusst sein, dass sie diesen Betrag wieder an das Krankenhaus zurückzahlen muss, wenn das Landesarbeitsgericht das Urteil aufhebt.

Was muss ich beachten, wenn ich gegen ein Urteil Berufung einlegen will?

Hätte Frau Bien den Prozess verloren (das Urteil hätte dann schlicht und einfach gelautet: Die Anträge werden abgewiesen), könnte sie in die Berufung gehen.

Die Berufung kann sie allerdings nicht selbst einlegen. Sie muss entweder einen Rechtsanwalt beauftragen oder, wenn sie Gewerkschaftsmitglied ist, einen für die Prozessführung qualifizierten Gewerkschaftssekretär.

Wichtig:

Für die Einlegung der Berufung gilt eine Frist von einem Monat seit Zustellung der Urteilsurkunde. Innerhalb einer Frist von zwei Monaten nach Zustellung der Urteilsurkunde (nicht nach Einlegung der Berufung) muss die Berufung begründet werden. Auch wenn die Urteilsbegründung nicht vorliegt, gibt es eine zeitliche Grenze für die Einlegung der Berufung. Sie müssen daher rechtzeitig zu einem Rechtsanwalt oder Gewerkschaftssekretär gehen, damit diese Fristen auch eingehalten werden können. Bei verzögerter Zustellung der Urteilsbegründung sollte dies spätestens vier Monate nach der Urteilsverkündung geschehen.

Sachverzeichnis

A

B

C

D

E

G

L

M

N

O

P

S

T

U

V

Schäfer
Business English
Wirtschaftswörterbuch Englisch–Deutsch/Deutsch–Englisch.
Wirtschaftsberater
1. Aufl. 2006. 859 S.
€ 19,50. dtv 50893

Mit rund 36000 Stichwörtern alle wichtigen grundlegenden Begriffe der englischen und deutschen Wirtschaftssprache.

Kunz
Vom Mitarbeiter zur Führungskraft
Die erste Führungsaufgabe erfolgreich übernehmen.
Wirtschaftsberater **Toptitel**
3. Aufl. 2016. 282 S.
€ 14,90. dtv 50951
Auch als **ebook** erhältlich.

Hinweise, Tipps und praktische Hilfen zeigen, wie man sich auf die neue Rolle als Teamleiter vorbereiten kann – im Zeitraum von der Entscheidung bis zum Start und den »ersten 100 Tagen« im neuen Job.

Kunz
Neu in der Führungsrolle
So behaupten Sie sich und setzen gezielt Akzente.
Wirtschaftsberater
1. Aufl. 2012. 179 S.
€ 12,90. dtv 50930
Auch als **ebook** erhältlich.

Ein Ratgeber für junge Führungskräfte, die ihre ersten Erfahrungen in einer Leitungsfunktion sammeln.

Arbeitsrecht

ArbG · Arbeitsgesetze
Textausgabe **Toptitel**
90. Aufl. 2017. 969 S. **Neu**
€ 9,90. dtv 5006
Neu im März 2017

Mit den wichtigsten Bestimmungen zum Arbeitsverhältnis, KündigungsR, ArbeitsschutzR, BerufsbildungsR, SozialversicherungsR, TarifR, BetriebsverfassungsR, GleichbehandlungsR und VerfahrensR.

EU-Arbeitsrecht
Textausgabe
6. Aufl. 2016. 629 S.
€ 16,90. dtv 5751

Mit den wichtigsten Verträgen, Verordnungen und Richtlinien der EU zu Freizügigkeit, Arbeitsvertrag, Arbeitsschutz, Betriebsverfassung, Verfahrensrecht. Mit Querverweisen auf die Testausgabe »ArbG«, dtv 5006.

Mitbestimmungsgesetze in den Unternehmen mit allen Wahlordnungen
Textausgabe **Neu**
8. Aufl. 2017. 532 S.
€ 16,90. dtv 5524
Neu im Mai 2017

Neben dem Mitbestimmungsgesetz und dessen Wahlordnungen enthält der Band zahlreiche einschlägige Normen: u.a. Montan-Mitbestimmungsgesetz, Drittelbeteiligungsgesetz, Auszüge aus AktG, Betriebsverfassungsgesetz, HGB, GmbHG, SCE-Beteiligungsgesetz sowie europäische Richtlinien.

…, klar

Toptitel

… 2017. 757 S. Neu

€ 19,90. dtv 51211

Neu im März 2017

Auch als **ebook** erhältlich.

Allgemeines Gleichbehandlungsgesetz, Aussperrung, Befristung von Arbeitsverträgen, Betriebsrat, Elternzeit, Gewerkschaften, Jugendarbeitsschutz, Kündigung, Mitbestimmung, Pflegezeit, Ruhegeld, Streik, Tarifvertrag, Teilzeitarbeit, Zeugnis u.a.m.

Hromadka

Arbeitsrecht für Vorgesetzte

Rechte und Pflichten bei der Mitarbeiterführung.

Rechtsberater Toptitel

5. Aufl. 2016. 471 S.

€ 21,90. dtv 50799

Auch als **ebook** erhältlich.

Der umfassende Leitfaden für den Arbeitsalltag.

Notter/Ruf/Schönleben

Arbeitsrecht in Frage und Antwort

Bewerbung, Vertrag, Entgeltfortzahlung, Urlaub, Krankheit, Kündigungsschutz, Abfindung, Zeugnis.

Rechtsberater Toptitel

4. Aufl. 2017. 444 S. Neu

€ 19,90. dtv 51205

Neu im Mai 2017

Auch als **ebook** erhältlich.

Fragen und Antworten rund um das Arbeitsverhältnis.

Lenßen

Ihr Recht: Arbeit und Kündigung

Beck im dtv

1. Aufl. 2009. 159 S.

€ 6,90. dtv 50454

Die kompakte und verständliche Einführung ins Arbeitsrecht – damit Sie Ihre Rechte kennen.

Schulz/Jarvers/Gerauer

Kündigungsschutz im Arbeitsrecht von A–Z

Von Abfindung bis Zeugnis.

Rechtsberater Toptitel

5. Aufl. 2016. 352 S.

€ 19,90. dtv 50766

Auch als **ebook** erhältlich.

Alle wesentlichen Fragen zum Thema »Kündigung und Kündigungsschutz« finden Sie hier beantwortet.